TRAITÉ COMPLET

DE

LA PEINTURE

Cet ouvrage se trouve aussi :

Chez Deflorenne, libraire, quai de l'École, n° 16,

H. Bossange,

Et les principaux libraires de l'Étranger.

Paris. — Typographie Panckoucke, rue des Poitevins, 8 et 14.

TRAITÉ COMPLET

DE

LA PEINTURE

PAR

M. PAILLOT DE MONTABERT.

TOME SEPTIÈME.

CLAIR OBSCUR. — COLORIS.

PARIS,

J.-F. DELION, LIBRAIRE,

Quai des Augustins, n° 47.

—

1829-51.

CLAIR-OBSCUR.

CLAIR-OBSCUR.

CHAPITRE 331.

DÉFINITION DU CLAIR-OBSCUR.

Le clair-obscur est l'art de représenter les différens tons produits par la lumière sur les surfaces des corps clairs ou obscurs, dans quelque situation ou position et dans quelque espèce d'air que ce soit, et de ne choisir dans la nature que les effets capables de plaire à la vue par leur caractère et leurs combinaisons, et à l'esprit par leur convenance avec le sujet.

Cette définition comprend, comme nous le verrons, la vraisemblance, la beauté intellectuelle ou la convenance, la beauté optique et la justesse de représentation, quatre conditions indispensables dans cette partie de la peinture, comme dans toutes les autres.

Comme cette dernière condition, la justesse de représentation, est évidemment fort différente des trois premières, qui se rapportent surtout au choix, certains écrivains semblent n'avoir entendu exclusivement par clair-obscur que les combinaisons de clair et d'obscur relatives à ce choix et à la beauté : aussi ont-ils donné d'autres noms à la justesse de représentation par les tons; c'est ainsi qu'ils l'ont désignée par les mots effet, ombre, modelé, perspective aërienne, etc.

Il est inutile de rassembler ici des exemples de mal-
entendus sur cette question de la définition du clair-obscur, les chapitres suivans éclairciront assez ce point de
critique. Je dirai seulement, afin de pouvoir être compris
ici, que, quand on demande si c'est dans le clair-obscur
choisi et combiné selon le beau, ou si c'est dans le clair-
obscur vrai et exactement représenté, qu'a excellé Corregio, il faudrait répondre que, dans Corregio, le clair-obscur exact et vrai est bien plus perfectionné que ne l'est le
clair-obscur beau et composé; que cette fonte de tons et
cette rondeur suave qu'on remarque dans ses peintures,
sont le résultat de son savoir dans le clair-obscur géométral et perspectif, ainsi que dans l'art d'exprimer ou de modeler les formes; mais que, quant à la belle économie des
clairs et des obscurs dans tout le tableau, économie qui a
pour principe l'unité, outre que, généralement parlant, ce
maître ne se fasse pas fort remarquer en cette partie, on
doit convenir que Tiziano, Giorgione, Rembrandt, Rubens, etc., lui sont en cela incomparablement supérieurs.
Au reste, Giorgione, ou, pour mieux dire, Tiziano, est,
soit dit en passant, le père du clair-obscur choisi et
combiné, ou du beau clair-obscur.

C'est donc par une différence bien évidente, que se
distinguent ces deux conditions du clair-obscur, puisque
l'une est l'art d'imiter avec justesse l'apparence ou les effets
des formes par le jeu des clairs et des bruns exactement
répétés à l'aide de la perspective, et conséquemment par le
jeu des ombres, des ombrages, des reflets, des luisans,
etc., tandis que l'autre est le choix ou l'arrangement toujours naturel, mais poétique, c'est-à-dire, pittoresque,
beau, convenable, qu'imagine le peintre dans les mas-

ses vraies de brun et de clair, de demi-brun et de demi-clair, qu'il s'applique à distribuer dans ses tableaux.

On sent assez qu'il serait nécessaire de convenir de nouveaux termes pour cette dernière et éminente condition, comme pour beaucoup d'autres, et qu'il en résulterait une grande utilité pour la critique. Toutefois on sera, je crois, à l'abri de toute équivoque, si l'on adopte notre distinction : justesse de représentation par le clair-obscur, et beauté du clair-obscur.

Le terme clair-obscur n'est pas très-satisfaisant, en ce qu'il offre l'association de deux mots dont le sens parait opposé ; ce terme provient de l'italien *chiaro-scuro*. On trouve dans la langue italienne plusieurs expressions analogues : telles sont entr'autres, *agro-dolce*, aigre-doux ; *piano-forte*, etc. : cette dernière est même devenue usuelle en Europe. Il paraît au reste que les Italiens donnèrent d'abord le nom de *chiari-scuri* aux peintures d'une seule couleur, composées par conséquent de clairs et d'obscurs seulement, sans variétés de teintes, telles que les sgraffiti de Polydore de Carravagio, et qu'ensuite le mot *chiaro-scuro* fut employé comme signifiant un des moyens distincts de la peinture. Malgré tout, nos Dictionnaires modernes ne nous offrent pas d'autre terme plus propre, pour exprimer l'idée que nous voulons rendre en parlant de cette partie de l'art, car, quant au mot sciagraphie, mot dérivé du grec *skia* (ombre) et *graphein* (écrire ou représenter), il signifie exclusivement la peinture des ombres ; mais il n'est pas certain que les Grecs l'employassent dans le même sens que nous voulons donner au mot clair-obscur quand nous considérons cette partie dans toute son extension.

Apollodore, qui fut le premier des peintres grecs qui
découvrit les vrais principes de cette partie de l'art, obtint le surnom de Sciagraphe, c'est-à-dire, peintre des
ombres : c'est Hésychius qui nous apprend ce fait. Mais
quelques écrivains en ont peut-être conclu inconsidérément que ce surnom voulait dire peintre de clair-obscur,
comme nous l'entendons. En effet, peintre des ombres
ou peintre du clair-obscur, sont deux choses différentes,
parce qu'il peut arriver qu'un peintre qui imitera bien les
ombres seulement, ainsi que les ombrages ou ombres portées, et même les tons apparens des surfaces éloignées et
séparées de l'œil par l'air, ou bien encore les surfaces situées de biais et qui paraissent par cela moins claires ou
moins brunes, soit très-étranger à l'art de bien combiner
des choix de clair-obscur. Ainsi Apollodore a peut-être découvert ce qu'on appelle le géométrique, le géométral et
le perspectif des ombres et ombrages ; mais cela ne prouve
pas qu'il ait découvert les autres points pittoresques dé-
pendans de la vaste science de l'optique. Il faut conclure
que, si l'art des tons comprend la sciagraphie, la sciagraphie seule ne comprend pas tout l'art du clair-obscur.

Le mot sciagraphie semble donc très-propre à exprimer ce qu'on entend par science des ombres et ombrages, et il peut, selon moi, être employé utilement dans
ce sens. Il est inutile de dire ici que ce mot sciagraphie
n'a rien de commun avec le mot sciographie employé par
les architectes pour signifier la représentation de l'intérieur d'un bâtiment.

Au reste ne peut-on pas proposer les mots tonographie,
pour dire clair-obscur, et chromographie, pour dire coloris ? Ces mots sont, je crois, nécessaires à l'art. Quant à ce

dernier, il serait moins contesté que le premier, au sujet duquel on pourrait objecter que par ton les anciens entendaient nuances et degrés, d'énergie des teintes. Mais je laisse cette objection sur laquelle je reviendrai (voy. ces mots au Dictionnaire). On pourrait donc dire tonographie, tonographe; tonométrie, tonomètre; chromographie, chromographe; chromométrie, chromomètre. Je sais que l'on se sert souvent de l'expression ton de couleur; mais, quoiqu'en musique ton signifie degrés d'élévation et d'abaissement des sons, etc., il ne convient pas, je pense, d'employer à cause de cela ce mot pour signifier et les degrés des couleurs, et les degrés de clair-obscur, mais bien les degrés de clair-obscur seulement. Enfin, puisque, pour signifier la graduation ou la gradation des couleurs, nous avons les mots teintes, degrés d'énergie, je pense qu'on peut ménager le mot ton exclusivement pour les degrés d'intensité des clairs et des bruns.

Maintenant qu'il semble que dans toute cette question l'on ne considère la lumière que comme produisant des tons, et non des couleurs, disons qu'on doit entendre par ton les degrés apparens de clair et de brun que manifestent les couleurs, abstraction faite de leur teinte ou de leur énergie colorifique. Il y a des mélanges de couleurs desquels il ne résulte que des tons, ces mélanges produisant des résultats incolores plus ou moins gris, c'est-à-dire, plus ou moins obscurs. (A la partie du coloris, nous expliquerons ce qui concerne cette combinaison qui porte le nom d'acromatisme, c'est-à-dire, disparition ou annihilation des couleurs.) Il suffit ici de savoir que les tons sont des résultats de couleurs : ainsi on peut et on doit distinguer le résultat de la cause. La lumière est la cause première, et les couleurs sont le résultat : cela est vrai, mais les tons sont en même tems le résultat, puisque dans les tons gris il y a mélange de couleurs. Les tons blancs eux-mêmes sont, ainsi que nous le verrons, des acromatismes, et ils ne sont autre chose que l'excédent de la lumière qui a servi à produire les trois couleurs élémentaires, excédent très-clair, que nous appelons blanc.

Mais qu'importe ici l'étude de ces rapports physiques des tons avec les teintes ? Il suffit d'avoir averti qu'on peut les distinguer l'un de l'autre dans la théorie et dans l'observation par analyse. En effet, une couleur peut être convenable comme ton, et non convenable comme teinte, et l'on peut distinguer de l'énergie de la couleur son degré d'obscurité ou de clarté, et cela, parce que la teinte contient le ton. Il résulte de cet exposé qu'il y a la teinte et le ton de la teinte : or ce ton peut être et paraître ou clair ou obscur, selon les luminaires ; delà le mot clair-obscur, qui comprend et le ton tel qu'il est géométriquement, soit par l'espèce claire ou obscure de l'objet, soit par l'effet du luminaire, et le ton tel qu'il paraît perspectivement par la distance de notre œil à l'objet, par l'air, par l'obliquité des surfaces, etc. Il est donc nécessaire de distinguer dans la théorie le clair-obscur du coloris, et c'est cette distinction que nous allons encore tâcher d'établir dans le chapitre suivant.

CHAPITRE 332.

DISTINCTION ENTRE LE CLAIR-OBSCUR ET LE COLORIS.

Une des plus fortes preuves qu'on puisse donner d'abord de la nécessité de distinguer le clair-obscur d'avec le coloris, ou le ton d'avec la teinte, c'est celle que nous exposerons à la question des obliquités, ch. 360 et autres, où il est démontré qu'une surface d'un ton géométrique moyen ne change pas d'apparence dans des situations plus ou moins obliques par rapport à la lumière et à l'œil du spectateur, et malgré son enfoncement dans un air gris ou moyen, tandis que la teinte qui offre ce ton moyen, change et se décolore sensiblement selon cette même obliquité, et change de caractère colorifique selon que cet air gris ou moyen est coloré. Mais, sans nous attacher à des preuves particulières, envisageons la question plus généralement.

Commençons donc par faire remarquer le préjugé des écrivains qui n'ont point voulu distinguer et séparer le clair-obscur d'avec le coloris, ni en faire une question particulière et principale dans leur théorie. Ces écrivains sont en grand nombre, et quoiqu'on ait remarqué la confusion qui résulte de leur système, il semble se perpétuer encore aujourd'hui. Depiles n'a pas peu contribué dans les tems à propager cette obscurité. Une telle confusion provient d'un mal-entendu et de l'application inconsidérée que l'on fait du mot coloris.

Le coloris, il faut donc bien se le persuader, doit dans la théorie être essentiellement distinct du clair-obscur. La teinte colorée doit souvent être, à la vérité, en rapport avec le ton et avec l'intensité du ton donné par le clair-obscur, mais la justesse de la teinte, comme couleur, c'est-à-dire, comme énergie colorifique, est indépendante du clair-obscur, en sorte qu'une excellente estampe peut être très-mal enluminée, sans que l'effet du clair-obscur soit réellement dérangé : les chairs peuvent être trop jaunes, trop roses, trop vertes; les terreins, les ciels, les arbres faux de teintes, et cependant à peu-près justes de clair-obscur ou de ton. En un mot, un peintre peut, comme Vander-werff, avoir un clair-obscur assez ingénieux, assez juste, et un coloris très-faux et très-vicieux; c'est pour cela qu'on a dit que Tiziano entendait mieux les teintes que Corregio, et que Corregio entendait mieux certaines parties du clair-obscur que Tiziano, c'est-à-dire, la rondeur des corps pris individuellement, ainsi que la suavité du clair-obscur par rapport au relief. Il y a donc la teinte, qui en théorie est de l'essence du coloris, puis le ton qui est de l'essence du clair-obscur : c'est ce qui a fait dire à quelques observateurs que Tiziano était coloriste, et que Rubens était peintre d'effet, ce qui voulait dire plus vrai, plus remarquable par les tons que par les teintes.

La confusion de ces deux parties dans la théorie a toujours singulièrement gêné ceux qui ont eu à prononcer sur ces questions. Un écrivain moderne, qui sentait cependant la démarcation qui existe entre ces deux conditions, n'est pas lui-même très-intelligible dans le passage suivant, et cela, faute d'avoir séparé ces deux choses si distinctes. Voici comment il s'exprime : « Le clair-obscur est la base » de l'harmonie, et les couleurs ne sont que des tons qui » servent à exprimer la nature des corps; par conséquent

» on doit les employer suivant leur caractère général de
» clarté ou d'obscurité. » (Millin, Diction. des Beaux-
Arts.) Hagedorn semble vouloir que le coloris comprenne
le clair-obscur, car, se plaignant de ce que les peintres
n'y ont pas assez égard en disposant leurs couleurs, il dit :
« Il faudra à la fin que le graveur, qui n'a qu'une cou-
» leur pour rendre ses expressions, donne des leçons de
» coloris au peintre. » Ces phrases ne produisent certainement que des idées confusés.

Certains tableaux altérés de Giorgione, de Sébastiano
del Piombo, etc., n'offrent, pour ainsi dire, qu'une teinte,
et on en vante cependant le coloris : mais c'est qu'on
s'exprime mal; ce sont le ton, la justesse, la force, la finesse du ton, jointes aux combinaisons dans le choix du
clair-obscur, qui y sont admirables; mais l'huile jaunie
et les vernis altérés ont détruit, dans plusieurs de ces tableaux, la variété et le caractère des teintes. Cependant
on suit, à travers le voile qui le déguise, ce qu'on appelle
à tort le bon coloris, et ce qu'il faudrait appeler le bon
clair-obscur, car c'est ce dernier qui apparaît et qui reste
véritablement, puisque le coloris a disparu sous les vernis
monochromes. Corregio rapportait ses teintes surtout au
clair-obscur ; il salissait un bleu et le rompait avec du
bitume ou du rouge orangé, pour que l'énergie qu'il avait
cherchée dans la teinte ne produisît pas un trop grand
éclat dans le ton.

La juste définition et démarcation du clair-obscur suffirait pour faire sentir le rapport de puissance ou d'importance qui existe entre cette partie et le coloris. En effet, une main de Léonard de Vinci paraît presque bien
coloriée par la seule justesse et par la seule science du

clair-obscur, et sans la justesse de la teinte, car souvent
la teinte y est nulle ou monochrome. Bien des hollandais passent pour être supérieurs à Claude Lorrain
pour la vérité des teintes; mais Claude Lorrain semble les
surpasser tous par le ton et l'harmonie du clair-obscur.
Aussi les estampes que Woollett et autres ont si bien gravées d'après ce maître, paraissent-elles, pour ainsi dire,
vraies de teinte et excellemment coloriées. Ainsi le clair-
obscur, séparé en théorie du coloris, réduit ce dernier à
une partie beaucoup moindre qu'on ne le pense d'abord;
c'est ce qui n'a jamais été assez remarqué.

Pour prendre un autre exemple, réfléchissons à l'impression générale que fait sur notre organe un beau portrait de Vandyck. Nous verrons que cette impression provient surtout des combinaisons optiques qui ne dépendent
pas des teintes ou couleurs considérées comme énergie colorifique, car une copie peinte qui en répéterait exactement
le clair-obscur, aussi bien et mieux que la plus belle estampe, et qui cependant n'en répéterait pas aussi exactement les teintes, ferait néanmoins sur nous une très-grande
impression. La barbe, le vêtement noir, le parti savant et
déterminé de lumière, l'unité de clair et de brun, l'ordre
dans les demi-tons, etc., tout cela semble constituer le
coloris excellent d'un tel tableau. Cependant que Vandyck lui-même revienne, qu'il dérange ou intervertisse
cet ordre, il ne sera plus Vandyck, même avec la délicatesse et la vérité de ses teintes, même avec tous les autres
charmes de ses nuances, de son trait et de son pinceau.
En réfléchissant donc bien à cette question essentielle, on
reconnaîtra que le clair-obscur est en théorie une partie
non-seulement très-distincte du coloris, mais encore infini-

ment plus puissante que lui en résultats, et que le coloris ou l'art si important des teintes, séparé et distinct du clair-obscur, n'est au fait qu'une moindre partie de la peinture.

Il faut conclure encore de tout ceci qu'on s'exprime le plus souvent, et on pourrait dire à chaque instant, d'une manière très-peu positive, en disant d'un tableau qu'il est d'un excellent coloris, lorsqu'il n'offre dans le fait qu'une excellente tonographie, qu'une grande justesse de tons; car bien que la beauté de ce tableau, son énergie et sa vérité en cette partie frappent tous les yeux (qui n'y voient au reste que des couleurs appliquées sur une superficie plate), il peut se faire que les teintes n'en soient cependant ni savantes, ni énergiques, ni très-véritables. A la partie du coloris, on trouvera de nouvelles preuves de ce que nous avançons ici. Faisons une dernière observation.

Depiles, dans sa Balance des peintres, où le plus habile est placé le vingtième, degré qu'il appelle le maximum de leur valeur, semble n'avoir pas tenu compte du clair-obscur; aussi ne place-t-il Léonard de Vinci qu'au quatrième degré pour le coloris, et Dominichino au neuvième. Mais, comme Depiles, dans sa théorie, fait cependant comprendre le clair-obscur dans le coloris, on ne sait où on en est en voyant Léonard de Vinci ne figurer que le quatrième. S'il s'agissait exclusivement du clair-obscur beau et combiné, on pourrait avancer que Léonard de Vinci le connaissait imparfaitement; mais s'il s'agit du clair-obscur vrai, de sa correction et de sa perfection, on doit dire qu'il égale, s'il ne les surpasse pas en cette partie, Corregio, Giorgione, tous les Vénitiens, et Raphaël même : ce quatrième degré, comme chromographie, est peut-être justement appliqué; mais il l'est faussement, comme tonographie.

Au reste, puisque toute la théorie de la peinture ne saurait rien changer aux idées que la science de la physique et de l'optique prescrit sur ces questions particulières, et, puisque personne n'ignore que dans le fait il ne s'agit que de couleurs, et qu'on appelle même le blanc et le noir de la palette des couleurs, cette considération, dis-je, semble autoriser les théoriciens à adopter, dans leur analyse, l'ordre le plus propre à éclaircir les questions qui doivent éclairer les peintres, pourvu toutefois que ces théories soient assez claires pour épargner aux peintres l'embarras de la confusion. Car j'en reviens à dire que si les écrivains étendent ainsi les limites et le domaine du coloris, parce que c'est avec des couleurs matérielles qu'on exprime le clair-obscur, ils pourraient l'étendre aussi jusqu'au dessin, puisque c'est avec des couleurs matérielles quelconques que l'on trace le dessin des formes.

Ce que nous venons de dire semble donc rendre sans aucune clarté l'objection suivante, et l'annuller : « Le » clair-obscur appartient au dessin par son volume, et à » la couleur par son degré d'intensité. La nature a une » forme et une couleur indépendantes l'une de l'autre ; » mais la nature n'a pas un clair-obscur indépendant de » la forme ni de la couleur. Ainsi, en théorie, le clair- » obscur ne saurait former une partie séparée ; établir » cette distinction, ce serait en donner une idée fausse. »

Il me semble qu'on peut très-bien, dans l'analyse, distinguer les choses sans les désassocier. Je ne nie pas les rapports du clair-obscur avec le dessin et avec le coloris, mais je dis qu'ils ne sont pas une et même chose, et que, dans la théorie, il est indispensable de les traiter séparément, et par conséquent l'un après l'autre.

CHAPITRE 333.

DIVISION DU CLAIR-OBSCUR.

LE clair-obscur se divise, comme les autres moyens essentiels de la peinture, en quatre conditions fondamentales : 1° le vrai, ce qui comprend le possible et le vraisemblable ; 2° le beau intellectuel ou la convenance; 3° le beau optique; et 4° la justesse d'opérations relatives aux tons et nécessaires à la représentation. (Voyez ce qui a été dit vol. 4, au chapitre 123, de la division de la peinture.)

CHAPITRE 334.

DU VRAI PROPREMENT DIT, OU DU POSSIBLE RELATIF AU CLAIR-OBSCUR.

AVANT de traiter du vraisemblable, du beau et de l'exactitude de représentation dans le clair-obscur, il nous faut traiter du vrai, c'est-à-dire qu'il faut analyser ce qui constitue le clair-obscur possible et naturel. Comment bien représenter les effets de clair-obscur, si on ne le connaît pas par ses causes ou ses élémens? Pour bien connaître ces causes, il ne faut pas étudier le clair-obscur perspectivement, c'est-à-dire, en peintre qui ne doit répéter que des sensations perspectives; il faut au contraire l'étudier d'abord mathématiquement, et, pour

ainsi dire, physiquement, ce qu'ici nous nommerons géométriquement. Nous aurons donc soin de distinguer ces
deux choses, et nous ne parlerons d'abord que du vrai tel
qu'il a lieu selon la marche réelle, et abstraction faite de
la considération d'apparence ou de pittoresque. Passons
à cette première question particulière.

CHAPITRE 335.

DE LA CONNAISSANCE DU GÉOMÉTRIQUE DU CLAIR-OBSCUR.

Il s'agit donc maintenant d'analyser tout le géométrique du clair-obscur, afin de pouvoir apprendre quels sont
les principes de tous les effets qui en dépendent. Il est
évident que cette étude du géométrique est indispensable au peintre, et qu'elle lui est aussi nécessaire que
la connaissance de l'anatomie, lorsqu'il veut dessiner le
corps humain, ou bien encore que l'art de la marine ou
de la tactique, lorsqu'il veut peindre des vaisseaux ou
des armées. Cette comparaison tend à expliquer ce qu'on
doit entendre par le géométrique du clair-obscur : ce
géométrique est l'état positif des choses telles qu'elles
sont, et nullement telles qu'elles paraissent. Ainsi une
fenêtre laissant pénétrer le jour dans une chambre, est
d'une ouverture de tant de pieds; la diminution du jour
est de tant de degrés à tel ou tel éloignement de cette fenêtre, etc. Si un objet ou une superficie, qui n'est illuminée qu'à tel ou tel degré, lorsqu'elle se présente en face
de la fenêtre, se présente obliquement à cette fenêtre,

son degré d'illumination baissera en raison de cette situation oblique : voilà, entr'autres effets, pour ce qui est du géométrique. Maintenant, si l'œil qui voit cette superficie placée obliquement à la lumière, est lui-même situé obliquement par rapport à cette superficie, elle lui paraîtra différente, quant au ton, de ce qu'elle est réellement et géométriquement : or ceci se rapporte au perspectif et au géométral, et non au géométrique. Nous verrons donc bientôt qu'indépendamment de l'apparence scénographique pour laquelle on calcule l'effet de l'air interposé selon les distances, on peut considérer la mesure orthographique des tons sur les superficies mesurées elles-mêmes orthographiquement, ensorte que, de même qu'il y a des raccourcis linéaires orthographiques et scénographiques, il y a des surfaces ombrées ou des tons qui se présentent diversement en raccourci.

CHAPITRE 336.

DE LA LUMIÈRE ET DE SES PRINCIPAUX CARACTÈRES OPTIQUES.

La lumière est la source de toute la perception oculaire : point de lumière, point de sensation optique. Il ne s'agit pas ici de faire connaître aux peintres les conjectures des physiciens au sujet de certains caractères particuliers à la lumière, ni d'expliquer, par exemple, comment il est probable que la lumière ne prend son caractère illuminant qu'à partir de la naissance de notre air atmosphérique, et non au-delà ; comment il faut tenir compte de la perte que subit la lumière, après qu'elle a été modifiée de manière à produire les couleurs, etc., etc. : ces belles questions, qu'ils peuvent étudier dans les nouveaux livres d'optique et de physique, n'appartiennent pas à un traité de peinture. Nous nous contenterons donc des vérités qu'il est indispensable de recueillir ici, et nous n'examinerons pas des questions qui, bien que fort intéressantes et même utiles, sembleraient superflues.

CHAPITRE 337.

DE LA DIFFUSION, DE LA RÉFLEXION, DE LA RÉFRACTION ET DE LA DIFFRACTION DE LA LUMIÈRE.

Diffusion de la lumière.

La diffusion de la lumière est son action de se répandre. La ténuité de la lumière étant extrême, et sa force d'expansion ou de diffusion étant constante, elle pénètre presque partout et même dans les corps très-opaques. Sa marche naturelle a lieu par des lignes ou des rayons directs : mais, comme elle rencontre dans l'air toutes sortes de corps, elle est tantôt repoussée directement, tantôt indirectement; elle est brisée et dispersée. Parmi ces corps, il faut compter ceux qui, imperceptibles à nos sens, flottent dans l'air, soit que nous les appelions immatériels et impalpables, tels que les gaz, les vapeurs, soit que nous les considérions comme matériels, tels que les atomes et autres corps plus ou moins palpables et solides.

Nous observerons de plus que quelques corps ont la

propriété de s'imbiber de lumière, et de s'en laisser pénétrer; d'autres, tels que certaines substances luisantes, ont la propriété de la repousser, et cette faculté a lieu au-delà même de leur surface, c'est-à-dire, avant que les rayons aient atteint ces corps.

On a observé aussi que tous les corps avaient une force d'attraction pour les rayons lumineux, et on est parvenu à faire l'évaluation de cette propriété attractive des différens corps. On sait que les métaux sont les corps qui attirent le plus la lumière : l'or est au premier rang. D'autres corps durs, tels que les marbres, les silex, attirent à un degré que les expériences ont aussi déterminé. Cette considération n'est point indifférente, car, si des corps bruns, des arbres, des colonnes en opposition avec le soleil couchant, ou avec l'éclat seulement de l'horison, semblent être imbibés de lumière, au lieu d'offrir une opposition brune et tranchante, et si beaucoup d'objets qui se détachent sur le ciel n'offrent à l'œil aucune dureté, ces effets ne sont-ils point le résultat (en partie) de cette force attractive plus ou moins puissante des objets? Je dis en partie, car je ne perds point de vue les autres causes de la douce harmonie naturelle qui a lieu même dans les oppositions.

Réflexion de la lumière.

Comme les opticiens expliquent ordinairement la réflexion de la lumière par des démonstrations dans lesquelles ils font figurer des rayons lumineux dont ils analysent la marche, il convient de dire quelque chose de cette expression figurée rayons lumineux.

Il fallait bien désigner par un mot la marche et la

route de la lumière; or le mot rayons indique assez bien
cette route, c'est-à-dire, sa longueur et sa direction. On
s'est donc servi de ce terme, en expliquant comment les
rayons lumineux parviennent parallèlement entre eux et
en ligne droite dans des directions quelconques, et comment ils se réfléchissent sur les corps. On a donc dit : les
rayons du soleil sont parallèles entre eux ; ces rayons
sont réfléchis parallèlement ; ils traversent l'espace en
ligne directe, soit qu'ils dévient, ou non : mais les rayons
d'un flambeau se dirigent en divergeant. On voit donc
que l'expression rayon n'était point de trop, quoiqu'elle
soit prise au figuré. Quant à ce qui concerne en particulier la réflexion de la lumière ou des rayons lumineux,
ce qui va être dit dans plusieurs des chapitres suivans,
suppléera à ce que nous omettons ici.

Réfraction de la lumière.

La réfraction de la lumière est une déviation ou un
changement dans la direction des rayons lumineux qui
passent par des milieux différens.

Les milieux sont réfringens de plusieurs manières.
Quelquefois ils causent une réfraction simple ; c'est ainsi
qu'un bâton semble brisé, lorsqu'il est à demi-plongé dans
l'eau ; c'est ainsi que nous apercevons la lune et les étoiles à l'horison, avant qu'elles soient réellement élevées au
niveau de notre œil. Quelquefois les rayons sont réfractés et brisés en tant de manières, que la diffusion de la
lumière se fait toute par réfraction et dispersion ; aussi un
chassis couvert de papier huilé ou non huilé, réfracte-t-il
plus ou moins les rayons qui pénètrent à travers une fenêtre, et illumine-t-il les parties et les atomes de l'air, d'une

certaine manière qui produit une clarté vague et douce dans tout l'endroit où est répandue cette lumière ainsi réfractée. Il arrive aussi, lorsque l'air est illuminé et par lui-même et par les atomes illuminés eux-mêmes par réfraction, il arrive, dis-je, que les rayons lumineux ainsi réfractés éclaircissent l'apparence des bruns, et cet effet semble augmenté par les rayons réfractés parvenant de la source lumineuse jusqu'à notre rétine, en sorte que, si nous cachons par quelque moyen, soit la source lumineuse qui nous envoie ces rayons réfractés, soit cette lumière ambiante, nous les empêchons d'éclaircir, par leur interposition, l'apparence des bruns. Il y a donc des cas où la réfraction de la lumière étant d'une certaine espèce et portée à un certain degré, les corps obscurs nous semblent en effet éclaircis. Cependant ils semblent recouvrer une partie de leur obscurcissement, si nous garantissons notre rétine des rayons qui de la source lumineuse arrivent à elle réfractés, et qui s'interposent entre elle et les objets.

On conçoit que, quant aux ombres, là où elles sectionnent les clairs, cette illumination de réfraction concourt à les rendre vagues, fondues et plus ou moins incertaines, surtout si elles sont situées très-enfoncées dans le site ainsi illuminé. Si donc une figure qui était éclairée par une lumière directe de la fenêtre, vient à être éclairée par cette lumière voilée et réfractée à travers un chassis de papier ou de batiste, il se passera sur elle des effets tout nouveaux : 1° le luminaire étant devenu plus large, les clairs le deviendront aussi (les globes de verre égrisé réfractent la lumière d'une lampe de manière que le luminaire devient aussi large que ce globe lui-même); 2° les bruns sont adoucis par l'effet de l'air illuminé, et

qui se trouve entre le regardant et la figure; 3° cet air illuminé éclaircit les corps qui causent des reflets; 4° enfin,
l'obliquité des surfaces fuyantes n'étant plus la même par
rapport à cette nouvelle lumière plus large, il en résulte
un moindre obscurcissement sur les faces qui présentent
ces obliquités.

La réfraction de la lumière est encore très-manifestée
sur d'autres corps que sur l'air, sur les vapeurs, les brouillards, la fumée, car elle l'est aussi sur les corps solides se-
mi-diaphanes, tels que les opales, les ongles, les chairs, la
cire non lustrée, etc. C'est la réfraction qui rend si différens d'aspect le sucre, les résines, etc., lorsque ces
substances sont ou organisées en cristaux diaphanes, ou
organisées par une contexture ou un brisement qui les
rend mates et opaques.

Diffraction de la lumière.

Quant à la diffraction de la lumière, c'est une inflexion
ou détour qu'elle subit en rasant la surface d'un corps.
Ici je ne chercherai point à expliquer cette question d'optique, mais je l'indique seulement pour éveiller l'attention sur les divers phénomènes qui donnent au clair-obscur de la nature un caractère qui en rend l'imitation plus
ou moins compliquée, caractère qu'on ne saurait rendre
que par hasard, si l'on n'a pour règle que le sentiment de
l'organe, et si l'on n'est pas instruit de ces effets géométriques et naturels. La diffraction cause donc sur les limites
des corps, des effets vagues qu'il est nécessaire de faire
apercevoir dans l'imitation. On peut sentir et reconnaître
l'effet de la diffraction, en regardant en opposition avec
le soleil couchant un arbre ou une statue. On verra dis-

tinctément les rayons solaires dévier de leur route directe et se retourner en faisant un angle vers le centre
ombré de l'arbre ou de la statue.

Nous verrons, chap. 478, qu'il est probable que c'est
à la diffraction qu'il faut attribuer la cause de la manifestation des couleurs.

CHAPITRE 338.

DES DIVERS LUMINAIRES OU CORPS LUMINEUX.

Nous donnons ici le nom de luminaires non-seulement
aux corps lumineux par eux-mêmes, tels que le soleil, le
feu, la flamme, les corps phosphorescens et les corps
blancs, mais aussi aux corps reflecteurs rejaillissant la lumière qui leur est directement envoyée. Ainsi l'azur pur
du ciel aperçu à travers la fenêtre d'un lieu clos est appelé le luminaire ou le jour de cette chambre, bien qu'il
ne réfléchisse que peu de lumière solaire, si l'air est serein.
Un nuage illuminé devient un luminaire, ainsi qu'un miroir et tous les corps réfléchissans. On appelle donc illumination cet effet même de la lumière secondaire qu'ils renvoient sur d'autres corps ; mais quand les corps réfléchissans sont très-peu illuminés eux-mêmes, soit parce que
leur luminaire est faible, comparé au luminaire principal,
soit parce qu'ils sont obscurs par eux-mêmes, alors on les
appelle reflets. Or, bien que ces reflecteurs secondaires ou
reflets soient faibles, cependant, lorsque leur lumière est
reçue par des objets proches d'eux, sa réflexion qui est
alors assez sensible peut être appelée luminaire secondaire.

Considérons en particulier ces différens luminaires, et commençons par le soleil.

CHAPITRE 339.

DU SOLEIL, ET DU CARACTÈRE OPTIQUE DE SA LUMIÈRE.

LE soleil, considéré comme premier des luminaires, a une telle puissance et est élevé à une telle distance de nous, que, malgré le corps de l'air qu'il traverse, nous ne devons tenir compte ni de son affaiblissement, lorsqu'il pénètre les abymes, ni de son plus haut degré de lumière, lorsqu'il frappe la cime des montagnes.

Quand le soleil est masqué à nos yeux par des nuages, nous appelons sa lumière lumière indirecte ; mais ici supposons-le à découvert et traversant l'air libre, car c'est dans cet état que nous devons en observer le caractère et les effets optiques.

Il importe peu de vérifier ici ce qu'ont avancé certains physiciens, qui veulent que la lumière solaire, ainsi que le calorique ou la chaleur, ne soit manifestée que là où commence notre air atmosphérique, et qui croient, d'après le dire de quelques aéronautes qui s'y sont élevés très-haut, que le soleil n'y semble être qu'un disque blanc, mat, sans vive splendeur, sans radiation et sans forte chaleur, ces aéronautes ayant éprouvé un froid excessif aux régions élevées, où d'ailleurs l'air n'est plus respirable. Toutes ces questions ne sont point du domaine du peintre, lequel se propose de représenter seulement les résultats.

On peut donc avancer que, quand le soleil est à découvert, la force de ses rayons n'est pas atténuée d'une manière très-sensible, lorsqu'ils traversent même les espaces les plus obscurs et ce qu'on appelle l'air ombré.

Cependant si on reçoit un rayon solaire sur un mur placé au bout d'une longue galerie, ce rayon ne sera pas aussi lumineux lorsqu'il sera parvenu sur ce mur, qu'il l'était vers l'ouverture par laquelle il a passé. De même ce rayon qui est fort lumineux au haut d'une tour, deviendra moins lumineux au fond d'un caveau : mais encore une fois cette différence est peu sensible. On serait tenté de reconnaître encore que l'air atmosphérique affaiblit à un certain degré les rayons solaires, puisque, lorsqu'ils le traversent obliquement (le soleil étant sur son déclin), la quantité plus grande d'espace aérien qu'ils sont obligés de parcourir, semble les rendre plus faibles et moins sensibles. Mais cela provient évidemment de l'espace vaporeux et plus ou moins épais qui peut les offusquer, et qui, changeant en couleur ces rayons, absorbe une partie de leur éclat ou de leur ton. Il faut d'ailleurs observer que dans ce cas toute l'atmosphère que ces rayons ont à traverser, est moins éclairée.

Un des effets optiques que nous devons faire remarquer, bien qu'il ne s'agisse pas encore ici de coloris, c'est la propriété qu'a le soleil de développer l'énergie des couleurs des objets, quelque faibles qu'elles soient. Le rapport de sa force lumineuse avec les plus faibles couleurs est si admirable, que son éclat ne les masque jamais. Certains physiciens ont remarqué qu'en cumulant l'illumination par des verres lenticulaires, et en superposant sur des couleurs éclairées par le soleil d'autres rayons solaires par réfléxion, à l'aide par exemple, de miroirs ou de verres réfringens, on masque et on fait disparaître l'énergie des couleurs par l'effet de la très-grande activité de la lumière. Cet effet, étranger à l'harmonie naturelle, ne sert que mieux à faire reconnaître que les couleurs exposées aux rayons incolores du soleil sont développées jusqu'au maximum de leur énergie.

Indépendamment de cette propriété dont le principe intéresse le peintre, celui-ci doit en remarquer une autre : c'est que le soleil, par cela même qu'il est incolore, est conservateur de toutes les couleurs, et qu'il ne les corrompt ou ne les détruit jamais par une teinte qui lui serait particulière, ainsi que cela a lieu par l'effet du luminaire bleu du firmament, lorsqu'il est la seule source lumineuse dans un endroit fermé.

De plus l'éclat qui résulte de l'illumination directe du soleil n'est point dur ni fatiguant, ainsi que bien des personnes le croient par préjugé, car c'est l'opposition de bruns très-forts qui cause cette dureté de sensation, dureté qui n'a point lieu lorsque de semblables contrastes ne se présentent pas.

Il est faux aussi de dire que les ombres des objets illuminés directement par le soleil sont noires et rudes : elles sont seulement tranchantes, parce que la source lumineuse n'est pas vague; mais leur ton est assez doux, puisqu'il résulte de l'illumination de la partie du ciel où n'est pas le soleil, illumination qui est assez intense pour devenir la source d'un luminaire principal dans un lieu fermé. Ainsi la fenêtre placée au nord, dans un atelier, donne pour illumination un ton qui est le même que celui de l'ombre d'un corps clair exposé au soleil.

On peut conclure de ces observations générales, que la lumière du soleil est la plus belle des lumières. Les charmes d'une campagne que décorent les rayons de cet astre vivifiant en sont une preuve assez évidente. D'ailleurs mille tableaux, où l'effet du soleil est poétiquement indiqué, font reconnaître que les peintres ont recherché et senti de préférence la beauté de cette lumière. Ailleurs nous expliquerons comment on peut donner l'idée de la splendeur du soleil, quoiqu'on soit loin d'atteindre par les couleurs à son énergie. Enfin les effets optiques du soleil, en procurant des masses simples, débrouillées, distinctes et déterminées, laissent aussi dans l'esprit des idées débrouillées, distinctes et durables des formes de la nature. Je ne veux pas en tirer ici la conséquence qu'il faut préférer ce choix de lumière ; le peintre doit imiter tous les effets du clair-obscur, et ceux du jour ou de la lumière indirecte et réfléchie l'intéressent souvent autant que ceux du soleil. Mais il importait de fixer ici l'attention sur cette espèce de lumière, qui doit être étudiée et connue autant par ceux qui veulent représenter les effets de cet astre, que par ceux qui les rejettent absolument comme étant inaccessibles et hors de l'imitation. Il sera fait mention de cette objection, qui est d'une grande importance, au chapitre 379, où je traiterai des représentations semblables, mais inégales, et des moyens de la palette.

Finissons par rappeler ici une loi fondamentale d'optique et de peinture : c'est que, puisque le soleil se trouve à une immense distance de nous, ses rayons doivent être considérés comme nous arrivant parallèlement et non en cône ; cet effet a lieu aussi quant aux rayons du jour ou reflettés par le jour. Pour ce qui est des flambeaux, nous verrons qu'ils ne donnent des rayons parallèles qu'à une très-grande distance, car leurs rayons se manifestent par un cône optique, s'ils sont proches des objets.

CHAPITRE 340.

DE LA LUNE, ET DU CARACTÈRE OPTIQUE DE SA LUMIÈRE.

LA lune est un luminaire qui éclaire par réflexion, puisqu'elle réverbère l'éclat du soleil. La force de ses rayons est assez grande, ainsi que celle des rayons solaires, pour atteindre les objets à travers les plus profondes cavernes, sans qu'on puisse tenir compte de son affaiblissement : et, quand même cet affaiblissement serait sensible, l'opposition de l'air obscur de la nuit détruirait la sensation résultant de cette modification. C'est donc parce que l'air général est peu illuminé pendant la nuit, que l'affaiblissement des rayons lumineux de la lune, lorsqu'elle pénètre des cavernes profondes ou des lieux clos, n'est presque pas sensible. Au jour au contraire, comme l'air général est très-illuminé, un rayon solaire qui pénètre dans l'air obscur d'une galerie souterraine, doit nécessairement et par opposition paraître affaibli. (Voy. le chap. 355, où l'on traite des effets optiques de l'air.) Lorsque la lune est dans son plein, et que, l'air étant serein, l'éclat des étoiles, ainsi que le reste du crépuscule, illumine l'air général, la clarté de la lune est très-grande, ainsi que l'illumination qu'elle produit, en sorte qu'on peut lire à l'aide de cette clarté; cela vient de ce que les rayons lunaires n'ayant point à traverser un air trèsrembruni, leur éclat se manifeste librement sur la terre ; mais, si l'air est très-obscur, soit par l'effet des nuages, soit parce que la lune ne paraît que comme un croissant, les rayons de ce croissant doivent nécessairement perdre de leur éclat à travers l'air sombre de la nuit.

Ajoutons que les rayons lunaires sont considérés comme étant parallèles, et que l'ombrage qui en résulte est tranchant et presque sans reflets. Il est inutile d'analyser davantage le caractère optique de la lune : tous les peintres ont aperçu ce que nous aurions à leur communiquer à ce sujet.

CHAPITRE 341.

DU JOUR OUVERT, ET DU CARACTÈRE OPTIQUE DE SA LUMIÈRE.

JE crois que l'on peut donner le nom de jour à la lumière indirecte et réfléchie du soleil, c'est-à-dire, à la partie du ciel qui en réfléchit les rayons, soit que cette réflexion s'opère sur les seules vapeurs ou molécules insensibles de l'atmosphère pure, qu'on appelle ciel, soit qu'elle s'opère sur les nuages proprement dits. Dans ce cas, cette lumière indirecte est plus ou moins vive, plus ou moins vague, faible ou incertaine. Ici nous considérons le jour ouvert en pleine campagne et opérant librement et également l'illumination sur tous les objets.

Remarquons, à propos de cette égalité d'illumination, que le jour ouvert et libre diffère essentiellement du jour clos. En effet, en pleine campagne, les objets sont géo-

métriquement illuminés au même degré, sauf les accidens des nuages dont on ne tient pas compte ici, tandis
que sous un jour fermé, l'illumination sur les objets est
très-inégale, comme nous le remarquerons tout-à-l'heure.

Les rayons indirects du soleil ou les rayons du jour
ont une force moindre que les rayons solaires directs, et
ils s'atténuent plus sensiblement à travers l'air. Aussi le
crépuscule, qui n'est qu'une réflexion, est-il plus lumineux vers sa source, qui est le soleil, qu'à son point le
plus éloigné, qui en est séparé par beaucoup d'air obscur.
De même l'air obscur, qui a lieu par accident sous des
nuées sombres, doit nécessairement obscurcir aussi les
rayons du jour : mais ici on voit que ce cas accidentel
appartient au jour fermé, car ces mêmes nuées obscures
forment comme une voûte au-dessus de la terre, et en-
ferment, pour ainsi dire, les rayons du jour.

Ainsi on pourrait distinguer, au sujet du clair-obscur,
trois espèces générales d'illumination directe : celle du
soleil, celle du jour ouvert et celle du jour fermé. Quant
à la lueur des cavernes dont l'obscurité n'est interrompue
que par un filet de lumière de reflet, cet effet appartient
plutôt à l'obscurité de la nuit ; l'effet des flambeaux doit
de même être considéré comme un accident artificiel, et
l'effet de la lune comme un cas optique particulier. Nous
venons de parler des deux premières espèces générales
d'air, celle du soleil et celle du jour ouvert, parlons
maintenant du jour fermé.

CHAPITRE 342.

DU JOUR FERMÉ, ET DU CARACTÈRE OPTIQUE DE SA LUMIÈRE.

On appelle jour fermé celui qui ne parvient dans des lieux clos qu'à travers l'espace plus ou moins étroit des fenêtres ou des autres ouvertures.

Trois raisons principales sont cause des divers degrés d'illumination ou de clarté qu'on remarque dans un site quelconque, sous un jour fermé. Premièrement, le degré d'intensité lumineuse du ciel ou du jour qui pénètre par l'ouverture ou la fenêtre de ce site ; secondement, la largeur de cette ouverture ; et troisièmement, la distance ou l'éloignement qu'il y a depuis tel ou tel point, ou place du site, jusqu'à cette même ouverture.

Les jours fermés sont plus ou moins lumineux et plus ou moins sombres : tantôt le jour est produit par un nuage resplendissant qui lance ses rayons à travers l'ouverture du site, tantôt il est produit par un nuage gris et sombre, ou bien encore par l'azur profond et peu illuminé du firmament. Quelquefois le soleil étant situé de côté par rapport au site, les vapeurs de l'atmosphère réfléchissent un assez grand éclat, et le jour de la fenêtre est très-illuminé. Un site clos est donc exposé à toutes ces différences du luminaire. Aussi les peintres et beaucoup d'autres artistes sont-ils dans l'habitude de placer à leur fenêtre une surface transparente, à l'aide de laquelle ils peuvent neutraliser le grand éclat accidentel qui souvent les gêne dans la représentation du clair-obscur.

La seconde cause de l'illumination, c'est-à-dire, la largeur de l'ouverture par laquelle pénètre le jour, produit
des modifications très-variées, puisque cette largeur d'ouverture devient plus ou moins rétrécie par rapport au
point où sont situés les objets dans cet endroit clos. Si
l'on jette les yeux sur la figure 401, on verra que l'ouverture de la fenêtre qui est de deux pieds carrés par rapport au cube 2, n'est plus de deux pieds par rapport au
cube 8, et qu'elle devient beaucoup plus petite encore
par rapport au cube 14. De plus, le cube n° 15 est éclairé
par une ouverture de jour d'une largeur moindre que deux
pieds, puisque cette ouverture est rétrécie ou raccourcie
par rapport au point où est situé ce cube n° 15. Quant au
cube n° 16, il n'est éclairé que par l'épaisseur illuminée
de l'embrasure de la croisée. L'espace sombre de chaque
côté de la fenêtre, côtés plus obliques encore à la fenêtre,
ne reçoit aucune lumière directe du jour, ni même de
l'embrasure de la fenêtre. Cependant, comme il se trouve
occuper la place où l'air général de la chambre est le
plus illuminé, cette illumination générale de l'air tend à
éclaircir graduellement cet espace ombragé. A cette observation relative à l'air, se lient celles qui se rapportent à la troisième cause dont nous allons nous occuper, c'est-à-dire, à l'éloignement de l'objet à la fenêtre.

Si en plein jour il n'y a aucun degré sensible d'illumination en plus sur les objets ou sur les points du terrain
qui sont situés plus près du soleil que les autres, il n'en
est pas ainsi dans un lieu clos, et cela, parce que ce lieu
clos contient un air qui, sans la fenêtre ou le jour qui s'y
introduit, serait absolument obscur. Il doit donc arriver
nécessairement que le rayon, qui de la fenêtre pénètre jus-

qu'au fond d'une chambre ou d'un site clos, doit s'obscurcir en raison de l'éloignement ou de la profondeur de ce fond de la chambre : ainsi le cube n° 14 sera obscurci, non-seulement parce qu'il reçoit le jour par une ouverture moindre que celle qui éclaire le cube n° 2, mais il sera obscurci parce que le rayon qui l'illumine a à traverser 14 pieds d'air obscur, et que son éclat s'affaiblit en raison de cet espace.

La figure 402 représente le plan de la même chambre éclairée par une fenêtre carrée, large de 5 pieds. La seule différence qui s'y manifeste provient de la plus grande ouverture de la fenêtre, laquelle fenêtre éclaire davantage, ensorte que la dégradation des tons est moins rapide.

Les superficies qui, dans ces deux figures 401 et 402, sont représentées tournées de plus en plus obliquement au luminaire, sont censées être les superficies verticales d'autres cubes situés ainsi obliquement au luminaire. Cette représentation particulière se rapporte à la question qui va être traitée dans les chapitres 345 et 360.

Une foule de remarques pourraient être faites au sujet de cette marche géométrique, au sujet de cet effet naturel et toujours constant de la lumière. Contentons-nous de quelques-unes.

Si les rayons du jour, au lieu d'être directs, sont réfractés à travers un milieu tel que des chassis de gaze ou de papier transparent, il se manifestera dans le site une illumination d'un autre caractère. La divergence des rayons fera naître comme plusieurs sources de lumière, au lieu d'une seule; un corps placé à un grand éloignement de la fenêtre recevra un plus grand nombre de rayons, et, quoiqu'ils soient affaiblis, il se trouvera être

plus éclairé en effet. Cette nouvelle illumination provient encore de ce que les rayons étant dispersés par
réfraction et par diffraction à travers le chassis transparent, ils illuminent d'abord tout l'air général, et vont,
pour ainsi dire, éclairer les surfaces qui, sous le jour ordinaire, se trouvent évidemment dans l'ombre. De plus,
cette source lumineuse devient comme plus large, étant
plus répandue; son origine se trouve plus voisine des objets, et la dégradation moins précipitée, etc.

Une autre observation est relative à la dégradation qui
a lieu dans un site clos sur un objet vertical très-haut,
tel qu'une colonne ou une grande figure, dégradation qui
n'a point lieu en plein jour sur une colonne ou une tour,
quelque haute qu'elle soit. Ainsi donc, si la cime de cet
objet est plus haute que la fenêtre, cette cime sera moins
éclairée que le centre, et il en sera de même de la base.
Indépendamment de cette cause d'obscurcissement dans
ce cas, il faut ajouter l'obliquité au luminaire de ces deux
surfaces extrêmes hautes et basses : cette obliquité, dont
nous expliquerons le principe, diminue l'illumination
géométrique en ces deux places de la colonne ou du
grand objet. Un peintre ne saurait donc éclairer impuné-
ment sa figure de caprice et sans observer les lois de
l'optique, car tout effet manifeste une cause, et cette cause
doit être la même pour tout le système d'illumination
du site, ensorte que les contre-sens sont toujours plus ou
moins choquans. Ceux qui, pour parodier Rhimbrandt,
vont obscurcissant tout ce qui s'éloigne ou du haut ou du
centre illuminé de leurs figures, devraient savoir qu'il
est très-aisé de vérifier si cet effet est vraisemblable, s'il
provient d'une privation accidentelle du luminaire, telle

que serait un ombrage, ou s'il provient de l'obliquité de
la surface au luminaire, ou de l'étrécissement du luminaire par rapport à cette surface, ou enfin s'il est un caprice mensonger qu'aucun savoir n'a modifié.

Quant à la proportion du décroissement de la lumière
dans un lieu clos, elle peut certainement se mesurer
dans tous les cas divers, l'intensité et la largeur du luminaire étant déterminées, ainsi que le degré général d'obscurité du site. Mais nous ferons observer premièrement à
ce sujet, que le spectateur d'un tableau ne voit presque
jamais la source lumineuse, et que cela autorise le peintre
à adopter un décroissement conforme au vraisemblable
et au beau dans son clair-obscur. En second lieu nous
dirons que ce calcul se complique non-seulement par la
largeur et l'intensité réunies du luminaire, mais par les
degrés des reflets accidentels et des coupes accidentelles
d'air qui se trouvent dans le site, ainsi que par l'obliquité
de la surface au luminaire, obliquité qui résulte du plus
ou du moins d'éloignement de l'objet au luminaire, puisque l'angle d'incidence des rayons change selon cet éloignement. Un à-peu-près conforme à la décroissance générale et vraisemblable du luminaire peut donc suffire.
Au reste, si l'on ne veut pas s'assujétir aux calculs positifs
relatifs à cette question, et ces calculs sont faisables, on
peut par un moyen pratique s'assurer de l'état optique
des choses dans un cas voulu ou donné. Ainsi on peut fa-
briquer un site artificiel, ou une boîte, dans laquelle l'illumination proviendra d'une source ou d'une fenêtre proportionnelle à la fenêtre et au site véritable qu'on veut
représenter ; puis en pratiquant des ouvertures de côté,
vis-à-vis les cubes, par exemple, qu'on placerait à des dis-

tances déterminées selon le cas demandé, on comparerait avec les tons de l'amassette ces tons aperçus dans tout l'intérieur de la boîte par ces ouvertures. Ces tons étant ensuite rapprochés, on reconnaîtrait de combien un cube, qui, par exemple, est placé à égale distance de la fenêtre et du fond, est différent, quant au ton, de l'un et de l'autre extrême, ou combien il est illuminé, étant placé à un tiers, à un quart, etc., d'éloignement de la fenêtre (voy. le chap. où il est question de la manière de diviser les tons). Par ce moyen on pourra établir d'après nature les différences des tons selon leurs différens éloignemens du luminaire, et connaître la dégradation réelle et géométrique de la lumière dans un site donné.

Plus tard nous verrons que le maximum de brun, servant à obscurcir perspectivement les surfaces, n'est pas précisément le brun de l'obscurité profonde des trous, mais un brun moyen. Tout ceci se comprendra dans les leçons dont nous allons bientôt nous occuper.

CHAPITRE 343.

DU CARACTÈRE OPTIQUE DE LA LUMIÈRE DES FLAMBEAUX.

La force lumineuse des flambeaux est le plus souvent proportionnelle à leur volume. Quels que soient le volume et l'éclat des flambeaux, les rayons qui en émanent éprouvent dans l'air obscur une résistance bien plus sensible que celle qu'éprouvent les rayons du jour.

Ce qui caractérise surtout la lumière d'un flambeau, c'est que ses rayons ne sont point parallèles dans leur direction, comme le paraissent ceux du soleil, du jour et de la lune ; ils sont divergens et coniques. Il est vrai que des feux immenses, tels que des incendies, des embrase- mens artificiels, lorsqu'ils resplendissent à une distance très-grande, produisent sur les objets une projection de rayons et des ombrages parallèles ou orthographiques ; mais nous supposons l'objet peu éloigné du foyer, et nous ne parlons que des flambeaux moins grands que les objets.

Quand on place au milieu d'une chambre une lampe, et surtout une lampe gazée, on est frappé de la diffé- rence qu'il y a entre ces effets de clair-obscur et ceux du jour, et cela vient de la différence du principe lumineux, car tous les objets de la chambre reçoivent géométri- quement la même intensité de lumière, lorsqu'ils sont à angle droit avec elle. D'après cet exposé, on reconnaîtra que les tons des objets qui sont placés vis-à-vis la lumière d'un flambeau, sont sujets à moins de variations que ceux des objets éclairés par le jour ; la progression des tons y est donc graduée d'une manière, pour ainsi dire, uniforme et régulière, la diminution de la grandeur du flambeau se trouvant être à peu près nulle, même à quelques pieds de distance de lui.

On conçoit encore que, vu l'exiguité du luminaire et vu l'obscurité de l'air, un rayon lancé par un flambeau perd promptement son éclat, et qu'il procure une très-faible illumination à une distance, par exemple, de quinze pieds [1].

[1] Il est reconnu en physique que, lorsque la lumière tombe sur un plan, le degré de clarté qu'elle y produit est plus ou moins grand, sui- vant que le corps lumineux est plus ou moins près. Ce degré de clarté est en raison inverse du quarré de la distance au corps lumineux, en faisant toutefois abstraction de l'influence du milieu. Ainsi à une dis- tance 1, la clarté sera 1 ; à une distance 2, elle sera $\frac{1}{4}$; à une distance 3, elle sera $\frac{1}{9}$, etc.

Il est inutile; je pense, d'entrer dans des détails que chacun peut tous les jours vérifier; nous nous contenterons d'indiquer ces effets par une figure explicative. (Voy. fig. 4o3.)

CHAPITRE 344.

DES CORPS RÉFLÉCHISSANS CONSIDÉRÉS COMME PRINCIPAUX LUMINAIRES.

NON-SEULEMENT le soleil, la lune, le jour ouvert et les flambeaux ou les feux sont des luminaires principaux, mais souvent certains corps vivement illuminés par ces principaux luminaires, deviennent eux-mêmes des luminaires directs par rapport aux objets qui en reçoivent l'illumination. On objectera peut-être que la lune et le jour ne sont que des réflecteurs éclairés par le soleil; mais on doit dire que la lune et le jour n'en sont pas moins des luminaires principaux, puisque l'un dissipe les ténèbres, et l'autre jette un assez vif éclat, lorsque l'astre du jour cesse d'éclairer la terre. Ainsi un nuage vivement illuminé suffit souvent pour éclairer fortement les objets; une muraille frappée du soleil peut fournir une source lumineuse principale, et dans ces cas, les rayons sont toujours parallèles. Le peintre calculera donc la largeur de ces sources lumineuses, de même que leur énergie, qui trouve plus ou moins de résistance à travers l'obscurité de l'air qu'elles pénètrent, et il opérera selon ces degrés d'illumination.

CHAPITRE 345.

COMMENT LES LUMINAIRES OPÈRENT L'ILLUMINATION SUR LES OBJETS.

Les rayons solaires ou du jour, lorsqu'ils rencontrent un corps, manifestent sensiblement sur ce corps une illumination, et cette illumination est plus ou moins vive, selon que ce corps est, par lui-même et indépendamment de son opacité, ou clair ou brun.

De plus, un rayon du jour produit différens degrés d'illumination, non-seulement en raison de la clarté et de l'opacité des objets qu'il rencontre, mais aussi en raison de la résistance qu'il trouve pour être réfléchi sur les faces de ces objets. Ainsi, si le plan ou la surface de ce corps qui reçoit le rayon, est perpendiculaire sur ce rayon, ou, ce qui est la même chose, parallèle au luminaire, ce rayon trouvera une grande résistance et produira une vive illumination sur cette surface. Si au contraire la surface ou le plan qu'il atteint, offre peu de résistance, cette surface étant posée de biais ou obliquement, le rayon s'échappera, pour ainsi dire, glissera et produira peu d'illumination. Il importe de bien se rappeler cet effet optique sur les corps ou obliques ou perpendiculaires au luminaire.

Ce principe d'affaiblissement de la réflexion lumineuse sur les surfaces obliques, principe évidemment constant, s'explique par la pression des rayons qui dans cette direction oblique sont, pour ainsi dire, embarrassés les uns par les autres, et qui ne manifestent pour cela qu'une illumination modérée. Il arrive aussi que si nous considérons de côté un carton placé au jour, ce carton nous semblera moins lumineux qui si nous le considérons de face. De plus, si nous le tournons obliquement au jour, il réfléchira moins de lumière; et si, le laissant dans cette position oblique au jour, nous le considérons plus de côté, il nous semblera encore moins illuminé. Les surfaces noires sont dans ce cas, c'est-à-dire que, quand elles sont aperçues de côté, elles apparaissent moins noires que quand elles sont aperçues de face. Il en est de même de toutes les surfaces colorées, lesquelles manifestent moins d'énergie colorée lorsqu'on les considère de côté. J'oubliais de dire que par surface noire on doit entendre aussi les surfaces ombrées ou ombragées, et dont le ton obscur s'affaiblit, lorsqu'il est vu obliquement. Mais dans ce cas, on suppose qu'il y a absence de reflets et de luisans, et qu'il ne s'agit pas non plus de surfaces raboteuses ou inégales, etc. N'est-il pas surprenant que des observations aussi simples, aussi nécessaires, ne se trouvent consignées dans aucun livre élémentaire de peinture?

CHAPITRE 346.

DES OPPOSITIONS CONSIDÉRÉES COMME CAUSES DE NOS ERREURS DANS L'OBSERVATION ET DANS LA REPRÉSENTATION.

Tout corps réellement blanc et éclairé par la lumière du jour, paraîtra d'autant plus lumineux qu'il sera en opposition directe avec des masses très-obscures et très-grandes en même tems. Un flocon de neige, lorsque nous le distinguons dans les airs, se détache en brun sur le ton clair que la lumière répand dans le ciel; si ce même flocon passe devant un nuage obscur, il reparaît blanc en raison de l'opposition de ce fond sur lequel il se détache; s'il s'interpose enfin vis-à-vis l'ouverture très-brune d'une fenêtre, il semble bien plus éclatant encore, c'est-à-dire, qu'il nous laisse l'idée de ce blanc archétype auquel on rapporte tous les autres blancs. Ce seul exemple démontre déjà suffisamment que, pour juger et connaître un ton géométrique, il faut se méfier des oppositions qui avoisinent ce ton.

Regardez à travers le trou d'une palette divers objets quelconques : si vous placez la palette de manière que sa surface reluise, les objets vus à travers le trou paraîtront ternes et sombres; si vous inclinez la palette obliquement de manière qu'elle paraisse brune, les mêmes objets paraîtront aussitôt lumineux et brillans.

Quand le soleil luit dans les tems orageux, les nuages paraissent se noircir subitement. Ce changement cause même quelquefois de l'alarme; cependant ils ne s'obscurcissent point géométriquement : mais que le soleil soit caché, et que l'air s'obscurcisse, aussitôt les mêmes nuages semblent reprendre leur premier ton. L'oscillation d'une lumière dans une chambre dont la fenêtre ouverte laisse voir un ciel de nuit, fait paraître ce ciel oscillant lui-même et passant rapidement du demi-clair à l'obscur et au très-sombre, selon que la lumière augmente ou diminue rapidement elle-même d'intensité par l'effet soit du vent, soit de toute autre cause. Lorsqu'on souffle le feu, les mêmes oppositions rapides ont lieu.

Nous avons déjà remarqué que tout est opposition
dans les sensations oculaires, et surtout dans le clair-obscur. Qui ne sait pas que sur une colonne éclairée par le
soleil, l'ombre ne paraît forte et obscure qu'à cause de
l'éclat de la partie éclairée, mais qu'au fait, cette ombre
est plus claire que s'il ne paraissait pas de soleil? Qui ne
sait pas que des cheveux qui semblent bien obscurs sur
un fond clair, vont sembler clairs sur un fond très-brun,
et que, sans la comparaison offerte par le lumineux du
visage, ces mêmes cheveux deviendraient optiquement
ou clairs ou bruns, selon le fond qu'on leur opposerait,
ensorte qu'on se tromperait sur le ton réel ou géométrique de ces cheveux?

Faites avec du papier très-blanc un rouleau, tenez-le
perpendiculairement et de manière qu'il reçoive le jour
latéralement par rapport au spectateur, opposez à ce cylindre un fond brun; dans cette opposition, l'œil peu
exercé verra la forte lumière sur le bord du rouleau du
côté exposé au jour, illusion produite par le brun qui lui
sert de fond, et par l'éblouissement résultant de cette
opposition. En effet, si vous remplacez le fond brun par
un fond blanc qui soit le plus possible exposé à la lumière,
et qui soit situé en conséquence par rapport au spectateur, il n'y aura personne qui ne voie alors que la partie
fuyante du rouleau, qui semblait très-claire, n'est plus
qu'un demi-ton qui se détache en brun sur ce fond blanc
éblouissant, ensorte que le clair le plus vif de ce rouleau
s'apercevra sur la partie perspectivement plus claire, et
que le ton du tournant ou de la surface fuyante paraîtra obscurci.

Tous ceux qui entreprennent d'étudier l'art du dessin

ou de la peinture, doivent bien se pénétrer d'une vérité, c'est que les erreurs dans lesquelles nous font tomber nos sens sont infinies, et que le plus grand nombre proviennent des oppositions qui nous font sembler les objets différens de ce qu'ils sont en effet. Enfin, autant les oppositions sont nécessaires dans un tableau, autant elles sont à redouter quand il s'agit de juger de la nature géométrique des objets.

Prouvons maintenant que la quantité dans la masse claire équivaut à l'intensité, ou, pour parler autrement, prouvons que la sensation noire ou blanche est plus forte sur une grande masse que sur une petite, et qu'alors on croit ce noir ou ce clair plus intense. Employons un exemple. Si le banc dont on voit le plan figure 144, est de pierre blanche et d'un ton égal partout, et si l'on aperçoit ce banc perspectivement tel qu'il est représenté dans la fig. 145, l'extrémité B, qui est la plus raccourcie, semblera plus claire que l'autre extrémité C, parce que la première offre une plus grande surface claire contiguë.

Cet exemple peut aussi, soit dit en passant, être pris pour preuve du vraisemblable de dimension. En effet, le côté B raccourci semble plus large que l'autre, et donne une idée peu exacte de la forme géométrique de ce banc.

Bientôt nous verrons comment on doit user de l'art des oppositions au profit du vraisemblable et du beau. Ici il ne s'agissait que de donner une idée de ce qu'on doit entendre par oppositions en fait de clair-obscur.

CHAPITRE 347.

DE CE QU'ON APPELLE OMBRE.

S'IL ne nous appartient pas de rien changer au vocabulaire ordinaire, il est cependant de notre devoir de rechercher l'acception qu'on doit, dans la théorie, donner
à certains mots assez mal employés, et de faire distinguer
les vrais termes techniques d'avec les termes vagues et
impropres dont on se sert souvent dans les écrits sur l'art.
Ainsi nous dirons que par *ombre* on entend, dans le langage ordinaire, et les faibles degrés de lumière opposés
aux plus forts degrés, et les privations de la lumière directe par l'interposition de quelques corps opaques, et
aussi l'obscurité de l'air ou de l'espace. D'après cela,
quand on dit les ombres de la nuit, les ombres d'un tableau, l'ombre du soleil, l'ombre d'une boule, on ne
s'entend pas techniquement sur toutes ces expressions,
d'autant plus que l'on confond encore l'ombre géométrique ou telle qu'elle est, avec l'ombre perspective ou
telle qu'elle paraît, et quelquefois même l'ombrage porté
sur le terrein avec l'ombre du corps lui-même. Aussi
a-t-on senti la nécessité d'adopter dans l'art de la peinture un terme général et technique, et on a usé du mot
clair-obscur, parce qu'en effet il s'agit du clair et de
l'obscur, des degrés géométriques et perspectifs de l'un
et de l'autre, tandis qu'en se servant du mot ombre, on
ne se fût pas aussi bien entendu. Par exemple, on s'exprime vaguement, quand on appelle ombre ou demi-om-

bre [1] l'obscurcissement qui résulte de la position plus ou
moins oblique d'une surface par rapport à l'œil du spectateur, car le mot ombre ne doit être employé que pour
signifier les degrés de privations du luminaire sur les
surfaces. Il est donc bien plus simple de n'employer que
le mot lumière ou ton, et de dire : cette surface est plus
ou moins privée de lumière; notre vision ou l'obliquité
de cette surface en rend le ton plus ou moins obscur,
plus ou moins sensible.

Quant au mot demi-teinte, il est tout au plus propre
au coloris, et il ne doit point être employé à propos des
divers degrés d'obscurité ou de clarté des tons. Aussi
bien des peintres ne sont pas compris, quand ils disent les
demi-teintes plus ou moins vigoureuses, etc., pour dire
les fortes privations de la lumière; en effet, on serait plutôt porté à croire qu'ils n'entendent que les très-faibles
privations de la lumière. Mais comme un fond très-brun
semble, par opposition, éclaircir les ombres, ils appellent alors demi-teintes ce qu'ils appeleraient ombre, si
le fond devenait clair. On voit donc que les termes des
ateliers sont fort incertains aujourd'hui, et qu'ils contribuent à embrouiller la théorie de la peinture.

Mais, pour en revenir au mot demi-teinte, je dirai que
ce terme est impropre même dans le coloris. Car qu'est-ce
qu'une demi-teinte? Ce ne peut être qu'une teinte altérée
de moitié; or cette altération pouvant être produite par
le mélange de mille sortes de couleurs, cette teinte ainsi
altérée n'est point une demi-teinte, c'est une teinte rom-

---

[1] On dit aussi pénombre, pour dire presqu'ombre, comme on dit pé-
ninsule, pour dire presqu'île; mais, quand il ne s'agit que de l'aspect, et
non de la privation du luminaire, il faut dire demi-ton, demi-clair, etc.

---

pue ou demi-rompue : c'est ainsi qu'un rouge rendu violet par du bleu, serait une demi-teinte, s'il était aussi éloigné du rouge élémentaire qui le composait d'abord, qu'il se trouve éloigné du bleu qui l'a altéré. Or on reconnaît que, dans ce sens, le terme demi-teinte est fort insignifiant, ou du moins très-peu précis.

Comme ici je n'ai fait que parler de l'acception du mot ombre, l'élève ne trouvera point ce qu'il aura probablement le désir d'apprendre relativement à la transparence, aux degrés d'ombre, aux ombres portées, etc. ; toutes ces questions se trouveront traitées en leur lieu : et, à ce sujet, je dois avertir que l'étude que l'on fera de notre table des chapitres sera très-utile, et pour le profit qu'on peut retirer de ce traité, et pour débrouiller les idées sur des questions que l'on n'est que trop souvent porté à confondre.

CHAPITRE 348.

DE CE QU'ON APPELLE OMBRAGES.

L'OMBRAGE est l'obscurité que cause un corps opaque, lorsqu'il intercepte les rayons du luminaire dirigés sur un autre corps. On doit nécessairement distinguer les objets ombragés des objets dits ombrés, et ne pas appeler ombrés, mais ombragés, les objets qui reçoivent l'ombrage. C'est parler correctement, que de dire : un front ombragé, un gazon ombragé, se reposer à l'ombrage, etc.

Plus le point ombragé est proche du corps portant ombrage, plus l'ombrage est fort de ton et tranchant à son contour. Au contraire, plus il est éloigné, plus l'ombrage est faible de ton, plus les contours ou les bords se fondent ou se perdent d'une manière insensible. Cet effet s'explique facilement, puisque le corps qui intercepte et qui est très-proche de la superficie sur laquelle il produit ombrage, empêche un plus grand nombre de rayons d'atteindre cette superficie, que s'il en était éloigné. Le chapitre 423 contribuera à expliquer cette question.

CHAPITRE 349.

DE CE QU'ON APPELLE REFLETS.

On a distingué par le nom de reflets les illuminations produites par des reflecteurs secondaires, placés plus ou moins en opposition avec le luminaire principal. Les reflets sont donc des réverbérations lumineuses, ou des luminaires subordonnés qui éclaircissent les ombres, les ombrages et tous les bruns. Les objets, causes de ces reflets, étant plus ou moins voisins de ces ombres ou de ces bruns, y rejaillissent à différens degrés une portion de la lumière qu'ils reçoivent eux-mêmes.

Ainsi les reflets, ou, si l'on veut, leur apparence varie en raison de l'éclat des corps qui les produisent, en raison de la proximité ou de l'éloignement de ces corps, en raison de l'organisation des corps obscurs auxquels ils s'associent, en raison des oppositions, et généralement parlant, en raison de la situation de l'œil qui les considère. Aussi peuvent-ils être vifs, tranchans et de moyenne étendue; faibles, vagues, et d'une expansion plus ou moins prolongée; rudes enfin, ou presque indiscernables.

Bientôt nous verrons de quelle ressource ils peuvent être, quant au vraisemblable et au beau : nous verrons aussi s'ils sont nécessaires et comment on doit opérer pour les représenter.

CHAPITRE 350.

DE LA RÉFLEXION QUE SUBIT LA LUMIÈRE SUR LES CORPS MATS.

Quand la lumière tombe sur un corps inégal, mou ou raboteux, elle s'y imbibe, en se réfractant; elle se repand sur toutes ses parties, en éclaire les innombrables inégalités, et y prend par conséquent la plus grande étendue possible. Mais, si la lumière rencontre un corps dur et poli, elle est repoussée, se réfléchit vivement; et, si le corps est très-poli et la lumière très-vive, elle lance de ces corps un jet de rayons : c'est ce qu'on observe sur les métaux, les marbres, les eaux, etc.; elle est donc plus large et moins brillante sur les corps mous, plus serrée et plus éclatante sur les corps durs et polis.

D'autres corps non-seulement sont mats, mais offrent même une espèce de velouté sur leur surface. Ce velouté ou ce duvet est composé d'une foule de petites particules qui interposent devant la couleur propre du corps de l'objet une espèce d'ombre et une espèce de clair qui, variés suivant la nature de ces corps, composent un mélange dont la combinaison n'est pas facile à analyser. Or

le peintre ne saurait exprimer véritablement cette apparence par une couleur simple, lisse et bien fondue sur la
toile ; il faut qu'il emploie, pour y parvenir, des teintes
superposées : certaines étoffes, certains corps poreux,
mats et veloutés offrent ces effets de lumière.

CHAPITRE 351.

DE LA RÉFLEXION QUE SUBIT LA LUMIÈRE SUR LES CORPS POLIS ET LUISANS.

LES corps polis et luisans mirent ou réfléchissent les
rayons des luminaires directs, ainsi que ceux des luminaires subalternes, sources des reflets. Plus le luminaire
est large, plus le corps réfléchissant, lorsqu'il mire sans
déformation et sans altération de volume, produit un
large luisant.

Ici nous distinguons les luisans d'avec la réflexion par
l'eau ou par les surfaces planes. Cette sorte de réflexion
est censée le résultat de miroirs fidèles, tandis que les
luisans sont manifestés sur les courbures des corps polis,
quelque petites que soient ces courbures.

Il y a des demi-luisans différens des luisans proprement
dits. Le marbre non-poli réfléchit un demi-luisant, et s'il
est poli il réfléchit un luisant vif et tranchant. Il arrive donc
que, sur les corps mats, ce qu'on eût appelé le luisant,
ne peut être appelé que le plus grand clair ; mais toujours ce plus grand clair existe, quoiqu'il semble se confondre dans le clair général.

De plus, il y a des corps mats, tels que la laine blanche,

certaines liqueurs moussantes, etc., qui, au milieu de leur
ton mat, laissent reluire ou mirer une foule de particules
scintillantes et brillantes par réfraction.

On aperçoit déjà combien le luisant est différent sur un
front dont la peau est lisse et tendue, ou sur un front couvert d'une chair plus épaisse et plus molle; sur une joue
veloutée ou sur l'angle du nez, sur la partie humide de
l'œil ou sur les cheveux, sur une étoffe enfin qui sera
pleine et moelleuse, ou sur un autre qui sera sèche, lisse
et cassante, sur une gaze ou sur un nœud de satin. Enfin
l'éclat du luminaire contribue aussi au caractère du luisant, car sous un jour voilé les corps polis mirent ou manifestent des luisans moins aigus et moins piquans que
sous la lumière du soleil. Aux chapitres 425 et 433, nous
verrons comment il faut procéder pour représenter avec
justesse les luisans.

CHAPITRE 352.

DE L'ABSORPTION DE LA LUMIÈRE PAR LES CORPS DIAPHANES.

La différence qu'il y a entre un corps transparent et un
corps opaque, consiste en ce que les rayons de lumière
pénètrent dans le corps transparent et passent quelquefois même à travers, tandis qu'ils s'arrêtent sur la superficie des corps opaques et s'y réfléchissent. Voilà pourquoi
nous voyons qu'un morceau de résine, telle que la sanda-
raque, est transparent, à cause de la contexture uniforme
de ses parties, et qu'il ne l'est plus du moment qu'il a

été brisé et réduit en poudre. Il paraît donc alors blanchâtre, jusqu'à ce qu'on mêle avec ses particules un corps
naturellement diaphane, tel qu'une huile volatile, ce qui
lui rend sa transparence première. A l'aide de cette liqueur dissolvante qui s'introduit et s'insinue parfaitement
entre les particules de cette résine, il résulte de nouveau
une matière uniforme, dont l'organisation nouvelle est
analogue à la première, quant à la transparence. Voilà
aussi pourquoi l'huile donne en général une certaine transparence aux couleurs matérielles, par la raison qu'elle est
un corps qui, liquide d'abord, s'insinue dans les couleurs,
s'y épaissit sans s'évaporer, puis, se durcissant par une
organisation qui produit une demi-transparence, laisse
les couleurs imprégnées de ses particules, permet à la
lumière de les atteindre et de se réfléchir librement sur
l'intérieur même de ces particules.

Il y a des corps diaphanes composés de diverses teintes
mêlées, passées et transparaissant les unes dans les autres,
telles sont les teintes de la carnation, celles de certains
fruits ; tel est encore l'air qui est transparent dans toute
sa profondeur immense, qui tient en suspend des vapeurs
diversement illuminées et réfléchissant à des distances
diverses toutes sortes de couleurs légères dont le caractère est souvent fort incertain.

On trouve dans l'encyclopédie in-fol. des recherches
assez étendues sur la diaphanéité et sur l'opacité.

CHAPITRE 353.

DES PROFONDEURS OBSCURES OU DES BRUNS DANS LES TROUS.

Un des effets optiques dont l'imitation importe beaucoup pour produire en peinture l'énergie de la nature, c'est celui qui est manifesté dans les creux ou les trous, au fond desquels la lumière ne saurait pénétrer. Ces bruns procurent une opposition et une légèreté qu'il faut savoir répéter, mais à l'énergie de laquelle n'équivaut presque jamais l'intensité des bruns matériels de la palette, qui réfléchisent toujours plus ou moins la lumière.

Il y a plusieurs observations à faire sur la représentation de ces bruns profonds ; mais ici nous devons nous borner à l'exposé du caractère géométrique de ces tons, et ce n'est pas le lieu de parler des moyens de les imiter. Cependant je ferai observer que cette intensité des tons dans les creux profonds est presque toujours affaiblie perspectivement par l'illumination de l'air interposé entre l'œil et ces creux obscurs, illumination ou coupes particulières d'air clair qui résultent de la clarté des objets avoisinant ces bruns ou ces trous. (Voy. les chap. 431 et 512.) Dans un système de luminaire vague et réfracté, les tournans où les grandes obliquités même étant peu privées de lumière, l'obscurité brune des trous est très-sensible par opposition. Aussi Paul Véronèse et autres ont-ils touché vigoureusement ces creux ou sillons bruns dans lesquels la lumière a peine à pénétrer. Quand au contraire

les effets sont vigoureux, et que l'air est obscur et le luminaire étroit, les bruns des trous sont moins apparens,
quoique plus bruns réellement que ceux qui, dans les effets vagues sont si distincts, par opposition. Tenons-nous-
en à ces indications.

CHAPITRE 354.

DES PROFONDEURS OU DES SILLONS LUMINEUX.

Certaines substances, telles que le plâtre, par exemple,
offrent dans les creux exposés au jour, des réflexions lumineuses qui proviennent principalement de la cumulation des rayons réverbérés mutuellement par les surfaces
parallèles de ces creux, plusieurs points recevant d'ailleurs à angle droit, dans ces creux, la lumière du jour
qu'ils renvoient très-vivement. Le caractère mat de ces
substances contribue aussi à produire ces traits ou ces
sillons vifs en clarté.

Bien que nous ne parlions pas ici de la manière de représenter ces effets, nous dirons que dans cette représentation doit être exprimée l'influence de l'air qui sépare ces
sillons d'avec les superficies au-delà desquelles ils se trouvent enfermés. En effet, si, au lieu de peindre ces traits
lumineux d'une manière fine et adoucie par l'air, on leur
laissait la rudesse d'une couleur brute appliquée grossièrement sur la toile, on ne représenterait point une profondeur. Faisons remarquer à ce sujet que les pierres gravées
en creux, et qui, par une illusion assez fréquente, semblent sous certains aspects être de relief, ne semblent pas

cependant être telles à un œil exercé, parce que les parties qui simulent le relief étant effectivement creuses, n'ont pas le caractère optique de fermeté et de proximité propre à l'apparence du relief; de même les arêtes de la superficie creusée n'expriment pas juste des tournans et des fuyans, par cela qu'elles sont en effet plus proches de l'œil et trop sensibles, faute des modifications par l'air.

Au surplus, ces sillons lumineux sont beaucoup plus sensibles et plus déterminés du côté illuminé des objets, que du côté opposé; beaucoup moins sensibles sous un air noir, que sous un air clair, etc.

Remarquons maintenant que, de même que les trous obscurs sont éclaircis en apparence par l'air illuminé que produisent accidentellement certains plans réfléchissans placés en avant de ces trous ou près d'eux, de même, si les faces voisines ou placées en avant de ces sillons lumineux étaient fort obscures, elles priveraient de clarté l'air voisin de ces creux, et en abaisseraient l'éclat.

CHAPITRE 355.

DE L'AIR ET DE SES EFFETS OPTIQUES.

La question relative aux effets optiques de l'air est une des plus essentielles de l'art de représenter. En effet, l'air existe partout, et le peintre est obligé de tenir compte des modifications ou réelles ou apparentes qui résultent de son influence et de son caractère. Aussi, en représentant les effets de l'air, le peintre semble-t-il représenter l'air lui-même; et, bien que sa toile soit matérielle et sans profondeur, il la rend, pour ainsi dire, aérienne, il la fait disparaître, et, malgré elle, il parvient à exprimer l'espace.

La première observation à faire au sujet du caractère optique de l'air, c'est qu'il est un corps, et que bien qu'il soit souvent pur dans sa transparence, il offre par lui-même assez de résistance aux rayons qui le traversent, pour les affaiblir et pour atténuer la sensation que les objets vus même de près, et non à travers un grand inter-vallé d'air, produisent sur le spectateur.

De plus, le corps de l'air étant pénétrable aux rayons du jour, il est susceptible d'être ou illuminé ou non illu-miné; mais cette propriété provient moins du corps de l'air lui-même, qu'elle ne provient des atomes et des va-peurs ou gaz suspendus et flottans dans son milieu, et qui eux-mêmes réfléchissent la lumière. Si donc le soleil, ou la lune, ou les feux, etc. éclairent la terre, ils illuminent par conséquent l'air, ou les atômes et les vapeurs qui y sont répandus; si au contraire la nuit a lieu, l'air est lui-même obscur en raison de la privation de luminaire.

Il résulte de ce caractère de l'air, qu'il affaiblit cons-tamment par sa résistance l'apparence des objets qui le traversent, pour arriver et se peindre sur notre œil; il ré-sulte de plus que, lorsqu'il est illuminé, il éclaircit en apparence le ton des objets obscurs que nous considérons à travers lui, et que s'il est obscur ou non illuminé, il obscurcit en apparence le ton des objets clairs ou lumi-neux.

Ainsi, par un air clair ou illuminé, par exemple, on voit moins noir ce qui est noir, et par un air obscur, on voit moins blanc ce qui est blanc. De même, on peut dire, pour prendre un terme moyen, qu'on voit tout aussi gris

de loin ce qui est gris, lorsque l'air est gris lui-même.
Voilà déjà qu'est indiquée la nécessité de distinguer l'air
clair, l'air obscur et l'air gris.

Mais, comme nous avons dit que l'air offrait de la résistance aux rayons, nous remarquerons de plus que ces trois
sortes d'objets, les noirs, les blancs et les gris seront, ainsi
que leurs intermédiaires par conséquent, affaiblis en apparence de la première façon que nous avons indiquée, c'est-
à-dire que le degré de sensation qu'ils exercent sur la rétine
sera proportionné à la quantité d'air qu'ils traverseront pour
arriver jusqu'à nous, de sorte qu'on verra moins bien ces
objets noirs, blancs et gris : et remarquons relativement à
l'objet gris, que, s'il n'est pas changé en apparence de ton
sous un air gris, il est cependant affaibli en ce qu'il est
moins vu, c'est-à-dire, moins sensible. Or, comme il n'y a
point d'objets dans la nature qui ne soient composés de
détails, soit de petites formes, soit de petites nuances ou
taches, il arrive que l'objet le plus poli, le plus uni, est
néanmoins fort différent en force d'apparence, lorsqu'il
est vu de près et à travers très-peu d'espace aérien, que
lorsqu'il est vu de loin, et que beaucoup d'air le sépare
de nous : c'est-à-dire que de près on en distingue tous les
détails, toutes les petites formes et taches, et que de loin
tous ces détails sont vagues, insensibles et perdus.

Nous pourrions ici prendre pour comparaison l'effet et
la sensation du son, lorsque la source du bruit est proche
ou lointaine, et que ce bruit a plus ou moins d'air à traverser, pour arriver jusqu'à nous. Nous pourrions encore
assimiler l'air à une eau ou à un crystal plus ou moins pur
et à travers lequel nous voyons plus ou moins bien, c'est-à-
dire, distinctement et fortement les objets, soit que cette

eau soit illuminée, soit qu'elle soit ombrée; en effet, si
nous plongeons un bâton verticalement dans une fon-
taine profonde, la partie du bâton qui sera au fond et loin
de notre vue, paraîtra moins détaillée, moins distincte,
sera moins sensible enfin que la partie qui sera hors de
l'eau ou peu enfoncée dans l'eau; les poissons qu'on aperçoit dans la profondeur de la mer, sont moins sensibles
à la vue, moins détaillés en apparence que ceux qu'on
découvre à sa superficie, et cependant il arrive souvent
que ceux qui sont dans le fond, sont blancs, très-colorés
et chargés de taches, et que ceux qui sont plus proches
de nous, sont gris et tout unis, ce qui n'empêche pas que
ceux-ci ne nous semblent proches par cet effet de l'eau
et indépendamment des diversités de ton et de couleur
qui les distinguent.

Ceci avertit déjà du principe que nous expliquerons
plus bas, que le clair ou l'obscur en peinture ne produit
ni le près ni le loin; qu'embrunir un ton ce n'est point
le faire fuir, et qu'éclaircir un ton ce n'est point le tirer
en avant. Ce qui tire plus ou moins en avant, c'est ce qui est
plus ou moins sensible; c'est ce qui est distinct, détaillé et
fortement apparent. Ce qui fuit en peinture, c'est le faible
de sensation, c'est le peu détaillé; c'est ce qui est pur,
immatériel, absorbant la lumière et ne la réfléchissant
point, etc. Nous verrons, lorsqu'il sera question de la
touche et du matériel, combien ils importent, pour faire
sentir cet effet de l'air, ce près et ce loin, qualités que la
perspective linéaire seule ne peut pas complètement exprimer, puisqu'elle n'a, outre la réduction de dimension,
que la force ou la rudesse du trait pour moyen.

Quant à l'autre effet, je veux dire la clarté ou l'obscu-

rité de l'air, soit par rapport aux objets, soit par rapport
à leur apparence à travers cet air ou clair ou obscur ou
demi-obscur, et que j'ai appelé air gris, nous verrons que
cet effet peut être exprimé par des calculs aussi certains
que ceux de la perspective des lignes, et qu'il est soumis
à des rapports tout à fait analogues.

Si les choses ne se passaient pas ainsi que nous venons
de l'observer, si l'air n'était point un corps optiquement
parlant, tous les objets éloignés viendraient se peindre
d'une manière si forte sur notre rétine, et cela, malgré la
petitesse des angles visuels, que notre vue serait comme
accablée par les tons, les couleurs et les formes de ces objets, en sorte que nous ne pourrions juger des distances
que par la petitesse de l'angle visuel. Mais dès l'enfance, nous commençons à bien juger des distances par
le seul moyen de la modification aérienne des tons, moyen
qu'emploie si merveilleusement la nature.

Il semblerait donc que l'air seul, proprement dit et
s'il était absolument pur, laisserait traverser la lumière
sans la réfléchir; car, dans un diamant ou un cristal de
roche pur, nous remarquons que le passage de la lumière
ne laisse pas de trace lumineuse, parce que la lumière ne
rencontre que très-peu de corpuscules réfléchissans. Si
donc l'air était pur, il serait sans lumière visible; aussi,
quand l'atmosphère est pure, le firmament paraît-il presque sans clarté. Mais, comme il n'arrive presque jamais
que l'air, l'eau de la mer, les cristaux soient purs absolument, et que d'ailleurs ceux-ci contiennent plus ou moins
d'air, il résulte que la lumière est plus ou moins réfléchie par des corpuscules qui en altèrent la pureté, ensorte
que, malgré la transparence ou la transmission des rayons

du luminaire, toujours les rayons sont réfléchis, réfractés ou diffractés sur quelques points de ces corps étrangers suspendus dans l'espace.

Quand l'air est très-pur, nous distinguons les objets et les sons de très-loin. Un air pur et dense peut être, par rapport à un air impur et dilaté, comparé à un diamant par rapport à un verre. La continuité des molécules de l'air et leur contexture, lorsqu'il est dense, sont favorables à la propagation du son, comme à la propagation de la lumière et des couleurs ; mais, si l'air est impur, étant chargé de gaz et d'atomes, la sensation optique sera affaiblie dans des proportions perspectives.

Il résulte de tout ce qui précède que le peintre doit distinguer deux effets ou deux propriétés optiques dans l'air : 1° la propriété d'affaiblir perspectivement ; 2° la propriété d'éclaircir ou de brunir selon qu'il est clair ou brun, et ces deux dernières propriétés ont lieu géométriquement et perspectivement, c'est-à-dire que, quand l'air est obscur, les objets sont géométriquement obscurcis dans cet air, et que de plus ils le sont perspectivement par rapport à celui qui les regarde de telle ou telle distance. Nous reviendrons sur cette question.

L'imagination nous fait faire, au sujet de l'affaiblissement, une supposition, c'est que dans une machine pneumatique, où l'on aurait produit le vide, un objet devrait être mieux vu que dans la même machine où l'on aurait laissé subsister l'air.

Nous avons avancé que la propriété qu'a l'air d'illuminer, provient de la présence des vapeurs, gaz et atomes suspendus et flottans dans son sein. Reprenons cette proposition.

Il faut reconnaître qu'il existe des atomes ou molécules, et des vapeurs qui flottent dans l'air (peu importe ici quel est le caractère physique ou chimique de ces molécules ou vapeurs, puisqu'il ne s'agit que d'une digression d'optique). Ces molécules ou atomes reçoivent à travers l'air et modifient la lumière de mille façons ; et de ces combinaisons de réflexion, de réfraction ou de diffraction, il résulte que l'air ou l'espace aérien est plus ou moins illuminé, de même qu'il peut être plus ou moins coloré de telle ou telle teinte, ou obscurci de telle ou telle ombre appartenant à ces corpuscules. Quant aux vapeurs, elles sont plus ou moins gazeuses ou épaisses, et leur caractère optique est d'être réfringentes, c'est-à-dire, propres à briser et à réfracter plus ou moins les rayons lumineux qui à travers l'air les atteignent.

Pour se convaincre de la présence des atomes et des gaz hydrogènes ou autres dans l'air, il n'y a qu'à s'aider d'une illumination favorable à l'apparence de ces mêmes atomes ou gaz. Mille fois on les a remarqués, lorsqu'un rayon solaire ou même réfléchi s'est trouvé, par rapport à notre œil, dans une situation propre à les faire apercevoir très-sensiblement.

La lumière réfractée et diffractée sur les corpuscules suspendus en l'air, ou bien sur les vapeurs qui brisent cette lumière déjà diffuse, ajoute donc beaucoup aux moyens qu'ont les yeux pour distinguer les espaces.

Passons à un exemple, et supposons quatre cubes, ou, si l'on veut, quatre maisons situées à deux cents pas les unes des autres, et observons les effets dont nous venons de signaler le principe. Je suppose aussi que nous nous placions à cent pas de la première, et que les autres soient situées derrière celle-ci et sur la même ligne, le ciel étant pur et le soleil étant haut : il sera premièrement à remarquer que ces quatre maisons blanches étant géométriquement, c'est-à-dire, réellement illuminées autant l'une que l'autre par le soleil, la couche d'air qui les sépare de nous dans des rapports de distance différens, attenue les rayons réfléchis à notre œil par la dernière, beaucoup plus que les rayons réfléchis par la première, ensorte que nous distinguons bien plus celle-ci, c'est-à-dire, tous les détails qui la composent, et cela, indépendamment du rapetissement de l'angle visuel qui ne se rapporte quant à l'imitation qu'à la diminution perspective linéaire, et dont la représentation seule ne suffirait pas pour la vérité de l'image. Ainsi, pour peindre cette dernière maison, il faut, outre sa petitesse apparente, en rendre les petits détails moins sensibles, et il faut surtout faire disparaître la toile par le poli, la transparence et, pour ainsi dire, par l'immatériel des couleurs apposées.

Remarquons ensuite que, si l'air est pur, et par conséquent clair, la dernière maison semblera presqu'aussi lumineuse que la première. Mais, comme l'air n'est jamais absolument invisible ou incorporel, et que dans son milieu flottent toujours ces molécules aériennes ou vapeurs éclairées et ombrées, il arrive que la partie éclairée de ces corpuscules et leur partie ombrée doivent être de quelqu'influence sur l'apparence des maisons qu'elles environnent, et que, selon le cas le plus ordinaire, l'air interposé obscurcira légèrement l'apparence blanche de la maison, ou, si l'on n'ose pas dire obscurcira, on peut dire atténuera et amortira, comme par l'effet d'un vernis incolore, la blancheur géométrique ou réelle de cette maison.

Maintenant, si nous supposons, au lieu d'un air éclairé, un air obscur, tel que celui qui a lieu lorsque la nuit commence, nous remarquerons que géométriquement et perspectivement l'air obscurcit l'apparence des parties blanches de cette maison, et que les parties brunes restent presqu'aussi brunes, à moins que des atomes illuminés par le reste de crépuscule n'éclaircissent en apparence ces parties brunes.

Quant à l'air gris, il est facile de concevoir qu'il ne saurait changer les objets qui ne sont que gris; mais, comme ces objets sont ordinairement des solides qui ont des faces obliques les unes aux autres, et qu'ils ont des cavités ou des trous, il arrive que l'air gris éclaircit en apparence les faces ombrées, ainsi que les creux obscurs de ces solides gris, et qu'il en obscurcit les faces claires et illuminées.

On conçoit, par ce seul exposé provisoire, pourquoi les flamands, les hollandais, etc., ont si bien représenté la nature et l'air dans leurs tableaux ; c'est parce que ces artistes connaissaient les effets optiques de l'air, et qu'ils savaient calculer tout ce qui était relatif à l'œil, au tableau, à l'objet et par conséquent à la distance aérienne, ensorte que cela seul a pu monter leur imagination et les faire peindre avec un soin recherché qui était le résultat de l'exactitude, et non le résultat d'un goût particulier pour la propreté, ainsi qu'on l'a imaginé. C'est cette connaissance de la perspective qui leur a fait rendre leurs teintes magiques par leur justesse, presque immatérielles par la touche, et parfaitement proportionnées les unes aux autres, selon les coupes et les distances. D'après cela aussi, pourquoi supposerions-nous que les grecs peignaient ou coloriaient à l'aventure et en aveugles ? Ce qui nous reste de leur peinture ne suffit-il pas d'ailleurs pour nous convaincre que nous autres modernes seuls rejetons et méconnaissons le calcul de la perspective dans notre coloris d'aujourd'hui, nous croyant exempts de ces recherches, vu la force et la délicatesse de notre sentiment ?

CHAPITRE 356.

DES TROIS DIFFÉRENTES ESPÈCES D'AIR QUE LE PEINTRE DOIT DISTINGUER : L'AIR CLAIR, L'AIR OBSCUR ET L'AIR DEMI-OBSCUR OU GRIS.

Maintenant que nous avons défini l'air comme corps susceptible d'être éclairé, ombré, et par conséquent ombragé, il nous faut reprendre la distinction que nous venons d'indiquer des trois cas généraux qui peuvent servir de règle, et, ainsi que nous le dirons bientôt, de type, quant aux altérations perspectives. Ainsi nous allons distinguer l'air clair, l'air obscur et l'air demi-obscur ou gris.

Quand l'air est obscur, comme cela arrive à l'approche de la nuit ou dans un lieu clos et sombre, les corps bruns éloignés semblent peu altérés, et ils restent bruns, malgré leur éloignement; mais les corps clairs sont sensiblement obscurcis. Lorsqu'au contraire le jour est lumineux, ce sont les bruns qui nous semblent très-altérés et affaiblis, et non les clairs qui restent toujours fort clairs, quoique éloignés. Quant aux tons ou aux objets gris, ils restent tels qu'ils sont, si l'air est gris; si l'air est plus clair qu'eux, ils s'éclaircissent; si au contraire l'air est plus brun qu'eux, ils brunissent. Rien n'est si facile à vérifier par l'expérience que cette vérité trop peu connue des peintres, qui représentent si souvent les mêmes effets, quoiqu'ils adoptent différens momens du jour ou de la nuit, différens sites ouverts ou fermés, et par conséquent différentes espèces d'airs. Ainsi les blancs éloignés qui traversent beaucoup d'air très-peu illuminé, arrivent à notre œil fort rembrunis, ensorte qu'une colonne blanche, éclairée par le jour du ciel, mais qui n'est aperçue qu'à travers une galerie obscure, doit être représentée moins blanche qu'elle n'est géométriquement, malgré l'opposition brune de cette galerie. De même un cheval noir vu à travers l'entre-deux de murs très-blancs semblera moins noir, parce qu'il parvient très-éclairci à notre œil, et cet éclaircissement sera sensible, malgré l'effet du contraste des deux murs très-blancs. On peut encore prendre pour exemple le rayon de lumière qui tombe dans l'âtre d'une chéminée et qu'obscurcit l'air noir contenu dans le tuyau, ou bien encore l'affaiblissement des habits bruns de patineurs illuminés par des masses de neige. Les artistes observateurs munis de ce principe feront mille remarques analogues : c'est par là qu'ils reconnaîtront encore que, si l'air est noir, les objets ou les détails sont moins aperçus, et qu'on distingue peu les 3es et les 2es plans, malgré l'obscurité de leurs tons : le matériel de la toile et de la couleur, ou la touche, doit encore plus disparaître dans ce cas, que quand c'est un air clair qui est représenté par le tableau.

Il convient maintenant d'examiner l'air, lorsqu'il est chargé de brouillards, de poussières, etc.

Dans les brouillards en plein jour, les blancs des objets sont peu obscurcis, parce que les vapeurs blanchâtres ne portant pas ombre et n'étant pas ombrées, comme le sont les nuages élevés, elles changent peu l'état des blancs sur les objets qu'elles ne font que masquer; mais les objets noirs sont très-éclaircis par les vapeurs blanches du brouillard, et cet éclaircissement a lieu géométriquement et perspectivement. D'après ce principe, les noirs, dans un demi-brouillard, se dégradent plus que les blancs, parce que du brouillard ne ressemble pas à de la poussière. Dans l'effet optique produit par la poussière, chaque molécule a son ombre, comme son clair, et cette ombre obscurcit les clairs, tandis que dans le brouillard il n'y a point ou peu de molécules ombrées : les molécules du brouillard sont seulement réfringentes et procurent le brisement des rayons, ce qui augmente leur réflexion et par conséquent blanchit l'air. Or, si l'air est blanchi, il ne doit agir qu'en clair sur les bruns, et point en brun sur les clairs, excepté sur les clairs des plans demi-proches, etc.

Dans un brouillard, un habit noir près de la vue et éclairci par le blanchâtre des vapeurs, semble donc fort noir, malgré cet éclaircissement, quand on le compare aux autres habits noirs qui s'éclaircissent en s'éloignant perspectivement de ce premier; et la gradation des noirs est très-précipitée, quand le point de distance est proche et que le brouillard est clair et épais : tout cela peut facilement être soumis à un calcul.

Dans les effets de poussière ou de flots de corpuscules opaques, il se passe des effets tout différens : ce sont les objets blancs qui se dégradent beaucoup, et les noirs beaucoup moins. Cependant, comme les atomes ou poussières qui flottent dans l'air, sont de mille espèces et de toutes sortes de tons, si les rayons directs du soleil ou les rayons indirects et vivement réfléchis par quelques

corps éclairés et de couleur claire eux-mêmes, viennent
à frapper sous certains angles ces vapeurs, il peut arriver
qu'elles réfléchissent ces rayons, et que leurs facettes
ombrées n'étant pas aperçues, elles embrunissent moins,
malgré leur opacité réelle, les objets blancs ou clairs, etc.

Concluons que le peintre peut rencontrer trois espèces
principales d'air : l'air clair, l'air brun et l'air gris. L'air
gris influe sur les objets clairs et bruns, en ternissant les
clairs et éclaircissant les bruns ; l'air clair influe sur les
objets bruns et gris, en les éclaircissant ; et l'air brun influe sur les objets gris et clairs, en les obscurcissant. Cette
influence est géométrique et perspective : étant géométrique, elle est beaucoup moins sensible que lorsqu'elle est
perspective. Nous arriverons à cette question.

Revenons maintenant à notre première proposition,
que l'air adopté est le type qui doit guider dans la dégradation par le clair-obscur ; mais, comme nous devons
traiter spécialement cette question, nous dirons seulement ici qu'il faut adopter un ton général d'air pour l'a-
jouter, selon les progressions perspectives, aux tons déjà
connus des surfaces orthographiques ou géométriques.
Ainsi, considérant tout le ciel, abstraction faite des accidens lumineux provenant des rayons solaires qui frappent
sur les nuées, et abstraction faite des tons accidentels et
très-lumineux de l'horizon, un ton d'air intermédiaire
sera le ton général ou le ton évanouissant qu'il conviendra d'adopter, et ce sera ce ton qui influera perspectivement sur tous les objets placés entre l'œil et l'horizon. Or
cet horizon peut être ou clair ou sombre ou gris : clair,
quand l'air est très-illuminé par les rayons directs ou indirects du soleil ; sombre, lorsque l'air est couvert par

des voûtes ou des murailles ou des nuages obscurs; gris enfin, quand l'air est très-peu illuminé. Nous aurons donc autant de tons évanouissans différens qu'il y a d'airs différens, et les modifications que celui de ces tons qu'on aura adopté d'après la nature, apportera perspectivement ou orthographiquement sur les objets, seront toutes exactes et vraies. Ainsi, au lieu de dire que la perspective aérienne n'est soumise à aucune règle qu'on puisse établir, il faut avancer que ses lois sont concordantes avec celles de la perspective linéaire, et qu'elles sont positives ; quiconque voudrait y substituer le sentiment seul, ne pourrait que s'égarer.

CHAPITRE 357.

DES TONS EN GÉNÉRAL, ET DES TONS GÉOMÉTRIQUES EN PARTICULIER.

Par tons, on entend les degrés d'intensité lumineuse qui sont manifestés sur les objets ou les superficies, soit que ces degrés d'intensité soient propres aux corps eux-mêmes, soit qu'ils proviennent de l'illumination directe ou réfléchie du jour. Nous avons dit que Pline distingue le ton d'avec la teinte, et en cela il suivait l'analyse adoptée dans les écoles des grecs.

On peut et on doit distinguer trois espèces de tons : les clairs, les demi-clairs et les bruns; et cela, indépendamment des luisans plus éclatans que les clairs, et des trous plus obscurs que les bruns. Les tons intermédiaires entre ces trois tons principaux, sont sans nombre, ainsi

que les points que peuvent contenir les surfaces. Nous allons continuer de considérer les effets de clair-obscur,
tels qu'ils se passent géométriquement et sans égard au
perspectif ou à l'effet visuel. En effet, ici nous n'en sommes encore qu'à ce qui concerne le possible ou le vrai,
c'est-à-dire, le vrai réel et non apparent.

CHAPITRE 358.

DE L'INFLUENCE QUE L'AIR PLUS OU MOINS ILLUMINÉ ET PLUS OU MOINS OMBRÉ MANIFESTE SUR LES SUR-FACES PLUS OU MOINS CLAIRES ET PLUS OU MOINS BRUNES QUI SE TROUVENT SITUÉES DANS CES DIFFÉ-RENTES ESPÈCES D'AIR.

Dans un air clair, les surfaces claires ne changent pas,
car du clair ne peut changer du clair; dans un air brun,
les surfaces brunes ne changent pas, puisque du brun ne
saurait changer du brun; et dans un air gris, les surfaces grises ne sauraient changer, puisque du gris ne peut
pas changer du gris. Il n'y a donc que les tons des surfaces différentes en ce point du ton de l'air, qui doivent
changer, lorsqu'elles se trouvent plongées dans cet air :
aussi une étoffe grise est-elle bien vue et bien jugée sous
un jour gris; mais le ton propre d'un objet blanc ou
noir sera changé et dénaturé sous ce jour ou sous cet
air gris, de même que dans un air clair les bruns ne
sont pas vus tels qu'ils sont effectivement, ni les objets
blancs, lorsqu'on les regarde sous un jour sombre.

On aperçoit déjà combien est fausse la doctrine des

écrivains qui, obligés de parler des règles de la perspective aérienne, vous disent sans façon que, pour faire fuir
les objets, « l'art consiste à rendre les ombres plus fai-
» bles, et les clairs moins brillans, à mesure que les
» corps s'éloignent du premier plan, » comme si les ombres d'un habit gris vu en pleine campagne par un jour
très-clair devaient s'obscurcir, ou les clairs de cet habit
s'affaiblir ; comme si un chapeau vu dans un four devait
avoir des ombres plus affaiblies au fond de ce four qu'à
son embouchure.

Il faut considérer plus en particulier ces cas divers.

Lorsque l'air est clair, les bruns s'éclaircissent, et les
clairs restent clairs. Ainsi plus il y a d'air interposé entre
une surface brune et le spectateur, plus ce brun s'affaiblit à sa vue. Mais une surface claire restera claire, malgré cette grande quantité d'air clair interposé ; il arrivera
seulement que l'apparence de cette surface claire (et cela
a lieu aussi sur la surface brune) sera comme adoucie et
atténuée par l'effet de cet air ; les détails seront moins
sensibles, et un affaiblissement de la sensation oculaire
résultera de cet effet, affaiblissement que le peintre imite
et répète par la douceur de la touche, par le poli, la transparence de la matière, et par la finesse optique et la simplicité des détails.

Dans l'exemple, figure 404, les surfaces claires éloignées sont presque aussi claires que celles qui sont proches, et cela a lieu parce que l'air est clair ; mais les surfaces brunes s'éclaircissent à mesure qu'elles s'éloignent
de la vue, et ce changement est en rapport de la différence qu'il y a entre le ton de l'air et le ton de la surface
brune vue à travers cet air.

Dans l'exemple, fig. 405, l'air est obscur; aussi les surfaces obscures illuminées restent-elles les mêmes, malgré
leur enfoncement ou la distance de laquelle elles sont
aperçues à travers cet air obscur. Quant aux surfaces
claires ou demi-claires, elles s'obscurcissent au fur et à
mesure qu'elles s'enfoncent dans cet air obscur, ensorte
qu'au point évanouissant, elles doivent devenir aussi obscures que l'air lui-même : c'est ainsi qu'un œuf placé au
fond d'un four, est à peine aperçu par l'effet de l'obscurité qui l'enveloppe dans ce four.

La même règle a lieu par rapport à l'air gris ou air
moyen (voyez fig. 406). Aucune surface grise ne semble
changée, malgré son éloignement, dans cet air gris; mais
les surfaces obscures s'y éclaircissent, et les surfaces claires s'y obscurcissent à un certain degré.

Telle est la marche optique et très-simple des effets sur
les surfaces plongées dans ces différens airs, abstraction
faite de l'effet de leurs situations par rapport au luminaire
et au spectateur.

Ainsi le clair ne fuit et n'avance pas plus que le brun
ou le gris, et le degré de ton n'a rien de commun avec la
force ou la faiblesse de la touche qui rend plus sensible
et plus détaillé ce qui est proche, et qui atténue ce qui
est loin, en faisant disparaître les détails et en les rendant
moins sensibles et moins apparens. Voyez, par exemple,
la figure 407, qui représente deux objets situés sur le
même plan : celui qui est blanc ne semble pas plus en
avant que celui qui est obscur. Dans la figure 408, c'est
la figure brune qui vient en avant; dans la figure 409,
c'est la brune qui fuit : cela a lieu malgré les oppositions du fond, car dans la figure 410, la partie noire du

fond n'empêche pas la figure noire d'être en avant, et la partie claire de ce même fond n'empêche pas la figure claire de rester aussi en avant à ce même plan. Les oppositions n'ont donc rien de commun avec le près ou le loin apparent. On en peut voir encore un autre exemple dans la figure 411, où le cube B est le seul qui tranche en clair et en brun en même tems sur le fond, car dans ce cas, les cubes très-éloignés vers le point C, étant recouverts perspectivement d'air clair, font voir leurs ombres presque claires, tandis que l'ombre du cube A, qui se trouve privé accidentellement de la clarté du luminaire, est à peine sensible, puisque cette ombre se trouve être du ton de la face qui est faiblement éclairée à cause de cette privation du luminaire.

Après ces observations, on doit penser à celle qui est relative à la différence d'air, ou aux différentes coupes d'air dans le même lieu. On conçoit que ces cas accidentels varient à l'infini.

Si l'air va en s'obscurcissant, comme dans la fig. 412, qui représente un ciel dans lequel un voile orageux vient couvrir la terre, il arrivera que les objets obscurcis dans le fond par l'air obscur qui vient d'atteindre ces lieux, paraîtront moins noirs à cause de l'air clair du devant qu'ils seront obligés de traverser pour se peindre à l'œil du spectateur.

De même, dans la fig. 413, l'air s'obscurcissant peu à peu du devant jusqu'au fond, il arrive que les objets clairs du fond, qui n'est pas encore obscurci, paraissent moins clairs, parce que, pour être vus, ils auront à traverser la masse d'air obscur ou la coupe d'air noir du devant.

Un autre exemple du même cas est offert par la fig.

414, qui représente une forêt dont une partie A est vue
à travers un air clair, et l'autre partie B est vue à travers
un air obscurci. Il en résulte que la partie B doit paraître plus sombre que la partie A. Et comme il faut toujours
se méfier de la sensation des oppositions qui tendraient à
nous écarter de la règle mathématique, je ferai encore remarquer que, dans la fig. 415, B est réellement et géométriquement plus clair que A, parce que B n'est point of-
fusqué, ainsi que A, par un air obscur, pour parvenir jusqu'à nous ; mais il arrive que la sensation que fait éprouver A, est plus vive que celle que fait éprouver B, cet effet
provenant de l'opposition qu'éprouve A, qui est entre deux
bruns, tandis que B n'est point opposé à des bruns qui le
rendent ainsi tranchant ou piquant.

Quant à la règle qui veut que l'on conserve le ton géométrique des objets, géométrique qui en laisse l'idée ou
qui n'est point opposé à cette idée, nous parlerons plus
tard de cette règle, qui est toute relative au vraisemblable ; cependant un mot à ce sujet éclaircira encore la
question fondamentale que nous tâchons d'expliquer ici.

Pourquoi une femme dont la carnation est d'un ton clair,
se trouve-t-elle avec répugnance dans un lieu sombre et
où l'air est obscur et même gris ? C'est qu'elle sent que
le géométrique du ton naturel de sa carnation est décom-
posé, surtout du côté où il ne se trouve pas éclairé par
le luminaire, c'est-à-dire, du côté de l'ombre, car, s'il
n'y a pas de réflecteurs proches, l'ombre ne sera illuminée que par l'air ; or, comme cet air est sombre, toute
cette partie ombrée semblera sombre, et la carnation sera
triste et sans éclat. Un atelier de peinture dont les murs
sont obscurs, où le luminaire est étroit, et qui contient peu

de corps réflecteurs très-illuminans, un tel atelier, dis-je, doit décomposer le géométrique des corps clairs, et par conséquent le ton des carnations blanches; cette carnation a beau être, comme on l'a dit, lumineuse et fraîche, elle paraît, sous de tels airs, grise ou noire : chacun a remarqué souvent cet effet. Qu'au contraire ce soit un nègre qui se trouve plongé dans un air clair, il arrivera que son géométrique noir sera fort altéré, et cela sera d'autant plus sensible, que l'on considérera cet effet sous le rapport perspectif. Un nègre vu à 300 pieds, sous un air très-clair, semblera donc presque gris, si on le compare à une femme blanche placée à côté de lui et vue aussi de cette distance de 300 pieds.

Une foule d'autres exemples pourraient être rassemblés ici.

Quant aux moyens de représenter perspectivement les effets de l'air, voyez les chap. 418, 429, 434, etc.

CHAPITRE 359.

DU TON QUE LES SURFACES EXPOSÉES PERPENDICULAI-REMENT A UN JOUR DE FENÊTRE OU A UN FLAMBEAU ACQUIÈRENT, SELON LEUR ÉLOIGNEMENT DU LUMI-NAIRE OU SELON LEUR SITUATION ET LEUR PLACE DANS LE LOCAL ÉCLAIRCI PAR CES LUMINAIRES.

Nous avons parlé, aux chapitres 342 et 343, de ce qui constitue en général le caractère du jour fermé; ici, où il s'agit des tons divers des surfaces, nous devons, en rappelant cette question du luminaire ou du jour clos, dire

qu'il faut reconnaître quel est le ton que les objets ou
surfaces exposées à ces jours fermés, acquièrent selon leur
situation plus ou moins voisine du luminaire, différence
de degrés qui n'a point lieu sous la lumière égale du soleil ou sous le jour ouvert.

Il y a plusieurs observations préliminaires à faire avant
de déterminer cet état géométrique d'illumination des
surfaces perpendiculaires au jour dans un lieu clos. Ces
observations ont été préparées par la connaissance des
lois selon lesquelles se répand le jour dans ces lieux clos.
Ainsi on aura égard à la situation de l'objet ou de la surface par rapport à la fenêtre, c'est-à-dire qu'on observera
si l'objet est placé de côté dans le site, s'il est très-haut
ou très-bas, et cela indépendamment des accidens que
causent les reflets et l'influence de l'air du site, air qui est
clair près de la fenêtre, et qui devient sombre au fond de
la chambre. Mais au lieu de ces observations générales,
on voudrait établir des calculs positifs, et ces calculs sont
faisables, mais non sans beaucoup de détails et de particularités. En effet, autant de fenêtres différentes, autant de calculs différens eux-mêmes. Si la lumière est
large ou étroite, vive ou modérée, directe ou réfractée,
haute ou basse, que le site et les parois soient de couleur
claire ou de couleur sombre, cela établit autant de différence dans les calculs qui sont à faire à ce sujet. Mais au
fait, de quoi s'agit-il? D'être vrai, vraisemblable, et d'arriver à la beauté; or, ainsi que nous l'avons dit au chap.
342, le vraisemblable fait desirer çà et là certaines obscurités dans les tons, et la beauté a aussi ses exigeances.
Quant au vrai, comme il y a toutes sortes de fenêtres ou
de luminaires, comme le spectateur ne les aperçoit pres-

que jamais sur le tableau, comme l'air et les reflets établissent mille degrés de ton, il suffit, quant à ce vrai, que le peintre ne s'éloigne point du possible et des termes moyens qu'il est facile d'établir. Ainsi il peut très-bien décider qu'à telle place le ton géométrique de telle ou telle surface exposée perpendiculairement au luminaire, sera de tel ou tel ton ; que tel autre objet sera de tel ou tel ton, à tel ou tel éloignement de la fenêtre, et cela en employant, s'il le faut, le moyen pratique de vérifier les différences d'illuminations, moyen que nous avons indiqué au chapitre 342. Or, si les tons des faces situées perpendiculairement au luminaire sont connus, le peintre connaîtra fort aisément ensuite le degré d'obscurcissement que ces mêmes faces acquierront, selon qu'on les placera plus ou moins obliquement à ce luminaire connu ; il connaîtra de même les obscurcissemens perspectifs ou aériens, l'air général du site étant déterminé.

Parlons donc de l'obscurcissement des surfaces, par l'effet de leur obliquité au luminaire.

CHAPITRE 360.

DU TON QUE LES SURFACES PAR ELLES-MÊMES CLAIRES, BRUNES OU GRISES, ACQUIÈRENT, SELON LEUR DEGRÉ D'OBLIQUITÉ AU LUMINAIRE.

Lorsque les corps ou les surfaces des corps sont placées non perpendiculairement sur la route de la lumière, mais obliquement, soit de haut en bas ou de bas en haut, soit de gauche à droite ou de droite à gauche, soit de l'une et l'autre façon à la fois, l'intensité lumineuse de ces surfaces est diminuée par le glissement des rayons du luminaire sur elles, glissement ou serrement de rayons dont nous avons parlé plus haut; cette diminution de lumineux est proportionnée au degré d'inclinaison ou d'obliquité de ces surfaces. Or nous verrons que, cette obliquité pouvant être calculée et connue à l'aide de la mesure des degrés qu'elle offre par rapport à la ligne de route du luminaire, il est facile de connaître les degrés de lumineux ou d'obscurité résultant de ces degrés d'obliquité. Pour mesurer et répéter ces degrés, on peut employer, soit le moyen scientifique qui consiste en un calcul par sinus, soit un moyen pratique qui consiste à comparer à ces tons obliques les tons des couleurs déposées et essayées sur l'amassette.

Ce sont ces obliquités qui font qu'une boule placée en face du jour paraît moins lumineuse étant vue en masse, qu'un disque plât, parce qu'elle offre toujours une grande quantité de plans obliques obscurcis. Une place seule sera très-lumineuse sur cette boule qui, indépendamment de ce point géométrique, peut aussi manifester un point luisant, si elle est polie.

Quant aux moyens de connaître et de répéter les altérations de ton résultant des obliquités, voy. les chapitres 421 et 422.

CHAPITRE 361.

DES RAPPORTS D'INTENSITÉ ENTRE LES TONS DU TA-
BLEAU ET LES TONS NATURELS, OU DE LA PUISSANCE
DES COULEURS MATÉRIELLES APPLIQUÉES SUR LE
TABLEAU, POUR RÉPÉTER, SOIT L'ÉCLAT DES LUMI-
NAIRES ET DES CORPS ILLUMINÉS, SOIT L'OBSCURITÉ
ET LA PROFONDEUR DES TÉNÈBRES.

Toute cette question est d'une assez grande importance ; en la comprenant, on découvre plusieurs vérités qui rendent nuls certains préjugés bien opposés à la
vérité, et on détruit une incertitude qui fréquemment
devient chez les peintres un tourment.

Nous n'allons encore exposer dans les chapitres suivans que ce qui a rapport à l'étude des tons, tels qu'ils
sont dans la nature, et ce ne sera qu'après que nous donnerons les moyens de les représenter ; ainsi, au chapitre
439, nous parlerons de la manière d'opérer dans ce cas
où l'éclat et la force des tons de la palette n'atteignent
pas à l'éclat lumineux et à la force obscure des tons de la
nature, et nous verrons que ce moyen consiste à rapprocher le brun des clairs ou les clairs du brun, autant que
les clairs et le brun de la palette sont éloignés, l'un de
l'éclat du luminaire adopté, l'autre des profondes obscurités.

CHAPITRE 362.

DU BLANC DU TABLEAU COMPARÉ A LA LUMIÈRE.

Les peintres n'ont à leur disposition, pour imiter l'éclat
de la lumière réfléchie sur les corps et l'éclat de la lumière directe, que du blanc matériel, et ce blanc matériel, ils l'appliquent sur une superficie plate que l'on ne
regarde jamais lorsqu'elle est exposée en face du jour,
mais que l'on considère de côté, afin de n'être pas ébloui
par certains points luisans du tableau. Or ce blanc vu
de côté ne saurait paraître aussi lumineux que s'il était vu
en face du jour, et il perd par cette situation oblique, mais
indispensable, plusieurs degrés de sa splendeur. Cette
déperdition d'éclat le rend donc encore moins propre à
répéter l'éclat des corps blancs naturels très-illuminés,
corps qui réfléchissent souvent à angle droit la lumière,
ensorte qu'un cube qui serait composé du blanc même
qui est employé sur la palette, ne pourrait pas être imité
justement avec ce même blanc appliqué sur le tableau et
vu obliquement, ainsi qu'il doit toujours l'être par le spectateur; le blanc de la peinture serait donc fort au-dessous
de l'éclat du cube modèle. Cette vérité est la source de
plusieurs conséquences dont le peintre doit être instruit.
Mais disons auparavant que, parmi les blancs matériels
qu'on emploie pour répéter la splendeur des corps blancs
illuminés, il y en a qui sont en effet plus lumineux les
uns que les autres sur le tableau, ce qui ne provient pas
le plus souvent de la matière du blanc, mais des glutens,

des dessous, et de divers procédés pratiques. (Voy. les chapitres relatifs à ces questions.)

La première conséquence qui doit être tirée de cette faiblesse lumineuse du blanc couché à plat et placé obliquement au jour qui ne l'éclaire qu'à demi, c'est que si le peintre qui se donne pour modèle un effet trop éclatant, se croit forcé de descendre tous les degrés inférieurs qui se suivent en descendant, depuis ce clair peu éclatant jusqu'à la plus forte ombre, il sera dans l'erreur, car il arrivera qu'il n'aura pas conservé les mêmes rapports que dans la nature, et que de plus il aura obtenu un ensemble d'un aspect obscur plutôt qu'un ensemble d'un aspect lumineux. Une autre erreur est à signaler au sujet du peu d'éclat des matières. Puisque le tableau, dirat-on, malgré toutes les ressources de bruns et de contrastes calculés, n'offre au total qu'un spectacle qui semble n'être éclairé que par une lumière modérée, toute la marche du clair-obscur doit être semblable à celle qui a lieu lorsque les objets sont en effet éclairés modérément : bientôt nous allons rejeter cette autre conséquence. On serait tenté enfin de dire que, tout étant égal entre deux tableaux, le plus lumineux plaira sûrement le plus, puisqu'il ressemble plus en éclat à la nature. On voit que toute cette question a besoin d'être bien analysée.

Il faut faire ici une distinction qui échappe parfois à l'inexpérience, c'est que entre blanc et lumineux il y a de la différence. Un clair safrané ou même doré, paraîtra aussi lumineux que du blanc incolore, ensorte que tel qui vise au blanc n'obtient souvent que du gris et du blafard, sans obtenir plus de lumineux. Ainsi c'est le lu-

mineux, mais non le blanc qui est une qualité éminente
que les bons coloristes ont raison de rechercher.

Un peintre étranger aux lois optiques de la peinture
croit donc, lorsqu'il a à représenter, par exemple, l'effet du
soleil sur des objets blancs, devoir répéter la grande opposition qui est manifestée entre le clair et l'ombre, et pour
cela, il obscurcit ses bruns, espérant faire éclater ses
clairs. Par cette opposition, il les fait paraître plus clairs,
mais il arrive aussi qu'il fait paraître ses ombres trop
noires, et que par conséquent il ôte l'idée d'un corps
blanc, parce qu'il détruit le géométrique ou le ton propre
et essentiel de cet objet blanc. C'est donc tout le contraire qu'il devrait faire : il devrait tenir l'ombre plus
claire qu'elle ne l'est dans la nature, et par ce moyen
donner l'idée du géométrique blanc et du degré d'illumination aérienne qui éclaircit réellement les ombres, bien
qu'elles paraissent cependant très-fortes. Enfin le peintre,
en opérant selon ce rapprochement, devient vraisemblable, quoiqu'il n'obtienne pas l'éclat réel du modèle, et
il augmente d'ailleurs cette vraisemblance par le caractère tranchant des ombres et par d'autres caractères
propres à l'effet du soleil ou des corps éclatans.

. Cette observation s'applique, entr'autres objets, aux
figures de plâtre, que presque toujours les élèves représentent trop brunes vers les ombres, et cela, malgré la
clarté naturelle du papier sur lequel ils imitent ces figures.
Nous verrons bientôt que les objets peuvent sembler arrondis par des ombres faibles, tout autant que par des
ombres fortes, qui, comme nous venons de le dire, sont
invraisemblables, lorsqu'il ne s'agit pas d'objets très-
bruns ou de sites très-obscurs eux-mêmes.

CHAPITRE 363.

DU NOIR DU TABLEAU COMPARÉ AUX PRIVATIONS DE LUMIÈRE OU AUX TÉNÈBRES.

Il en est du noir employé par le peintre pour représenter les bruns de la nature, comme du blanc qu'il emploie pour en représenter les clairs, c'est-à-dire que l'effet de ce noir appliqué sur le tableau est souvent fort au-dessous de l'effet vigoureux des tons très-obscurs de la nature.

Deux raisons expliquent l'effet éclairci des bruns matériels de la palette : la première, c'est que les molécules de ces bruns, quelque foncés qu'ils soient, réfléchissent toujours plus ou moins les rayons de la lumière qui éclaire le tableau; la seconde, c'est que l'obliquité du tableau par rapport au luminaire et par rapport au spectateur, fait que le brun semble moins brun qu'il ne l'est en effet.

Ainsi une draperie de drap noir aussi foncée que l'est le noir de la palette, aura des ombres, des ombrages et des trous, dont la peinture ne saurait répéter l'intensité.

On raconte qu'un jour Rembrandt ne trouvant point sur sa palette de couleur brune assez intense pour exprimer le degré d'obscurité remarqué dans une profondeur naturelle qu'il voulait imiter, creva d'un coup de poing la toile en cet endroit, et s'aperçut qu'il avait réussi. En effet, le brun qu'il obtint devait avoir une intensité bien autrement grande que le plus obscur brun de sa palette, puisque ce brun de sa peinture réfléchissait toujours un peu la lumière qui éclairait le tableau ou la toile, tandis

que ce trou était une place où il y avait absorption réelle
de rayons et non réflexion, ce qui dut produire une imitation plus vraie en ce point.

On ne peut donc pas imiter par la peinture les ombres
naturelles, et cela faute d'absorption totale de la lumière par la couleur naturelle déposée sur le tableau,
ensorte qu'il faut un art particulier pour faire qu'en peinture le noir paraisse être une privation de la lumière, ou
qu'il équivaille optiquement aux ombres véritables et ne
ressemble pas à des taches d'une couleur plus obscure
que les couleurs locales des objets naturels. Enfin, si pour
imiter la lumière, le peintre ne peut nous offrir que le
demi-ton du blanc, il ne peut nous offrir, pour imiter les
ténèbres, que le demi-ton du noir, et non l'ombre et
l'ombrage de ce noir, par cela seul que le noir matériel
de son tableau est éclairé.

La gravure, quand elle représente des objets lumineux
vivement éclairés, peut produire plus d'effet que la peinture à huile, à cause de l'éclat du papier et de l'obscurité du noir d'impression, qui, conservant sur l'estampe
l'épaisseur et l'aspérité que produit l'empreinte des tailles
du cuivre, porte lui-même son ombre. En voyant les estampes gravées par Rembrandt, on reconnaît la vérité de
cette observation. L'éclat du papier dans la gravure étant
bien plus brillant que celui du blanc de la peinture à huile,
et le noir de l'impression absorbant en partie la lumière,
à cause des ombres portées par son épaisseur, il résulte,
quant aux tons, quelques degrés en plus dont ce peintre
s'est servi avec avantage ; aussi semble-t-il qu'on pénètre
dans les ombres de ces estampes, et qu'on y sente l'éclat
des objets. Enfin, tandis que les parties claires sont assez

lumineuses, les privations de lumière sont presque totales, ce qui produit la plus grande opposition, ressource que les peintres ne sauraient obtenir dans les tableaux à huile et vernis. Telle est encore la ressource de la peinture au pastel et en tapisserie, espèce de peinture, qui par la même raison imite fort mal les demitons.

Enfin il est à remarquer que ce sont les bruns qui sont le plus souvent en défaut, à cause de leur manque d'intensité, car ce ne sauraient être les blancs, puisqu'en peinture il s'agit moins de tirer en dehors du cadre qu'il ne s'agit d'enfoncer les parties fuyantes, ce qui ne peut se faire sans l'absorption de la lumière. Lorsque les décorateurs représentent de fausses fenêtres, les bruns en sont d'abord éclaircis par la réflexion des couleurs grossières de la peinture de ces fenêtres feintes, mais le plus souvent les bruns sont éclaircis, et l'on pourrait dire rendus farineux, par la dessication de l'huile qui les tenait dans leur état de vigueur, dessication provenant, soit de l'air, soit de l'ardeur du soleil.

Cependant le peintre a non-seulement pour ressource le choix de certaines matières très-brunes, mais il profite aussi de la diaphanéité que ces matières obtiennent par leur mélange avec des glutens diaphanes eux-mêmes, ensorte qu'à l'aide de ces glutens ou de ces excipiens qui, dans l'état concret, restent translucides (telles sont les cires, la résine, etc.), l'absorption des rayons peut avoir lieu; c'est pour cela que la peinture à huile, quoique plus diaphane que la peinture à colle, semble encore réfléchir trop, et en effet réfléchit trop la lumière : elle semble donc nébuleuse et trouble, si on la compare à la peinture au

vernis. Mais ce n'est pas ici le lieu de parler des procédés
matériels de la peinture.

Quant au moyen de sauver cette inégalité de ton
entre la nature et les matières employées par le peintre,
disons qu'il en est du noir inaccessible, comme du blanc;
car, si un peintre, pour imiter les ombres, soit d'un chapeau de feutre noir, soit du velours, soit du drap noir,
en éclaircit les jours, pour avoir par cette opposition plus
d'effet obscur dans les ombres et dans les trous, il ne
donnera plus l'idée d'un objet noir, mais l'idée d'un objet gris sur une face et noir sur l'autre. C'est ainsi qu'au
sujet d'un cube blanc vu au soleil, il a donné l'idée d'un
cube noir et blanc. Ainsi, le vrai, le seul calcul qui soit
à faire au sujet des couleurs très-brunes ou noires, c'est de
rapprocher le brun du clair, autant que le brun matériel
est éloigné du brun immatériel des parties ombrées ou
ombragées dans la nature.

CHAPITRE 364.

DE LA RESSOURCE DES OPPOSITIONS SOUS LE RAPPORT DE LA FORCE DES TONS.

Examinons maintenant de quelle ressource peuvent être
contre la faiblesse du ton des couleurs de la palette les
oppositions ingénieuses qu'on saura produire sur le tableau. Au chapitre 346, nous avons tâché d'expliquer ce
que c'est que les oppositions optiques, c'est-à-dire, quel
est leur résultat sur l'organe et sur l'esprit.

Lorsqu'un tableau d'un ton vigoureux, ou lorsqu'un

marbre veiné de blanc et de noir, est tout poudreux et tout gris de salissure, et qu'on enlève cette poussière en mouillant, ce n'est pas la vivacité des clairs qu'on augmente, mais bien la force des bruns ; ainsi ce tableau ou ce marbre ne s'éclaircit pas effectivement, mais il semble s'éclaircir : aussi peut-on dire à ce sujet que tous les caractères optiques n'ont d'existence déterminée que par les oppositions qui en fixent les rapports.

L'artifice des oppositions est indispensable dans la représentation, parce que les oppositions caractérisent davantage les tons, et que l'effet des oppositions est réciproque, ensorte que, si un clair fortifie un brun, ce brun donne au clair de l'éclat : or les moyens bornés de la palette invitent et obligent à recourir à cette ressource. Quelques peintres ont converti en habitude cet emploi des oppositions. L'école de Rubens surtout en fit un usage constant : non seulement de grandes masses brunes y soutiennent et vivifient des masses claires, mais à côté de petits clairs ces peintres plaçaient immédiatement de petits bruns, et souvent, lorsque l'espèce d'objet ou de ton ne produisait point d'opposition, ils forçaient ce ton et sortaient du vraisemblable pour obtenir ce résultat. Cependant tous ces petits clairs particuliers qui donnent, il est vrai, du ressort à la peinture, fatiguent et sont souvent contraires à l'effet de la profondeur et des enfoncemens, souvent même ils produisent un papillotage opposé à la beauté.

Toutefois un peintre doit connaître cette ressource : il doit faire paraître brune une draperie noire, en y opposant un fond clair ; il doit faire éclater les clairs, en les opposant à des bruns ; il doit aussi bien choisir, sous ce rapport, ses jours et la situation des objets, et faire va-

loir ainsi les moyens de la palette par des calculs propres
à augmenter la sensation et à relever la puissance de
tout le spectacle. Par ces artifices le blanc clair pourra
donner l'idée de la splendeur, et les couleurs noires et
obscures sembleront aussi brunes que les ombres ou les
profondeurs ténébreuses. Heureux l'artiste qui, en déve-
loppant ainsi les ressources du clair-obscur, sait allier
ces énergiques oppositions à l'harmonie, à la vraie suavité
et à la beauté, ! En réunissant ce que nous disons ici
avec ce que nous venons de dire au sujet de la nécessité
de rapprocher des bruns les clairs, en les abaissant, lorsque les plus grandes obscurités sont inimitables, on reconnaîtra combien un peintre doit posséder de prudence
pour pouvoir mener ensemble et ménager des conditions
si délicates.

CHAPITRE 365.

DU VRAISEMBLABLE OBTENU DANS LE CLAIR-OBSCUR PAR LA CLARTÉ ET LA NETTETÉ DE SENSATION ET D'IDÉES, AINSI QUE PAR LE CHOIX D'EFFETS NON ÉTRANGES ET NON ÉQUIVOQUES.

Nous venons de considérer le vrai sous le rapport du
possible, considérons-le maintenant sous le rapport du
vraisemblable, c'est-à-dire, de la clarté et de la netteté
que les effets de clair-obscur produisent et sur les yeux
et sur l'esprit, ou, si l'on veut, sous le rapport de la clarté
de sensation et d'idées.

Nous remarquons donc qu'il y a un choix qui produit

des résultats clairement et grandement manifestés sur l'organe, qu'il y en a qui au contraire sont équivoques, et d'autres qui sont même étranges et qu'on est tenté de regarder comme impossibles.

Mais les objets doivent non-seulement se manifester à la vue sans équivoques, et n'offrir rien d'étrange optiquement sur le tableau, ils doivent de plus se faire comprendre avec facilité et avec la plus grande netteté : ce précepte est tout naturel, puisque la peinture est l'art de communiquer ou de faire naître des idées par la représentation des objets. Or, pour susciter des idées nettes et qui arrivent aisément à l'esprit, il ne faut donner aucune gêne aux yeux, ni même aucune gêne à l'esprit. Ainsi, dans la vraisemblance, il y a, outre le possible ou le vrai, il y a, dis-je, la clarté, quant à la perception optique et intellectuelle.

Cette question du vraisemblable est d'une grande importance, que nous avons tâché de faire sentir en traitant du dessin (chap. 216, fin du tome 5) : nous renvoyons le lecteur à ce chapitre. Cette même question se représentera encore, quand nous parlerons du coloris et de la touche.

CHAPITRE 366.

DES EFFETS DE CLAIR-OBSCUR, QUI, BIEN QUE NATURELS, SONT CEPENDANT SUPPOSÉS IMPOSSIBLES, ÉTRANGES ET HORS DE NATURE.

Une des conditions essentielles pour celui qui veut intéresser par des imitations, c'est de choisir des modèles qui n'aient rien d'étrange, rien de trop inaccoutumé; des modèles enfin qu'on ne soit jamais tenté de croire impossibles, bien qu'ils soient naturels et vrais. Il y a certainement dans la nature de ces effets qu'il ne convient point de répéter, parce que la peinture est, redisons-le, un art de clarté d'expression, et qu'elle doit, comme l'éloquence, charmer par la plus grande évidence.

Malgré l'obligation où est le peintre de ne choisir que des objets beaux, extraordinaires même, et très-intéressans, cela ne doit point le faire errer dans ses choix, et il doit avoir remarqué que les accidens étranges et extrêmement rares paraissent souvent des mensonges, et sont appelés des faussetés en peinture; enfin il doit se rappeler sans cesse que la vraisemblance la plus parfaite est, à proprement parler, la vérité de la peinture, ainsi que de tous les arts d'imitation.

Il faudrait peut-être décrire ici ces effets étranges et invraisemblables, quoique vrais; mais le langage écrit ne peut point se charger de produire ces images toutes graphiques, et on nous dispensera d'essayer ici de semblables descriptions. Faisons donc observer seulement que, si dans la campagne, dans les nuages, certains accidens fort bizarres, quoique pittoresques, se font remarquer, la loi du vraisemblable rejette cependant de pareils effets. Dans les plis des draperies, dans les couleurs des draperies, sur les carnations même, il se trouve des formes et des teintes fort invraisemblables et qui excitent chez le peintre le desir de les saisir et de les répéter. Sur les corps luisans, et sur les prunelles même de l'œil, il se passe des reflets et des tons souvent étranges, que le peintre doit bien se garder de copier, ou, si l'on veut, de choisir pour son imitation. Enfin tout ce qui est étrange et invraisemblable est rejeté par la peinture.

On dit que Paul Véronèse répondit à un critique qui blâmait l'invraisemblance de certaines ombres portées sur les figures de son tableau : « C'est un nuage qui passe. » Cette réponse ne le justifia point. Ruisdaël fait souvent échapper à travers des nuages la lumière du soleil, pour la projeter sur telle ou telle place de ses paysages, et cet effet est piquant ; mais est-il toujours vraisemblable, ainsi que ceux de Rembrandt, ou plutôt de ses imitateurs, ainsi que ceux de Rigaud, de Grimoux, etc., qui ont éclairé de caprice, pour ainsi dire, leurs compositions, et qui ont fait jouer le clair-obscur d'une manière tout à fait fantastique ? C'est donc en les empruntant à la vraisemblance que le peintre doit se procurer les effets qui peuvent animer ses peintures ; et, autant les jeux de clair-obscur extraordinaires, étranges même, lui semblent au premier abord relevés et poétiques, autant ils doivent lui sembler faibles et dénués d'attraits, lorsqu'il les rapporte à la qualité de vraisemblable, sans laquelle on n'obtient rien de vrai.

CHAPITRE 367.

DES EFFETS ÉQUIVOQUES DE CLAIR-OBSCUR.

Outre les effets étranges, bizarres et invraisemblables par leur singularité, il y a les effets équivoques, et opposés par conséquent à la clarté et à la vérité de signification.

Bien que la nature n'ait rien fait qui ne soit conforme à l'organisation et à la destination des êtres, elle offre ce-

pendant, quant à la vision humaine, des effets optiques,
que l'homme, malgré la force de sa perception oculaire,
ne comprend et ne saisit qu'avec une certaine difficulté,
parce qu'elle se présente à lui embarrassée par des équivoques. Mais, comme la nature a pourvu l'homme du
mouvement et de la faculté de transporter son organe visuel plus près, plus obliquement, plus haut, ou plus bas
par rapport à ces objets qu'il ne conçoit pas assez bien
par l'effet d'une seule vision, il parvient ainsi à l'idée
nette qu'il desire avoir de ces objets. Les choses ne sauraient se passer ainsi en peinture. Si le spectateur se dé-
place du vrai point de vue, pour approcher ou voir de côté
les objets peints, il les comprendra et les reconnaîtra
moins encore. Il résulte de cette différence entre la nature et un tableau, que le peintre est dans l'obligation de
ne choisir que ce qui se comprend sans équivoque par une
vision unique, puisque les déplacemens et l'oscillation
des yeux du spectateur ne peuvent lui servir pour mieux
concevoir l'image. Le peintre, en laissant subsister des
équivoques dans sa représentation, s'éloigne donc absolument du but, qui doit être de conserver toujours et de
ménager au spectateur l'idée du géométrique des objets.

Qu'on me permette d'offrir ici le premier exemple
d'équivoque qui se présente à mon esprit, en supposant
la représentation d'une allée d'arbres dans un tableau.
L'équivoque peut avoir lieu, si les arbres du devant étant
petits, et les derniers très-gros (ceci regarde le vraisemblable dans le dessin), les premiers sont de plus de couleur grise, et les derniers très-noirs ou très-blancs; si
l'ornière étant étroite au commencement, et large à l'extrémité (ceci concerne encore les lignes), de petites masses

et de petites pierres fort grises se trouvent au commencement, et de très-grosses pierres fortement colorées se
trouvent à l'extrémité fuyante ; si enfin des oppositions
lointaines rendent encore plus sensibles la grosseur et la
couleur de ces masses éloignées, les masses du devant étant
d'ailleurs dépourvues de semblables oppositions.

Les lumières très-vives aux troisièmes plans font souvent des équivoques, malgré le soin que prend le peintre
d'obscurcir un peu ces clairs, puisqu'ils ne nous arrivent
qu'à travers l'air sombre. Un corps très-poli et blanc, placé
sur le devant du tableau, peut sembler manquer de consistance et ressembler à un corps blanc éloigné et poli
par la distance ; aussi dans ce cas doit-on accompagner un
tel corps blanc de quelque accessoire brun propre à exprimer sans équivoque la proximité de cet objet poli vu à
travers peu d'air ou d'espace. Une montagne chargée de
vertes forêts, dans certaines compositions suaves de clair-
obscur, fuit moins que si elle était tenue d'une couleur
douce et chargée de peu de bruns. C'est d'après ce principe qu'il convient peu de vêtir de couleurs fortes les personnages fuyans, et de vêtir de couleurs trop fuyantes
les personnages du devant du tableau.

Finissons par l'exemple emprunté à l'effet équivoque
d'un moule de médaille, qui souvent fait l'effet d'un relief.

Si donc on considère ce creux d'un moule sous certains jours, sa concavité produit souvent une telle illusion,
qu'elle paraît être une convexité, ensorte que ce creux fait
l'effet d'un relief, à l'air près. Or, si notre organe peut être
tellement déçu qu'une certaine combinaison de clairs et
d'ombres suffise pour nous donner des idées du relief en
présence d'objets concaves, le peintre doit sentir la né-

cessité d'éviter toutes les équivoques, et de rendre évidemment saillant ce qui vient en avant, et fuyant ce qui est enfoncé.

CHAPITRE 368.

DES COMBINAISONS OU DU CHOIX DES EFFETS DE CLAIR-OBSCUR, QUI PAR LEUR ÉVIDENCE CONTRIBUENT A LA VRAISEMBLANCE OPTIQUE ET INTELLECTUELLE.

Il est certain que le peintre n'a pas rempli sa tâche, par cela seul qu'il a représenté avec justesse; il faut de plus que le choix de ses effets soit favorable à l'imitation, ou, comme nous l'avons déjà dit, que ce choix serve à donner au spectateur des idées nettes et positives des objets qu'on lui montre sur le tableau. Or il existe des combinaisons propres à cette fin, et ces combinaisons ou ces secrets de l'art doivent être fort étudiés et souvent éprouvés par le peintre. Aussi lui faut-il un grand sens et un tact exquis, pour discerner ce qui peut frapper très-vivement les spectateurs en général, ce qui est assez clair pour être très-bien compris par eux, ou ce qui au contraire doit leur laisser quelque confusion dans l'esprit. Ce grand sens et ce tact particulier est d'autant plus nécessaire, que le peintre qui a opéré selon les règles de la perspective, et qui croit son imitation juste, à cause de la justesse de son calcul mathématique, s'accoutume et s'en tient à ce spectacle représenté avec exactitude, et ne cherche pas à savoir s'il fera sur le public l'effet que l'art est tenu de produire. Enfin il n'arrive que trop souvent

que l'idée de l'exactitude se confonde chez lui avec l'idée
de la vraisemblance. Cependant tous les jours les artistes
peuvent observer dans leur manière de procéder que c'est
autant le vraisemblable, que le vrai, qu'ils recherchent
dans leurs études. En effet, ne les voit-on pas assez souvent,
lorsqu'ils ont tiré tout le parti qu'ils ont pu d'une draperie,
par exemple, posée sur le mannequin, jeter à la fin celui-
ci de côté et détruire leur modèle, pour se livrer à l'expression de certaines vraisemblances, de certains tons,
de certaines modifications optiques plus expressives et
qu'ils ont seulement soupçonnées, ou bien dont ils ont en-
trevu l'indication sur ce modèle? Tout ceci, au reste ne
s'entend que de l'artiste qui sait être très-exact et très-
fidèle, lorsqu'il ne veut que copier.

On peut dire enfin que, quand même on substituerait
le modèle à la copie, souvent ce modèle ne paraîtrait pas
plus vrai. C'est ainsi qu'une fleur ou qu'un fruit naturel
fait souvent fort peu d'effet, lorsqu'on l'associe à des fleurs
ou à des fruits artificiels. Plutarque nous raconte qu'un
plaisant imitait fort bien le cri du cochon, et que, pour
confondre un critique qui n'applaudissait pas à l'imitation,
il se servit d'un cochon véritable qu'il cacha et qu'il fit
crier près de ce critique. Celui-ci niant toujours la justesse d'imitation, notre plaisant lui montra le cochon
même dont on venait d'entendre le cri. Je pense donc
que le critique avait peut-être raison; car que ce cri ait
été celui d'un cochon véritable ou un cri imité, peu importe à l'imitation, si l'on admet que toute imitation doit
être frappante, non-seulement par la justesse, mais aussi
par la vraisemblance. En effet, il a pu arriver que le cri
particulier de ce cochon ait été moins naturel et moins

vraisemblable que le cri imité peut-être avec beaucoup
d'art d'après le cri général de cet animal.

Les moyens d'aider optiquement à la nature, et de favoriser par la vraisemblance du clair-obscur les spectacles du pinceau, sont de plusieurs espèces. Nous allons
nous attacher à ceux qu'il importe le plus d'imaginer et
de pratiquer; mais auparavant définissons ce qu'on doit
entendre par masses, quand il s'agit de clair-obscur.

De ce qu'on doit entendre par masses en fait de clair-obscur.

Il semble superflu d'expliquer ce qu'on doit entendre
par masses; cependant parmi les élèves on en remarque
beaucoup auxquels il est nécessaire de donner à ce sujet
une définition.

On appelle donc masses les parties brunes ou les parties
claires, ou même les parties demi-claires qui ont une certaine étendue. Lorsque des parties de clair, ou de brun,
ou de demi-brun, sont petites, on les appelle petits morceaux et loquettes, comme par ironie.

On dit morceler les masses, comme si le peintre ne
pouvait produire des morceaux que chiquet à chiquet.
Une masse n'est donc telle que lorsqu'elle est entière,
une et d'un volume assez étendu. Ainsi, pour former des
masses, il s'agit de réunir et de lier les morceaux, au lieu
de les disjoindre par des intervalles sensibles, ce qui
composerait un papillotage capable de détruire toute
sensation grande et simple. Il résulte qu'introduire une
partie claire dans une masse brune, ou une partie brune
au milieu d'une grande masse claire, c'est anéantir ces

masses, puisque c'est faire deux morceaux de cette masse ; c'est la couper, la hacher et la faire disparaître ; c'est enfin rendre petit ce qui était grand, et subdiviser ce qui devait être uni et entier.

Mais, dira-t-on, tout dans la nature ne peut pas produire des masses, et il y a toujours et malgré tout de petits morceaux ; c'est en effet ce qui a lieu, et très-heureusement, car ce sont les petits morceaux qui font valoir les masses, en leur opposant pour contraste leur volume plus ou moins petit et leur caractère différent. Si même les clairs et les bruns sont égaux, quoique grands, ils sembleront moins être des masses ; ils sembleront plutôt être des morceaux, par cela seul qu'ils ne contrasteront pas avec des parties petites et subdivisées.

« C'est par des masses, dit Millin (Dict.), et non pas » par des détails, que la nature frappe d'abord le sens de » la vue ; ce sont donc aussi ces masses qu'il faut surtout » offrir et représenter, si l'on veut faire une copie qui lui » ressemble ; ce sont les masses qu'il faut saisir avant » d'étudier les détails, si l'on veut imiter très-distincte- » ment et d'une manière simple et grande les effets na- » turels. En vain, ajoute le même auteur, on tâchera de » finir un ouvrage avec un grand soin, si l'on n'y a pas » conservé les masses d'un clair obscur large ; et cepen- » dant, c'est la condition qu'on néglige généralement le » plus, parce que l'imagination de l'artiste est presque » toujours absorbée par les détails. » Cependant la plus grande naïveté doit accompagner ce calcul, et le vice d'affectation et le manque de vérité par des arrangemens forcés ne seraient point rachetés par cette importante qualité.

Il y a des morceaux de marbre et de bois poli qui

offrent de belles masses ; il y en a qui n'offrent que de petites taches plus ou moins nombreuses. Le tableau des Sabines de David, le tableau des Sabines de Poussin n'offrent point de masses, pas plus que les peintures de Perugino, de Mantegna, de Van-Eyck. Rubens, Tiziano, Zurbaran, les Carracci, etc., font voir des masses de clair-obscur dans leurs peintures.

CHAPITRE 369.

DE LA NÉCESSITÉ D'INTRODUIRE DE GRANDES MASSES DE CLAIR ET D'OBSCUR, POUR OBTENIR LA FORCE ET LA NETTETÉ DE L'APPARENCE.

Un des moyens de suppléer à la faiblesse des couleurs matérielles claires et brunes appliquées sur le tableau, et de débrouiller les effets du clair-obscur, c'est de choisir ou de composer de grandes masses dont le volume semble ajouter à l'intensité des tons (remarquons bien que ce n'est pas à la question du beau optique que se rapporte cette condition de largeur et d'intégrité dans les masses, mais seulement à la simplicité et à l'énergie de l'apparence). En effet, ces grandes masses peuvent produire de la force et de la netteté, quoiqu'elles soient quelquefois trop semblables entre elles, et quoiqu'il n'y en ait pas une essentiellement dominante : or, cette dernière combinaison est absolument propre à la beauté.

On comprend assez que les larges masses, quand elles sont empruntées à la nature, servent plus à donner une idée nette des choses, que les masses petites et embrouil-

lées. Ces masses au reste sont toujours accompagnées
d'un certain nombre de petites masses qui servent à
rendre les premières plus imposantes.

Tiziano imagina fort ingénieusement de prendre pour
exemple une grappe de raisin, afin de démontrer ce que
c'est que l'effet des grandes masses. « Qu'on dissémine,
» disait-il, les grains de cette grappe, on ne verra que de
» petits points sans effet, sans ensemble. Qu'on les réu-
» nisse en groupe ou en grappe, l'œil jouira d'un spec-
» tacle débrouillé très-sensible, très-compréhensible. »

Il convient de dire que bien des gens ont cru avoir
trouvé tout le secret du clair-obscur dans les larges
masses; mais, ainsi que nous le prouverons bientôt, cette
qualité essentielle ne suffit pas, il faut de plus des combinaisons basées sur l'unité, combinaisons qui seules peuvent produire la beauté : au reste cette grandeur, cette
ampleur dans les masses porte avec elle un caractère, et
l'on conçoit aisément qu'un sujet gai, léger et brillant ne
comporte pas des masses aussi vastes, aussi graves qu'un
sujet dont le mode est élevé, majestueux et très-imposant.
Nous reviendrons sur cette proposition. Toutefois nous
rappellerons ici ce que nous avons dit au chapitre 368,
où nous avons donné la définition de ce qu'on doit entendre par masses, c'est que, sans masses grandes et puissantes, un tableau ne peut être que faible et de petit effet. De petits morceaux de brun et de clair ne procurent
qu'un papillotage mesquin, contraire au beau et à l'idée
qu'on se fait de l'art élevé et magique de la peinture, art
qui doit par conséquent produire dans ses ensembles des
sensations fortes, grandes et inaccoutumées.

CHAPITRE 370.

DE LA SITUATION RESPECTIVE DES CLAIRS ET DES
BRUNS SOUS LE RAPPORT DE LA VRAISEMBLANCE
DANS L'IMITATION. — LE NOIR VIENT-IL PLUS EN
AVANT QUE LE BLANC, OU LE BLANC VIENT-IL PLUS
EN AVANT QUE LE NOIR ?

Si le peintre est libre dans son choix, et s'il peut à volonté placer ici un objet obscur, là un objet clair, présenter en avant, ou tourner en arrière la partie blanche
ou noire d'un objet blanc et noir, doit-il préférer l'ordre
qui favorisera la vraisemblance, ou bien doit-il compter
sur la force et la justesse de sa représentation, et croire
que sa peinture, comme la nature, fera distinguer sans
invraisemblance tous les objets ?

Dans cette proposition on voit qu'il n'est encore nullement question du choix propre au beau, mais exclusivement du vrai apparent ou du vraisemblable.

Un peintre doit toujours avoir présentes à l'esprit les
limites de ses facultés imitatrices, et doit sans cesse se
rappeler que, si en présence de la nature, la mobilité du
spectateur lui sert à mieux voir et à discerner, cette mobilité ne lui est d'aucun secours, lorsqu'il se trouve en
présence d'une toile peinte ou d'un tableau : en effet, s'il
remue, s'il s'approche ou se place de côté, il verra moins,
et même il ne discernera plus rien. Cette seule raison devrait déterminer le peintre à ne présenter les objets que
selon un clair-obscur très-sensible et très-vraisemblable.
Enfin, il ne doit point s'en tenir à la nature accidentelle,

par cela seul que le plus souvent elle est évidente, compréhensible, et qu'elle ne gêne en rien l'œil de celui qui l'observe.

Il est inutile d'exposer ici les cas où un choix de clairs et d'obscurs serait contraire au vraisemblable et à la facilité de perception ; chacun peut aisément les imaginer.

Une figure très-blanche, soit par sa draperie, soit par sa situation sous un luminaire accidentel très-vif, semblera-t-elle évidemment éloignée par l'artifice du peintre, autant que si elle eût été choisie d'un ton moins tranchant ? La perspective répond oui ; la nature répond aussi oui : mais le peintre qui touche toujours de son pinceau cette toile proche et ingrate, cette toile qu'il ne peut jamais rendre entièrement fuyante ; le peintre qui doit dégrader avec une justesse aérienne presqu'impossible à saisir, ce blanc lumineux, ce noir très-profond, ne répondra pas ainsi ; il se méfiera de ses couleurs proches, et il choisira le parti le plus propre à rendre vraisemblable sa peinture, dont il doit toujours chercher à déguiser la faiblesse, tout en appréciant la naïveté qui rejette les arrangemens affectés. Ainsi, quoique dans la nature un gris proche paraisse toujours proche, et qu'un noir éloigné paraisse toujours éloigné, il n'est pas ingénieux de choisir un gris doux pour le plus près, et un noir rude pour le plus loin dans un effet de jour clair ; si cependant on se trouve forcé par le sujet, il faut alors imaginer des moyens capables de détruire l'espèce d'incertitude qu'éprouverait le spectateur, s'il voyait en peinture un tel effet. Cette incertitude proviendrait non-seulement de l'expression équivoque du près ou du loin, mais encore de l'expression équivoque du ton inhérent à l'objet, ensorte que cet objet si illuminé accidentellement pourrait sembler plus clair qu'il n'est en effet et géométriquement.

Mais, dira-t-on, dans quel ordre précisément convient-il de placer les clairs, les demi-clairs et les ombres, afin d'obtenir un relief évident, et cette expression des distances, des plans et des formes ? La nature semble nous aider elle-même dans cette question par la marche qu'elle suit sur les corps sphériques illuminés par le soleil. Sur une boule éclairée par le soleil, nous distinguons donc le clair ou la partie illuminée, au milieu de laquelle est le point le plus clair, et cela indépendamment du luisant, si cette boule est polie ; puis se manifeste l'ombre sur la partie privée du soleil, puis le reflet ; et enfin, sur le corps qui supporte cette boule, on voit l'ombrage qui est plus obscur que l'ombre. Que ferons-nous donc pour suivre cet ordre dans notre composition ou dans notre combinaison des clairs et des obscurs ? Nous choisirons notre jour et notre aspect de manière à avoir aussi une masse d'ombre sur le corps principal, sur le groupe, sur la grande masse enfin que nous voulons mettre en relief, et nous aurons aussi une masse d'ombre plus forte encore ou un ombrage qui sera hors de ce groupe et de ces corps saillans ; et si le sujet ou la composition nous donne quelque vêtement obscur et remarquable par la grandeur de sa masse, nous ne placerons pas inconsidérément et sans motif cette masse brune, mais nous la ferons contribuer à l'opposition et au complément du clair-obscur, en la liant au grand brun qui doit soutenir tout le clair. Si ce brun qui soutient le clair est lui-même l'ombre portée par le groupe sur une muraille ou sur le terrein, l'effet n'en sera que plus naïf, et le résultat plus frappant. Si le sujet

ne permet pas ce brun ou cette ombre portée, nous ima-
ginerons un brun équivalent et rendu naturel par d'autres
vraisemblances. Voilà le fondement et le principe trouvé,
et il est pris dans la nature. Beaucoup de peintures antiques sont ainsi conçues, et tout aussi simplement; or
il est étrange que la simplicité du moyen ait fait croire
que les peintres de l'antiquité ne s'étaient pas occupés de
cette condition : mais l'art est de cacher l'art, et tous ces
choix affectés de clair-obscur dans les tableaux sortis de
nos académies, toutes ces petites masses apportées exprès, mais mensongères, forcées et criardes, tous moyens
sans résultat, c'est-à-dire ne produisant point la saillie,
paraissent bien moins savans, selon moi, que ces combinaisons simples et ingénieuses appartenant à l'art grec.

On peut encore démontrer ce que cette marche a de
naturel, en disant que l'ombrage est la conséquence de
l'objet, en tant qu'objet éclairé, et qu'il faut faire voir
cette conséquence. En effet, l'ombre accompagne et suit
le corps, et l'apparence d'un objet n'est pas complète
sans son ombre. Un buste n'offre qu'un effet ingrat, s'il
n'est pas accompagné de son ombrage : aussi les coloristes
ont-ils profité avec avantage de l'ombrage projeté, soit sur
un mur, soit sur un fond de draperie. Plusieurs beaux
portraits flamands, hollandais et vénitiens offrent cette
simplicité de calcul. Il y a le côté clair, le côté ombré et
l'ombrage sur un mur; ou, si cet ombrage ne peut exister,
une draperie brune ou un plan fort obscur du fond en
tient lieu. Toutes ces observations ne sont point rassem-
blées ici pour qu'on les convertisse en une recette bannale, mais il était nécessaire de rendre très-sensible cette
question importante de peinture.

Daudri Bardon a dit : « Assez ordinairement les tons » les plus bruns doivent être placés hors des chairs, sur- » tout de celles que l'on veut rendre délicates. » C'était en effet l'usage de Rubens. Tel était le principe de Cor- régio, de Paul Véronèse, de Tiziano. Ces maîtres pei- gnaient les ombres des carnations avec une certaine vi- gueur, mais ils leur opposaient des fonds plus vigoureux encore, ce qui les faisait paraître légères, et cependant assez fortes pour faire valoir les lumières. Enfin, s'il est nécessaire de soutenir les masses lumineuses par des bruns et par des vigueurs, il est bien raisonnable de ne placer ces vigueurs très-obscures que sur les objets où elles ne sont pas choquantes. Ce n'est donc pas sur les figures nues ou sur des draperies suaves et claires qu'il faut dis- poser et placer la plus grande force et la fierté des tons, mais plutôt sur des fonds, sur des masses moins impor- tantes, et cela afin que le ton, quoique fier et puissant, ne blesse point la vraisemblance, et que le caractère géo- métrique des objets clairs soit toujours conservé.

Léonard de Vinci prescrit une tout autre marche; mais les coloristes les plus habiles ne l'ont point suivie. Il veut donc qu'on oppose à l'ombre un fond clair, et au clair un fond sombre. Cette théorie de Léonard sera cri- tiquée plus tard, par rapport à la beauté ou à l'harmonie qui demande au contraire que les bruns ou les ombres des corps soient unis aux bruns du fond, et les clairs de ces corps aux demi-clairs du fond. Mais en considérant ce précepte sous le rapport du relief et de la netteté d'aspect, il est au moins fort douteux, car cette opposition peut faire paraître trop obscure la partie ombrée, et par cela même empêcher l'isolement de l'objet.

Cependant beaucoup de critiques repousseront peut-être le précepte que nous recommandons ici. Ils diront qu'un peintre qui voudrait, dans ses combinaisons, placer toujours sur le devant les objets clairs, et toujours dans les fuyans les objets gris ou obscurs, ou toujours tourner vers le devant le côté clair d'un objet clair et brun, tomberait dans la manière, puisque la nature ne se présente pas ordinairement selon cet ordre, et que ce serait faire voir les recherches de l'art, et non la nature. Mais on peut répondre à cette question fort juste d'ailleurs, qu'un peintre qui ne s'occuperait nullement des équivoques résultant de certains choix dans lesquels l'objet le plus clair de tous serait l'objet fuyant, ou l'objet le plus gris et le plus poli serait le plus en avant, serait lui-même dans l'erreur, puisqu'il compterait trop sur les moyens imitatifs de son art, et qu'il méconnaîtrait la difficulté qu'il y a de feindre éloignées des couleurs qui toujours sont proches et sensibles sur le tableau, et de feindre proches des couleurs qui géométriquement sont fuyantes, aériennes et presqu'incolores.

Enfin on peut avancer comme une chose vraie, qu'un objet très-éclairé est mieux vu, et que ce qui se voit le mieux attire et occupe le plus l'esprit. Il faut donc des raisons particulières pour faire figurer dans l'ombre les objets les plus intéressans, et pour exposer au grand jour ce qui est de peu d'importance.

Le blanc vient-il plus en avant que le noir, ou le noir vient-il plus en avant que le blanc.

Cette question semblera un peu extravagante aux yeux des gens étrangers à la peinture, et aux yeux des gens versés dans la science de l'optique ; et cependant elle est très-faisable, lorsqu'on s'adresse aux peintres d'aujourd'hui, qui presque toujours évitent d'éclairer les plans éloignés. Il est donc presqu'étrange de demander si un cheval blanc semble plus près de notre vue qu'un cheval noir, et si un cheval gris n'est pas toujours supposé autant éloigné de nous qu'il l'est du lointain sur lequel il apparaît. On doit donc repousser toutes ces propositions qui sont absolument contraires à ce que la nature nous fait éprouver à chaque instant, puisque nous distinguons les degrés d'éloignement des objets, quelle que soit leur couleur ou leur ton.

Le près et le loin ne s'obtiennent en peinture ni par le noir, ni par le clair, mais par les diminutions linéaires et chromatiques, par les diminutions d'énergie et d'intensité des caractères sensibles. Voilà pourquoi la touche contribue tant à exprimer ou ce près ou ce loin.

Dufresnoy et Depiles ont dit : « Le blanc tout pur » avance ou recule indifféremment ; il s'approche avec » du noir, et s'éloigne sans lui ; mais pour le noir tout » pur, il n'y a rien qui approche davantage. » (Voyez le vers 34 du poëme de Dufresnoy, et les notes de Depiles.) Depiles ajoute au sujet du noir « d'autant que c'est la » couleur la plus pesante, la plus terrestre et la plus sen- » sible », et il avance aussi que le blanc est la couleur la plus légère.

Il n'est pas surprenant que Desargues et A. Bosse aient été choqués d'une erreur aussi funeste pour les peintres, que l'est cette assertion de Dufresnoy et de Depiles. Il fallait dire au contraire que, dans la nature, le blanc, comme le noir, avance ou fuie indifféremment. Il ne faut que deux yeux pour se convaincre que, le soir, des arbres lointains sont fort noirs, et que, le jour, les cavernes et les trous éloignés sont fort obscurs. Quant aux objets blancs vus en plein jour, et qui sont fort éloignés, ne sont-ils pas presque aussi clairs que ceux qui sont sur le devant? S'il n'en était pas ainsi, la neige qui est sur les hautes montagnes s'apercevrait-elle d'aussi loin? Or, si personne ne peut contester cette vérité que le blanc et le noir avancent ou fuient indifféremment dans la nature, pourquoi les peintres voudraient-ils obscurcir pour faire tourner ou enfoncer, et éclaircir pour faire venir en avant, la lumière n'étant pas ce qui fait paraître près ou loin, mais bien l'air, et la lumière faisant seulement qu'on voit plus ou moins les objets? Voyez ce qui est dit au chapitre 531 de la justesse perspective de la touche.

Il faut conclure de ce qui précède que, bien que le blanc ne vienne pas en avant, et que le noir ne soit point fuyant, il convient cependant d'éviter certaines dispositions de lumières qui placeraient le plus clair de l'objet, ou les objets les plus clairs, en arrière, et les plus sombres en avant. C'est ainsi que si l'on a à représenter un chien ou une vache ayant la tête blanche et le derrière noir, il sera plus ingénieux de les tourner de manière que la tête soit située en avant du spectateur : et cependant le choix contraire peut fort bien réussir. Mais on conçoit que tout cela dépend des cas, des oppositions et de plusieurs autres vraisemblances ou invraisemblances; il suffit donc d'avoir ici attiré l'attention sur ce point.

Un mot est à dire ici sur l'emploi des repoussoirs; car c'est ainsi que les peintres ont appelé, dans les derniers tems, les objets placés dans l'ombre, et situés sur

le devant du tableau. Les objets de grande dimension, par
rapport à ceux des seconds plans, étaient donc tenus fort
obscurs, pour repousser les objets éloignés, et pour donner beaucoup d'enfoncement à la peinture ; mais ce moyen
était absolument inutile, et d'un choix tout à fait contraire à l'illusion : inutile, parce que le brun ou l'ombragé ne vient pas plus en avant que le clair ; contraire
à l'illusion, parce que l'œil embrasse difficilement deux
spectacles si opposés, celui d'objets très-proches et obscurs, et celui d'objets principaux très-éclairés et éloignés.
Dans tous les cas, une ignorance frappante des lois de
l'optique ou de la perspective est manifestée par les repoussoirs : car, au lieu d'offrir des détails très-sensibles,
très-bien rendus, puisqu'ils sont près de la vue et très-
distincts ; au lieu de rendre énergiquement ces couleurs
placées dans l'ombre, mais très-proches du spectateur,
ces inventeurs de repoussoirs ont traité, d'une manière
lâchée et sans détails étudiés, ces grandes masses sur lesquelles ils n'ont exprimé aucune teinte semblable en
énergie à celles qu'on voit de près, même dans l'ombre,
ensorte que souvent ces grandes figures donnent l'idée de
grands fantômes mulâtres. Les peintres, en imaginant ce
moyen barbare et destructeur de l'harmonie ou de l'u-
nité, n'obtinrent donc au fait qu'une opposition qu'ils
pouvaient se procurer en tout autre lieu. Or les oppositions ne sont pas toujours indispensables pour l'effet de
la distance, et il n'est pas vrai qu'un ton fort ait jamais
fait fuir un ton faible placé sur le tableau à la même
distance que lui.

Concluons de ces exemples qu'obscurcir les devans
d'une composition, ce n'est pas plus les tirer en avant que

si on les éclaircissait, et que la perspective dont les principes sont immuables, sera toujours le tribunal où se ju-
geront toutes ces prétendues ressources qui ne sont que
des licences du maniérisme.

CHAPITRE 371.

DE L'ART D'OPPOSER ENTR'ELLES LES MASSES CLAIRES,
   BRUNES ET DEMI-BRUNES, POUR AIDER A LA VRAI-
   SEMBLANCE.

Pour bien comprendre ce que c'est que l'art des oppositions en peinture, il faut bien comprendre en quoi consiste le caractère de l'unité. En effet, opposer à une
chose une autre chose différente, ou bien former et constituer les choses qui doivent être opposées les unes aux
autres, n'est-ce pas, en même tems, former et constituer
leur unité particulière? Si l'on veut faire que du brun
soit opposé à du clair, il faut, avant tout, rendre clair
ce clair, et brun ce brun. L'opposition s'obtient donc d'a-
bord en établissant le caractère propre et distinct des
masses, car deux masses sans caractères, et placées l'une
près de l'autre, ne produiraient pas d'opposition. Chaque
objet doit être manifesté par l'unité qui constitue et qui
rend distinct son caractère particulier; ce caractère particulier ressortira et se manifestera ensuite davantage par
l'effet de l'opposition.

On pourrait ajouter ici que l'opposition des masses de
clair et d'obscur résulte de quelque autre chose que de
leur ton ou de leur degré distinct d'intensité, et qu'elle

résulte aussi du caractère des formes de ces masses. En
effet, bien qu'on puisse rapporter aux lignes cette condition des formes, elle est cependant comme attachée
aussi aux masses de clair et d'obscur; c'est ainsi qu'un
brun un peu cahoté et échancré, contrastera à côté d'une
forme et d'un contour simple et uni. On en peut dire
autant des clairs; mais laissons cette espèce d'opposition, et ne parlons encore que de l'opposition principale
qu'on obtient par l'intensité des tons.

Ainsi les clairs servent à faire paraître les bruns plus
bruns, ou les noirs plus noirs. Les tons demi-obscurs sont
compris dans cette opposition : un habit noir paraîtra
plus noir sur un fond gris que sur un fond obscur, et un
habit blanc plus blanc sur un fond gris que sur un fond
clair.

On observera encore que jamais le noir ne paraîtra
plus noir que quand il se trouvera placé entre deux clairs,
ni le clair plus clair que quand il se trouvera entre deux
noirs. L'expérience rend très-sensibles ces effets d'opposition ; le point difficile n'est pas de les remarquer, mais
d'en faire un bon usage, de ne pas en abuser, et de les
faire toujours paraître naïfs et conformes au vrai et au
vraisemblable.

Bien des peintres routiniers ne connaissent pas d'autre
recette pour faire piquant et fort, que d'opposer à du
blanc du noir, à du noir du blanc. L'horizon de leur
paysage ne brille que par l'opposition d'un arbre qui a
l'air très-obscur. A côté d'un arbre brun, ils imaginent
un nuage éclatant; et chaque touche, ou chaque petite
masse, trouve, sous leur pinceau, une masse qui est immédiatement opposée à une masse contraire. Cependant

cette routine, qui n'est point prise dans la nature, n'est qu'une convention propre à donner le même aspect, la même physionomie à tous les tableaux, et très-souvent à rendre le clair-obscur dur, sec, découpé, et de petit effet.

Il convient donc que le peintre sache remarquer que les grandes oppositions nécessaires pour donner de la valeur au clair-obscur, peuvent avoir lieu sans qu'elles causent de chocs. Le plus grand brun ne doit pas absolument être situé contre le plus grand clair ; car souvent l'opposition a lieu sans ce rapprochement, et, de cette distance entre les clairs et les bruns, il résulte même de la suavité. Dans un orchestre, quoique les basses ne soient point opposées immédiatement aux flûtes ou aux instrumens élevés, et que d'autres instrumens, d'autres tons soient intermédiaires, ces basses n'en produisent pas moins l'opposition vigoureuse qu'on en attend. L'opposition par choc ne peut être desirée que dans des sujets ou pour des modes particuliers, ou bien encore entre des masses petites et qu'on veut rendre sensibles ; car l'opposition sert à faire mieux voir et à soutenir, pour ainsi dire, les objets. Mais l'abus des oppositions décompose souvent la marche graduée du clair-obscur, et empêche l'expression vraie des plans. D'ailleurs cette manie de placer toujours près de chaque ton des tons contraires, ne sert qu'à faire subsister la toile, au lieu de la faire disparaître. Toutes ces taches brunes et claires, bien qu'elles soient piquantes, ne donnent point l'image des distances de la nature, qui cependant ne manque guère d'oppositions, mais dans laquelle, si on ne les sait découvrir, on ne les soupçonne même pas, et on n'en sait pas user. L'art consiste à déguiser l'art, et à placer les oppositions avec une telle

adresse, qu'elles soient assez fortes et assez nombreuses
dans le tableau sans que l'artifice soit aperçu.

Si les oppositions sont mal entendues, mal employées,
elles deviennent plus funestes qu'utiles, parce que la
force du clair-obscur n'est le plus souvent obtenue que
par des mensonges et des altérations du caractère des
objets ; c'est ainsi que de forcer le ton des ombres des
carnations, afin d'en rendre les clairs plus sensibles par
opposition, est un vrai contre-sens, puisqu'au soleil même
les ombres des carnations sont claires. Si dans les représentations d'une grande dimension, on exagère souvent
les bruns, c'est dans l'intention de produire des oppositions en dédommagement de la faiblesse des couleurs
matérielles et obliques de la palette. Enfin, si pour faire
remonter le ton clair d'un cheval blanc, on lui oppose
un ou deux chevaux obscurs, il ne faut pas que ces tons
obscurs soient comme privés d'air et exagérés de caprice.

D'autres raisons, qui seront exposées quand nous parlerons de la beauté du clair-obscur, serviront à démontrer
que souvent les oppositions sont contraires à l'unité et à
l'harmonie ; nous y expliquerons qu'il faut bien se garder
de placer les oppositions indiscrètement et de manière à
ce qu'elles interrompent la masse principale de lumière.
Il peut bien se trouver dans ces principales masses claires
quelques petites parties brunes, la nature elle-même en
offre toujours quelques-unes, mais elles ne font point
perdre à la masse principale son caractère dominant.

Au reste, ce qui a beaucoup engagé les modernes à
multiplier les oppositions, c'est le peu d'éclat de la peinture à huile, car non-seulement ce peu d'éclat fait qu'on
recherche des bruns extrêmes, mais il fait aussi qu'on

oppose et qu'on fasse contraster comme par des chocs les bruns avec les clairs, qui par ce moyen sont, il est vrai, doublés d'éclat, mais qui aussi produisent des duretés et de petites parties sans liaison ni harmonie. Quand la peinture matérielle est lumineuse, quand le tableau est comme couvert de couleurs émaillées et transparentes, alors le coloris est fort, et on ne recherche pas les oppositions forcées des tons.

Terminons ce chapitre en disant que des oppositions existent dans la nature, mais que le cadre du peintre étant limité, il lui faut introduire dans ce cadre limité des oppositions qui n'eussent peut-être été offertes par la nature, que dans un plus grand cadre ou espace. Disons que la magie des oppositions est très-grande, et que les habiles coloristes, tels que Rubens, ainsi que les maîtres qu'il étudia à Venise, en ont fait avec succès un usage constant; mais que, si le principe de l'opposition autorise à adopter certains tons dont la vigueur est très-efficace, le principe du beau commande aussi l'harmonie optique et intellectuelle. Certes la vigueur est une grande et belle qualité en peinture, et sans bruns profonds, larges même et ingénieusement opposés, une peinture est sans énergie; mais ce n'est pas un tableau très-noir qui est vigoureux, c'est celui où les bruns sont habilement ménagés, ensorte que les coloristes vigoureux sont toujours clairs par l'effet magique des oppositions. Quant au principe de la perspective, il ne cède jamais rien de ses droits sous le rapport de la dégradation, de l'effet de l'air, et de ce coloris naïf et juste qui fait le charme de toutes les imitations.

CHAPITRE 372.

DU CHOIX DU LUMINAIRE LE PLUS PROPRE A RENDRE VRAISEMBLABLE L'IMITATION PAR LE CLAIR-OBSCUR.

Puisque l'imitation est toujours au-dessous de la vérité, il convient de choisir dans la nature un luminaire dont l'effet permette l'imitation la plus approximative, et dont le caractère facilite l'expression des formes et des plans dans la représentation.

Or, comme il y a des luminaires qui semblent contrarier et l'apparence générale et le caractère particulier des formes, il est nécessaire de n'adopter que ceux qui s'offrent à nous sous certaines conditions favorables à l'imitation. Enfin, si notre peinture doit ressembler à la nature, il faut aussi choisir une nature qui ressemble à ce que peut être notre peinture.

Je vais donc considérer les luminaires 1° sous le rapport de leur volume, 2° sous le rapport de leur angle de projection, et 3° sous le rapport de leur énergie.

CHAPITRE 373.

DU CHOIX DU LUMINAIRE SOUS LE RAPPORT DE SON VOLUME, OU DU CHOIX D'UNE LUMIÈRE OUVERTE OU D'UNE LUMIÈRE SERRÉE.

Il est facile de concevoir que la grandeur ou la petitesse du foyer lumineux qui éclaire les objets, produit des ré-

sultats optiques fort différens les uns des autres. Il s'agit
ici de déterminer lequel, d'un luminaire large ou d'un
luminaire étroit, est le plus propre à exprimer avec vraisemblance dans le tableau, les formes et les plans des
objets. Mais avant tout, la définition de la peinture nous
avertit que souvent le caractère ou le mode du sujet oblige
le peintre au choix de l'un ou de l'autre luminaire. Nous
supposerons donc ici un sujet pour lequel ce choix ne
serait d'aucune conséquence.

Faisons observer d'abord que la lumière qui éclaire les
objets doit être une et déterminée. En effet, si elle est
double et venant de deux directions opposées, la vision
ne sera point une ou complette, car par vision on doit
entendre perception distincte, et non équivoque. Opposez
deux lumières égales projetées à distance égale sur un
corps, vous rendrez équivoque l'apparence de la forme
de ce corps ; et, si au lieu de cette lumière une, vous projetez sur ce corps plusieurs lumières égales et diamétra-
lement opposées, vous pourrez embarrasser encore davantage et rendre plus incertaine la perception, et parconsé-
quent l'idée qu'on voudrait se faire de ce corps. Dans la
nature on remarque très-souvent ces effets vagues et qui
produisent des apparences incertaines. Ces cas, où la perception ou la vision n'est pas une et distincte, doivent
être évités par le peintre. Au surplus, l'auteur de la nature n'a placé pour cette fin au-dessus de nos têtes qu'un
seul foyer de lumière, et la grandeur, ainsi que l'expansion de ce foyer, est telle qu'elle devait être pour la perfection de ses résultats.

Voici donc deux questions bien distinctes : il y a les
luminaires larges et diffus ; il y a les luminaires étroits

et tranchans, et c'est la nature ou le mode du sujet qui
doit faire adopter ou l'un ou l'autre. Cependant il convient d'examiner les caractères pittoresques et les propriétés de ces deux lumières, sous le rapport de la sensation qu'elles font éprouver, et de l'effet optique qu'elles
produisent. Observons premièrement l'effet résultant d'un
large luminaire.

Un luminaire large projette sur les corps des clairs
larges, et sur les obliquités des tons vagues et en quelque sorte incertains, de manière que ces obliquités ne
sont pas exprimées par des obscurcissemens très-sensibles. L'air général sous un luminaire large est très-
éclairé, et la dégradation lumineuse, selon les enfoncemens, est par conséquent peu rapide. Dans ce cas, les
trous restent bruns, puisque, bien que la lumière soit
large, elle ne les atteint pas; seulement leur force d'obscurité est diminuée par l'interposition de cet air clair
ambiant. Sous de tels luminaires, les arrondissemens ne
peuvent être imités que par la douceur et l'affaiblissement de la touche sur les obliquités ; aussi le vague des
tons exprimant les ombres a-t-il plus d'une fois trompé
les peintres, qui, ne copiant pas savamment les effets, ont
produit des tons incertains et ont donné l'idée de corps
diaphanes ou sans consistance : voilà pour ce qui est de
l'inconvénient des lumières larges et diffuses.

Quant à l'avantage attaché à ce choix dans les luminaires, plus d'un observateur ont tâché de le faire sentir.
« Les figures, dit Léonard de Vinci, chap. 343, auront
» plus de grâce étant mises dans des lumières univer-
» selles et de campagne, que dans les lumières particu-
» lières et étroites, parce que les grandes lumières étant

» puissantes et vastes, elles environnent et embrassent le
» relief des corps, ensorte. que les ouvrages qui ont été
» faits sous ces lumières, paraissent de loin et avec grâce,
» au lieu que ceux que l'on peint à des jours de cham-
» bre, où la lumière est étroite et resserrée, prennent les
» ombres très-fortes, ce qui fait que de tels ouvrages ne
» paraissent jamais de loin que comme une simple teinte
» et une plate peinture. » Ce que dit ici Léonard de Vinci,
ou plutôt, ce qu'il dit dans son écrit original, s'accorde
parfaitement avec le système de clair-obscur des peintres
de l'antiquité.

Tiziano, Paul Véronèse et tant d'autres se sont con-
tentés souvent d'ombres très-clairés, parce qu'ils em-
ployaient des luminaires très-ouverts. Beaucoup de tableaux de maîtres offrent ce caractère, et ces masses
légères, soutenues par des fonds obscurs, ont l'avantage
que n'offrent pas les ouvrages faits sous un jour serré,
celui d'être débrouillés, et de frapper clairement et de
loin. Elles ont encore l'avantage d'être favorables aux
couleurs géométriques des objets, parce qu'elles développent toute leur énergie et toute leur fraîcheur, et cela
autant dans le clair que dans l'ombre, car il n'existe que
peu d'air obscur dans un tel site. Quand au contraire on
peint sous des luminaires dont l'exiguité offusque l'éclat
naturel, on a souvent recours à une force affectée qui
n'offre que des luisans et des bruns, et point de ces couleurs locales, point de ces teintes riches, simples et embel-
lies, qui se font valoir chacune par leur éclat particulier.

La lumière ouverte a donc ses charmes : cette douce
expansion des clairs dans les ombres, cette grande unité
d'aspect sur les parties qui semblent plus entières que sous

la lumière aiguë, enfin cette abondance d'éclat, jointe à une fusion qui semble unir et lier entr'elles les surfaces, procure des sensations qui sont douces et attachantes, et dont les peintres imitateurs du mode riche et magnifique, ont su tirer un beau parti.

On a reproché, et ce n'est pas sans raison, à l'école française le ton général de son coloris accordé sous une lumière renfermée et provenant d'un ciel souvent gris et chargé de vapeurs humides. Ce coloris froid décèle l'usage qu'ont eu les peintres de cette école de travailler dans des ateliers éclairés d'un jour froid et restreint à son passage. De-là on a conclu que le climat influence le coloris, et qu'en Italie et dans la Grèce, les anciens ont mieux réussi, parce qu'ils pouvaient peindre en plein air, etc. Les observateurs veulent absolument attribuer les vices dans les arts au climat, aux mœurs, et jamais à l'ignorance des artistes : si ce n'est pas la faute de ces derniers, il faut bien que ce soit la faute du ciel. On sait que sur le théâtre de Paris les héroïnes ont figuré avec des paniers énormes sous leurs robes de velours, et ayant la tête toute panachée : c'était, disent les observateurs, l'effet de l'influence de la mode et des mœurs ; mais aujourd'hui, nos dames ont sur la tête des chapeaux bouillonnés tantôt en large, tantôt en long, et des bonnets chamarrés de petites fleurs, de rubans vifs et de dentelles, et tout ce mauvais goût, qui est de bon ton, n'empêche pas que, sur la scène, les Clytemnestres et les Iphigénies ne soient ajustées dans le bon goût de l'antiquité. Pourquoi ? C'est que David et Talma ont apporté la science du costume sur le théâtre, comme dans la peinture.

Que nos peintres apprennent les différences qui résul-

tent d'une lumière large et animée, et d'une lumière
froide et serrée; qu'ils ouvrent de grandes fenêtres dans
leurs ateliers, qu'ils illuminent l'air général à travers quelque châssis de couleur un peu dorée, et qu'ils copient la
nature sous un tel jour, leurs effets ressembleront, quant
au ton, à ceux de Véronèse et de beaucoup d'autres vénitiens; le climat n'y fera rien. Les carnations ne s'ani-
ment pas par le ciel très-bleu de l'Inde, mais par les
réverbérations des rayons dorés du soleil, par l'air illuminé d'un site où pénètre une large lumière.

Ici nous voudrions donc expliquer ce que c'est que le
résultat optique d'une lumière large et animée, et nous
voudrions que les peintres pussent en comprendre très-
bien le caractère. Ceux qui ne comprennent pas ces effets, et qui cependant cherchent, mais de pratique, à les
rendre, lorsqu'ils ne peignent que dans des ateliers noirs,
tombent dans la manière. Pourquoi donc toujours chercher à arranger, à changer ce qu'on a devant les yeux?
Pourquoi se mettre devant les yeux autre chose que ce
qu'on a résolu d'obtenir? Le seul procédé raisonnable, c'est
de choisir dans la nature le clair-obscur qu'on veut imiter?

D'ailleurs les peintres qui posent leur modèle sous le
jour serré de leur atelier, et qui en imitent le clair-obscur
pour des tableaux où la scène se passe en plein air, se
donnent de grandes difficultés, puisqu'ils ne peignent pas
à proprement parler d'après nature. La même chose peut
être dite de ceux qui veulent exprimer des effets tranchans
et froids, tels qu'on en remarque dans les lieux obscurs
où la lumière semble ne pénétrer que par une échappée;
les peintres, dis-je, qui, pour exprimer ces effets, placent leur modèle sous la lumière assez ouverte ou large

d'un atelier, ne peignent pas non plus d'après nature; mais ils changent, par un calcul pénible, les effets, et opèrent de sentiment ou par approximation : or, ce procédé les rend toujours incertains et mécontens.

Mais, dira-t-on, il faut bien que les peintres de nos climats peignent de souvenir et en calculant, lorsqu'ils imitent dans leur atelier les effets du nu éclairé en pleine campagne, car ils n'iront pas mettre leurs modèles nus au milieu des champs, et y transporter leur chevalet et leur boîte à couleur. Je répondrai d'abord que l'on ne s'est pas avisé de cette critique au sujet d'une foule de tableaux appelés chefs-d'œuvre et représentant des scènes en plein air; ce qui peut donner à penser que, sans faire courir les champs à des modèles nus, on peut imiter le nu éclairé en plein air. Cependant il est assez probable que beaucoup d'études ont été faites en plein air par les peintres. On voit au Musée de Paris un tableau précieux de Giorgione, qui représente un concert champêtre (n° 877); l'effet de lumière et de couleur sur le dos d'une femme qui tient une flûte, est certainement l'effet naturel en plein air, et, bien que les ravages de l'huile aient altéré ce tableau, on peut le considérer comme une étude faite d'après nature en pleine campagne. Tout ce qu'on pourrait dire, pour justifier les modernes, lorsqu'ils ont mal représenté ces sortes d'effets, et qu'ils y ont substitué les effets noirâtres et décolorés de leurs ateliers, c'est que les portiques ouverts sont rares dans nos villes, et qu'on ne peut guère observer les figures que dans les rues où il fait souvent froid, ou dans les salles de spectacles, où la lumière artificielle éclaire toujours les objets. A Athènes au contraire, à Rome et dans toutes les villes de l'anti-

quité, rien n'était si commun, et rien ne semblait si nécessaire que les portiques. Il y en avait, selon Proclus,
cité par Meursius, trois cent soixante pour l'usage du public. On sait que Polygnote orna un de ces portiques des
ouvrages de son pinceau.

Il en est au reste de cette question, comme de toutes
les questions en peinture : c'est à l'aide du savoir que
l'artiste sait suppléer à ce qu'il n'a pas effectivement sous
les yeux; il calcule et il produit des effets déterminés,
d'après des causes qu'il a déterminées avec exactitude.

Parlons maintenant de l'effet produit par une lumière
étroite, froide et tranchante.

Lorsqu'il s'agit de décider sous quelle espèce de lumière, sous celle qui est ouverte ou sous celle qui est serrée, apparaît avec plus d'évidence le relief, on est tenté
d'affirmer que c'est sous la lumière fermée. En effet, sous
cette lumière, qui semble bondir sur les points saillans,
et qui laisse de grands espaces dans l'ombre; sous cette
lumière, qui s'affaiblit sensiblement sur toutes les obliquités, qui procure, en un mot, des effets ressentis bruns et
piquans, il semble que l'imitation soit plus facile, et que
cette obscurité, cette rapide dégradation et cette espèce
d'éblouissement soient favorables à la vraisemblance du
relief. Les succès imposans de Rembrandt, de Michel-
Ange de Carravagio, semblent justifier cette opinion. Cependant, quoique cette marche de la lumière ait quelque
chose de positif et rien de vague, quoiqu'elle donne en effet l'idée de l'espèce de luminaire adopté, il n'est pas sûr
qu'elle donne, aussi bien qu'une lumière large, l'idée des
objets. L'effet de ce jour aigu décompose le géométrique
des formes, et, s'il convient pour des corps métalliques durs

et luisans, il ne convient guère pour l'imitation des carnations, qui cependant sont les plus intéressantes parties des
tableaux. Ces lumières serrées donnent donc toujours
aux carnations un aspect de plâtre ou de carton lissé, et
elles contrarient le caractère mat et diaphane qui distingue les chairs d'avec les corps opaques et durs au toucher.
Les lumières larges et fondues rentrent au contraire dans
le caractère propre aux chairs, et le manifestent d'une
manière sensible.

Quant au caractère métaphysique de cet effet, remarquons que, si les têtes de vieillards, par Rembrandt, plaisent quelquefois, il n'en est pas ainsi des têtes de jeunes
filles ; cependant on voit beaucoup de têtes austères qui
sont bien exprimées, quoique sous une lumière ouverte.
En effet, il n'y a que des reflets forcés qui puissent égayer
le jour sombre d'un atelier petitement éclairé, tandis que
sous un luminaire large on peut employer mille moyens
de donner du pathétique, de l'austérité et de la solen-
nité aux effets.

Je sais qu'un luminaire étroit précise distinctement les
plans, et qu'un luminaire large les rend peu sensibles ; je
sais que, s'il s'agissait de rivaliser avec la sculpture, le jour
fermé aurait plus d'avantage ; mais en général il s'agit du
but de la peinture, il s'agit de la beauté, et un pinceau
habile sait peindre et exprimer les formes sous tous les
jours. David aima beaucoup la manière forte et tranchante de Valentin, élève de Carravagio ; il aima ensuite
le modelé de Dominichino, qui est moins noir et moins
sec ; et, bien qu'il tînt à l'expression des plans (ses Horaces
en sont la preuve), il sentit que l'emploi des demi-tons
qui lient le clair et l'obscur, était nécessaire : mais il ne

rapportait pas cela à la géométrie des tons, ni à l'effet de tel ou tel luminaire; il désignait cet effet large et moelleux en l'appelant un certain charme de la peinture.

Nous avons dit, en parlant du sentiment graphique des plans, qu'il aidait à l'expression des formes; mais nous avons prévenu aussi contre l'espèce d'exagération que les pédans maniéristes en clair-obscur se plaisent à étaler. Il y a donc des peintres qui forcent sur leur tableau ce qu'il n'est permis d'indiquer que sur des cartons, je veux dire l'expression des plans par des obscurités, ensorte que leurs formes sont peintes à facettes. Je me rappelle un savantasse qui, corrigeant le tableau d'un élève occupé à représenter une poire, prit le pinceau, et fit de ce fruit un polyhèdre très-ridicule, ce qui mit l'élève dans une situation d'esprit assez comique. Ces sortes de peintres sont si accoutumés à manifester des plans et des facettes chimériques, dans l'espoir de donner un air d'étude et de résolution aux objets qu'ils représentent, qu'à la fin ils croient voir plusieurs plans là où il n'y en a qu'un, et qu'ils ont pitié de ceux qui ne les aperçoivent pas. Les peintures de Michel-Ange sont d'un grand secours pour justifier ces artistes. Quant aux études faites au crayon par David et par Drouais, son élève, études dont j'ai déjà parlé, et qui étaient des nouveautés dans l'art, ces peintres ne les considéraient que comme des recherches relatives aux plans et à la graphie préparatoire, car leurs peintures ne sont point entachées de cette manière, dont on aperçoit néanmoins quelques indices dans le tableau des Horaces et dans celui de Marius.

Des diverses observations précédentes il faut conclure surtout qu'un peintre, lorsqu'il est en présence de la na-

ture, doit examiner avant tout si le luminaire qui l'éclaire
est favorable par ses effets à la vraisemblance d'imitation. S'il ne l'est pas, les études qu'il peut faire sous ce
luminaire ingrat, ne doivent consister qu'en observations
sur les rapports, et en comparaisons. Mais, si le peintre se propose un choix ou un effet pour un tableau, il
faut qu'il adopte un système déterminé de luminaire,
qu'il ait ou qu'il n'ait pas ce luminaire à sa disposition, ensorte qu'il doit connaître à fond toutes les conséquences optiques du luminaire quelconque qu'il a
choisi. Sans cette science, il ne fera qu'ajuster à tâtons
son clair-obscur, pour le faire rentrer dans celui dont il a
l'idée, ou qu'il affectionne par pure sympathie et souvent
sans raison, et ces tâtonnemens ne produiront qu'un effet
mixte, incertain et éloigné de la vérité requise dans l'art.
Les hollandais et les vénitiens ont représenté toutes sortes
de luminaires, et ceux de leurs ouvrages qui sont le plus
vrais, sont sortis, il n'en faut pas douter, du pinceau des
coloristes le mieux instruits.

CHAPITRE 374.

DU DEGRÉ D'INCIDENCE DE LA LUMIÈRE OU DE SON ANGLE DE PROJECTION LE PLUS PROPRE A L'EXPRESSION DES FORMES.

La lumière qui frappe les objets, peut venir ou d'en
haut ou d'en bas, ou en face des objets, ou presque de
derrière eux : parlons successivement de ces quatre différentes espèces de projection.

De la lumière venant d'en haut.

Aimer à représenter les effets d'une lumière venant d'en haut, est un sentiment fort naturel, puisque c'est d'en haut qu'en général les objets sont éclairés. Le soleil même, ce flambeau universel, plane plus souvent dans une direction fort élevée au-dessus de nos têtes, que dans une direction très-oblique ; et il faut remarquer que, si les effets optiques de cet astre, à son lever et à son coucher, sont embellis par l'obliquité de sa direction, c'est sur la nature en général, c'est sur les grands terrains, sur les arbres, les édifices et les masses des objets réunis que ces heureux effets ont lieu, mais non sur des objets en particulier, car les figures ainsi éclairées dans les tableaux de paysages, sont en général d'un effet moins heureux que lorsqu'elles reçoivent une lumière de plus haut. Dans les villes, ces effets remarquables et qu'on admire sur les belles figures, sont dus en partie à cette hauteur de la lumière. Aussi les galeries qui renferment des statues, sont-elles fort mal éclairées par des fenêtres ordinaires, car c'est par des ouvertures élevées qu'il convient de leur donner du jour. Plusieurs temples et autres édifices des anciens, étaient ainsi éclairés. Le panthéon de Rome fait encore voir aujourd'hui son antique ouverture placée au sommet et au centre de la voûte. La scène, sur les théâtres des Grecs et des Romains, était éclairée d'en haut. Enfin la forme de nos paupières sert à prouver que la lumière naturelle, dont elles ont à garantir notre organe, doit provenir d'en haut. Mais ce qui doit le plus déterminer pour ce choix de lumière, c'est que la beauté optique, qui est une chose si essentielle à l'art, comme à la nature,

n'est réellement et complétement perceptible que sous
une lumière provenant d'en haut.

Je sais qu'en adoptant une autre incidence de lumière,
on peut calculer aussi de beaux effets; mais c'est avec
plus de peine qu'on y parvient, et avec moins de plaisir
qu'on les perçoit. Je crois inutile de pousser plus loin ces
raisonnemens, et il suffit de rappeler le déplaisir qu'on
éprouve en voyant une figure éclairée par le bas; la vue
de nos acteurs sur la scène en est la preuve, et fait sentir
que notre organe est disposé de manière à n'apercevoir
facilement les rapports que sous la lumière élevée du
ciel ou du soleil.

Ecoutons encore Léonard de Vinci : « Une lumière
» diffuse et haute, dit-il, et qui n'est point trop vive, sert
» fort avantageusement pour faire paraître avec grâce
» jusqu'aux moindres parties du corps. » Ce même maître semble vouloir ailleurs déterminer et spécifier la plus
basse lumière qu'il soit permis d'adopter, lorsqu'il dit :
« La hauteur de la lumière doit être prise de telle sorte,
» que la longueur de la projection des ombres sur le plan,
» soit égale à leur hauteur. »

On a dit assez généralement, et peut-être sans beaucoup de raison, que l'ouverture de la fenêtre d'un atelier
de peinture doit donner un jour d'une incidence de qua-
rante-cinq degrés. C'est peut-être pour se conformer à la
nécessité où est réduit le peintre par la hauteur ordinaire
des fenêtres d'un appartement, qu'on a prescrit cet angle, plutôt que d'après des observations optiques suffisamment justes sous le rapport du vrai et du beau. On peut
dire au contraire qu'une ouverture de cinquante et même
de soixante degrés, est bien plus favorable à l'imitation

et à la beauté. Ce qui a trompé sur cette question, c'est qu'on s'est figuré qu'un jour de haut était toujours obscur, et cela parce que les ateliers ainsi éclairés manquent en général d'ouvertures particulières, indispensables pour produire des reflets ; c'est aussi parce que les parois en sont peints de couleur obscure, et qu'en général l'ouverture de leur fenêtre est trop étroite. Ainsi c'est par erreur qu'on dit que le jour d'en haut rend les figures sombres, car ce jour peut être élevé et vague par sa largeur, élevé et associé à des jours secondaires de reflet.

Si un grand nombre de beaux ouvrages ont été faits sous un luminaire un peu oblique, çà été par nécessité et faute de local convenablement percé. En effet les plus belles peintures doivent une grande partie de leur succès au choix d'une lumière suffisamment élevée et bien plus ouverte que l'angle de 45 degrés. Michel-Ange, Corrégio, Léonard de Vinci, etc., ont choisi de préférence une semblable lumière, c'est-à-dire, très-élevée sans qu'elle soit trop à pic.

Il est certain que la beauté que nous trouvons dans la forme et l'ordonnance du corps humain, provient de ce que cette ordonnance est en rapport avec la lumière haute du ciel. En effet, la grande masse des pectoraux recevant la lumière, le dessous des côtes qui la reçoit moins, les cuisses, dont une est toujours plus en avant et plus illuminée que l'autre, tous ces effets, dis-je, sont en rapport avec la lumière d'en haut. Il en est de même de la tête en particulier : les deux masses obscures de l'enchâssement des yeux, le rappel de la lumière sur le haut du menton, sa privation sur le col, tout cet ordre de clair-obscur serait détruit sous une lumière opposée à la

lumière d'en haut. Ce même désordre, manifesté optiquement sur les figures de nos actrices, qu'on représente éclairées par une longue série de lampes placées sur le plancher,
est une preuve évidente de l'inconvenance de ce choix.

Ajoutons que la lumière d'en haut rend avec résolution
les formes, et qu'elle les fait dominer sur quelques accidens
de la couleur qui seraient trop apparens sous une lumière
incertaine. Les corps semblent donc plus égaux de ton,
et dans ce cas, les formes ressortent comme si les objets
étaient sans inégalité de teintes. C'est cette observation
qui fit dire à Falconet : « Un beau plâtre est un babillard
» qui ne cache aucun secret; l'égalité de sa couleur les
» dit tous. » Et il ajoute au sujet de la statue équestre de
Marc-Aurèle, dont il fait la critique : « Si cette statue
» n'était pas dorée, les plans seraient mieux aperçus, et
» l'on jugerait autrement de leur justesse ou de leur faus-
» seté. »

De la lumière provenant d'en bas.

Nous devons à peine nous arrêter sur la question relative aux effets résultant de la direction de la lumière venant d'en bas. Il est à croire que ce n'est que parce qu'ils
y ont été obligés par la structure de la fenêtre, que certains peintres ont éclairé leurs figures par un jour venant
de très-bas. La difficulté de modeler avec vérité sous de
semblables lumières, l'effet équivoque et peu agréable
qui résulte de ces jours sous lesquels les rapports des formes sont difficilement perçus, le peu de beauté enfin ou
de résolution d'effet qu'ils produisent, tout cela est senti
aisément par tout le monde.

Si donc on voit dans de célèbres tableaux, des figures

éclairées par le bas, cela est accidentel et résulte de ce
qu'on s'est proposé pour quelque raison particulière cet
effet étrange. Cependant, malgré le succès des Schalken,
des Gherardo della Notte, des Corrégio, qui, dans son tableau de Dresde, appelé la nuit de Corrégio, a éclairé
ainsi ses figures, je pense que ces effets de flambeaux ou
de lumières magiques ainsi dirigées, font plutôt peine à
voir, que plaisir. Quant aux figures qu'on a peintes pour
imiter la sculpture éclairée par le bas, et que certains artistes, tels qu'Annibal Carracci et tant d'autres, ont placées sur des plafonds, il fallait bien les éclairer de cette
manière; mais, malgré cette vraisemblance ou cette nécessité, on peut dire que ces jours optiques sont barbares
et indignes de la majesté de l'art. N'est-ce pas assez de
tolérer sur nos théâtres l'effet déplaisant, l'effet choquant
produit par les lumières placées aux pieds des acteurs,
effet qu'il est étonnant que l'on propage encore, vu les
ressources de notre nouvelle chimie, vu celles de l'optique et de la physique; n'est-ce pas, dis-je, assez d'être
forcés de souffrir, au théâtre, ces aspects souvent hideux,
sans en répéter, sans en éprouver encore le supplice,
même dans la peinture [1]?

De la lumière venant de face.

Le peu de succès de l'effet des lumières venant de face
et adoptées ou par inadvertance, ou par inexpérience, ou

[1] Il n'est pas hors de propos de faire ici quelques observations sur la
possibilité où l'on est de remplacer la misérable méthode usitée jusqu'ici d'éclairer la scène ou les acteurs. Le besoin de varier les effets de
clair-obscur est senti tous les jours par les machinistes mêmes de nos
théâtres, qui modifient les effets autant que le leur permet le mécanisme
impropre de l'éclairage adopté jusqu'à présent. Et non seulement on

enfin par nécessité, démontre assez les inconvéniens atta-
chés à ce choix. Qu'espérer en peinture d'une lumière
placée au niveau des objets et dont les rayons frappent
directement et avec éclat les parties rentrantes des corps,
ce qui en fait disparaître les plus beaux détails? Les têtes
ainsi éclairées de face produisent un mauvais effet, parce
qu'elles n'offrent point de masses d'ombres capables de
soutenir et de balancer les clairs et d'exprimer le relief.
C'est donc se donner des difficultés sans profit, que d'entreprendre de pareilles imitations, qui au reste ne peuvent être justifiées que dans des cas rares et inévitables,
qu'il est inutile d'indiquer ici.

De la lumière venant de côté, et même de derrière.

On peut étendre davantage les observations au sujet
de la projection de la lumière venant de côté, et même

peut obtenir une lumière assez intense, projetée du haut, ainsi que nous
allons le voir, mais on pourrait rendre le foyer du luminaire mobile à
volonté, et diriger la principale lumière là où l'exige le sujet. Rien n'empêche donc de partager en deux la fonction du lustre qui éclaire nos
salles de spectacle, et de faire qu'une partie serve à éclairer modérément
les spectateurs, et même plus modérément et à volonté les spectateurs
des loges supérieures, tandis que l'autre partie renfermerait le foyer d'illumination qui éclairerait d'une manière variée toute la scène, variété qui
même pourrait consister dans la teinte des rayons émanés de ce foyer.
Quant à la possibilité d'obtenir un éclat suffisant et nullement importun
d'ailleurs pour les acteurs, elle semble démontrée par les expériences
qui furent faites à Paris (en août 1818, par M. Bordier-Marcel). On
s'était proposé de procurer un luminaire qui pût être aperçu de huit
grandes lieues en mer, et le foyer lumineux qu'on obtint avait un tel
éclat, qu'à un quart de lieue, on pouvait lire aisément de l'écriture,
malgré l'obscurité de la nuit. Quelle splendeur de radiation ne manifeste-
rait-il pas à cinquante ou cent pieds seulement, et quelle vie les tableaux
scéniques n'acquerraient-ils pas, si l'on voulait employer ce moyen!

de derrière, parce qu'elle a été souvent employée, soit par caprice et par l'effet d'une de ces séductions que causent certains effets piquans et singuliers de la nature, soit exprès et dans l'intention d'augmenter la convenance, le caractère ou le mode du spectacle pittoresque. Dans la nature, les effets de cette lumière ont donc quelque chose de piquant, et, comme beaucoup de peintres inexpérimentés croient posséder sur leur palette les mêmes moyens d'éclat que ceux de la nature, ils s'emparent avidement de ces effets. Mais que résulte-t-il de leurs copies? Des équivoques, des laideurs, de petits clairs déchiquetés, des liserés blancs sur les contours et formant des papillotages ridicules, enfin une dispute continuelle entre ces blancs aigres et arides et des tons ténébreux et repoussans. Les faux connaisseurs sont dupes de ces spectacles : tous ces reflets très-dominans, tout ce fracas de lumières cahotées et scintillantes sur les bords, ces linges piqués de lumière, puis noirs tout à coup, ce mouvement optique enfin, tout cela leur paraît une création du génie. Cette création n'est cependant que du désordre et une singularité fort souvent pitoyable par son impropriété. Ces demi-connaisseurs préfèrent donc l'exercice de leurs yeux à l'exercice de leur esprit, et l'état d'excitation de leur organe en présence de ces tableaux, les exempte de porter des jugemens raisonnables.

Poussin s'est mépris lui-même dans le choix d'effet au sujet de son tableau de Germanicus, tableau qu'on voit au palais Barberini, à Rome. Il semble qu'il ait fait tourner les petits mannequins composant la scène de ce tableau, de manière qu'ils se soient trouvés jetés presque tous dans l'ombre et éclairés plus que de côté : son but était d'atteindre à un effet pathétique, car ce grand peintre avait le sentiment du clair-obscur convenable, son Déluge et son tableau Rébecca le proùvent; mais cette lumière frisant de côté, semble trop aiguë dans ce tableau, elle est trop petite et détruit le silence et le calme sombre, causes réelles du pathétique pittoresque. Le petit nombre de modèles existant en ce genre rendaient neuves les recherches de Poussin, qui au reste sut s'en tenir à cette unique tentative, tentative que l'exagération et la dureté noirâtre des tableaux de Carravagio, à Rome, semblaient alors justifier, mais que Poussin eut au moins le génie de bien appliquer; enfin je veux dire qu'en cherchant un clair-obscur sombre et poétique, il faut se garantir des effets durs, petits de masses, secs et tranchans. Le tableau de Tiziano, qui représente le martyre de Saint-Pierre Dominicain, est d'un clair-obscur très-poétique, sans être pour cela d'un effet aride et contrasté. D'ailleurs le tems, qui obscurcit tant la peinture à huile, devrait rendre précautionné contre ces contrastes outrés, contre les effets brusques et heurtés que l'on n'adopte que parce qu'ils sont pris pour des coups de maître par les gens étrangers aux grands principes du clair-obscur.

Enfin ce bel art de la peinture a été si peu dirigé chez les modernes, et le public a laissé les peintres tellement libres de s'abandonner à des bizarreries de mode, que l'on a vu en un demi-siècle les deux extrêmes faire fureur dans les écoles, et cela à diverses époques. Michel-Ange Amerighi, né à Carravagio, près de Milan, apporta à Rome sa manière de clair-obscur outré et ses effets de cachot. Guido Reni, dans sa première manière, atteignit aussi à cette force, et le singea; puis il adopta, comme par envie, un système tout opposé, et il affectionna ces ombres claires et grises qu'on remarque sur plusieurs de ses figures de Magdeleine. Poussin, l'artiste vraiment raisonnable, vraiment philosophe, avait pitié de tant de licences, et il disait de Carravagio, qui d'ailleurs était peu noble dans ses choix, qu'il était venu pour perdre la peinture. Un siècle après, les Lemoyne en France, les Detroy, les Boucher triomphaient par la fadeur et le doucereux de leurs ombres; leur manière se propagea jusqu'aux réformes de David. Alors vinrent les parodistes de celui-ci; ils se jetèrent dans un autre excès, et cherchèrent à se singulariser par quelque chose de nouveau; ils ressuscitèrent donc, mais avec moins d'art, ces effets de lumière prise presque de derrière. Des luisans éblouissans festonnèrent les figures de leurs tableaux; les oreilles transparentes de ces figures ainsi éclairées, semblaient enflammées ou sanglantes, et le milieu du corps était tout noir, ensorte qu'on croyait souvent voir dans ces tableaux des nègres ayant reçu de la neige sur les épaules, ou au moins des mulâtres reluisans aux rayons de la lune. Ces jolis caprices sont passés. Quelques peintres ont adopté depuis des effets de lanterne, car leurs corps ressemblent, comme disait David, à des vessies tendues et éclairées par dedans. Mais comme tout doit changer, et qu'il y a long-tems qu'on n'a fait des tableaux hardis, conçus sans gêne et sans sévérité, on en est revenu à la manière commode d'emprunter des compositions aux vieilles estampes des porte-feuilles; on en copie les effets, ensorte que les Ciro-Feri, les D'Arpino, les Pierre de Cortone, ajustés un peu à la moderne, vont reparaître dans nos salons.

Malgré tout, les antiques et bonnes leçons continueront

de fixer l'attention en Europe ; le savoir, l'application et les traits austères et gracieux de Raphaël, de Léonard, etc. seront toujours admirés et consultés, et cela, malgré la simplicité de ces maîtres, et malgré cette odeur de modestie qui rend si attrayans les ouvrages du génie.

CHAPITRE 375.

DU DEGRÉ D'INTENSITÉ DU LUMINAIRE QUI ÉCLAIRE LE MODÈLE OU L'OBJET, INTENSITÉ CONSIDÉRÉE SOUS LE RAPPORT DE L'IDÉE QUE LE PEINTRE DOIT DONNER DU TON PROPRE, NATUREL ET GÉOMÉTRIQUE DE CET OBJET.

Nous diviserons cette question en plusieurs points, qui tous se rapporteront à la nécessité du vraisemblable, et des choix favorables à l'expression du géométrique des objets. On comprend aisément que toutes les lumières ne sont pas propres à manifester également bien à la vue les caractères réels des corps. Quelques-unes de ces lumières sont trop vives, et procurent plutôt l'éblouissement qu'elles ne laissent distinguer le ton et la teinte géométrique des objets qu'elles illuminent ; d'autres sont trop sourdes et ne développent pas assez ces mêmes caractères ; enfin il y a des luminaires qui plaisent et qui sont propres à produire une sorte d'harmonie ou de beauté. Ce sont donc ces différentes considérations dont nous allons nous occuper dans les chapitres suivans.

CHAPITRE 376.

PAR UN LUMINAIRE TEMPÉRÉ ON VOIT ET ON JUGE MIEUX LES OBJETS.

« On ne peint, on ne parle, dit Milizia, que pour se
» faire entendre : toute fatigue nous déplaît, et surtout
» dans l'acte de comprendre. L'œil n'aime ni le travail,
» ni les recherches; il veut l'évidence. »

Nous avons fait remarquer que le soleil, malgré son vif
éclat, ne masquait ni la couleur ni le ton des objets; qu'il
ne produisait point d'éblouissement, et que les ombres
qui résultaient de sa splendeur, étaient douces, légères,
loin d'être dures ou obscures : et cependant la lumière
du jour, qui est moins éclatante que celle du soleil, puisqu'elle n'est que la lumière de cet astre réfléchie par
les nuages ou par l'air plus ou moins vaporeux, cette lumière du jour, dis-je, semble parfois trop vive pour la
peinture. Mais dans quel cas? C'est dans le cas où elle
frappe dans des endroits clos dont l'air est sombre, et sur
des corps très-rapprochés de l'ouverture par où elle s'é-
chappe. Dans ces lieux sombres, le contraste des clairs et
des ombres est choquant, l'air n'étant point illuminé et
n'éclaircissant point les surfaces ombrées ou obliques au
luminaire, comme cela a lieu en plein air ou au soleil.

Sous ces jours vifs on juge donc moins bien, parce
qu'on voit moins bien les objets. L'éblouissement qui résulte de cette disposition générale, empêche de distinguer
les petits plans obliques dans les clairs trop clairs, ainsi

que les petits plans obliques dans les ombres trop sombres;
les obliquités des surfaces éclairées sont surtout peu
aperçues, et les objets ne semblent pas arrondis en ces
parties. Aussi les élèves ont-ils de la peine à faire tourner
ces contours ou ces faces fuyantes, par la raison qu'elles
éblouissent presqu'autant que les milieux; et, ce qui les
en empêche encore, c'est qu'ils ignorent la ressource de
la touche qui, par son travail fin, incertain et vague, contribue à rendre moins sensibles et comme s'échappant à
la vue, ces tournans, quelque lumineux qu'ils soient.

Il doit donc y avoir une sorte d'accord, une sorte
d'unité entre la forme réelle du corps et son apparence
naturelle; aussi un bras rond éclairé sur son contour par
une lumière très-vive, produit-il un contraste déplaisant.
Sur les corps ronds, la plus vive lumière sera toujours
mieux placée vers le centre; car dans un corps rond les
fuyans doivent paraître fuir, et les saillans, saillir. Si un
trop grand éclat du jour rend peu sensible cet effet sur
les modèles, il n'y a plus unité optique, ni unité cor-
porelle. A plus forte raison ce désordre est-il désordre
dans l'art qui toujours est si fort au-dessous de la nature,
dans l'art qui a ses lois, ses propriétés, ses obligations particulières, dans l'art enfin qui s'adresse à la sensation et
à l'intelligence. Voilà pourquoi, comme l'observe avec
justesse Lens (pag. 87,) on voit de beaux portraits de
Vandyck, qui, étant presque sans ombres, paraissent
cependant très-ronds et presque lumineux. On pourrait
ajouter que si Vandyck se fût moins souvent fié à la lumière piquante, mais froide, du nord, il eût obtenu encore de plus beaux résultats.

« Tous les objets, dit Mengs, doivent conserver dans

» leurs ombres le même caractère qu'ils ont dans les en-
» droits éclairés, de sorte qu'on doit éviter de tenir
» l'ombre d'une draperie blanche plus obscure que l'om-
» bre d'une draperie d'une couleur naturellement plus
» sombre. » Cette observation très-naturelle s'applique
conséquemment aux chairs blanches, dans lesquelles il
faut pareillement maintenir les ombres-claires et brillantes. Ainsi dans des sites obscurs, l'ombre des corps
blancs paraît souvent noire, et l'élève copiste est engagé
dans des contresens dont il ne sait s'il doit se repentir.

Enfin sous une lumière tempérée, et telle était celle
que choisissait souvent Léonard de Vinci, qui semble
même avoir peint à la chute du jour ou à la lueur des
crépuscules, on sent mieux les enfoncemens. Voilà pourquoi des statues font un effet désagréable vues en face
d'une fenêtre qui laisse pénétrer un jour éclatant, car on
ne conçoit pas aisément l'enfoncement et les saillies de
leurs surfaces, et, pour les voir ou les juger, on est
obligé de se déplacer, de tourner jusqu'à ce que la perception procure des idées nettes de ces formes.

CHAPITRE 377.

LES EFFETS D'UN LUMINAIRE TEMPÉRÉ SONT LES PLUS PROPRES A L'IMITATION DES FORMES ET DE CE QU'ON APPELLE LE MODELÉ.

PAR un luminaire tempéré, l'éclat n'est point brusque
sur les corps; les ombres se lient avec les clairs, et les
formes peuvent se modeler avec plus de vraisemblance et

d'unité, que lorsqu'elles sont frappées par un jour vif et aigu. Le propre du clair-obscur n'est pas de désunir les parties, car les demi-ombres doivent être comme des liens qui attachent ensemble les surfaces éclairées et celles qui se trouvent ombrées. De ces parties presqu'opposées et si diversement situées, le clair-obscur ne fait qu'un tout un et contigu. Si au contraire les ombres ou les tons, au lieu de devenir des moyens d'union, multiplient des disparates, le ton au lieu d'être un optiquement, se trouve rompu, on n'y aperçoit que le multiple, et point l'unité.

Modeler avec le pinceau, c'est donc exprimer l'assemblage, et non la désunion des superficies. La méthode de passer harmonieusement les clairs dans les ombres se trouve être celle des habiles dessinateurs et des habiles coloristes. Paul Véronèse, Giorgione, Corrégio, Léonard de Vinci, Raphaël, lors de sa grande manière, Michel-Ange et David ne la quittèrent jamais. Cependant la nature, vue sous les jours ordinaires des ateliers, offre souvent des effets tranchans et disparates, tandis qu'en plein jour la suavité et l'union des plans se fait bien plus remarquer; mais en général ces peintres habiles ayant reconnu les limites des moyens de la palette, s'attachèrent à rendre les transitions moins dures, et à faire appartenir l'ombre au clair et le clair à l'ombre, dans la crainte d'isoler et de disjoindre les masses et conséquement les corps qu'elles représentent. Raphaël dans ses derniers tems prononçait plus vigoureusement les ombres. Depuis l'école des Carracci on porta cette vigueur à l'excès. Vandick, dans ses portraits, a souvent peint en présence de la lumière vive du nord, et de la blancheur éblouissante des carnations; mais, comme il remarqua que les blancs en pein-

ture n'éblouissent pas et qu'ils ne donnent que l'idée
d'une lumière tempérée, réfléchie par des corps blanchâtres, il a adopté des demi-tons, et a quelquefois exprimé les tournans, comme si la lumière dont il se servait
était plus tempérée; cependant lorsqu'il ne s'est pas garé
de cet effet, ses têtes sont plates, n'étant pas assez splendides, et ses ombres sont trop arides, parce qu'elles ne
sont pas les ombres correspondantes de clairs éblouissans.
Quelquefois les effets de Carravagio, de Valentin, de Guer-
chino, sont insupportables. Qu'ont fait ces peintres pour
feindre du brillant? Ils ont adopté un fond bien noir, des
ombres plus noires encore, des clairs très-blancs à la vérité, mais plats et ne produisant point d'éclat, ne réfléchissant point la splendeur, le brillant coloré de la nature.

Ce qui prouve que les lumières tempérées sont les
plus propres au modelé en peinture, c'est que les peintres en imitent l'effet presque malgré eux, même lorsqu'ils ont sous les yeux les effets d'un jour vif et tranchant. C'est cette modification, cette fusion que David,
ainsi que je l'ai dit, appelait un certain charme de la
peinture. Au reste, les peintres de l'antiquité durent suivre ces mêmes principes; les fragmens qui nous restent
suffisent pour l'attester.

Léonard de Vinci a dit : « Quand vous dessinez à la
» lampe, interposez un châssis avec un papier..... Le
» visage acquiert une grâce et une beauté particulière
» par la fusion des ombres et des lumières : on en voit
» des exemples sur les personnes assises aux portes des
» maisons obscures et éclairées à la chute du jour. »
Léonard de Vinci semble même outrepasser ce précepte,
car il ajoute ailleurs : « Il faut feindre un tems brumeux

» et quelques nuages transparens qui interceptent l'éclat
» du soleil [1], afin que les ombres ne tranchent pas avec
» les clairs. » Je dis donc qu'il faut prendre garde, en
modifiant ainsi le luminaire, de donner l'idée d'une lumière sourde et louche, à moins que le sujet ne l'exige,
et que, tout en tempérant ainsi son éclat, il faut prendre
garde d'attrister le sujet.

Enfin le modelé, cette condition qui différencie essentiellement la peinture de la sculpture, et qui est le propre
même de la peinture (car le trait est commun au sculpteur qui trace des graphies sur sa terre molle), le modelé,
dis-je, exige du peintre un choix ingénieux de lumière.
Qu'il observe donc la différence qu'il y a entre le modelé
naturel sur les figures vues dans les vastes édifices, tels
que les églises, par exemple, où souvent la lumière est
trop large, trop vague et même double, entre ce modelé,
dis-je, et la lumière sans reflets des lustres de nos salles
de théâtres, lumière qui est souvent trop haute et dont
l'effet a de l'aridité. Qu'il dispose dans son atelier des
jours convenables, et il en reconnaîtra tout l'avantage :
car être réduit à arranger de sentiment les tons, à les
fondre, les modifier, les élargir ou les serrer de caprice,
par approximation, et pour viser à ce juste milieu que
demande l'art, c'est se donner une peine qu'il serait facile
d'éviter ; d'ailleurs c'est s'embarrasser d'un doute assez
fâcheux, puisqu'on ignore si ce procédé par tâtonnemens
a réussi, et s'il n'a pas produit de disparate avec les autres
parties du tableau.

---

[1] Je dois déclarer ici que je ne me sers que des traductions de l'ouvrage de Léonard de Vinci, et qu'il peut se faire que cet artiste n'ait pas
précisément écrit ce qu'on lui fait dire.

CHAPITRE 378.

LES EFFETS D'UN LUMINAIRE TEMPÉRÉ PLAISENT PLUS A LA VUE QUE CEUX D'UN LUMINAIRE ÉBLOUISSANT, ET ILS SONT PLUS PROPRES A PRODUIRE LA BEAUTÉ.

« Une lumière, dit Alhazen, ainsi qu'une couleur écla-
» tante, blesse la vue. Une lumière violente semble voiler
» certains objets qu'une lumière faible fait valoir. *Lux*
» *per se et color illuminatus feriunt oculos. Lux vehe-*
» *mens obscurat quædam veribilia quæ lux debilis*
» *illustrat.* (Alhazen, *lib.* 1. *c.* 1. *et lib. id. c.* 2.) »

On s'accorde assez pour dire que le plaisir optique est relatif, entr'autres, au mouvement produit dans les nerfs par la lumière et par les couleurs. Euler dit qu'une couleur est plus ou moins vive selon que le mouvement des vibrations qui la produisent sur la rétine, est plus ou moins rapide; de même un ton est plus haut qu'un autre d'une octave entière, si, dans un tems égal, le nombre de vibrations de la corde est double du nombre des vibrations de l'autre. Lors donc que le mouvement est trop violent (et cela se rapporte autant à la vue qu'à l'ouïe et aux autres sens), il cause de la peine. Et, comme les impressions physiques disposent ou bien ou mal les affections de l'ame, il est évident que le caractère modéré des tons est d'une aussi grande conséquence dans l'art de la peinture que dans l'art de la musique.

Pourquoi la plupart des femmes recherchent-elles volontiers un demi-jour ? C'est parce que les jours tempérés

ne font pas ressortir avec dureté ce que les formes peuvent avoir de ressenti et d'aride, et que l'éclat du linge
laisse même dominer l'éclat de la chair. Les femmes aiment aussi la lumière de plusieurs flambeaux, parce que
cette lumière ne laisse voir que des masses, et que l'éclat
de la carnation ressort mieux par rapport au blanc des
vêtemens, que sous un jour vif et aigu. « C'était par une
» lumière douce, dit Barthélemy, que la Vénus de Praxi-
» tèle, tant admirée à Gnide, était éclairée. » Enfin la plupart des ouvrages, même les plus austères, de Raphaël, de
Corrégio, et de ce Michel-Ange qui haïssait tant la fadeur,
offrent les effets d'une lumière dont l'éclat est tempéré.
David, grand partisan de l'énergie, a adopté une lumière
assez douce dans son célèbre tableau des Sabines.

D'ailleurs ce n'est pas pour éviter l'éclat, mais c'est
pour être vrai dans le degré d'éclat accessible à la peinture, que les peintres coloristes préfèrent les jours modérés et demi-brillans. Les lumières éclatantes séduisent;
mais, comme on ne peut augmenter l'éclat matériel des
couleurs de la palette, il est évident qu'il faut, dans les
cas où le sujet n'exige pas l'indication de ces jours éclatans, choisir une lumière dont les effets soient imitables.
Mais nous allons reprendre, au chapitre suivant, cette importante question.

Qui n'a pas vu, dans ces tableaux qu'on appelle inconsidérément vigoureux, des membres, des jambes qui,
au premier aspect, donnent l'idée de jambes diminuées de
toute la largeur occupée et par cette ombre noire, et par
ce petit filet de lumière qui ne semble pas leur appartenir?
Enfin une colonne, vue sous un jour aigu et dans un air
obscur, ne paraît composée que de deux bandes ver-

ticales, l'une de clair et l'autre d'ombre; et, sans la perspective des parties environnantes, on douterait quelquefois si ce corps est cylindrique. Or, si la nature même produit des aspects équivoques, malgré son relief véritable, cela ne prouve-t-il pas qu'il faut la choisir, quand on veut la soumettre, pour ainsi dire, à l'art. Ainsi l'on peut avancer que ce n'est point la peinture qui doit obéir à la nature, mais que c'est la nature ou plutôt la lumière qui doit obéir et s'accommoder aux moyens de la peinture.

Mais non-seulement il faut, lorsque le sujet le permet, employer les jours tempérés, parce qu'ils ne blessent point la vue, mais il faut les employer, parce qu'ils sont propres à produire la beauté. En effet, la beauté du clair-obscur ne saurait résulter d'une lumière très-inégale par le vif éclat des clairs et par l'obscurité des ombres, et, quand il s'agit d'objets beaux et dont les formes sont elles-mêmes harmonieuses, un clair-obscur qui résulte d'une lumière trop intense, est plus propre à détruire l'ordre ou le charme de cette beauté, qu'à le manifester.

Au reste il est bien entendu, ainsi que nous allons le voir, que la nécessité de se conformer au mode ou au caractère du sujet l'emporte quelquefois sur ces considérations, et que, s'il s'agit, par exemple, d'un sujet terrible et par lui-même rude et très-violent, les chocs de clair-obscur peuvent être employés, mais sans blesser toutefois, sans diminuer le degré de beauté que de tels sujets comportent. Lors donc que l'on critique un effet tempéré, cette critique ne provient pas de l'organe, mais de l'esprit qui exige par-dessus tout la convenance, et qui serait choqué de voir, dans une production poétique, une lumière molle et tempérée éclairer une scène fière, vigoureuse et

terrible. Que les partisans du ressenti, de l'énergique,
soient donc convaincus que toutes les qualités du dessin
et du clair-obscur peuvent se trouver dans le système
d'une lumière large et tempérée, et que, si le peintre
doit enrichir la gamme des tons par les bruns les plus
vigoureux, il ne doit pas les mettre grossièrement en évidence et en opposition avec les clairs éclatans, mais qu'il
doit ménager avec art ces bruns extrêmes, pour les profondeurs privées presque absolument de reflets; c'est
ainsi qu'il donnera du brillant, de la légèreté et de la solidité à sa peinture, qualités inconnues à ces maniéristes
qui, avec tout le noir et le blanc résultant des luminaires
étroits qui les séduisent et les égarent, ne produisent que
des effets sans naturel et sans charmes.

CHAPITRE 379.

MALGRÉ L'IMPOSSIBILITÉ OU EST LE PEINTRE D'ATTEIN-
DRE A L'ÉCLAT DE CERTAINS EFFETS NATURELS, IL
NE DOIT POINT PRIVER SON ART DE LA REPRÉSEN-
TATION DE CES EFFETS, ET IL PEUT TRÈS-BIEN EN
DONNER L'IDÉE PAR APPROXIMATION.

Voici encore un cas où les mathématiciens et les géo-
mètres se croient le droit d'interdire au peintre un certain
nombre d'effets naturels, par la raison que le peu d'éclat
des couleurs de sa palette ne lui permet pas d'atteindre à
l'imitation complète de ces effets. Ceux donc qui ont prétendu interdire le choix des figures mouvantes et de tous
les gestes qui ne sont pas permanens, interdiront aussi les

effets optiques auxquels l'éclat des couleurs matérielles
de la palette ne saurait parvenir. Ainsi, selon eux, point
de métaux étincelans, point de nuages splendides, point
d'effets de soleil, point de cette joie qui provient même
de l'idée ou au moins de l'indication de ce jour brillant qui semble faire partie de notre existence. La vraie
définition de la peinture va encore dissiper nos incertitudes à ce sujet.

L'illusion, nous l'avons dit ailleurs, n'est point le but
de la peinture; et il est aisé de reconnaître qu'elle ne saurait avoir lieu dans le plus grand nombre des tableaux et
surtout de ceux qui sont le plus intéressans. Mais, en dédommagement de cette impuissance, la peinture possède le
secret d'exposer dans ses images des sujets remplis de
beauté. D'après ces principes le peintre ne doit pas rejeter les beaux spectacles du clair-obscur, quoique inaccessibles à cause de leur vif éclat, et il ne doit point
priver son art de ces spectacles qui, malgré la faiblesse
des tons imitatifs, peuvent être d'un très-grand intérêt et
offrir un haut degré de beau. Ainsi, d'un côté il limite-
rait le domaine de son art, et de l'autre, c'est-à-dire, en
adoptant inconsidérément tous les sujets qui sont d'un
éclat inaccessible, il risquerait et de déplaire par de trop
grandes invraisemblances, et de faire voir la faiblesse de
son art, ensorte que c'est à son esprit prudent à discerner les cas où le tableau gagne en beauté ce qu'il perd en
égalité de représentation, et les cas où ce qu'il procure
au spectateur en fait d'idées est plus que ce dont il le
prive en fait d'éclat et de lumineux : telle est en deux
mots la question qui nous occupe ici.

Nous allons examiner séparément ces deux points, c'est-à-dire, le cas où le peintre veut à tort choisir des effets beaucoup trop au-dessus de ses moyens optiques d'imitation, et le cas où, renonçant à un grand nombre de ces effets, il renonce aussi, mais à tort, à l'expression ou à l'indication d'un grand nombre de beautés dont il pourrait enrichir ses peintures. Parlons du premier cas.

Quand le peintre voit dans la nature de beaux effets, il doit considérer en homme de génie, s'il peut ou non les rétracer aux yeux ou à l'esprit. Il y a de ces peintres inconsidérés qui se croient tout possible, veulent témérairement rivaliser avec la nature. Ils s'écrient : que cela est beau! Ils sont frappés d'un effet éclatant; ils en retiennent quelques principes, le reste leur échappe; ils veulent l'imiter, et ils ne font voir, malgré leur imagination et leur adresse, qu'une faiblesse trop souvent humiliante. Combien d'effets de lumière piquante, combien d'éclats radieux du soleil rendus d'une manière insupportable sous leur hardi pinceau ! C'est la nature qui les exalte, disent-ils, c'est le génie qui leur fait découvrir, admirer ces grands accidens. Où sont mes pinceaux, s'écrie un tel artiste dans son prétentieux enthousiasme? Laissez-moi imiter cet effet merveilleux, extraordinaire. Il travaille avec feu, mais quel tableau a-t-il fait? On voit sur sa toile ou son ignorance ou la faiblesse d'un art qu'il devrait rendre en tout respectable..... Et d'où vient son non-succès? De l'ignorance des règles, de l'ignorance de la science optique des rapports, en sorte que non-seulement il ne donne pas la sensation de l'éclat de ses modèles, mais il ne donne pas non plus l'idée de cet effet, et son image fausse ne fait souvent voir qu'un effort ridicule.

Les peintres ignorans en perspective chromatique et qui imitent la nature de pratique, s'inquiètent peu si l'éclat de certains effets est inaccessible : ils représentent ces effets à leur façon et en souvenir de tel ou tel tableau; la fausseté de l'image ne leur importe guère. Toutefois, il leur arrive de tems en tems de rencontrer juste. Mais, si en quelque cas leur sentiment ou le hasard les sert bien, le plus souvent ils sont victimes de leur hardiesse, de leur routine et de leur peu de savoir.

Ce que nous appellerons l'inégal, quoique semblable au sujet des couleurs, est tout mathématique, ainsi que nous l'expliquerons. L'impossibilité d'atteindre à l'éclat de tel ou tel ton dans la nature est démontrable, les degrés de différence entre ce ton et celui de la palette sont aussi démontrables, ainsi que le moyen d'opérer dans ce cas. Or le peintre doit ou renoncer à de tels effets, ou opérer selon la règle, lorsqu'il croit devoir embellir d'un tel choix son tableau. Dans bien des cas, il devrait tempérer l'effet en éloignant ses modèles de la source du jour; mais, faute d'idées nettes sur la théorie du clair-obscur, il croit devoir au contraire embellir ses objets modèles en les tenant proches du luminaire, et il ne s'aperçoit pas que cet embellissement n'est pas en son pouvoir. Entrons dans quelques explications.

Si l'on adopte un jour modéré, soit par son éloignement, soit par le degré modéré d'illumination du site, on pourra parvenir à une imitation juste des tons, on pourra répéter la même dégradation qu'on voit sur le modèle, et l'on obtiendra l'effet des tournans, des fuyans, le relief enfin sans calcul, sans efforts et par la seule exactitude de comparaison. Dans cette marche toute simple on se ren-

contre même avec des maîtres célèbres, tels que Tiziano,
Giorgione et beaucoup de coloristes hollandais, et même
avec les peintres de l'antiquité. Mais peu de peintres ont le
courage d'éloigner ainsi leur modèle de la source de lumière dont la proximité semble en vivifier l'aspect. Lorsque
le modèle est éloigné de la fenêtre, l'angle d'incidence
du jour diminue, les clairs sont moins éclatans, moins
piquans; aussi l'artiste en revient-il à son habitude première, celle de poser son modèle fort près du jour : par
ce moyen il embellit quelquefois le modèle, mais il n'embellit guère son tableau. Enfin bien des peintres routiniers
ont leur jour, leur place accoutumée; leur chevalet est
inamovible, et ils se complaisent dans des habitudes dont
ils ne sauraient souvent se rendre raison. Cependant l'artiste qui veut représenter, par exemple, la tête d'un jeune
homme placé sous une vive lumière, n'augmentera pas
les moyens de sa palette, et il doit lui suffire de les employer tous; or, sous un jour tempéré, il aura même de la
peine à en répéter l'éclat. C'est donc sans un avantage certain qu'il ne veut absolument pour modèles que ces lumières éclatantes et vives. Il espère leur emprunter quelques-uns de leurs caractères, et quelquefois il y parvient
en effet. Mais, si c'est seulement l'idée de l'éclat qu'il
peut parvenir à communiquer, ne doit-il pas recourir aux
règles de l'optique, et ne pas se donner l'embarras d'une
représentation dont il ne comprend pas le principe?

Il n'est pas certain toutefois que la plupart des peintres ne soient pas admirateurs et partisans même des effets
moins tranchans. Lorsqu'au déclin du jour ils considèrent les statues ou les têtes placées dans leur atelier, le
changement d'effet sur ces objets à cette heure les sé-

duit ordinairement, et ils ne regrettent pas toujours ces
chocs de clairs et de blancs dont ils avaient fait parade si
souvent sans réflexion. Ces demi-teintes douces et fondues,
qui ont tant charmé Corrégio, Léonard de Vinci, Paris-
Bordone; cette suavité de clair-obscur, qui semble avoir
été adoptée par les peintres de l'antiquité, les peintres
les plus routiniers les aiment eux-mêmes, et c'est par un
esprit de système qu'ils ne les admettent point dans leurs
tableaux, ou bien c'est parce qu'ils n'appellent nature
que ce qui se présente sous le jour étroit de leur obscur
atelier, et parce qu'ils n'appellent relief bien représenté,
bien modelé, que celui qui s'obtient par des tons blancs,
noirâtres et tranchans.

Plaçons ici un exemple assez familier. Nous admirons
tous les jours la carnation éblouissante de certains enfans éclairés d'une manière piquante dans les rues, en
plein air et même au soleil. Cet éclat n'apporte sur ces
têtes si fraîches aucune ombre obscure, ténébreuse, rude;
tout est clair, tout est arrondi et d'un relief puissant, tout
est tendre et frais, et cependant rien de trop mou, rien
d'indécis. Comment fera, pour répéter cet effet enchanteur, le peintre que nous venons de critiquer? Il n'a pour
lumière que les matières de sa palette; ses luisans, quelques blancs qu'il les fasse, seront faibles, sans splendeur
et incolores; et il fera cependant ses ombres rudes, pesantes et sans énergie diaphane, etc. Répétons donc que
c'est la lumière qui, dans de pareils effets, double d'éclat,
mais que ce n'est pas l'ombre qui augmente en obscurité.
Dans la représentation qu'on fait ordinairement de ce
même effet, on obscurcit les ombres, pour feindre cet
éclat, mais on n'obtient pas les rapports de la nature, et

il est plus choquant encore de faire noire l'ombre d'un enfant blond éclairé au soleil, que de faire toute blanche la teinte colorée qui anime son front.

Enfin le peintre, lorsqu'il prend sa palette, devrait toujours se rappeler qu'elle n'est enrichie d'aucune couleur qui soit lumineuse par elle-même, et que ce n'est que par des oppositions dont il est très-facile d'abuser, que l'on obtient de l'éclat. Il devrait observer continuellement quel est le caractère des ombres de la nature, même les plus vigoureuses et à travers lesquelles on distingue, malgré l'éclat des clairs, les plans, les formes, les couleurs et tous les détails. L'œil découvre dans l'ombre sans efforts tous ces caractères; mais dans les tableaux où le noir est venu au secours du blanc, tout est trop ténébreux, et, si par cet artifice mensonger les lumières ont quelque charme et quelqu'éclat, les ombres sont attristées par des bruns incolores, et l'idée d'un spectacle généralement resplendissant ne saurait venir à l'esprit d'aucun spectateur.

Nous voici amenés par ces raisonnemens à indiquer au moins ici le procédé qu'il est nécessaire d'employer dans les représentations inégales des tons. Il consiste, avons-nous déjà dit, dans l'art de rapprocher les bruns du clair, autant que les clairs sont éloignés de ceux de la palette. Mais c'est au chapitre 439, que ce point technique sera spécialement traité.

Concluons que toute cette question est très-délicate, en ce que l'on ne peut pas prescrire au peintre le rejet d'une foule d'effets trop brillans pour sa palette, mais très-importans cependant pour l'intérêt du tableau. D'un autre côté on ne saurait forcer le peintre à adopter des

effets inimitables, ou au moins qu'il est impossible de représenter avec justesse, sous le prétexte que ces effets sont
beaux. Malgré tout, il n'y a point ici de lacune dans notre
théorie : les moyens d'opérer dans ces imitations inégales
seront exposés, ainsi que nous venons de le dire, et les règles métaphysiques relatives à l'unité d'intérêt et au choix
d'effets propres à cette unité ou au mode du sujet, ont été
suffisamment développées, quand nous avons traité de la
définition de la peinture, ainsi que de la composition.

Maintenant passons au second point, c'est-à-dire, à la règle qui commande au peintre de choisir toujours de beaux
sujets, de beaux effets, malgré l'impossibilité où il est de
les représenter avec tout leur éclat et avec illusion, règle
qui lui prescrit en même tems de se contenter d'en donner
l'idée par tous les moyens qui sont en son pouvoir.

La fonction des arts libéraux, c'est, avons nous dit, de
répéter les beaux spectacles de la nature : les beaux-arts
doivent en entreprendre la représentation, malgré les limites de leur pouvoir magique, malgré la faiblesse de
leurs déceptions; et, comme on ne saurait attendre ni
exiger des beaux-arts plus qu'ils ne peuvent produire, on
applaudira toujours aux imitations aussi parfaites qu'elles
peuvent l'être, de sujets bien choisis et d'objets dignes
par leur grande beauté d'être offerts en fiction aux yeux
et à l'esprit. Il est vrai que, si l'on voulait franchir ces
mêmes limites caractéristiques de chaque art, on cour-
rait risque de ne créer que des faussetés; mais en se contenant sagement dans ces limites et en ne sortant jamais
des vraisemblances, l'artiste aura atteint le but, si toutefois la beauté est l'objet de ses efforts. En conséquence,
les beaux effets de clair-obscur qui concordent avec le

sujet, bien qu'inimitables dans le fait, à cause du peu de
splendeur des couleurs posées à plat et vues obliquement
sur les peintures, ne doivent point être délaissés ni reje-
tés par cette seule raison qu'on ne peut répéter leur éclat.
Le peintre doit au contraire faire concourir les beaux effets
au but général qu'il se propose, celui d'intéresser les
hommes et de les habituer à l'harmonie par des images
toujours conformes au beau.

Si les artistes célèbres n'eussent pas senti et respecté
ce grand principe fondamental de tous les beaux - arts,
s'ils eussent été retenus dans leurs choix par l'impossibilité d'atteindre exactement au même degré, soit d'éclat,
soit de relief de la nature, de combien de belles images
n'aurions-nous pas été privés ? Nous n'eussions joui ni
de ces brillans soleils couchans de Claude Lorrain, ni des
horizons enflammés de Both; nous n'eussions jamais ad-
miré les riches carnations que Rubens, que Paul Véronèse, Tiziano, Giorgione et tant d'autres embellirent par
les effets animés du soleil ; l'art libéral eût disparu devant l'art d'illusion. Je dis plus : avec ce faux système
et cette funeste retenue, aucune représentation en plein
air ne devrait être entreprise. Quelle inégalité n'y a-t-il
pas, par exemple, entre l'effet lumineux des nuages et celui du blanc jauni posé sur une toile qu'on ne regarde que
de biais ? Peut-on même arriver à la splendeur des carnations vues en plein air, à celle des fleurs ou à l'éclat des
ornemens en or ou en argent ? Et non-seulement il faudrait renoncer à donner par de savantes représentations
l'idée des plus beaux et des plus agréables objets ou effets de la nature, il faudrait encore n'offrir aux yeux que
des spectacles assourdis et sans aucun éclat. Il ne faudrait

choisir, pour ainsi dire, que les jours du soir ou du crépuscule, ainsi que le dit Léonard de Vinci. Il faudrait
même ne placer ses modèles que dans le fond des appartemens, et même dans des appartemens dont le fond serait
peu éclairé, pour ne pas dépasser la faible intensité des
clairs et des bruns. Car, il faut bien le remarquer, ce n'est
pas tout, ainsi que je l'ai dit, que d'enfoncer le modèle,
jusqu'à ce que son degré de clair soit imitable, il faut aussi
que l'air ne soit pas trop sombre quant aux objets bruns,
ni qu'il puisse altérer et éclaircir l'obscurité des ombres
de ces objets bruns, noirs et mats, tels que les velours, le
feutre, etc., obscurité que le noir toujours gris de la palette ne saurait atteindre. Il faudrait enfin, pour représenter un homme casqué et cuirassé d'un métal luisant,
le placer absolument dans les ténèbres, afin que la splendeur de ce métal fût accessible ou égale au blanc de la
palette. Mais dans ce choix même, je le répète, les bruns
et les noirs seraient toujours inimitables.

C'est donc à tort qu'on a prescrit au peintre de rejeter tous les choix dont l'éclat surpasse mathématiquement
celui qu'il parvient à répéter par ses couleurs, puisqu'il
peut, malgré cette inégalité, donner de si fortes idées des
effets éclatans, que le spectateur en sera ému, enchanté,
et qu'il se croira en esprit vis-à-vis de la nature même.
Aussi n'est-ce qu'avec une certaine précaution qu'on doit
citer les vers de Lemière, qui, dans son poème sur la peinture, a dit :

Du plomb sort la couleur qui doit peindre l'aurore :
Ne mets point d'un pinceau follement enhardi,
Le champ de tes tableaux sous les feux du midi ;
Quelle couleur peindrait au haut de sa carrière
Le front éblouissant du Dieu de la lumière ?

On demande quelquefois avec humeur si le jaune, que
les peintres ont prodigué dans le fond de leurs tableaux,
dans ces coupoles où ils ont voulu représenter le séjour
de la lumière, la gloire éclatante du Très-Haut, donne
aucune sensation analogue à celle de la lumière, et s'ils
n'auraient pas mieux fait de prendre tout autre parti pour
se faire admirer. Mais on peut répondre que, si ces
peintres n'ont pas répété la sensation que cause la lumière, ils ont donné l'idée de cette lumière, et que cette
vérité intellectuelle atteint elle seule le but. Oui, le
peintre peut, sans égaler l'éclat, donner l'idée de l'éclat :
il peut donner l'idée du soleil, de même qu'il donne celle
du mouvement, lorsqu'il représente, par exemple, un cheval qui court rapidement. Enfin, si nous voulons l'observer sur les meilleurs tableaux, nous reconnaîtrons que,
malgré le manque de splendeur, les peintres sont parvenus
à donner l'idée des effets brillans et très-splendides, mais
qu'ils y sont parvenus en copiant les rapports et en conservant le caractère géométrique ou naturel des objets,
et non en forçant l'effet par des noirs plus faux mille fois
que des clairs trop peu brillans. Il est vrai que d'un autre côté le peintre ne doit point abuser de la condescen-
dance que les spectateurs ont pour les limites et la faiblesse
de l'art ; il doit donc s'interdire tous les choix qui seraient
trop ambitieux et à prétention.

Nous devons conclure de tout ce qui vient d'être exposé, qu'il est extrêmement avantageux d'avoir à représenter des effets accessibles à la palette, et que la similitude
de ton, comme celle de dimension et de teinte, produit un
résultat infiniment puissant et favorable au but, qui est
d'émouvoir par la force de la vérité, lorsque toutefois le

choix des images est suffisamment intéressant. Mais aussi, pour que les objets intéressent, il ne faut pas, s'ils doivent être brillans, les faire voir sous des jours trop éteints, trop sombres et peu propres à manifester la variété et la beauté particulière des objets. Le peintre peut bien, pour proportionner l'éclat des objets naturels au faible éclat de ses couleurs, placer ces mêmes objets sous des lumières tempérées, soit en éloignant un peu les objets de la source lumineuse, soit en voilant et en resserrant cette source; mais il ne doit pas, à moins que l'espèce du sujet ne le comporte, attrister la scène et priver la nature de ce que son aspect peut avoir de riche et d'éclatant, sous le prétexte que le brillant, la richesse et l'éclat des couleurs matérielles de la peinture sont inégales au brillant de la nature. Si donc rien n'est plus heureux qu'un choix imitable, lorsqu'il est suffisamment beau de la beauté optique et de la beauté intellectuelle ou de la convenance, rien aussi ne serait moins heureux qu'un choix imitable, mais qui n'offrirait en beauté que cette égalité entre lui et la représentation, et qui ne rappellerait point la nature ornée de ses charmes infinis. Concluons enfin que le peintre doit représenter les belles choses de l'univers, ses représentations devant être, autant que possible, vraies et vraisemblables. Si donc par son art il ne peut atteindre à certaines vérités, il peut au moins atteindre à l'indication de certaines beautés qui suffiront pour faire naître dans l'esprit du spectateur le sentiment de l'harmonie morale et physique, le sentiment du beau, objet et but important de tous les arts libéraux.

CHAPITRE 380.

DE L'USAGE DES REFLETS EMPLOYÉS COMME MOYEN DE VRAISEMBLANCE DANS L'EXPRESSION DES PLANS ET DES FORMES.

Nous avons promis, au chapitre 549, d'examiner si les reflets sont nécessaires pour l'imitation, et comment ils sont favorables à l'expression vraisemblable des formes ou du relief des objets. Voyons d'abord comment il faut entendre ici leur nécessité.

Si le clair, l'ombre et l'ombrage constituent les principaux caractères optiques des corps solides, les reflets constituent leur caractère d'arrondissement ; car, à moins que le site ne soit absolument ténébreux, la surface tournante et fuyante d'un corps arrondi est toujours réverbérée par quelque lumière jaillissant des surfaces environnantes. Et quand même l'air serait extrêmement noir, l'ombre vue très-obliquement de ce corps paraîtrait moins obscure que l'ombre vue moins obliquement ou même de face, ensorte que, sur une sphère, la partie qui échappe à notre vue est d'un ton d'ombre moins sensible que ne l'est sa partie ombrée vue plus en face de nous. Malgré cette existence presque constante des reflets, il peut arriver que l'apparence des corps ne se manifeste pas avec toute l'évidence que requiert la peinture ; dans ce cas, c'est au peintre à se procurer et à substituer des reflets plus sensibles, en introduisant et en approchant quelques objets capables de les produire.

L'avantage des reflets, c'est de rendre sensibles les différens plans ou les superficies des corps; c'est de mieux
faire voir les obliquités, qui, sans eux, seraient trop obscures; c'est même d'éclairer une portion d'air par leur
demi-splendeur; c'est aussi d'empêcher les ombres qui paraîtraient trop sombres, de disputer avec les clairs par l'opposition de ce caractère très-sombre. Les reflets conser-
vent l'apparence du géométrique des objets sur les points
qui échappent au luminaire et à la vue; ils sont un moyen
de plus de caractériser la distance, puisque leur degré
d'apparence peut signifier le degré de proximité de l'objet
reflété; ils servent encore à faire sentir l'existence des
surfaces qui produisent ces reflets, et c'est ainsi que les
rejaillissemens lumineux du terrein, sur l'extrémité inférieure d'une figure placée sur ce terrein, servent à signifier ce terrein même. Ils peuvent donc même indiquer des
objets éloignés et qu'on n'aperçoit point dans le tableau,
tels qu'un incendie, les lueurs d'un horizon enflammé ou
d'un azur gris et lumineux, etc. Et, comme plus les ombres sont fortes, plus l'influence des reflets, lorsqu'ils ont
lieu, est sensible, ils sont un moyen de donner quelque
vie, quelque légèreté et quelqu'agrément aux ombres,
car, sans eux, elles paraîtraient mattes et pesantes. Le
peintre ingénieux aura donc soin de disposer ses objets,
de manière que les endroits sombres puissent être animés
naturellement par des reflets.

Mais, si d'un autre côté les reflets étaient forcés, exagérés et trop apparens, les corps produiraient l'effet qu'on
remarque sur une lanterne de corne ou sur des grains
de raisin, ou bien leurs lisérés exagérés sembleraient être
un caractère propre de l'objet trop reflété.

Remarquons encore que, si les reflets produisent un éclat égal à l'éclat des clairs, ils détruiront l'unité, en apportant une seconde lumière; de même ils peuvent disputer aux ombres par leur énergie ou leur violence, au lieu de leur céder par leur caractère subordonné.

Enfin c'est parce qu'ils doivent rendre l'apparence plus vraie et plus vraisemblable, que l'on ne voit qu'avec dégoût les tableaux très-noircis par l'huile et par les années. En effet, ces tableaux n'ont plus de force et de variété, faute de ces reflets qui les animaient avant leur obscurcissement. Disons encore, et pour en finir, que les reflets, en éclairant vaguement les fortes ombres, servent à rendre plus sensibles les touches brunes qui expriment les profondeurs des trous.

CHAPITRE 381.

DE L'ESPÈCE D'AIR QUI EST LE PLUS FAVORABLE PAR SON TON A L'EXPRESSION ET A LA MANIFESTATION DU GÉOMÉTRIQUE DES OBJETS.

Puisque nous recherchons ici par quels moyens le clair-obscur peut favoriser la représentation et l'imitation des objets, il nous faut examiner en quoi le ton général de l'air peut aider à l'expression et à la manifestation du ton géométrique propre et inhérent aux objets.

Outre l'influence du luminaire, il y a l'influence de l'air plus ou moins clair, ou plus ou moins obscur, qui, par ses degrés de clarté ou d'obscurité, contribue à la manifestation du ton propre à chaque objet. L'espèce de lu-

minaire influe, il est vrai, sur le ton de l'air, mais la forme
et la couleur sombre ou claire du site contribue particulièrement à caractériser le ton de l'air qui se trouve dans
ce site.

Il peut donc arriver que l'air, par le caractère de son
ton dominant, altère plus ou moins le géométrique des
tons naturels inhérens et propres aux objets; de même il
peut être conservateur des tons géométriques des corps,
et être plus ou moins favorable à leur évidence. Ainsi
le peintre doit, avant tout, reconnaître et considérer sous
quelle espèce d'air il place ses objets, et observer si le
ton de cet air est concordant avec le ton de ceux dont
il veut donner principalement l'idée dans sa représentation.

Nous avons déjà distingué trois différentes sortes d'air
sous le rapport du ton : l'air clair, l'air brun et l'air gris.
Distinguons aussi trois espèces de tons sur les objets dans
la nature : le ton clair, le ton brun, ou le ton demi-brun
ou gris. Peu importe de quelle espèce soit leur teinte ou
couleur; nous rapportons ici toutes ces couleurs au ton.
Ainsi on peut dire qu'une surface naturellement grise, ou
dont le ton propre et inhérent est gris, doit en peinture
nous sembler toujours grise par le choix de l'air dans lequel elle est représentée ou située, abstraction faite, bien
entendu, de l'influence de tel ou tel luminaire qui peut
décomposer quelquefois le caractère du ton de cette
surface.

Des objets gris placés dans un air très-clair, semblent
quelquefois plutôt blancs que gris; et s'ils se trouvent
plongés dans un air obscur, ils semblent plutôt noirs que
gris. De même un objet noir situé dans un air très-clair

peut donner l'idée ou faire l'effet d'un objet gris ; un corps
blanc peut aussi paraître gris, s'il est plongé dans un air
noir. Il est vrai que la justesse perspective des lignes et
de la touche, qui manifestent exactement le plan et l'enfoncement de ces objets, détruit les équivoques ; mais ces
cas sont à considérer, et, s'il se peut, à éviter. Si dans le
même site il y a des coupes d'air différent, l'équivoque
peut être encore plus fortement manifestée. C'est ainsi
qu'un objet gris vu sous l'air obscur d'une arcade peut
paraître noir, et qu'un objet d'un ton obscur placé sous
un air clair en devant de cette même arcade peut paraître du même ton que cet objet gris qui se trouve ombré ou obscurci par l'air ombré. Voy. la figure 416, qui
représente cet objet gris B obscurci, et cet objet obscur A
éclairci.

Si on place un nègre dans un air très-clair, sa couleur
noire sera tellement éclaircie en plusieurs places dominantes, que le caractère du ton nègre sera atténué, et qu'il
offrira quelque chose d'équivoque dans l'imitation. Il en
est de même d'une femme dont la peau est éclatante de
blancheur ; elle sera mal vue, mal jugée dans un air sombre et trop obscur. Aussi les femmes qui ont le teint très-
frais, évitent-elles les appartemens sombres qui ne favori-
sent point le géométrique de leur blanche carnation.

Valentin, Guercino, Carravagio ont choisi des airs
noirs, des sites noirs, et, outre cela, des luminaires vifs et
étroits ; aussi c'est plutôt le luminaire et l'obscurité de
leur atelier qu'ils ont exprimés, que ce n'est le caractère
des objets sous le rapport de leur ton. Quand Otho-Mar-
cellis, ce peintre pur et précieux, représente une couleuvre
ou un autre reptile amphibie sous un jour sombre, cet effet

convient au sujet; un air noir et un repaire humide sont un choix propre à ces objets. Mais, lorsqu'il peint dans ce même air noir les papillons, qui ordinairement étalent leur riche parure au soleil et dont les couleurs éclatent même étant ombrées, ne commet-il pas un contre-sens et ne décompose-t-il pas le caractère de ces parures si vivement colorées? Le choix de l'air est donc ou favorable ou défavorable au géométrique des objets, et, selon ce choix, leur ton propre est ou altéré ou conservé. Les enfans que Rubens a peints au soleil, ressemblent plus à des enfans quant au ton, que tous ces enfans noircis dans tant de tableaux obscurs et maniérés. Enfin, si l'air noir d'une chambre peut convenir quelquefois au portrait d'un grave personnage, il ne convient peut-être pas à celui de sa jeune épouse ou de ses enfans, s'ils sont frais et d'une carnation lumineuse.

CHAPITRE 382.

DE LA BEAUTÉ DU CLAIR-OBSCUR.

Nous allons considérer la beauté du clair-obscur sous différens rapports. Premièrement nous rappellerons que le peintre doit faire naître, à l'aide du clair-obscur, le plaisir ou l'harmonie, qui sont l'objet principal de toutes les productions des beaux-arts. Nous examinerons ensuite quelle est la puissance de la beauté dans le clair-obscur. Les idées que les peintres, ainsi que les écrivains, se sont faites de cette condition importante de la peinture, seront ensuite l'objet d'autres recherches. Enfin nous tâ-

cherons d'expliquer en quoi consiste le beau qui est pro
pre au clair-obscur, et comment on peut l'obtenir.

CHAPITRE 383.

LA BEAUTÉ DU CLAIR-OBSCUR EST UNE CONDITION IN-DISPENSABLE, PARCE QU'ELLE CONCOURT AU BUT COMMUN A TOUS LES BEAUX-ARTS, QUI EST L'HAR-MONIE, AYANT POUR MOYEN LE PLAISIR DES YEUX ET DE L'ESPRIT.

Nous avons vu, par la définition de la peinture, que, si l'imitation est le moyen de l'art, le but c'est l'harmonie ou la beauté. Nous avons, dans le chapitre de la beauté, exposé des idées générales ; rendons-les ici particulières, et appliquons-les au clair-obscur.

Quelque spirituels que soient ceux à qui l'on offre les productions des beaux-arts, le sens auquel elles s'adressent pour parvenir à l'esprit ou à l'ame, vient avant tout exiger ce qui lui est dû ; mais aussi quelque sensibles que soient les spectateurs, ils ont tous une tendance vers l'ordre et vers le plaisir intellectuel que procure l'harmonie ou la convenance. C'est donc en servant ce desir des sens et de l'esprit, qu'on parvient à émouvoir, à toucher les spectateurs ; et c'est en les familiarisant avec le sentiment de la beauté, qu'on leur fait quelque bien. Or, ce sont les moyens d'atteindre par le clair-obscur à ce double but, le plaisir de la vue et celui de l'esprit, qu'il faut entreprendre d'exposer dans les chapitres qui vont suivre. Parlons d'abord des besoins de la vue.

« L'organe de la vue, dit Sulzer, étant le plus sensible,
» c'est-à-dire celui dont les nerfs sont les moins gros-
» siers, ses émotions discordantes ne produisent pas sur
» l'ame ce qu'on appelle de douleur, telle que celle que
» ressentent les nerfs beaucoup plus grossiers des autres
» sens. »

A entendre Sulzer, le sens de la vue serait moins susceptible, que les autres sens, d'éprouver l'harmonie, parce
qu'il est moins capable de souffrir par les dissonances ;
mais cette proposition a besoin d'être vérifiée. Il est vrai
que l'expérience nous fait remarquer tous les jours une
foule de gens qui naturellement et sans étude sont très-
sensibles aux dissonances musicales, et qui néanmoins
sont fort indifférens aux dissonances optiques ou pittoresques ; mais je crois que ces exemples prouvent seulement
que, pour que la vue soit d'une sensibilité parfaite, il est
nécessaire qu'elle soit très-bien exercée et cultivée, tandis
que l'ouïe et l'odorat sont naturellement et sans tant de
culture plus propres à percevoir et à sentir les harmonies
ou les discordances. Dans tous les cas, le sens de la vue est
tout autant perfectible que les autres, il est capable d'une
délicatesse toute aussi grande que l'est l'organe de l'ouïe
par rapport aux harmonies acoustiques ; et d'ailleurs cette
opinion de Sulzer disposerait à penser que les Grecs n'ont
eu des organes aussi délicats que parce qu'ils surent les
cultiver parfaitement, car il répugne d'imaginer qu'ils re-
çurent en naissant de meilleurs yeux que les nôtres ou
que ceux des Grecs d'aujourd'hui.

On peut dire par la même raison que certaines habitudes vicieuses contractées dès le tems de notre éducation, que certains préjugés résultant de l'influence longue

et réitérée de productions discordantes, ont des résultats plus funestes sur le sens de la vue que sur tous les autres sens; et, en adoptant cette idée, on n'est plus surpris de voir chez tant d'amateurs, chez tant de marchands de tableaux, chez tant de faux connaisseurs, et de peintres même, une façon de sentir si différente de celle des hommes naïfs qui n'ont jamais violenté leur organe.

Enfin il est raisonnable de penser que, malgré la vivacité du sens de la vue, cet organe est susceptible, autant que celui de l'ouïe, de sentir les effets des moindres dissonances, ainsi que les effets agréables des harmonies, et peut-être même à un plus haut degré que l'organe de l'ouïe qui, on peut le supposer, est moins perfectible que ce dernier. Et une des preuves qu'on pourrait donner de la plus grande perfectibilité de la vue, c'est que l'oreille, dans l'exercice des rapports musicaux, ne peut percevoir immédiatement beaucoup de comparaisons, parce que les sons étant fugitifs et successifs, c'est par le souvenir seulement qu'elle peut rapprocher les combinaisons passées et les combinaisons momentanées. L'œil au contraire peut juger des rapports constamment permanens, et peut, en les étudiant et en les sentant à loisir, s'exercer plus aisément et avec plus de succès.

Le peintre est donc capable de découvrir les sources des plaisirs de la vue, et il doit combiner des spectacles capables de l'enchanter. Comme les hommes ont le desir et même une sorte de besoin d'éprouver des sensations nouvelles qui les fassent jouir de leur existence d'une manière plus sentie, la peinture doit déployer toutes ses combinaisons, même en fait de clair-obscur, et ne présenter que des effets extraordinaires, afin que les spectateurs s'y attachent en y trouvant du plaisir. Mais comme l'esprit de l'homme est de plus dominé par un besoin analogue, qui n'est autre chose que le besoin du beau, il faut éveiller d'abord et exciter chez lui des idées, il faut le toucher, et enfin lui laisser profondément inculqué ce sentiment du beau. Ainsi la beauté est indispensable dans le clair-obscur, comme dans le dessin, et sans ce moyen on n'atteindrait point le but élevé de l'art.

Ces aperçus nous conduisent naturellement à considérer jusqu'à quel degré s'étend le pouvoir du clair-obscur, tant sur l'organe que sur l'esprit.

CHAPITRE 384.

LA BEAUTÉ DU CLAIR-OBSCUR EST UN DES PLUS PUISSANS MOYENS DE L'ART.

Lorsqu'on cherche à démontrer la puissance des beaux effets du clair-obscur à certains critiques partisans de la sévérité, ils déclarent, sans déguiser leurs préférences, que le clair-obscur n'est que trop séduisant par lui-même, et que c'est une chose fort dangereuse que d'exciter les peintres vers cette partie de l'art. Ils rappellent ce passage de Quintilien qui fait entendre que, lorsqu'on ne peignait qu'avec quatre couleurs et qu'on ne s'appliquait pas à faire parade du coloris et du clair-obscur, la peinture en était plus chaste, plus austère et plus digne d'elle-même. Ils disent enfin que l'art s'est perdu dès l'instant que le dessin, les caractères et l'expression ont été étouffés sous le luxe du clair-obscur et sous les éta-

lages artificieux de la palette. L'intention de ces critiques est recommandable, mais un mal-entendu fait qu'on
ne tient pas compte de leurs réprimandes. Il semblerait,
selon eux, que c'est quand on cherche la beauté du clair-
obscur, que l'on néglige la sévérité et l'éloquence du dessin. Ce sont, il faut le dire, les mille et mille exemples
vicieux de nos écoles irrégulières qui produisent ces funestes mal-entendus.

De ce que Rubens, par exemple, négligeait le dessin, on
a conclu qu'un dessinateur ne devait, ne pouvait pas être
coloriste. De ce que Pierre Berettini de Cortona n'a pensé
qu'à des masses de clair et de brun, de rouge et de jaune,
dans l'immense plafond du palais Barberini, on a conclu que la recherche qu'il y fit du clair-obscur, est la
cause du peu de beauté de cette vaste peinture. Certes
tout le monde doit en convenir, les peintres maniéristes
qui ne voient dans la peinture que des combinaisons de
clairs, d'obscurs, de teintes, de demi-tons, de masses de
toutes espèces, et qui ne voient réellement que cela, produisent des exemples pernicieux et précipitent leur art,
qui, par sa dignité, est bien au-dessus de ces artifices particuliers. On peut aussi comparer ces peintres maniéristes à ces musiciens qui vont composant des sonates,
des symphonies, des variations, des concertos, des qua-
tuor, etc., le tout sans savoir en vérité quel est ni quel
sera le caractère de tout ce ramassis, de tous ces motifs
et passages qu'ils soumettent aux andante, aux piano,
aux forte, aux allegro, aux presto, etc., musiciens qui ne
savent pas ce que c'est que la musique, et qui cependant
deviennent des chefs d'écoles; compositeurs qui se sou-
cient peu d'être utiles par leur art, pourvu qu'ils se fas-

sent un nom et une fortune; plagiaires étrangers aux convenances, qui, comme dit Horace, sauront très-bien
imiter la ténuité des cheveux, mais qui sont absolument
incapables de produire un tout. Oui, disons-le, ces musiciens, ces peintres perdent l'art de la peinture et l'art
de la musique : ils nuisent aux mœurs; ils devraient être
ramenés, comme par châtiment, aux élémens du simple
et du significatif de leur art, aux élémens du vrai et de
l'expression, à l'étude enfin des caractères. Ils devraient
être bafoués, repoussés, châtiés, quand ils osent présenter au public leurs niaiseries à prétention, leur exécution
ambitieuse, leurs rapsodies d'opposition, leurs difficultés
de lazzi, enfin leurs salmigondis en musique, leur charivari en peinture, et toutes leurs pitoyables et insultantes
conceptions.

Mais ce n'est point ce clair-obscur étranger au sujet et
toujours recherché avec affectation, qu'il s'agit ici de
faire considérer comme important et comme essentiel à
l'art; nous voulons parler du clair-obscur convenable,
simple, grave, lorsque le sujet le comporte, et si peu apparent même dans les sujets qu'il doit embellir, qu'on est
obligé de l'y chercher et de l'y découvrir. Ce n'est pas ce
fracas ridicule et ces efforts constans pour obtenir des
contrastes et de ces combinaisons imaginées à tout propos
et comme par recettes, aux dépends même du sujet que
nous cherchons à faire valoir ici, mais c'est une condition
grande, relevée et digne d'un art poétique et philosophique, au lieu d'une routine bannale et propre plutôt à
un métier. Cependant les critiques ennemis de ces lazzis
doivent se méfier de ce grand mépris, et ne pas tomber eux-mêmes dans un excès. Parce que les abus du

clair-obscur leur répugnent, ils ne doivent pas rejeter hors de l'art une condition qui est d'une si grande importance.

Pour convaincre ici de cette puissance qui est attachée à la beauté du clair-obscur, il est inutile d'entreprendre une analyse qui doit trouver sa place ailleurs ; considérons seulement cette condition sous ses deux principaux rapports, la beauté intellectuelle ou convenance et la beauté optique, et voyons quel résultat elles produisent en général sur l'organe et l'esprit des spectateurs.

La convenance dans le clair-obscur, c'est-à-dire, l'accord entre le clair-obscur et le sujet représenté, frappe les moins connaisseurs, puisqu'à l'aide de cette unité, le mode est mieux et fortement exprimé. Si l'on privait de cette qualité les beaux tableaux où elle est savamment observée, on serait surpris de la différence qui en résulterait : des copies mauvaises, sous ce rapport, de ces mêmes tableaux et les copies au trait le démontrent tous les jours. Donnez un clair-obscur austère aux rians tableaux d'Albani, égayez par des masses lumineuses et légères les scènes graves de Poussin, ce seront autant de contre-sens qui choqueront tout le monde.

Quant à l'importance de la beauté optique du clair-obscur, elle est si incontestable que par cette condition seule se soutiennent et sont goûtés les trois quarts des tableaux de nos musées. Toute l'école d'Italie, toute l'école espagnole, toute l'école française et l'école anglaise doivent à ce mérite leurs plus grands triomphes. Cette qualité optique est si nécessaire, qu'il faut que tout spectateur, en jetant les yeux sur un tableau, avant même de comprendre ce que représente le tableau et ne le voyant que d'une grande distance, soit attiré et comme fixé par le charme des combinaisons des clairs et des obscurs. Il faut que ce tableau plaise déjà à ses yeux par cela seul, et qu'il plaise ensuite à son esprit, lorsque, comprenant le sujet du tableau, il compare ce mode de clair-obscur au mode du sujet.

Qui pourrait donc nier la force du prestige attaché à la beauté du clair-obscur, puisque l'on voit des gens rester les yeux fixés sur des tableaux dont ils ne comprennent pas la signification, dont les figures ne se distinguent souvent pas à la première vue, dont le sujet enfin est dénué de toute espèce d'intérêt? Le clair-obscur semble les tenir enchaînés et comme magnétisés. Ils restent, ils considèrent ces tons, ces effets, ces masses, ces demi-ombres, ces enfoncemens, comme on écoute une suite de sons harmonieux dont l'ensemble n'est pas compris, mais qui cependant charme et enchante l'oreille. Les plus sévères critiques sont dupes de cet enchantement. Les théoriciens les plus partisans du dessin et de l'austérité des formes paient leur tribut à cette puissance magique, et des écrivains de bonne foi y placent souvent toutes leurs affections.

Si Depiles fut tant exalté par les tableaux de Rubens, c'était par son clair-obscur, qu'il appelait coloris. Mengs ne put résister à ses attraits, et il y plaça ses préférences; la manière dont il parle du clair-obcur de Correggio, prouve combien il jouissait en le contemplant; les peintures de Mengs prouvent aussi sa tendance exclusive vers cette belle partie de l'art: c'est la partie du clair-obscur, dit-il dans ses réflexions sur la peinture, qui, lorsqu'elle est bien traitée, produit le plus brillant effet dans l'art. — « Le pouvoir des lumières est si grand, disait

» Paul Lomazzo, qu'étant distribuées avec proportion sur
» un corps mal dessiné d'ailleurs et sans anatomie, il plaît
» à ceux qui le regardent et excite en eux un desir de
» voir toutes les parties. Il y a beaucoup de peintres,
» privés de la partie du dessin, qui, par cette seule prati-
» que de bien disposer les clairs, se sont acquis de la ré-
» putation. — La prévention, dit Webbs, avec laquelle
» les charmes du clair-obscur et de l'harmonie nous font
» envisager les tableaux du Corrège, en exagère les beau-
» tés et nous en dérobe les défauts. L'éclat de son clair-
» obscur déconcerte la critique. » Enfin c'est une sorte
de magie d'autant plus puissante que ses prestiges sont
cachés sous les apparences les plus naturelles.

    « Que celui, disait Diderot en parlant des paysagistes,
» qui n'a pas senti et étudié les effets de la lumière et de
» l'ombre dans les campagnes, au fond des forêts, sur les
» maisons des hameaux, sur les toits des villes, le jour, la
» nuit, laisse là les pinceaux ; surtout qu'il ne s'avise pas
» d'être paysagiste. » Ne pouvait-il pas dire, au sujet des
tableaux d'histoire : que celui qui n'est pas saisi, qui ne
tressaille pas, quand il voit la lumière bondir sur les corps,
quand il suit ou les demi-tons qui embrassent suavement
les formes, ou les bruns puissans qui résonnent vigoureusement comme dans un concert harmonieux ; que celui qui ne sait pas embrasser d'une seule vision un tout
ensemble magique et grandement combiné, que celui-là
brise ses pinceaux, car jamais il n'enchantera les regards,
jamais il ne saura jouer ou moduler selon les modes variés et poétiques de son art ?

    Dans le tems même où les peintres de la renaissance
ne tiraient presque pas d'avantage de cette importante

condition, elle n'en était pas moins sentie par le plus grand nombre. « C'est une chose agréable à voir, dit
» Léonard de Vinci, chap. 332, que les effets du soleil,
» quand il est à son couchant et qu'il éclaire le haut des
» maisons, des villes et des châteaux, la cime des grands
» arbres, et qu'il les dore de ses rayons; tout ce qui est
» ici-bas de ces parties éclairées, demeure obscur, etc. »

Léonard de Vinci ne connaissait pas les artifices du beau optique, mais avec quel enthousiasme ne conduit-il pas, ne modèle-t-il pas les clairs et les obscurs sur ses gracieuses figures! Quel sentiment délicat de clair-obscur dans ce portrait précieux de Lisa Joconda, sur cette tête vivante de la Féronnière! Ainsi que Rembrandt, il regardait comme nécessaire cette beauté.

Enfin, faute de ce secret, David, cet illustre novateur, eut de la peine d'abord à se faire admirer; et aujourd'hui que ses préceptes précieux sur le dessin commencent à devenir des vieilleries (car parmi nous la mode régit les beaux-arts), c'est la beauté optique du clair-obscur qui soutient la peinture. Mais, malgré ce grand appui, le sort de cet art est aisé à prévoir; jamais il n'a de force, jamais il n'a de vie que par le dessin.

CHAPITRE 385.

LA BEAUTÉ DU CLAIR-OBSCUR N'A PAS ÉTÉ JUSQU'ICI
DÉTERMINÉE PAR UN PRINCIPE UNIQUE ET GÉNÉRA-
LEMENT RECONNU.—THÉORIE DE QUELQUES AUTEURS
SUR CE POINT.

Lorsque l'on cherche dans les tableaux et dans les écrits
si c'est d'après un principe ou une théorie fixe du beau
qu'on a imaginé les combinaisons ou les effets de clair-
obscur qui se rencontrent dans le plus grand nombre des
tableaux, on reconnaît que ce sont plutôt des recettes
d'atelier qui ont déterminé le choix des artistes et des
écrivains, que ce ne sont des règles fondées sur la nature
de nos organes et sur le vrai caractère de l'art. Ce qui le
prouve d'abord, c'est que tel maître qui semble avoir obéi
à tel ou tel principe qu'on pourrait croire être le seul
qu'il ait voulu suivre, s'en écarte cependant dans beaucoup de tableaux, et prouve évidemment, par cela même,
l'incertitude de ses doctrines. Qu'on ne croie pas que
cette incertitude serve à démontrer qu'il n'existe pas de
principe unique, en fait de choix et de beauté de clair-
obscur, ou que les peintres ont abandonné et redouté ce
principe, parce qu'ils ont reconnu qu'ils se répétaient en
y obéissant, et qu'ils délaissaient les effets naturels en
s'occupant des recherches sur cette beauté du clair-obscur. Si les peintres ont tant changé, s'ils ont adopté
toutes sortes de routines, c'est qu'au lieu d'un principe
ils n'avaient que des recettes, et que ces recettes pro-

duisent, au lieu d'un résultat varié, un résultat presque toujours semblable ; c'est que les peintres n'ont eu la tête meublée, à ce sujet, que de petits calculs de convention et de lazzi, calculs qui ne se rapportaient à rien de fondamental. S'ils ont changé, c'est encore parce qu'ils n'ont cessé de tenter toutes sortes de combinaisns, mais sans motif, sans théorie déterminée ; ils ont donc marché à tâtons ; ils peignirent donc en réminiscence de quelques autres tableaux dont ils avaient été frappés ; enfin, ils ont varié leur manière, non parce que la nature est variée elle-même, mais parce qu'ils ne connaissaient nullement cette loi universelle du beau, loi qui préside à toutes les combinaisons belles de la nature, et qui doit présider à celles de l'art.

On croirait peut-être se prévaloir contre cette opinion, en rappelant tout ce qu'ont écrit sur le clair-obscur J. Reynolds, Dandré-Bardon qui l'a précédé, et tant d'autres ; mais, quand je citerai ce que ces auteurs ont publié, l'on verra qu'en écrivant d'après les exemples des peintres les plus célèbres en ce point, ils ne purent pas plus qu'eux découvrir le but ou y atteindre, bien qu'ils s'en soient quelquefois approchés par hasard. On n'en doit pas dire autant des anciens ; ils ont connu entièrement le principe fixe du beau, et ils ont cru devoir l'appliquer au clair-obscur : c'est ce que je tâcherai de prouver à son lieu.

J'ose donc affirmer que ce vrai principe du beau dans le clair-obscur ne se trouve chez aucun peintre et dans aucun livre, et qu'aucun modèle complet ne nous a encore été offert de cette importante condition de la peinture. Pour le prouver, il faut avancer en deux mots, que cette beauté se compose de deux parties : le beau pour l'esprit et la convenance, et le beau optique ou pour les yeux. Or la première a été, pour ainsi dire, inconnue dans les écoles, sauf quelques exceptions très-rares, et la seconde est loin d'avoir été complète; aussi des scènes terribles ont été traitées par un clair-obscur gai et joyeux, et des scènes gracieuses par un clair-obscur triste, dur et rembruni. D'autre part on a vu des combinaisons optiques incomplètes, en ce que le grand principe de l'unité n'y a été ni aperçu en son entier, ni respecté. Lors donc que Depiles a attribué l'invention du clair-obscur à Polydore ou à Giorgione, ou même à André Boscoli qui a eu, selon lui, de forts pressentimens de clair-obscur (idée du Peintre parfait page 8), il oubliait de considérer dans cette condition ses deux élémens. D'autres doutes prouvent encore que l'on ne s'est jamais bien entendu sur cette beauté du clair-obscur; c'est ainsi que R. Mengs en regarde Corregio et non Tiziano, comme l'inventeur; J. Reynolds a avancé tout le contraire.

Je crois devoir transcrire ici le passage de J. Reynolds, dont la doctrine, répandue dans l'école anglaise, a beaucoup influé sur le clair-obscur des peintres de cette nation. « Voici la méthode, dit-il, dont je me suis servi » pendant mon séjour à Venise, pour me rendre utiles les » principes qu'avaient suivis les maîtres de cette école. » Lorsque je remarquais un effet extraordinaire de clair- » osbcur dans un tableau, je prenais une feuille de mon » cahier d'études, j'en couvrais de crayon noir toutes les » parties dans le même ordre et la même gradation de » clair-obscur qui était dans le tableau, réservant la blan- » cheur du papier, pour représenter la lumière. Je ne fai-

» sais d'ailleurs attention ni au sujet, ni au dessin des fi-
» gures. Quelques essais de cette espèce suffisent pour
» faire connaître la méthode des peintres vénitiens dans
» la distribution des jours et des ombres. Après un petit
» nombre d'épreuves, je reconnus que le papier était tou-
» jours couvert de masses à-peu-près semblables. Il me
» parut enfin que la pratique générale de ces maîtres
» était de ne pas donner plus d'un quart du tableau au
» jour, en y comprenant la lumière principale et les lu-
» mières secondaires, d'accorder un autre quart à l'om-
» bre la plus forte, et de réserver le reste pour les demi-
» teintes.

» Il paraît que Rubens a donné plus d'un quart à la
» lumière, et Rembrandt beaucoup moins : on pourrait
» évaluer à un huitième au plus la partie éclairée de ses
» tableaux. Il résulte de cette méthode que sa lumière
» est extrêmement brillante; mais cet effet piquant est
» acheté trop cher, puisqu'il coûte tout le reste du ta-
» bleau qui se trouve sacrifié. Il est certain que la lu-
» mière entourée de la plus grande quantité d'ombre doit
» paraître la plus vive, en supposant que, pour en tirer
» parti, l'artiste possède la même intelligence que Rem-
» brandt; mais il n'est pas certain de même que l'ex-
» trême vivacité de la lumière soit la partie la plus essen-
» tielle de l'art, et que toutes les autres doivent y être
» sacrifiées.

» Par le même moyen que je viens d'expliquer, on re-
» connaîtra les différentes formes et les diverses disposi-
» tions des lumières; on pourra l'employer aussi pour
» marquer les objets sur lesquels elles sont répandues, ou
» sur une figure, ou sur un ciel, ou sur une nappe blan-

» che, ou sur des bestiaux, ou enfin sur des ustensiles qui
» n'auront été introduits dans le tableau que pour la re-
» cevoir. On pourra observer aussi quelle partie est d'un
» grand relief, et à quel degré elle tranche avec le fond,
» car il est nécessaire qu'il y ait une partie, fût-elle petite,
» qui tranche avec lui, soit qu'on choisisse pour cela une
» partie claire sur un fond brun, ou une partie sombre
» sur un fond clair. Ce procédé rendra l'ouvrage ferme
» et distinct, au lieu que, si l'on ne songe qu'à donner de
» tous côtés de la rondeur, les figures auront l'air d'être
» incrustées dans le fond.

» En tenant à quelque distance de l'œil un papier ainsi
» crayonné par masses, ou, si l'on veut, grossièrement ta-
» cheté, on sera étonné de la manière dont il frappera le
» spectateur; il éprouvera le plaisir que cause une excel-
» lente distribution de clair-obscur, quoiqu'il ne puisse
» distinguer si ce qu'on lui montre est un sujet d'histoire,
» un portrait, un paysage ou de la nature morte, etc.,
» car les mêmes principes s'étendent sur toutes les bran-
» ches de l'art.

» Peu importe que j'aie donné une idée exacte et que
» j'aie fait une juste division de la quantité de lumière qui
» se trouve dans les ouvrages des peintres vénitiens, cha-
» cun peut faire lui-même l'examen que j'indique et en
» porter un jugement par lui-même; il suffit que j'aie
» proposé la méthode de considérer les tableaux sous ce
» point de vue important, et le moyen de se pénétrer des
» principes d'après lesquels ils ont été exécutés. »

Il est juste de faire voir ici que cette théorie de Reynolds se trouve dans le livre d'André-Bardon, qui précéda
Reynolds. Il l'exposa, il est vrai, plus succinctement que

Reynolds, et il l'avait probablement reçue lui-même de quelque prédécesseur. La voici :

« Les demi-teintes sont les ressorts les plus propres à
» faire mouvoir une machine pittoresque ; elles servent
» également à relever l'éclat des lumières et la fierté
» des ombres, par la subordination de beauté où on les
» soumet à l'égard des unes, et de force à l'égard des
» autres. Le volume des masses de demi-teintes doit être
» plus considérable que celui des lumières, par le prin-
» cipe général qui prescrit que toute masse qui soutient
» soit plus large que la masse soutenue. Si le soutien est
» moins fort, il ne saurait soutenir, et s'il n'est qu'égal en
» force, il soutiendra faiblement.

» Une masse de demi-teinte peut servir à étendre celle
» de la lumière, ou à faire opposition avec elle. Dans le
» premier effet, on doit l'opposer à un fond obscur qui la
» fasse briller ; pour lors elle peut être regardée comme
» lumière seconde. Dans l'autre, elle doit se détacher sur
» un fond clair qui lui donne la consistance, la solidité,
» la valeur dont elle a besoin pour faire un contraste
» frappant ; mais dans l'une et dans l'autre circonstance,
» la masse de demi-teintes doit être soutenue par une
» masse d'ombre qui soit non-seulement plus considé-
» rable en volume, mais encore aussi étendue que la
» demi-teinte et la lumière réunies ensemble. Ainsi ont
» pensé et opéré la plupart des grands peintres qui con-
» naissent parfaitement la magie des effets. »

Cette théorie de J. Reynolds et de D. Bardon est fort incomplète et est souvent gênante. Mais ce que D. Bardon ajoute ailleurs sur la question du pittoresque dans le clair-obscur, prouve évidemment qu'il se perdait dans toutes sortes de recettes sans fondemens. Par exemple, il veut que la lumière et les ombres aient une marche diagonale et des effets triangulaires; il veut que les clairs et les bruns, formant entr'eux une juste balance, concourent mutuellement à l'équilibre de la composition, etc., etc.; toutes ces conditions qu'il indique, ne sont motivées sur aucun principe premier et essentiel, pas plus que sa recette pour les compositions pyramidales.

Quel est le peintre qui ne traitera pas aussi de rêveries toutes les idées embrouillées sur le clair-obscur, qu'on lit dans l'Antologia Romana et dans tant d'autres livres? Voilà comme on dégoûte l'élève des règles les plus essentielles, ensorte que, s'il jette une autre fois les yeux sur des principes clairs et indispensables, il sera prévenu, les repoussera et pensera peut-être toute sa vie que, par exemple, le clair-obscur beau et combiné est une chimère, une fantaisie et un ridicule. En effet, dans les livres qui contiennent les meilleurs documens, cette question est exposée de façon que ce qu'on en a dit ne ressemble que trop à des absurdités inintelligibles.

J'espère que bientôt on saura en quoi consiste positivement cette beauté du clair-obscur, si ce que j'ai dit sur le beau n'est pas toutefois suffisant pour le faire déjà pressentir et comprendre. J'espère aussi qu'on saisira facilement, par le moyen du principe simple de l'unité, ce que l'on veut dire, lorsqu'on parle d'harmonie, de magie, d'effet, de puissance, de ressort, de charme, et lorsqu'on emploie toutes les autres expressions qui, dans les dictionnaires de peinture, forcent leurs auteurs à tant de redites et à tant de paroles inintelligibles et superflues. Mais ici qu'il suffise d'avoir démontré que c'est à tort qu'on pense

que la théorie du clair-obscur a été entièrement et clairement comprise et adoptée par les maîtres modernes, puisque les écrivains ne l'ayant rencontrée complètement appliquée que par hasard dans ces ouvrages, ils l'ont jugée
devoir être telle qu'ils la voyaient sur ces tableaux, et ils
n'ont pu l'exposer avec plus de certitude qu'ils n'en pos-
sédaient eux-mêmes.

CHAPITRE 386.

DIVISION DE LA BEAUTÉ DU CLAIR-OBSCUR EN BEAU INTELLECTUEL OU CONVENANCE, ET EN BEAU OPTIQUE.

LA beauté du coloris se divise en deux conditions : le
beau pour l'esprit, c'est-à-dire la convenance, et le beau
optique, c'est-à-dire le beau pour la vue. Ces deux parties de la beauté du clair-obscur peuvent être appelées,
l'une l'harmonie intellectuelle, l'autre l'harmonie optique. Voyez sur cette question le chapitre de la théorie de
la beauté, vol. 4.

CHAPITRE 387.

DE LA BEAUTÉ INTELLECTUELLE OU CONVENANCE DU CLAIR-OBSCUR RELATIVEMENT AUX DIFFÉRENS MODES.

QUELLE est la source de cette harmonie ou de cette
beauté intellectuelle qui intéresse, qui charme dans le
clair-obscur des spectacles de la nature et des tableaux,

si ce n'est l'unité? Si dans l'art chaque sujet, chaque objet doit avoir un caractère un et distinct, le clair-obscur ne doit-il pas être par conséquent un lui-même, selon les divers caractères ou les divers modes auxquels il appartient? Dans chaque tableau il y a donc le mode, et à ce mode doit concourir, doit appartenir le clair-obscur. Ainsi le clair-obscur a lui-même ses caractères, ses expressions et ses modes; c'est ce que peu de personnes remarquent en général, parce qu'on n'a guère distingué que le plus ou le moins de plaisir de la vue, et que l'on a oublié trop souvent le plaisir de l'esprit, le plaisir métaphysique de l'harmonie par la convenance et par l'unité, ou l'accord entre le sujet et la combinaison optique qui le caractérise.

On peut objecter que dans la nature une scène infiniment touchante, pathétique, déchirante, se passe souvent dans un lieu et se trouve éclairée par un jour qui n'ont aucun rapport avec le caractère de l'événement, et que cependant elle n'en cause pas moins une forte impression. Mais on doit répondre à cette objection que l'effet sur l'ame eût été bien plus intense, s'il y avait eu harmonie et unité entre l'effet optique de cette scène naturelle et son sujet. Une tempête est bien autrement effroyable, lorsque le ciel est devenu sombre, noirâtre et déchiré par des nuages lourds, cuivrés et ténébreux, que lorsque le ciel est net et plein de lumière. Les poètes ne manquent pas de cumuler ces effets analogues, lorsqu'ils veulent ébranler et bouleverser l'ame par des images terribles. Pour la même raison, les sujets rians doivent être dépeints sous des jours sereins, d'un éclat agréable et égayés par une vive fraîcheur.

Ce fut le sentiment de ce principe qui fit dire plaisamment à Diderot, lorsqu'il critiquait un tableau de Vanloo représentant une fête publique, que la procession de S‑Sulpice ne serait pas sortie par un tems aussi sombre et aussi nébuleux que celui de ce tableau. Si un peintre, dit un autre écrivain, croit que le tems qu'il faisait à Rome le jour de l'assassinat de César est une chose indifférente, il est en arrière de son siècle. A Londres, ajoute-t-il en badinant, il y a les jours où l'on se pend : ce sont les jours de vent ou de brouillard du mois d'octobre.

Nous avons cherché à démontrer ailleurs l'importance de cette condition ou de cette convenance qui doit concourir à l'expression générale et dominante, qui doit lier enfin le sujet et les élémens qui entrent dans sa représentation; il n'y a donc ici rien à exposer de nouveau sur ce point, ainsi passons à l'application qu'il faut faire de cette condition aux cinq modes différens que nous avons adoptés.

CHAPITRE 388.

DU CLAIR-OBSCUR PROPRE A CARACTÉRISER LE MODE PHRYGIEN.

Nous avons vu comment les lignes peuvent contribuer au caractère ou au mode d'une figure et de toute une composition; nous avons parlé, à propos du mode phrygien, des lignes formant des angles aigus et des zigzags animés, violens et terribles. Ici il s'agit d'indiquer la concordance qui doit exister entre ce caractère énergique et

véhément du mode phrygien et les masses, ainsi que la disposition du clair-obscur. Il y a donc un calcul d'effets ressentis, de chocs rudes, d'oppositions et de contrastes fiers
et impétueux, qu'il importe d'étudier et de produire pour
exprimer ce mode particulier. Le desir fréquent de donner
aux tableaux un aspect d'énergie et d'élévation n'a que
trop souvent déterminé les peintres à employer beaucoup
de moyens forcés dans l'espoir de manifester cette vigueur d'imagination, cette exaltation imposante qu'on
croit être le propre des génies élevés; mais ces vigueurs
extrêmes, ces chocs, ces contrastes de ténèbres et d'éclat,
il fallait les ménager pour les sujets qui les comportent,
et n'en pas faire une manière ou une routine pour toutes
les compositions quelconques. Bien des critiques ont
donc manqué de théorie et de sagacité en prodiguant des
louanges à ces milliers de tableaux qui ne sont qu'un étalage constant d'effets rudes et forcés, dont la chaleur
factice devrait déplaire à tout le monde. Les spectacles
énergiques ne doivent pas intéresser, lorsqu'ils sont des
contre-sens, et la philosophie des critiques devrait leur
faire distinguer ce qui n'est que prétentieux d'avec ce qui
est convenable ou employé à propos.

Ainsi le clair-obscur du mode phrygien doit frapper
par des effets d'une force extraordinaire, par des chocs
répétés et vivement disposés. Les transitions doivent être
rapides, les directions des bruns et des clairs doivent donner l'idée d'un mouvement brusque, violent et terrible;
mais un régulateur, un modérateur doit diriger le peintre
et le garantir dans cette fougue créatrice, indispensable
pour obtenir de semblables résultats. Ce régulateur, c'est
le principe sacré du beau, c'est la règle de l'unité qui

doit retenir le pinceau de l'artiste. Rien de laid, de discordant, rien de contraire à l'harmonie oculaire exigée
dans toutes les œuvres des arts, ne doit s'échapper de son
imagination exaltée. La vérité et la vraisemblance, autant
que la beauté, lui ménageront ces instans de sang-froid
nécessaires dans les inventions les plus ardentes ; enfin les
peintres de nos académies ont tant de fois, et en dépit du
sujet, cahoté, bouleversé, heurté les masses de clair et de
brun ; ils ont tant de fois prodigué les oppositions brusques, criardes, insupportables, que je crains d'en avoir
déjà trop dit et d'avoir indiscrètement réveillé cet amour
immodéré des élèves pour les aspects bizarres, singuliers,
baroques et épouvantables. Passons au clair-obscur propre au mode dorien.

CHAPITRE 389.

DU CLAIR-OBSCUR PROPRE A CARACTÉRISER LE MODE DORIEN.

Le mode dorien, qui est grave, simple, grand et tranquille, dont le silence et la simplicité peuvent être opposés à la richesse, à la magnificence du mode lesbien, exige
que le clair-obscur qui concourt à l'exprimer, offre lui-
même des masses graves, très-débrouillées, simples et silencieuses. Toute complication est donc contraire à son
caractère, dont la tranquillité est la condition principale.
C'est aussi par un goût d'imitation d'école, et nullement par
raison, que dans toutes les espèces de sujets, on a si souvent
répété les chocs affectés de clair et de brun, de noir et de

blanc. Ceux qui ont prodigué les premiers ces exagérations dans leurs tableaux, tels que les Valentin, les Carravagio, les Guercino, et tant d'autres maîtres, sacrifiè-
rent la convenance au desir ambitieux de relever l'effet
optique de leur peinture et d'étonner même la vue par
des vigueurs et des éclats répétés sans mesure. Ces chocs,
ces éclats n'offrent cependant rien d'agréable ni à l'œil
ni à l'esprit : tous ces contrastes ne sont souvent que des
affectations triviales, qui n'ont rien de commun avec les
émotions du simple et du grand.

Cependant ce qu'on veut prescrire ici n'exclut ni la
force ni la fierté qui conviennent dans certains sujets
énergiques et même graves; mais il fallait avertir le peintre, qui souvent prend le change, et qui, semblable aux
musiciens ignorans, donne un grand bruit pour du sublime, et des éclats pour de la dignité. Au reste, tous les
peintres ont pu le remarquer, les masses brunes larges,
mais vagues, gagnent par leur volume ce qu'elles peuvent
perdre en intensité, et elles ne laissent regretter ni les
chocs ni le fracas par les extrêmes.

CHAPITRE 390.

DU CLAIR-OBSCUR PROPRE A CARACTÉRISER LE MODE LYDIEN.

Considérons séparément dans le clair-obscur, qui est
propre au mode lydien, le caractère de langueur ou de
molesse et le caractère de tristesse ou de douleur. Nous
aurions dû peut-être, dans la définition que nous avons

donnée du mode lydien, faire ressortir davantage cette
propriété d'exprimer l'affliction et même les souffrances,
non les souffrances aiguës du Laocoon, de Prométhée
ou de Philoctète, mais la souffrance d'abattement, la stu-
peur douloureuse, par exemple, des Niobés; et certes, on
peut citer ces dernières comme offrant le mode lydien
soutenu par le dorien. Quelle langueur en effet, quel
tendre effroi dans cette jeune Niobé, dont l'innocence
est si bien conservée sur le marbre grec ! Quelle gravité
en même tems, quelle simplicité dans les lignes qui caractérisent toute la composition de cette figure charmante !

Si le sujet qu'on se propose de représenter est mou et
efféminé, tel que le prescrit le mode lydien, son clair-
obscur doit exciter une sensation et une idée de mollesse,
de douceur, de langueur et de suavité. C'est ainsi qu'une
romance plaintive doit, par les combinaisons de sa mé-
lodie, produire l'idée de son caractère de mollesse langou-
reuse. C'est en observant une douce graduation dans les
tons, dans les passages heureusement ménagés des demi-
bruns, des bruns et des clairs ; c'est en évitant les chocs
et en donnant un caractère dominant de tendresse molle
à cette espèce de langage optique, qu'on parviendra à rentrer dans le sujet et à parler à l'esprit et au cœur. Tous
les jours on remarque, sans l'aide de la science, que les
têtes douces et languissantes de quelques blondes gagnent
sous un demi-jour suave, tandis que les têtes vives et piquantes de certaines brunes semblent placées à leur vrai
jour sous une lumière piquante elle-même.

Oh! suavité enchanteresse du clair-obscur sur les têtes
des jeunes filles qu'on admire à la fin du jour et lorsque le
soleil n'éblouit plus par son disque éclatant; fusion char-

mante des tons qui modèlent de si belles formes ; douceur
inexprimable qui ravit jusqu'à l'extase, vous rappelez les
efforts des Giorgione, des Léonardo, des Corrégio, et le
beau choix auquel ils aspiraient : vous rappelez aussi ces
effets doux et modérés qui sont si attrayans dans certains
fragmens de la peinture des anciens !

Si donc nous étudions les élémens qui composent les
effets suaves et gracieux dans la nature, nous verrons que
l'ordre du clair-obscur en constitue le principal caractère. La douce lueur du crépuscule et les effets vagues
et mystérieux du soir sont autant de leçons que la nature
présente au peintre ; aussi un poète (Doissin : *Sculptura,
carmen*) engage-t-il les artistes à imiter l'auteur de la nature, dont la sagesse toute puissante veille sur l'univers.
« Avant que le soleil, dit-il, vienne éclairer la terre, il
» commande à l'aurore d'y répandre une lumière douce
» et tempérée qui prépare les yeux des mortels à con-
» templer l'éclat de ses feux ; le soir il n'ensevelit pas
» tout à coup la terre dans d'épaisses ténèbres, mais il
» éteint peu à peu le flambeau qui nous éclaire, et par un
» agréable mélange il unit en quelque sorte l'obscurité
» de la nuit à la clarté du jour. » Or, puisque nous re-
connaissons la concordance qui existe entre les effets naturels et certains sentimens qu'ils excitent, et puisque
nous remarquons que les scènes tendres et d'une mollesse
gracieuse augmentent en caractère et disposent mieux
l'ame à la tendresse et aux sentimens analogues, lorsque
le clair-obscur qui illumine le site est lui-même suave
et gracieux, avons-nous besoin en ce point de quelqu'autre instruction ? Tout à l'heure nous expliquerons ce que
c'est que la suavité dans le clair-obscur.

Quant au caractère de tristesse et de souffrance que peut exprimer le clair-obscur du mode lydien, ou, si l'on veut, du mode myxolydien ou syntonolydien, mode qui était propre aux larmes, il est à remarquer que beaucoup de peintres ont confondu les effets noirs, tranchans et tachetés, avec cette harmonieuse obscurité propre à caractériser le lugubre, le pathétique et même le tragique. Les artistes ont offert en ce point peu d'exemples de la juste application du principe de convenance qui est le résultat d'une saine philosophie. Ils n'ignorent pas, il est vrai, que l'ame s'affecte des mêmes sensations que l'organe qui lui sert d'interprète ; mais leur erreur consiste à disséminer sans calcul dans leurs ouvrages des masses étroites de clair, qui, éparses et jetées comme au hasard, fatiguent l'œil par leur opposition avec des noirs rebutans, et troublent ainsi ce calme imposant et ce silence dont l'ame a tant besoin pour sentir profondément tout le pathétique d'un sujet. Cependant il est facile de concevoir qu'il faut que les yeux comprennent à leur aise et très-distinctement les objets, pour que les moyens de toucher l'ame soient prompts et efficaces.

Le jour étroit et tranchant qui éclaire les caves et les prisons, quand il n'est pas réfracté et adouci à travers certains milieux, n'est pas plus propre au pathétique et au sublime qu'un jour d'une obscurité vague et d'une harmonie sombre, qui, sans éblouir la rétine, attriste et prépare très-bien l'ame aux impressions profondes.

Le fâcheux inconvénient attaché au procédé de peinture à l'huile qui, avec le tems, noircit et durcit sans proportion les tons, et jette un désordre barbare dans le clair-obscur, n'est pas, ainsi que le manque de transparence

que l'on remplace par du brun, une des moindres causes
de cette habitude qu'ont les artistes de prendre pour du
lugubre et du clair-obscur poétique les perpétuelles oppositions du noir et du blanc, oppositions qui blessent si fréquemment les yeux en présence des peintures altérées.

Lorsqu'on veut citer les tableaux qui offrent des modèles en cette partie, on en trouve un bien petit nombre.
Le célèbre Déluge de Poussin est sans contredit un des plus
recommandables en ce genre. Poussin comprit bien dans
ce tableau avec quel degré d'obscurcissement l'art devait
peindre le deuil de la nature et l'aspect désolant d'une
telle catastrophe. Dans d'autres tableaux il a jeté aussi un
voile de tristesse agréable à l'ame qui n'aime point être
distraite en présence de pareils spectacles : mais dans
quelques autres tableaux il a moins observé ce principe.
Citera-t-on les grandes masses de B. West? Elles frappent, il est vrai, par leur simplicité et la dignité de leur
aspect; mais sont-elles toujours appropriées au sujet? Ne
résultent-elles pas uniquement du principe de l'harmonie
oculaire, sans se rattacher au sujet? Les scènes des tableaux flamands offrent quelquefois des modèles de cette
teinte qui convient à la simplicité du mode dorien ; cependant le plus grand nombre de ces tableaux ne représentent que des sujets sans caractère : ce sont des ta-
vernes, des pots de bierre, des fumeurs de tabac.

Le martyr de saint Pierre dominicain devait être, du
vivant de Tiziano, un beau modèle du mode lydien soutenu par le phrygien. On peut encore citer le fameux tableau d'Ecce Homo de Corregio dans la galerie de Dus-
seldorff, etc. Il faut remarquer que Corregio produit
souvent beaucoup d'effet par le seul accord de son clair-

obscur avec la partie sentimentale de ses compositions.
Louis Carracci est encore un peintre qui chercha cette qualité ou ce mode poétique ; mais dès qu'en imitation de la
manière de Carravagio, on affecta d'introduire dans les
tableaux une foule de petits clairs composés des portions
éclairées de têtes, de jambes, de pieds, petites masses qui
interrompent toute la série et l'unité des masses essentielles, on ne produisit la plupart du tems que des contre-
sens par ces ridicules singeries, et la routine seule perpé-
tuait les bizarreries. Dans les sujets tristes et pathétiques,
certains peintres croient devoir faire tomber une lumière
de côté, qui n'éclaire qu'une très-petite partie des figures,
et qui en laisse le reste dans l'obscurité : ce procédé, qui
nécessite des petites masses de clair éparses çà et là sur le
tableau, est très-contraire aux lois du beau et à l'idée du
bon, d'après lesquelles les yeux ne doivent être blessés
par aucune distraction, par aucune confusion. Nous supposons l'ame pénétrée d'un sentiment profond et doulou-
reux : or l'éclat de tous ces petits clairs disséminés sur
la scène l'embarrassent autant que le feraient des couleurs vives et discordantes qu'on ne doit jamais employer
dans de tels cas.

Si donc on veut ajouter à une scène tendre et lugubre
les ressources qu'offre l'art du clair-obscur, il faut disposer de grandes masses sombres sans les interrompre
par des clairs pétillans. Ces grandes masses sombres ou
ces repos laisseront l'œil se fixer doucement sur l'objet
principal et sur ces expressions qui excitent les larmes,
et qui déterminent le mode et le type optique du tableau.
L'œil doit donc voir tout avec facilité et sans la moindre
contrainte; car, si l'on peine pour distinguer des attitudes,

des membres, des airs de têtes, etc., cette espèce de doute
et cette gêne, qui trouble aussi l'esprit, empêchera et dé-
truira toute l'impression que l'artiste se proposait de produire. Pour affecter l'ame par la molle tristesse, le lugubre
et le pathétique du mode lydien, il faut éviter les couleurs
vives et riantes, il faut que les masses de clair et de brun
soient silencieuses, grandes sans chocs éclatans, voilées
quoique puissantes, tristes enfin et propres aux larmes par
l'effet d'ombres douces, silencieuses et graves. Rien de
déchiqueté, de pétillant, d'éblouissant ne doit exciter ou
tirailler la rétine; aucune affection optique ne doit distraire de la passion générale et dominante, ou du caractère pathétique qui constitue le mode du tableau.

CHAPITRE 391.

EN QUOI CONSISTE LA SUAVITÉ DU CLAIR-OBSCUR.

Si un tableau n'était composé que de masses claires et de
masses brunes, sans masses demi-brunes, il n'offrirait point
la suavité. Ceci se comprend aisément; un coup-d'œil
jeté sur un échiquier suffit pour faire sentir cette dureté.
Il reste donc à dire où doit être placée la masse demi-
brune pour que la suavité résulte de ces trois élémens : or
il est évident que c'est en séparant le clair d'avec le brun
que la masse demi-brune produira cet effet. Cependant il
ne faudrait pas qu'elle les éloignât trop l'un de l'autre,
car il en résulterait peut-être deux et même trois unités :
celle du clair, celle du brun et celle du demi-brun. Mais
on comprend aussi que tous ces effets ont lieu selon les

cas divers qu'on n'est point tenu d'établir ici, c'est-à-
dire, selon les volumes, selon l'intensité et la forme même
de ces trois élémens. Ce serait d'ailleurs en parler trop
à l'aise que de désigner tel ou tel cas, puisque les objets
qu'il faut soumettre à ces combinaisons sont les objets
indispensables pour la composition du tableau.

Ce qu'on peut dire de plus général, c'est que l'on obtient la suavité en évitant de heurter les grands clairs contre
les grands bruns, et qu'on la rend encore plus sensible en
évitant même les chocs des petites masses entre elles.
Cependant, outre que les chocs des petites masses sont
souvent inévitables, puisqu'ils sont produits et nécessités
par les objets mêmes, ils sont parfois utiles aussi pour faire
éviter la mollesse et le vague qui résulteraient, si ces chocs
n'existaient pas du tout. Ces chocs ou ces contrastes contribuent donc à donner de la consistance aux objets imités.
Quant à la graduation progressive et suave du brun au
clair par l'intermède gradué des demi-tons, elle pourrait
dégénérer en monotomie et en fadeur, si on l'a composait avec affectation.

Mengs, en citant Corregio, semble entraîner le lecteur
dans cette erreur ou dans cet excès : « Après une certaine
» tension, dit-il, les yeux ont besoin de repos. C'est pour-
» quoi Corregio, après avoir placé une couleur franche
» et dominante, avait soin de la faire suivre d'une demi-
» teinte, et lorsqu'il voulait de nouveau employer une
» partie brillante, il ne revenait pas tout de suite au de-
» gré de teinte d'où il était parti; mais il conduisait l'œil
» du spectateur par une gradation insensible au même
» degré de tention, de sorte que la vue était réveillée de
» la même manière qu'une personne endormie est tirée du

» sommeil par le son d'un instrument agréable, éveil
» qui ressemble plutôt à un enchantement qu'à un repos
» interrompu. » Ne résulterait-il pas, dis-je, de ce système une espèce de sommeil et de langueur dans le spectacle, et ne doit-on pas exposer différemment le principe
de la suavité? Il suffit, je crois, d'expliquer par quels
moyens on produit la suavité, car décider qu'elle doit
être portée au plus haut degré possible, c'est confondre
les questions, puisqu'il s'agit toujours de se conformer au
degré que prescrit la convenance ou le mode. Finissons
d'exposer les moyens de produire la suavité, et employons
d'abord une comparaison. Si dans un concert il n'y a
que des tons hauts et des tons bas, tels que des fifres et
des bassons, il y aura choc et dureté; mais s'il y a des
instrumens intermédiaires, il y a aura liaison et union
dans le tout, et la suavité pourra en résulter, à l'aide des
combinaisons : or les demi-bruns sont ces moyens intermédiaires.

Les chocs sont plus ou moins rudes. Si le brun est entre deux clairs, il y aura double choc : ainsi un front
blanc, une perruque noire et un fond clair produiront ce
double choc. Si au contraire le fond est demi-brun, le
choc sera diminué, et si, au lieu d'une perruque, c'est un
chapeau noir dont le bord porte une pénombre sur le
front, le choc du blanc au noir sera encore diminué; mais,
comme je l'ai dit, il ne faudrait pas que cet ordre ou cette
suavité fût telle que les caractères de grandeur des masses
ne fussent plus sensibles par l'effet de ces oppositions intermédiaires.

La suavité surajoutée par les combinaisons, ajoute
beaucoup au charme de la suavité qui a lieu dans toute

imitation vraie de la nature, celle-ci étant toujours suave
jusqu'à un certain degré. Cette suavité de l'art est, dis-je,
un des attraits de la peinture, et tout peintre qui par préjugé n'en ferait pas cas, ne parviendrait jamais à plaire.
Aussi les peintres du 15ᵉ siècle qui ne l'ont point prati-
quée dans leurs arides peintures, et surtout dans celles
des vitraux et des manuscrits, ont-ils contre eux toutes les
personnes qui ignorent même ce que doit être la peinture,
mais qui sont douées d'un organe bien constitué.

Un autre avantage attaché à cette suavité, c'est qu'elle
semble se communiquer au pinceau et à l'exécution ou à
la touche. On est tenté d'attribuer à la touche de certains
peintres, tels que Vandyck, par exemple, ou Rembrandt,
ce qui n'est que le résultat de ces combinaisons ou de ces
choix propres à la suavité. La touche de ces peintres n'eût
donc été qu'une touche ordinaire sous ce rapport, si elle
n'eût pas servi à rendre des demi-tons suaves, glissans
et gradués, ou épanchés doucement et comme impercepti-
blement dans les clairs et dans les ombres : ces maîtres
avec un pinceau heurté n'en eussent pas moins produit
des effets suaves de clair-obscur. Certaines peintures à
fresque très-suaves sont exécutées par un pinceau qui n'a
rien d'adouci ; c'est ainsi qu'un enfant peint à fresque
par Guido Reni, et qui est conservé au palais Barberini,
près du tableau de la Pallas antique, offre une rondeur
très-suave et très-remarquable, lorsqu'on le considère
d'une certaine distance, et cela, bien que les hachures du
pinceau en soient aigres et tranchantes ; c'est ainsi encore
que les traits du burin, bien que vifs et aigus sur certaines estampes, produisent le moelleux et le poli.

CHAPITRE 392.

DU CLAIR-OBSCUR PROPRE A CARACTÉRISER LE MODE IONIEN.

Le clair-obscur d'un tableau, dont le mode est ionien, doit plaire par une grâce tranquille et par tous les charmes et les agrémens qui, en flattant la vue, ne sortent point de ce caractère demandé. Dans le mode ionien on peut distinguer les effets rians, qui, réjouissant vivement la vue, inspirent la gaîté, et les effets gracieux, mais plus tranquilles, qui sont analogues à la joie calme du cœur.

Il y a donc des jours, c'est-à-dire, des effets de jour ou des masses de clair et de brun qui inspirent cette gaîté, cette joie vive ou cette félicité animée des êtres. Il y a aussi, soit dans la pureté du ciel, soit dans la gracieuse simplicité des masses, et en général dans l'ordre optique des clairs, des demi-clairs et des bruns, de ces combinaisons qui mettent l'ame dans un état bienfaisant d'émotions agréables, état enchanteur qui constitue un des élémens du bonheur.

Notre peinture à huile n'est pas très-favorable à l'expression de ces sortes d'effets, vu son peu de splendeur : aussi les peintres ont-ils cherché souvent à donner en dédommagement de ce manque d'éclat, des oppositions et des exagérations mensongères. On peut citer, parmi ceux qui ont le mieux répété ou composé les effets rians du clair-obscur, Claude Lorrain, Paul Véronèse, Tiziano, Teniers, Vatteau. Mais c'est surtout dans les peintures anti-

ques qu'on goûte les indications de ce caractère riant,
de cet effet de lumière ouverte, vague, douce et bienfaisante. Le ton du clair-obscur des Noces Aldobrandines
rappelle la gaîté tranquille et charmante du beau ciel de
la Grèce.

Quelques peintres du moyen âge ont aussi cherché à
embellir de ce charme leurs ouvrages. Fra. Angelico animait ses peintures par le choix d'une lumière gaie, pure
et riante; et, quand il essaie de peindre le séjour céleste
des heureux, rien n'est lumineux, n'est joyeux comme le
ton de ses images. Poussin dans son tableau de Rébecca
n'avait pas d'autre fin en vue, mais les couleurs à huile
l'ont contrarié, ainsi que dans ses autres peintures où il
chercha à exprimer par des ciels ouverts, par de fraîches
verdures, les effets propres à rappeler la joie et les amours
de l'âge d'or. Une foule de peintres ont, je le répète,
commis des contre-sens en ce point : que Rembrandt,
par exemple, représente la jeune Bethsabé près d'un bain
frais et gracieux, il emploie le même ton que pour le
vieil alchymiste sombrement refletté dans son noir réduit; que Guercino représente des anges apparaissant sur
des nuages, c'est le jour des cachots qui dessine les formes de ces figures prétendues célestes. Quant aux peintres prétentieux appelés artistes fiers, savans et vigoureux, n'attendez pas d'eux ces spectacles bienfaisans ;
semblables aux pédans, qui n'ont à vous offrir que de
l'érudition, ils se contentent de la sévérité; pas un sourire
ne leur échappe.

Enfin les amateurs, qui trouvent avec raison que les tableaux noirs font l'effet désagréable d'autant d'ouvertures
obscures ou de trous, demandent si les artistes prétendent

par ces tristes obscurités être en harmonie avec les sujets gais qu'elles représèntent, et si le ton sombre ou noirâtre de ces spectacles n'est pas plus propre à inspirer le chagrin, la noire mélancolie et même la frayeur, que les rians effets qui charment tant sur les peintures antiques, sur les manuscrits du 15° siècle, dans les scènes de Téniers, de Paul Véronèse ou de Claude Lorrain?

La lumière est douce, dit Salomon, et l'œil se plaît à voir le soleil (Ecclesiast. cap. 11. 9. 7.). Pour augmenter la peine des malheureux que le sort a réduits dans d'obscurs cachots, on leur refuse la lumière du jour; si quelques rayons échappés viennent porter dans leur retraite un instant la lumière, alors ils croient renaître, ils savourent à longs traits, comme une boisson précieuse, cette émanation que le ciel leur envoie. Pourquoi les peintres priveraient-ils les yeux du spectacle si doux de la lumière? Pourquoi la peinture ne serait-elle pas en tout la réunion de ce qui existe de plus beau? Enfin comment ose-t-on prétendre charmer et inspirer la joie que comporte le mode ionien, si on blesse la vue par un clair-obscur sombre, sévère et monotone?

CHAPITRE 393.

DU CLAIR-OBSCUR PROPRE A CARACTÉRISER LE MODE LESBIEN.

L'IDÉE que les peintres modernes se sont faite de la magnificence qui est le propre du mode lesbien, a été fausse le plus souvent et plus propre à produire la laideur et le dégoût, plus propre à fatiguer la vue par la confusion, qu'à donner la véritable idée du caractère magnifique. On doit en excepter les nobles et riches productions de quelques anciens maîtres qui précédaient Raphaël, et qui, malgré le manque de souplesse dans les figures, n'en ont pas moins conservé la vraie magnificence antique dans quelques-unes de leurs peintures, et ont propagé le goût des artistes du moyen âge, qui eux-mêmes perpétuaient le style toujours chaste de l'antiquité.

Heureusement le goût est aujourd'hui régénéré en ce point, et on est à peu près d'accord pour considérer comme repoussantes toutes ces prétendues richesses de décors, tout cet apparat qui des tableaux des Primaticcio, des Tintoretto, des Rubens, a passé dans ceux des Lebrun, des Lafosse, mais qu'on délaisse enfin, comme tout ce qui est peu naturel, monstrueux et insoutenable.

Cependant qui nous garantira d'une autre espèce de magnificence factice et plus moderne? Qui nous maintiendra dans le juste milieu au-delà duquel tout n'est que barbarie, emphase hideuse et triviale boursouflure? Nos meubles ne sont plus, il est vrai, chantournés, bosselés et placardés de paquets métalliques; nos habits sont simples et même grotesques par leur petit caractère; l'architecture n'est plus hérissée, amoncelée, lourde et pointue à la fois, et nos tableaux ont participé de ces réformes. D'autres ridicules toutefois nous menacent. Sachons donc que le mauvais goût tend toujours à se propager : il s'étend, il adhère, comme la rouille et comme les salissures; enfin il entache, il corrompt, il finit par accabler, lorsqu'on ne lui fait pas la guerre avec constance. Redoutons les applaudissemens des gens du monde, qui par igno-

rance ou mauvaise foi affectent de regretter ce qu'ils appellent l'opulence magnifique, les larges embellissemens,
les pompes vraiment royales de la peinture du siècle dernier. Phidias et Parrhasius ont laissé en Grèce les vrais
modèles du style magnifique ; ces modèles ont été la règle
jusqu'au déclin de l'art, et les modernes n'ont pas d'autres secrets à retrouver. Ainsi chérissons pour toujours
la pureté attique ; et lorsque nous avons à composer, à
exécuter dans le mode lesbien, faisons briller la richesse
au sein de l'ordre, et la magnificence au sein du calme,
au sein de la grâce et de la simplicité.

CHAPITRE 394.

DE LA BEAUTÉ OPTIQUE DU CLAIR-OBSCUR.

Nous avons dit dans notre théorie de la beauté, tome 4,
page 178, que l'unité dans le clair et dans l'obscur cons-
tituait la beauté en cette partie de la peinture ; et, pour ne
pas donner trop d'extension à notre définition, nous n'a-
vons pas appliqué ce principe aux demi-bruns ou demi-
obscurs : cependant on comprend aisément que les demi-
obscurs doivent être soumis aussi à cette loi de l'unité qui
est commune à tous les élémens de l'apparence. Ainsi,
pour s'expliquer complétement ici, il faut dire que le principe de l'unité s'applique non-seulement aux clairs et aux
bruns, mais aussi aux demi-clairs ou demi-bruns. Voyons
maintenant comment il convient de faire cette application du principe de l'unité à ces trois parties distinctes
du clair-obscur.

CHAPITRE 395.

L'UNITÉ DE CLAIR, L'UNITÉ DE BRUN ET L'UNITÉ DE DEMI-BRUN NE DOIVENT PAS FORMER CHACUNE DANS LE TABLEAU TROIS UNITÉS AUSSI PUISSANTES LES UNES QUE LES AUTRES ; MAIS CE DOIT ÊTRE OU L'UNITÉ DE CLAIR, OU L'UNITÉ DE BRUN, OU L'UNITÉ DE DEMI-BRUN QUI DOMINE, SI L'ON VEUT PRODUIRE LA BEAUTÉ : DE PLUS, SI LE CARACTÈRE OPTIQUE DOMINANT DU TABLEAU EST INCOLORE PAR LES COMBINAISONS ET LE CHOIX, IL NE FAUT PAS QUE DES COULEURS FORTES VIENNENT DISPUTER AVEC CE CARACTÈRE INCOLORE. (BIEN QUE CETTE OBSERVATION TOUCHE LE COLORIS, IL EST NÉCESSAIRE DE LA RAPPELER ICI.)

L'INDICATION que je viens de rappeler du principe de l'unité, amène immédiatement la conséquence suivante, c'est que, puisqu'il doit y avoir unité optique dans le clair-obscur, il ne faut pas que les trois élémens du clair-obscur disputent entr'eux par leur unité ou leur valeur particulière, mais que l'un des trois domine sur les autres, et qu'il triomphe. Ainsi ce sera ou le clair qui dominera sur le brun, par son éclat, son volume, etc., ou ce sera le brun qui dominera sur le clair, ou bien le demi-brun qui dominera sur tous les deux par son volume, ensorte qu'au premier aperçu on distinguera dans le tableau si c'est ou le clair, ou le brun, ou le demi-brun qui est le plus apparent et le plus frappant. On conçoit que, si le spectacle était également brun et également clair en même tems, ou également demi-clair et également clair ou brun, il y aurait fatigue pour la vue, difficulté de perception, dissonance, manque de caractère optique, et duplicité dans le spectacle, au lieu d'unité. Cette première condition, qu'aucun écrivain, je puis le dire, n'a encore clairement signalée, est cependant aussi importante que toutes les autres conditions de la peinture, puisqu'elle n'est autre chose, comme on le voit, qu'une application de la loi du beau.

On ne conçoit peut-être pas tout de suite ici comment l'unité de demi-brun pourrait être et devrait être dominante dans un tableau; mais, quoique ces cas ne soient pas les plus fréquens et qu'ils n'aient lieu que dans des représentations d'effets ou de spectacles vagues, au milieu desquels un spectacle brun ou clair ne doit point être introduit et venir disputer, l'observation de cette règle relative au demi-brun ou demi-clair, n'en est pas moins très-essentielle pour produire la beauté. Si donc on la négligeait, il pourrait arriver (et cela a souvent lieu chez les peintres qui ignorent cette théorie) que la trop grande quantité de demi-bruns disputerait et tendrait à devenir dominante au milieu du clair ou du brun principal, ce qui noierait, comme on dit, le clair-obscur dans le vague des demi-bruns ou des demi-tons, et ferait autant de taches de ces bruns ou de ces clairs. De même il pourrait arriver que dans un système de demi-bruns dominans, quelques clairs ou quelques bruns trop intenses ou trop vastes détruiraient l'unité du système vague et demi-brun voulu pour le tableau. Nous reprendrons expressément toutes ces questions. Il est presqu'inutile d'avertir ou de rappeler que dans cette théorie, qui n'est appliquée ici qu'au beau optique seulement, on suppose que le peintre est maître de disposer de toutes les masses quelconques dont il peut avoir besoin, et que d'ailleurs les combinaisons qu'il soumet à la règle du beau optique, sont conformes à la convenance ou au mode déterminé par le sujet.

CHAPITRE 396.

DE L'UNITÉ DE CLAIR.

Il ne s'agit pas ici de l'unité de lumière considérée comme éclairant les objets par une source unique ; cette unité de luminaire se rapporte au vraisemblable d'apparence, vraisemblable selon lequel, ainsi que nous l'avons dit, l'effet du jour et l'aspect sont toujours favorables à l'imitation. Mais il s'agit exclusivement ici du clair considéré comme masse d'une certaine étendue et d'une certaine intensité. Or le principe du beau veut que dans un tableau il y ait une masse claire dominante sensiblement sur les autres masses claires.

On a vu, dans le chapitre qui traite de la théorie de la beauté, que la cause du beau provenait de la facilité avec laquelle nous percevons les objets par le sens de la vue, et les idées par l'esprit. La loi de l'unité doit être appliquée au clair d'un tableau pour cette même cause ou d'après ce même principe.

En effet, si l'on offrait à la vue deux clairs semblables en volume, en intensité et en forme, l'œil ne pourrait pas percevoir simultanément ces deux spectacles, et le résultat qu'on se proposerait, je veux dire le plaisir pour la

vue, serait manqué. Or, comme ce n'est point blesser le
naturel ou la naïveté que de présenter dans l'art cette
combinaison qui fait obtenir une masse claire dominante
sur les autres, on ne saurait contester ce principe. La
seule méfiance de quelques personnes inexpérimentées
pourrait être excusable, quoique facile à détruire : elles
craignent que les tableaux étant tous conçus d'après cette
même théorie, n'offrent toujours que le même aspect ou
la même physionomie. Ce n'est point ici le lieu de les dis-
suader à ce sujet, puisque toute notre doctrine du clair-
obscur n'est point encore complètement exposée; mais
disons en passant que cette masse claire, quoique dominante et une, ne doit pas être pour cela unique dans le
tableau; disons que c'est le sujet ou la nature qui donne
ou prescrit cette masse, et que par conséquent la situation,
la forme, le volume et l'intensité de cette masse claire dominante varient suivant le sujet imité. D'ailleurs n'est-il
pas plus essentiel que des tableaux ressemblent à de beaux
spectacles naturels, qu'il n'est essentiel qu'ils soient tous
très-différens entr'eux? Enfin un tableau sera toujours un
tableau, c'est-à-dire, un objet d'art, ensorte qu'il n'est pas
plus permis de critiquer l'ordre qui est toujours le même,
ou la loi qui est toujours la même dans ces combinaisons
du beau, qu'il n'est permis de trouver dans la régularité
de la nature de la monotonie, parce qu'elle est régie par
des lois éternelles qui restent toujours les mêmes, bien
qu'elles produisent des résultats infiniment variés.

Comme il n'y a qu'un soleil qui embellit le grand tableau du monde pendant le jour, comme il n'y a qu'un
astre dominant qui orne le spectacle de la nuit, de même
il ne doit y avoir dans un tableau excellent par son clair-

obscur, qu'une seule masse claire qui soit dominante et une par son caractère. Mais de même que les nuages réfléchissent le soleil, de même que les constellations qui brillent la nuit dans le firmament, sont des masses lumineuses secondaires qui font ressortir d'autant l'éclat de la masse principale, de même dans le tableau il doit se trouver des masses claires subordonnées qui servent à rendre plus importante cette principale lumière. La première chose à considérer pour bien comprendre cette doctrine fort simple, c'est que la masse claire peut être dominante ou par son volume, ou par son intensité, ou par l'un et l'autre moyen à la fois. Il y a encore le cas où son caractère dominant peut provenir de l'espèce de place qu'elle occupe dans le tableau, et de l'espèce de forme qu'elle affecte; mais ne remarquons d'abord que les cas généraux. Il faut de plus observer que le plus ou le moins d'intensité ou d'effet lumineux de la masse claire dominante, doit être considéré non tel qu'il est effectivement, mais tel qu'il paraît, ensorte qu'une masse claire semblera bien plus claire, si elle est accompagnée d'une masse voisine sombre qui en relève l'éclat.

Tâchons maintenant de bien faire comprendre ce qu'on doit entendre par masse claire dominante ou principale, par masse claire secondaire, et encore par masse claire disputante et apportant une duplicité optique par sa trop grande valeur. On se tromperait beaucoup, si l'on confondait ce qu'on doit entendre par masse une, avec ce qu'on doit entendre par masse unique. Une masse une est caractérisée une par les autres masses secondaires; on pourrait dire même que, si elle était unique, elle ne serait rien de plus, c'est-à-dire qu'elle ne serait ni une

ni principale dans le tableau : c'est donc par l'association
d'autres masses claires secondaires que la masse claire
dominante et principale concentre sur elle-même l'unité
de tout le clair du tableau. Enfin, quoiqu'il soit vrai
qu'une chose une ne puisse être double, cette chose, si
elle était unique, ne pourrait être appelée une que par
rapport à toutes ses parties seulement : or il s'agit ici
du système de clair dans tout un tableau, et non dans
une masse particulière du tableau ; ainsi une masse unique de clair n'étant pas tout le système clair, elle ne peut
être une dans ce système que par rapport à d'autres
masses claires qui constituent le tout et auxquelles elle
serait associée. Ces masses claires sont donc le tout ;
l'ordre qui en détermine une principale, est l'unité.

Maintenant, dira-t-on, de combien cette masse claire,
pour être une ou dominante, doit-elle être différente de
la masse claire secondaire ? A cette question il faut répondre d'abord que le peintre n'étant pas le maître de
proportionner, comme il le voudrait, toutes les masses qui
sont données par le sujet et par la nature, on n'a pas le
droit de lui prescrire rigoureusement une proportion absolument indépendante de ce sujet ; cette question ne
serait donc raisonnablement faisable que dans le cas où
le peintre serait le maître du volume, de l'intensité et de
la forme de cet objet clair qu'il doit rendre dominant.
Cependant il n'est pas difficile de déterminer les degrés
qui différencient assez des autres masses la masse claire,
pour qu'elle ait un caractère un, principal et dominant ;
et c'est à l'aide du sentiment et du jugement qu'on peut
reconnaître cette proportion plutôt qu'à l'aide du compas ou de la règle. Quant à l'unité pour l'intelligence,

remarquons que, ne pouvant se désassocier de l'unité optique, un clair est d'autant principal, que l'objet qui le
produit est lui-même principal pour l'esprit quant au sujet ou à l'intérêt du sujet. Ainsi cette espèce d'influence
intellectuelle est plus ou moins grande, selon les cas.

On juge donc aisément, à l'aide de la théorie de l'u-
nité, si une lumière est décidément principale, de même
qu'on juge si elle est trop principale par rapport au spectacle brun qui serait dominant. C'est précisément ce sentiment du point extrême qui sert à discerner le point
juste. En effet, si les clairs secondaires sont beaucoup trop
petits et trop faibles, ils apportent une duplicité de spectacle ou une autre espèce de spectacle, et ils font disparate
avec la masse trop dominante, ce qui peut former deux ou
trois spectacles, au lieu d'un seul. De même, on reconnaît
les spectacles disputans, lorsqu'une seconde masse est
trop imposante par rapport à la dominante, qui, à cause
de cela, ne triomphe pas assez. Ainsi point de doute
qu'une courte expérience du principe de l'unité ne fasse
devenir aisément bons juges l'œil et l'esprit dans ce cas.

Au reste, s'il est vrai que le degré de différence entre
la masse principale et la masse secondaire ne doive pas
être arbitraire, si des théoriciens rigoristes exigeaient absolument que cette graduation ou ces rapports entre le
grand clair et les clairs moindres à différens degrés, fussent
pour ainsi dire mathématiques, pour produire le beau, ils
devraient cependant reconnaître qu'il se peut faire qu'une
différence très-sentie entre la masse claire dominante et
les autres convienne à un sujet simple, noble, grand et
tranquille, tel qu'est le spectacle de la lune ; de même il
peut se faire qu'un rapprochement et quelqu'égalité entre

le clair secondaire et le principal conviennent à un sujet
plus composé, plus animé, plus libre enfin : cependant
j'avoue qu'il est tant à craindre que des considérations
métaphysiques recherchées et subtiles ne fassent perdre
des qualités optiques, fondamentales et essentielles au
beau sensible, qu'il ne faut peut-être point embarrasser
le lecteur de ces recherches toutes particulières qu'un
artiste de talent saura toujours faire lui - même une
fois qu'il aura été averti et nanti du principe premier et
essentiel. Nous n'avons donc pas manqué de laisser entrevoir, quand nous avons parlé du beau pour l'esprit
dans le clair-obscur, que c'est l'espèce du mode qui prescrit le degré dans certaines différences. Nous avons vu
ailleurs que dans un mode simple, le clair doit être très-
dominant; que dans un mode vif, léger ou varié, on peut
donner au clair secondaire plus de puissance, etc., etc.;
mais ici ne nous embarrassons pas de ces exceptions, et
revenons à notre théorie optique.

La théorie que nous tâchons d'expliquer ici, est la
même que la théorie vulgaire qui est exprimée vaguement et qu'on ne lie à aucune doctrine fondamentale. En
effet, n'entend-on pas dire tous les jours aux moindres
connaisseurs que la confusion des lumières fatigue autant que la confusion des voix de plusieurs personnes qui
parleraient à la fois? Qu'est-ce qu'on appelle ordinairement harmonie d'effet, lumières bien entendues, clairs bien
ménagés, etc., si ce n'est l'effet de cette unité que nous donnons comme le secret ou comme la clef du beau optique
dans le clair-obscur, de même qu'elle l'est dans toutes les
parties de l'art? Pour être satisfait, dit-on encore, il faut
que l'œil puisse saisir tout le tableau, comme un seul et

unique objet. Cette réflexion bien juste est certainement dictée par la nature, aussi peut-on ajouter qu'un tableau, fût-il composé de mille objets, doit être toujours un dans son ensemble ou dans son tout. Disons encore, pour employer le langage familier, que prétendre à deux lumières égales, c'est courir en vain deux lièvres à la fois, tandis que, si l'œil ne trouve qu'une lumière principale et d'autres secondaires propres à l'exercer par d'agréables comparaisons, il jouira de tout le spectacle de ces masses claires qu'il pourra parcourir et goûter l'une après l'autre, et il se fixera sur ce spectacle. Si au contraire, on lui offre deux lumières principales semblables, et qu'il en trouve encore d'autres plus petites égales et semblables, il ne jouira ni des unes ni des autres.

Enfin cette doctrine ne peut être que celle des hommes bien organisés, puisqu'elle est prise dans notre organisation physique ; et, s'il y a des cas où toutes les conditions de cette théorie ne peuvent pas être remplies dans un tableau, si tous les sujets ne permettent pas les calculs les plus rigoureux, si des effets nécessités par la nature des objets représentés nous privent d'une grande partie de ces ressources qui conduisent au beau optique complet, il n'en est pas moins vrai que nous devons, dans la théorie, nous élever jusqu'aux plus belles combinaisons, le principe, d'où elles découlent, produisant dans l'imitation autant de variété que de vraisemblance ou de vérité.

Il faudrait maintenant prouver par beaucoup d'exemples très-sensibles cette nécessité d'un clair dominant dans le tableau, mais cela ne peut pas se faire d'une manière complète sans beaucoup d'estampes exécutées très-soigneusement. Je me contenterai donc de quelques indications.

La fig. 416 offre trois masses de clair égales, ce qui divise l'attention et rend incertaine la sensation. La fig. 417 offre au contraire une masse claire dominante, une autre secondaire, et une troisième plus subordonnée encore : aussi l'œil se porte-t-il naturellement sur cette masse principale ; il n'en est point détourné par les autres d'une manière fatigante, et l'esprit reconnaît d'ailleurs, dans cette masse remarquable par l'unité, l'objet principal et important du tableau.

La fig. 418 offre une composition de Simon Memmi, qui, bien que symétrique, ne plaît nullement par son clair-obscur. Les masses claires sont doubles, quadruples, etc.; aucune n'est dominante, et, bien que l'importance de l'objet principal paraisse sans équivoque dans cet ovale si disparate avec toutes les formes anguleuses qui l'entourent, l'œil n'éprouve, en voyant cette disposition, aucun plaisir, aucun sentiment du beau, et cela faute d'une masse principale claire et faute aussi des autres conditions du clair-obscur. La fig. 419 offre cette même composition, modifiée de manière à produire cette masse dominante claire, qui, bien qu'elle doive exister sans que l'art paraisse dans ce calcul, n'en est pas moins absolument indispensable.

Il est nécessaire de faire observer que le plaisir optique qui résulte de cette condition seule d'un clair dominant, ne peut pas être très-grand, et qu'il faut, pour que la vraie théorie du clair-obscur paraisse excellente, ainsi que les exemples qu'elle peut produire, que les autres conditions soient ajoutées à celle dont nous nous occupons ici : je veux parler de celles qui se rapportent aux bruns, aux demi-bruns, à leur situation, etc.

La fig. 420 fait voir deux masses blanches égales qui, dans ce portrait, sont la manche droite et la manche gauche. Si dans cette peinture de L. Lotto, l'artiste eût sacrifié une des deux masses, ainsi que nous avons tâché de le faire par indication dans la fig. 421, l'unité du clair eût été rétablie, et le tableau eût produit un plus bel effet.

Poussin, pour peindre dans le mode phrygien, a souvent déchiqueté ses masses de clair; cela est sensible dans l'esquisse figurée au n° 422. D'autres ont fait toutes les masses claires, et ont produit un papillotage ou un amas de petits clairs (voy. la fig. 423). Quant au tableau, fig. 424, il offre plusieurs masses égales et disséminées qui appellent trop l'œil hors de l'objet principal. L'effet eût été plus conforme à la beauté optique et à la convenance, s'il eût été conçu selon la combinaison indiquée fig. 425, ou selon l'autre combinaison fig. 426. Enfin l'unité de clair est remarquable et bien accompagnée dans les tableaux de Tiziano et de Vandyck, fig. 427 et 428, ainsi que dans la peinture antique, fig. 429, 430, 431, 432, 433 et 434.

Si les élèves veulent s'exercer beaucoup, soit sur des compositions de leur invention, soit en modifiant le clair-obscur de certaines estampes, ils reconnaîtront que, si le principe d'un clair dominant est rigoureux, il y a tant de façons de présenter ce clair, il affecte tant de formes, il peut être situé si diversement, et enfin les bruns et les clairs subordonnés qui l'accompagnent, peuvent le faire paraître d'une manière si variée, qu'ils se convaincront qu'en suivant cette règle précieuse de l'unité, ils ne tomberont point dans une manière monotone, et que leurs productions ne se ressembleront nullement. Au reste

cette règle, qui prescrit un clair un et dominant, a été
observée par le plus grand nombre des peintres; et, s'ils
ont semblé se répéter dans leurs ouvrages, c'est parce
qu'ils ne surent pas pratiquer les autres règles, ni appliquer ce principe de l'unité aux autres élémens du clair-
obscur; ou bien encore, c'est parce qu'ils n'empruntèrent
pas leurs combinaisons à la nature, mais bien à leur recette et à des tableaux célèbres des académies.

Vandyck dans ses bustes a eu soin que la collerette fît
une seule masse avec la tête. En effet, si la face eût été
très-séparée de la collerette, il y aurait eu deux unités
égales de clair, séparées et distinctes; c'est ce qui arrive
par fois, lorsque la barbe par son brun sépare les deux
masses claires. Les bons coloristes flamands qui ont eu
égard à ce principe, ont sûrement commandé au costume,
quant à l'ampleur, aux distances, et même quant à l'intensité des blancs. Ce dernier caractère est en effet très-
fréquemment modifié dans leurs portraits, et Rubens
n'hésitait pas à tenir presque dans l'état de demi-ton des
blancs qui sur le modèle devaient être tout splendides. Ce
calcul, qui n'est remarqué que des peintres, échappe au
spectateur, et celui-ci ne s'avise jamais de critiquer cet
abaissement, quand la teinte en est vraie et qu'elle donne
l'idée de la transparence du tissu.

Il semble que Vandyck ait mieux compris ce secret,
que Rubens lui-même qui doublait et triplait souvent ses
clairs. Le beau portrait de François de Moncade à cheval,
tableau de Vandyck si bien gravé par R. Morghen, offre
un excellent calcul de lumière : le cheval compose le clair
principal, mais ce clair est très-varié par les demi-tons
des plans fuyans. On peut ici faire remarquer que dans

un portrait équestre un cheval blanc qui est coupé par le ton brun de la selle et par les cuisses brunes du cavalier, offrira deux petites masses, au lieu d'une. Il faut donc, pour laisser à la masse claire son caractère un, tenir la selle de couleurs claires, ainsi que les cuisses du cavalier, puis réunir sur le vêtement et le manteau, ou sur d'autres masses du fond, l'unité de la masse brune servant d'opposition à la grande masse claire, rien n'empêchant d'ailleurs de relever par des harnois bruns et par des variétés secondaires brunes toute cette masse claire, de même qu'on peut faire ressortir et contraster par des variétés claires toute la masse brune qui soutient le tout.

Dans le tableau de St Protais et St Gervais, par Lesueur (Musée de Paris, n° 136), malgré le besoin de rendre très-distincts ces deux saints personnages, il n'était pas nécessaire de les représenter par deux clairs égaux séparés par un brun ; il eût bien mieux valu les unir tous deux en une seule lumière variée elle-même et opposée à d'autres masses claires situées hors du groupe et moins dominantes.

CHAPITRE 397.

DE L'AVANTAGE QU'IL Y A A PLACER UN POINT CLAIR DOMINANT DANS LA MASSE CLAIRE DOMINANTE.

Comme il faut, dans les sujets où il convient de déployer de l'éclat, imaginer et exprimer un objet ou une masse qui soit aussi claire que le peut produire la palette, il s'agit de savoir s'il ne convient pas mieux de placer ce clair, qui est

le maximum des clairs possibles de la palette, dans la masse
claire elle-même, laquelle est une et dominante dans le
tableau. Or cette place semble d'autant plus convenable
que, si ce clair très-éclatant se trouvait au contraire isolé
et distant de la masse claire ou avoisinant même quelque
brun tranchant, il pourrait se faire qu'il jouât un trop
grand rôle optique dans la combinaison du clair-obscur.
Ainsi l'œil aime à trouver dans la masse dominante un
point ou une petite masse plus éclatante que toutes les
autres du tableau. Ce haut degré d'éclat lumineux concentre donc encore mieux la vue; il augmente la gamme
des tons et jette une variété de plus. Il est vrai que tous
les sujets ne. le comportent pas; mais s'il s'agit d'une
draperie blanche, il n'est pas difficile de placer un plus
grand blanc dans la masse blanche de cette draperie; s'il
s'agit d'une tête, il n'est pas difficile de l'éclairer de manière à ce que ou la joue ou le front soit le point le
plus lumineux dans la masse claire : une collerette fait
souvent cet effet dans les tableaux flamands. C'est ainsi
qu'une draperie blanche de peu d'étendue et placée au
milieu d'une masse de corps nu, relève l'éclat de cette
masse principale.

Quelques figures de Christ ou d'Enfant Jésus offrent
dans plusieurs tableaux cet effet. Les collerettes ou cols qui
accompagnent la tête, procurent aussi ce clair extrême,
et à ce sujet on peut dire de plus que cette masse de collerette ne doit pas être telle que par son grand volume
ou son éclat elle dispute à la tête, à moins qu'il n'en résulte un agrandissement de masse totale. C'est ainsi que
la collerette du portrait, fig. 427, serait trop grande ou
trop égale à la tête, si en compensation elle n'agran-

dissait pas la masse dominante claire, qui sans cette ampleur aurait été petite. Dans le portrait de Tiziano, peint
par lui-même, fig. 428, un seul côté du col blanc est apparent et suffit pour fixer le clair le plus vif dans la masse
claire dominante, la barbe blanche augmentant d'ailleurs
ce clair. Voy. encore un exemple de ce plus grand clair
dans le clair sur le haut du manteau d'hermine de la
fig. 458.

CHAPITRE 398.

DE LÀ PLACE OU PEUT ÊTRE SITUÉE DANS LE TABLEAU LA MASSE CLAIRE DOMINANTE.

Pour continuer l'examen des conditions relatives à la
masse claire dominante, parlons de sa situation dans le
tableau, c'est-à-dire, de la place qu'elle doit ou ne doit
pas occuper.

L'unité de la lumière exige que la disposition des
masses de clair soit ordonnée selon un arrangement qui
lie et fasse correspondre ensemble toutes ces masses. Si
la lumière principale se trouvait à un des coins du tableau, il en résulterait un défaut d'équilibre qui choque-
rait, défaut dont il est aisé de se rendre compte, ainsi
que de beaucoup d'autres, à l'aide du principe de l'u-
nité qui nous sert ici de guide. En effet cette masse
unique serait très-remarquable par son isolement, et paraîtrait ne point appartenir à tout l'ensemble du tableau
circonscrit par le cadre. L'œil ne rencontrant point dans
ce même ensemble d'autres parties de clair qui corres-

pondent avec celle-là, il éprouverait la double sensation
de deux unités, et il rejetterait celle que différencierait
la trop grande quantité d'espace, ainsi que son obscure
nudité. Rarement on dispose le clair-obscur de cette
manière, car le sentiment le moins délicat s'y oppose;
cependant il est nécessaire en théorie d'en faire mention.
Voyez-en un exemple, fig. 435.

On doit dire aussi que c'est peu déguiser l'art que de
situer cette masse claire principale juste au milieu du tableau; en effet une certaine irrégularité conserverait mieux
la naïveté si nécessaire dans toutes les combinaisons de
la peinture. Cette faute a lieu souvent, et c'est à tort que
l'on établit une certaine parité symétrique dans l'intention de donner de la dignité à la disposition. Presque
toujours cette disposition sent trop l'art; elle ôte l'idée
du naturel et même l'idée d'un artifice ingénieux.

C'est pour la même raison encore que, quand on com-
met la faute d'introduire deux unités principales de clair,
elles seront encore plus contraires à l'harmonie, si on les
éloigne chacune aux deux extrémités du tableau, que si
on les tient plus rapprochées. Aussi desire-t-on que de tels
tableaux soient comme partagés en deux tableaux; et ce
serait quelquefois faire un bon calcul que d'exécuter cette
division. Voy. la fig. 436.

CHAPITRE 399.

DE LA GRANDEUR, DE L'INTENSITÉ ET DE LA FORME DE LA MASSE CLAIRE DOMINANTE.

Notre doctrine est très-commode, en ce qu'elle laisse peu à l'arbitraire et à l'irrésolution. Quant à la question qui nous occupe ici, il n'est pas difficile de distinguer si la masse dominante est suffisamment étendue et intense. En effet, si elle est trop petite ou trop faible, la masse brune et par conséquent la sensation de brun disputeront avec elle, et on sera averti par ce principe seul qu'il faut donner à cette masse claire plus de volume et d'éclat, bien qu'elle soit dominante sur des clairs plus petits. Sans contredit la grande masse blanche du linceuil qui est derrière le corps du Christ dans la fameuse Descente de croix d'Anvers, est une preuve que Rubens trouvait mesquine la masse seule du corps comparée aux autres masses claires de tout ce vaste tableau. Par ce moyen vraisemblable il fait donc triompher cette masse, sans qu'elle prenne par un trop grand volume la place des autres masses nécessaires pour l'opposition.

Peu importe quel est l'objet qui apporte cette lumière dominante; l'effet est bon en ce point, si l'unité existe. La rose blanche de Vanhuysum, le cheval blanc de Wouwermans, la chemise du paysan de Teniers, le nuage de Salvator Rosa, tous ces objets par leur caractère de lumière composent le calcul optique nécessaire à la beauté du clair-obscur. Il faut conclure que la masse dominante

claire doit être, ainsi que nous l'avons dit, assez puissante
par son volume et son énergie pour n'être pas écrasée
par la masse obscure, et qu'elle ne doit pas cependant
être tellement intense et volumineuse, qu'elle ne laisse
pas de champ aux masses d'opposition claires secondaires, sans lesquelles cette masse claire, quoique grande
et forte, ne pourrait pas être aussi facilement caractérisée.

Quant à la forme de la masse claire dominante, elle
se rapporte encore plus à la beauté intellectuelle ou à la
convenance, qu'à la beauté optique. En effet, outre que
la nature de l'objet prescrit cette forme, sa disposition est
déterminée par la nature des lignes supposées belles et
données par le dessin. Cependant il est facile de concevoir que cette forme ne doit point produire de prolonga-
tions excentriques trop sensibles, ni une forme bizarre et
sans caractère; mais, répétons-le, la nature de l'objet
sert beaucoup à déterminer la forme de ce clair principal et dominant du tableau.

CHAPITRE 400.

DE LA NÉCESSITÉ D'INTRODUIRE DES MASSES CLAIRES
SECONDAIRES ET PLUS OU MOINS SUBORDONNÉES,
POUR FAIRE VALOIR LA MASSE CLAIRE DOMINANTE. —
DE LA DIVERSITÉ DE CES MASSES CLAIRES SECON-
DAIRES, DU CARACTÈRE DE LEURS FORMES, ET DE
LEUR SITUATION DANS LE TABLEAU.

Si la masse principale claire étant établie, on ne rappe-
lait pas ailleurs, hors et loin de ces masses, de moindres

masses claires (ce qu'on a appelé assez vaguement des
échos), il n'y aurait pas unité, mais scission entre le clair
et le brun dominant. Ces rappels, en liant le tout, n'i-
solent pas, n'opposent pas l'une à l'autre les deux unités
claire et brune, et ils servent à caractériser les valeurs
réciproques de ces unités.

Le nombre des masses claires secondaires varie selon
les sujets, c'est-à-dire, selon le nombre d'objets qui composent le sujet. Il peut varier aussi selon le mode du sujet, car dans un mode grave et simple les clairs doivent
être en moindre nombre que dans un sujet gai et très-
varié ; mais c'est le peintre qui doit déterminer la quantité convenable de clairs secondaires, soit pour satisfaire
au mode, soit pour obtenir des oppositions et même des
graduations : en effet, pour qu'une unité secondaire soit
elle-même une, il faut qu'on lui sacrifie d'autres unités
plus subalternes ; or cette succession de masses subordonnées les unes aux autres produit la plus grande variété, résultat de l'unité.

Les fig. 427 et 428 font voir une belle distribution de
clairs secondaires. Dans le portrait de Tiziano, peint par
lui-même, comme dans celui de Jean de Montfort, peint
par Vandyck, la tête compose toute la masse claire
dominante, et les mains sont les clairs secondaires. Dans
la fig. 437, la fig. de saint Paul offre quatre clairs égaux,
celui de la tête et de l'épaule, celui du livre et de la
main, celui du genou droit, et celui de la jambe gauche ;
ce mauvais choix est sensible. La fig. 435 fait voir le
clair dominant et unique situé à tort tout à fait sur le
bord du tableau. La fig. 436 fait voir deux clairs égaux
situés aux deux extrémités du tableau. Dans le tableau

fig. 438, on voit des masses égales de clair placées désagréablement sur une ligne diagonale.

Quant aux formes des clairs secondaires, citons le
passage suivant de Josué Reynolds : « Il faut, dit-il,
» pour obtenir l'harmonie et l'union, que les lumières
» secondaires soient, autant qu'il est possible, de la
» même forme que la lumière principale, mais non pas
» de la même grandeur. » Si Reynolds avait (soit dit en
passant) connu la théorie de l'unité ou du beau, il n'eût
pas dit *autant qu'il est possible, de la même forme......,*
car cette même forme produirait une espèce de duplicité ;
il eût dit *autant qu'il est possible, d'une forme qui ne
sorte point trop de l'unité de la forme du clair dominant, tout en faisant opposition.*

Rappelons aussi un passage de Sulzer. « Les nerfs op-
» tiques, dit-il, sont les plus subtiles ; il doit y avoir
» unité dans l'affection des nerfs, et le contraste produit
» une sensation désagréable, lorsqu'une partie de l'objet
» frappe très-vivement la rétine et la trouble au milieu
» des ébranlemens d'objets harmonieux et tempérés d'é-
» clat. » Or des formes anguleuses de clair, ou étroites
et longues, ou lourdes et rondes, doivent amener des résultats optiques contraires ou conformes à l'harmonie,
et cela, selon le caractère de la masse type et dominante,
ensorte qu'il faut conclure que la variété ou l'opposition
de volume, d'intensité et des formes des petites masses,
par rapport à la principale, est nécessaire, mais que ces
variétés ne doivent point détruire l'unité. Si l'on a bien
compris ce dernier principe, que l'extrême variété peut
détruire l'unité, on sentira comment l'œil rejette naturellement hors de l'unité du clair principal tous ces autres

clairs piquans, durs, aigus, bizarres de formes, très-différens enfin des autres clairs essentiels du tableau par
leur aspect et par tout leur caractère.

Revenons à la bonne disposition ou à la place des
clairs secondaires. On a dit qu'ils devaient être distribués comme des échos et en diagonale, afin de promener
l'œil du spectateur d'un point à l'autre du tableau, et d'a-
grandir ainsi le champ ou le spectacle. Dandré-Bardon
et d'autres ont insisté sur cette disposition en zigzag;
mais, si l'on avait saisi le principe de cette règle ou de
cette recette, on l'eût autrement communiquée ou démontrée. C'est toujours l'unité qui est la source de ce
précepte; en effet, si on plaçait les clairs secondaires les
uns sous les autres, d'un seul côté, on établirait cette
duplicité que j'ai signalée entre les bruns et les clairs,
tandis qu'en répartissant ces clairs secondaires un peu
partout le champ du tableau, on fait jouer au système
clair un rôle plus complet. Reste à éviter la monotonie
qui pourrait résulter de cette distribution; mais le principe de l'unité empêche tout désordre, ensorte que, tout
en répartissant des clairs sur toutes les distances du tableau, on doit éviter la similitude entre les bruns et les
clairs, et entre les clairs entre eux et les bruns. Nous
verrons que tout ce que nous venons de dire est applicable
aussi aux bruns dominans et secondaires du tableau.

Observons de plus que, dans une masse dominante de
clair produite par une figure seule, il se trouve des masses
diverses, et que le même principe d'unité doit présider à
l'ordre optique de ces masses. Ainsi, dans la fig. 437, les
paquets de clair sont mal disposés et comme à des distances égales, faute de cette unité. C'est cet ordre qui fait

qu'une belle statue peut déplaire par son clair-obscur.
Dans la Vénus Anadyomène de Tiziano, fig. 439, toute la
masse claire de cette demi-figure n'est pas heureusement
variée, et, si l'on veut y distinguer des masses particulières, leur ordre ou leur variété est peu sensible et produit peu d'agrément.

CHAPITRE 401.

DE L'UNITÉ DE BRUN OU D'OBSCUR.

La théorie du beau conduit à des conséquences ou à
des applications dont, sans elle, on n'aurait jamais eu
l'idée : la règle que nous allons prescrire en est la preuve.
Il doit y avoir unité dans le brun ou dans l'obscur, de
même qu'il doit y avoir unité dans le clair. Ce principe
peu ou point connu [1] est incontestable; il découle de la
loi toute naturelle des sensations.

Je sais que les sensations que procurent les bruns, étant
le plus souvent moins vives et moins attachantes que
celles que font éprouver les clairs, on serait presque
tenté de considérer comme indifférens les calculs qu'on
voudrait faire en cette partie; mais, s'il s'agit de chercher
et de découvrir tous les moyens de produire la beauté
dans le clair-obscur, on reconnaîtra aussi les élémens du
beau dans le calcul qu'on propose et que l'on prescrit ici.

---

[1] Il serait peu utile de prouver que si quelques écrivains ont dit par
hasard quelque chose de semblable (et parmi ces écrivains on citerait
peut-être d'abord Dandré-Bardon, puis Reynolds) , ce qu'ils ont avancé
ne se lie nullement à une théorie fixe et arrêtée.

D'ailleurs dans certains sujets ces combinaisons des bruns sont plus importantes que celles des clairs, et les bruns, faisons encore cette remarque, sont plus ou moins sensibles, selon le caractère optique des tons qui les entourent, et selon l'intérêt des objets sur lesquels ils existent dans le tableau, ce qui prouve que la théorie doit embrasser tous les cas. Au reste la comparaison qu'on emprunterait à l'art de la musique, pourrait servir ici, car il y a des cas où la combinaison des basses est aussi essentielle, et plus essentielle même, que la combinaison des dessus.

La nécessité de l'unité dans le brun ou l'obscur peut s'expliquer par le raisonnement suivant, qui est bien simple. Si l'on produit une seconde masse de brun aussi obscure que la principale masse de brun, ce sera empêcher que la masse dominante ne paraisse très-brune et par conséquent aussi puissante qu'on se propose de la faire paraître. C'est donc en détruire la valeur et l'effet que de lui assimiler une deuxième masse aussi obscure qu'elle. Je rappelerai en passant un autre avantage attaché à ce principe, c'est que cette deuxième masse brune que l'on ne rendrait pas égale en vigueur à la masse principale, deviendrait par cela même un demi-ton, et ce demi-ton apporterait de la suavité dans l'effet général, ainsi que de la variété, condition qui est essentielle pour faire valoir et les clairs et les bruns, et pour les caractériser. Ailleurs nous avons parlé de la suavité.

Mais reprenons notre première démonstration. Nous dirons donc qu'une masse brune peut, ainsi que cela arrive dans le système du clair, être dominante par son volume ou par son intensité, et par l'une et l'autre à la fois, ensorte qu'il faut bien considérer, lorsqu'on la reconnaît

pour dominante par son volume, si elle ne serait pas combattue ou détruite par l'intensité ou la vigueur d'une seconde masse moins étendue, de même que si, lorsqu'on
la croit dominante par son intensité, elle ne serait pas
combattue et diminuée de valeur par l'étendue d'une seconde masse, qui cependant serait moins obscure.

Il faut donc tâcher le plus souvent qu'on le peut et si
le sujet le permet, de concilier l'une avec l'autre, et de
confondre ces deux conditions, parce qu'alors, le plus
vaste brun se trouvant être le plus intense, et le plus
intense se trouvant être le plus vaste, l'unité sera mieux
rétablie. Observez néanmoins que cela ne détruit pas le
principe qui veut que sur les corps qu'on desire détacher
des fonds, il doive se trouver quelques petits bruns aussi
bruns que tous les autres du tableau. L'on obtient aisément cet effet, parce que ces bruns servant à détacher,
sont presque toujours opposés à quelques clairs très-
clairs, qui, en les obscurcissant, leur donnent en apparence de la vigueur.

Si l'on demande maintenant quelle doit être la différence positive suffisante pour distinguer le brun principal des bruns subalternes, je ferai remarquer que cette
question est la même qu'on a faite au sujet de l'unité de
clair ; je renvoie donc à ce que j'ai dit aux chapitres précédens, car on voit qu'il en est exactement de la doctrine
de l'obscur, comme de celle du clair, et que ce que l'on
peut dire de ce dernier, s'applique tout à fait au premier.
Ainsi je vais d'abord donner des exemples conformes et
opposés au principe de l'unité de brun, et je prouverai
qu'il doit y avoir un point obscur dominant dans l'unité
d'obscur : je dirai ensuite qu'il faut considérer et la si-

tuation de la masse brune dominante dans le tableau, et
de plus sa valeur par les oppositions, ainsi que sa grandeur; et enfin qu'il faut que des masses obscures secondaires plus ou moins subordonnées, d'une certaine forme,
et situées de telle ou telle manière, soient introduites
dans le tableau pour la perfection de son clair-obscur.

Le buste de Rubens, fig. 440, est vêtu de noir et coiffé
d'un chapeau noir; diminuez ce buste de manière que le
noir du chapeau soit aussi grand que ce buste noir diminué, il y aura duplicité de brun; restituez le grand
brun du buste, vous rétablissez l'unité de la masse brune
principale : mille portraits flamands et vénitiens vous
prouveront l'exactitude de cette démonstration.

On a quelquefois trouvé que Raphaël et autres étaient
coloristes dans certains ouvrages; mais leur succès vient
le plus souvent de cet effet heureux et fortuit du costume.
Si la tête et le linge du col forment la principale lumière, si le vêtement noir ou cramoisi est le principal
brun, voilà l'effet tout déterminé, et le clair-obscur se
soutient; le spectateur est tenté d'attribuer ce succès
aux coloris en général, et cependant les teintes en sont
peut-être fort peu remarquables.

Dans Corregio, que Mengs vante tant, comme le maître
du beau clair-obscur, je ne trouve que rarement un brun
principal, et lorsqu'il en existe un, c'est presque toujours
le hasard et non le calcul du maître qui l'a produit. Ap-
pliquerons-nous cette remarque à son tableau d'Antiope ?
Nous verrons que le brun est donné par le fond du paysage. Dans son célèbre St Jérôme de Parme, c'est le
vêtement bleu de la Vierge qui donne ce brun. Le tableau des pélerins d'Emmaüs de Tiziano fait voir le brun

principal dans tout le dessous de la table et dans son
ombrage. Paul Véronèse ne se doutait pas de ce secret;
mais souvent des draperies noires, plus noires que toutes
les autres, le tirent d'affaires, lui et Rubens.

Nous avons dit qu'un brun secondaire, qui céderait au
principal brun en volume, mais qui triompherait sur lui
en intensité, disputerait avec ce brun, qui ne serait plus
principal que par son volume. Le fameux taureau de
Paul Potter est lui-même le brun principal par sa grande
masse, dans laquelle la tête de l'animal offre des bruns
principaux en intensité. Cependant le pâtre qui est à
côté couvert d'un chapeau noir, offre une masse un peu
trop intense et tend à établir une deuxième unité brune,
vicieuse par cette intensité. Je cite ce tableau, malgré sa
grande vérité et tout son mérite, car dans son genre c'est
une des plus belles productions du pinceau; mais j'emploie de préférence pour mes observations critiques les
chefs-d'œuvre connus, et le lecteur comprendra dès à
présent que remarquer dans un tableau une combinaison
contraire aux lois du beau, ce n'est point conclure que
le tableau soit laid, mais seulement qu'il ne remplit pas
telle ou telle condition du beau.

Dans le portrait de Tiziano, fig. 428, le plus grand brun
a lieu sur tout l'habit et sur la table, qui ne font qu'une
masse, et le second brun a lieu sur la toque. Dans ce
grand brun dominant il y a des variétés produites par la
fourrure, par la table, etc., de même qu'il s'y trouve des
clairs subalternes, tels que la chaîne d'or, le papier, etc.
Le fond apporte une autre variété par sa douceur, et relève l'énergie des autres tons. Enfin l'ordre harmonieux
du clair-obscur est bien établi dans ce portrait. Si nous

voulions dans ce même portrait analyser le choix ou la
convenance, nous reconnaîtrions à la grandeur des masses, à leur simplicité et à la tranquillité de tout le spectacle, le caractère dorique mêlé d'un peu d'ionique, lequel caractère fait ressortir au sein de la gravité les grâces
de ce coloriste vigoureux et délicat à la fois; mais je me
garderai bien de confondre les questions, et ici nous ne
devons considérer que le principe d'unité optique appliqué au brun principal du tableau.

Nous pouvons rappeler ici les figures 419 et 418, qui
démontrent que la restitution d'une masse brune dominante augmente beaucoup l'effet et même le relief d'une
peinture, qui, comme la fig. 418, est plate et sans effet.

Voici d'autres exemples. Le premier est relatif à l'obligation où est le peintre d'adopter ou une unité claire ou
une unité brune, et de ne pas faire que ce soit autant
l'une que l'autre qui frappe la vue et l'esprit, ou qui constitue le caractère optique du tableau. La fig. 441 fait
voir un système d'effet absolument équivoque, puisque le
spectacle brun y est aussi important que le système clair.
La fig. 442 fait voir au contraire le spectacle clair dominant, et dans la fig. 443 c'est un spectacle brun qui domine. Les clairs ne sont dans ce spectacle brun que comme
oppositions et élémens du relief ou de l'apparence. Dans
la fig. 444 l'ordre est bien établi; c'est le spectacle clair
qui domine, le cylindre blanc forme le clair principal, et
la pierre blanche le clair secondaire. D'autres accessoires
fortifient et agrandissent ces deux masses; le ciel offre un
troisième clair d'une nature douce, ainsi que la muraille
moins claire que le ciel. Quant au brun principal, il est
évident sur le piédestal et dans la voûte. Un second brun

a lieu sur la pierre appuyée sur le cylindre; enfin d'autres masses propagent ce système d'unité, et il en résulte une grande variété. Les deux figures 445 et 446 offrent encore une preuve de la justesse de ce principe. Dans ce buste d'après Rembrandt, le turban, fig. 445, offre un brun qui dispute avec le vêtement; mais dans la fig. 446 on a diminué ce second brun disputant, aussi l'harmonie a-t-elle été rétablie.

Il faut ici faire de nouveau la remarque que ces améliorations n'étant relatives qu'à une ou deux conditions du clair-obscur, on n'en doit pas conclure, en voyant cette amélioration, qu'à l'aide de notre principe on n'embellirait pas suffisamment tout le spectacle; j'ai donc cru devoir placer ici une troisième figure, n° 447, à laquelle on a ajouté d'autres améliorations encore. C'est ainsi que le clair est agrandi par la draperie claire ajoutée à la poitrine; le turban obscur est encore diminué, afin de laisser dominer le brun de l'habit. Au lieu de faire paraître tout ce brun entre deux clairs donnés par le fond, on a obscurci la partie inférieure de ce fond vers la masse principale obscure, ce qui l'agrandit encore, la rend suave, et rétablit l'unité. Et, vu que des masses subalternes font ressortir les dominantes, on a imaginé vers l'angle d'en haut du tableau un brun subordonné, et un second clair en bas. Mais, comme avant tout il faut savoir si le mode est grave ou léger, nous ne poursuivrons point ces combinaisons, n'ayant pas la prétention de rendre ici cet exemple complet. Disons donc que peu importe quelle est dans cet exemple la nature de l'objet représenté, puisqu'il ne s'agit que d'une combinaison optique harmonieuse, ensorte que la fig. 448, qui représente une femme tenant par sa chaîne une espèce d'encensoir, offre par son clair-obscur une sensation absolument égale et semblable à celle qu'offre la même figure, qui étant renversée et vue transversalement représente une chaumière.

La restitution d'un brun dominant dans une composition optique produit une amélioration souvent frappante; c'est ainsi, par exemple, que, si dans le tableau des Sabines de David, on fait brun le cheval blanc et qu'on ajoute encore quelques changemens, cette peinture gagnera étonnamment en effet de clair-obscur. Voy. les fig. 449 et 450. Le petit tableau de Tiziano, fig. 451 et 452, offre trois bruns presque égaux; qu'on lie les bruns en un seul dominant, l'effet sera beaucoup amélioré.

CHAPITRE 402.

IL DOIT Y AVOIR UN POINT OBSCUR DOMINANT DANS LA MASSE DOMINANTE OBSCURE.

J'ai déjà dit, comme observation secondaire, qu'il fallait, si le sujet le permettait, concentrer dans la plus grande masse brune la plus grande intensité brune; expliquons un peu cette idée.

Le brun est un des élémens du clair-obscur, et, puisqu'il existe dans le tableau, comme dans la nature, il doit être manifesté avec caractère. Or rien n'est plus propre à cet effet que de concentrer, s'il se peut, ce brun dans la grande masse brune, de même que le moyen de rendre cette masse brune très-sensible, c'est de lui opposer des bruns de moindre volume et de moindre intensité; par cette combinaison, le brun sera décidément un et dominant, tous les bruns composeront le multiple, et ce multiple sera réduit à l'unité. Beaucoup de peintres se sont dit : pour faire valoir tel ou tel brun, il n'y a qu'à ne lui opposer que des bruns de moindre intensité ; mais, comme ce raisonnement incomplet engage à faire ce calcul sur plusieurs bruns égaux entre eux, on n'arrive pas au résultat optique du beau et de l'unité, et l'on apporte dans l'ouvrage la duplicité ou la triplicité de masses obscures dominantes. Bien que la condition d'un point obscur dominant ne soit pas indispensable absolument dans tous les cas, il n'est guère ingénieux cependant de placer la plus grande intensité brune loin d'un principal volume brun.

Le brun dominant qui, dans la fig. 446, est placé dans la grande masse brune même, ne fait-il pas meilleur effet que s'il était placé ailleurs ? N'en est-il pas de même de celui de la fig. 443, lequel se trouve placé aussi dans le brun dominant ? Si la pierre qui fait le 2ᵉ brun dans la fig. 444, et qui est appuyée sur le cylindre, était d'un brun plus ferme que tous les autres, elle ferait tache et disputerait avec le brun du piédestal imaginé dans cet exemple, pour procurer un brun dominant.

CHAPITRE 403.

DE LA PLACE OU PEUT ÊTRE SITUÉE DANS LE TABLEAU LA MASSE BRUNE DOMINANTE.

Une autre question, et qui est du nombre de celles qu'on regarde d'abord comme subtiles, mais qui est tout

à fait essentielle à certains cas, c'est de déterminer où
sera placé le brun dominant sur le tableau. Je répéterai
encore à ce sujet que le mode de la composition est la
première loi à considérer, mais ici je parle toujours abstraction faite du caractère ou du mode du sujet.

Nous avons vu, en parlant de la suavité, que distendre
les opposés clair et brun, et les éloigner pour en remplir
l'intervalle par des demi-bruns, c'est empêcher les chocs
et obtenir la suavité. Ce principe déterminerait peut-être
à éloigner toujours les bruns du centre de la masse claire
dominante. Cependant, si par cet éloignement ce brun
est situé dans un coin du tableau, ne fera-t-il pas un effet
trop isolé, trop incertain, et appartiendra-t-il à l'unité générale? Il semblerait donc composer lui seul une seconde
unité, parce que l'œil ne pourrait sans peine le percevoir avec les autres masses simultanément. Ces observations font penser qu'il convient de placer le brun dominant non loin du milieu du tableau, et cependant plus ou
moins loin de la masse claire dominante, selon que le
sujet ou le mode le requiert, et aussi selon l'importance
de l'objet qui l'offre, ou bien encore selon qu'on désire
que le rôle optique que joue ce brun, soit lui-même imposant dans le sujet : mais ici je dois m'arrêter; c'est au
peintre à poursuivre. Passons à des exemples.

Dans la fig. 453, le principal brun qui est sur une des
Saintes Femmes, est situé au milieu du tableau; et son
effet est dur, parce qu'il est immédiatement placé contre
la masse claire, qui est le corps du Christ. Cependant, à
cela près de cet effet d'autant plus sensible, il est vrai
que ce brun détache sa silhouete sur un ciel clair : il est
moins choquant que s'il était placé trop loin du centre et

tel que l'offre la fig. 454; mais le peintre n'est pas toujours le maître de placer où bon lui semble ce brun principal, et le choix bon ou mauvais de sa situation dépend
de beaucoup de raisons. Qu'il nous suffise d'avoir signalé
les excès qui sont à éviter.

CHAPITRE 404.

DE LA GRANDEUR ET INTENSITÉ DE LA MASSE DOMI-NANTE BRUNE.

CE point n'est pas difficile à traiter. J'ai dit, au commencement de cette question de la beauté du clair-obscur,
que c'était ou l'unité de clair ou l'unité de brun qui devait dominer dans le tableau, et que l'une ne devait pas
être égale à l'autre en sensation, en puissance ou en intérêt. Cela étant posé, il est évident que, dans le cas d'une
unité de clair dominant, la grandeur du brun doit céder
en volume à ce clair. Or on jugera aisément s'il fait dispute et si le spectacle qui en résulterait serait autant brun
que clair, ce qui serait une duplicité. Ainsi, dans ce cas,
la grandeur et l'intensité de la masse brune doivent être
dans des rapports d'harmonie qu'il ne sera pas difficile de
déterminer à l'aide de la théorie du beau. Mais je dois ajouter qu'à l'aide de la théorie du beau pour l'esprit ou de la
convenance, on sera encore plus à l'aise pour déterminer
la grandeur et l'énergie de la masse brune dominante.
En effet veut-on la plus grande simplicité; les masses seront simples, grandes, liées et non éparses : ainsi, le clair
étant vaste d'après ce choix de convenance, le brun peut

l'être aussi proportionnellement. Le mode du tableau est-il vif et susceptible de plus de diversités, les masses claires étant plus nombreuses, plus séparées ; les bruns doivent suivre proportionnellement le même ordre, et un brun trop grand et trop intense ferait duplicité.

Cependant on peut dire que généralement les masses brunes doivent être plus silencieuses que les masses claires, et si ce n'est pas sans raison qu'on a comparé aux basses de la musique les bruns ou les ombres dans la peinture, on en doit conclure, ainsi que le fait M. Dutems dans ses principes abrégés de peinture, que de même que les basses doivent procéder par des mouvemens plus longs et plus graves, de même les ombres doivent être plus étendues que les jours et former comme des groupes et des masses qui servent de repos à la vue. Cependant cette observation doit, selon moi, être toute subordonnée au caractère optique et à la convenance du tableau.

La fig. 455 fait voir le principal brun plus large que celui des fig. 453 et 454, plus lié avec les autres bruns secondaires et laissant au peintre l'avantage de ménager des touches plus brunes encore que le brun dominant, ce qui est un moyen de légèreté et de transparence que ne permet pas la combinaison de la fig. 453, où le noir dominant de la draperie est le plus noir possible.

CHAPITRE 405.

DE LA NÉCESSITÉ DES MASSES BRUNES SECONDAIRES ET
PLUS OU MOINS SUBORDONNÉES, POUR FAIRE VALOIR
LA MASSE BRUNE DOMINANTE. — DE LA DIVERSITÉ
DANS CES MASSES BRUNES SECONDAIRES, DU CARAC-
TÈRE DE LEUR FORME ET DE LEUR SITUATION DANS
LE TABLEAU.

Il nous faut répéter à propos du brun ce que nous avons
dit à propos du clair. Avertissons donc que, si la masse
principale brune étant établie, on n'introduisait aucune
masse brune secondaire çà et là dans le tableau, il n'y
aurait pas unité de brun dans l'ensemble, mais bien scission entre le brun et tout le reste. Ce brun isolé semblerait même disputer avec l'unité claire du tableau, et l'œil
le rejetterait. Si au contraire il est accompagné de bruns
subalternes, qu'on a appelés échos; si ces masses subalternes sont elles-mêmes variées par l'unité de chacune
d'elles, ce qui les rendra différentes; si, dis-je, ce brun,
au lieu d'être isolé, est accompagné, lié et conduit harmonieusement par d'autres bruns secondaires dans le tout,
alors ces nouvelles masses brunes serviront comme de
guide à l'œil et lui feront embrasser tout l'ensemble : le
brun dominant ne fera plus tache, n'étant plus brusque
et étranger au système adopté, et il en résultera optiquement l'unité.

Une des difficultés qui quelquefois rendent le peintre
irrésolu dans l'application de ce principe, c'est qu'il faut
user d'oppositions, et que, pour que le brun, par exemple,

paraisse dominant, il doit être opposé à des masses non obscures : or ces masses non obscures éclaircissant le tableau et augmentant le volume ou tout le système du clair, il arrive que le clair prend trop d'empire et tend à devenir unique par cette opposition ; dans ce cas il faut abaisser quelques oppositions claires, servant de clairs secondaires.

Le peintre est souvent obligé de faire servir ses fonds bruns comme masse principale obscure, et dans ce cas, ainsi que dans tout autre, des bruns secondaires doivent figurer sur les objets placés en avant. Aussi dans l'exemple fig. 456, où le fond est très-obscur et l'objet très-clair, il y a une vicieuse duplicité de spectacle, parce qu'un brun secondaire n'est pas rappelé dans la masse claire du devant, ni un clair secondaire dans le brun. L'amélioration ou la correction est frappante dans la fig. 457, où on a restitué l'une et l'autre variété. Tintoretto, dans son beau portrait de Doge, fig. 458, a pris pour brun dominant le brun de la draperie faisant le fond du tableau, et pour brun secondaire l'habit. Une vue de mer et quelques autres masses brunes ajoutent à cette variété. C'est ainsi qu'à son clair principal il a associé les clairs du ciel et quelques autres ; cependant ces masses subalternes ne sont pas très-excellemment combinées dans ce portrait, qui est d'ailleurs plein de force et de caractère.

Quant à la variété ou au nombre des variétés des masses plus ou moins subordonnées, cela se rapporte, comme je l'ai déjà indiqué, et à la nature des objets composant le sujet, et au mode du sujet.

Maintenant disons un mot sur la forme des masses brunes secondaires. Josué Reynolds, en parlant des clairs

secondaires, avance qu'il faut autant que possible que
leur forme soit semblable à la forme du clair principal.
Cependant il ne dit pas cela du brun : son silence vient
évidemment de ce qu'il n'avait pas étudié le brun sous le
même rapport que le clair, et cela, parce qu'il n'avait pas
poussé plus avant ses recherches. Aussi il reste à savoir
si cette proposition par rapport aux clairs est bien juste,
car elle le serait aussi par rapport aux bruns.

Il y a donc des cas en peinture où la forme de la masse
brune, forme qui a été considérée comme lignes dans la
disposition, doit être considérée dans le clair-obscur
choisi comme silhouette, comme Sagoma [1] ou enveloppe;
et il est important que l'unité soit observée entre cette
forme du brun principal et celle des bruns secondaires.
On comprendra mieux cette proposition en parlant du
contraire et du vice opposé à ce principe. En effet supposons une masse dominante de brun arrondie et grave,
telle que celles d'un portrait à mi-corps, par exemple, de
Tiziano ou de Vandyck; il ne conviendra pas que quelque brun du second ordre apporte dans ce spectacle une
silhouette aiguë et trop différente par son caractère an-
gulaire ou déchiré, car elle sortirait du caractère optique
de la masse dominante brune, grave et tranquille, et elle
apporterait une unité particulière vicieuse. C'est ainsi
qu'un bout de table claire chargé d'objets bruns, de forme
petite et déchiquetée, gâterait cette harmonie, ou plutôt
resterait hors de l'harmonie optique ou de l'ensemble
simple circonscrit par le cadre.

Nous n'offrons point d'exemples figurés de ce cas, pas
plus que nous n'en avons offert du cas qui lui correspond,

[1] Voy. ce mot au Dictionnaire, vol. 1er.

c'est-à-dire, au sujet de la forme des clairs subalternes, chacun pouvant aisément poursuivre notre analyse le crayon à la main, et trouver mille exemples ou applications de ce principe. Il est à remarquer d'ailleurs que cette question se liant à celle des lignes, la forme des masses de clair et de brun sera pour ainsi dire la forme même de l'objet.

Il reste à parler de la situation des masses brunes secondaires dans le tableau.

Tout ce que nous avons dit sur la situation convenable des masses claires secondaires dans le tableau, découle du principe de l'unité et se trouve être absolument applicable à la situation des bruns, ensorte que ce serait inutilement répéter les mêmes observations et la même analyse, que d'entrer ici en explications. D'ailleurs, puisque dans les figures 437 et 422, par exemple, les clairs sont distribués également et sans unité ou sans variété, les bruns qui les accompagnent ou les avoisinent, le sont pareillement, ensorte que ces figures explicatives peuvent servir ici. Il en est de même de la répartition des bruns dans les fig. 438 et 418. La fig. 444 peut encore être citée à ce sujet, car on y voit le brun secondaire bien placé et balançant heureusement le spectacle. Si en effet cette pierre brune eût été placée plus haut, le tableau eût été divisé en deux unités : la partie inférieure très-claire, et la partie supérieure la plus brune, ce qui eût établi une choquante duplicité.

CHAPITRE 406.

DE L'UNITÉ DU DEMI-BRUN.

J'ai dit qu'il y avait des cas et des sujets où le demi-brun composait la masse optique dominante du tableau, et j'ai cité l'effet d'un brouillard et d'une mer calme. Je pense donc que si le spectacle général est demi-brun, il faut alors que ce spectacle demi-brun soit conservé principal et dominant. Or on conçoit que c'est surtout par son volume qu'il peut être dominant, car qui dit demi-brun ne peut dire que demi-brun, et non clair ou brun, ensorte que l'intensité du demi-brun n'a presque pas de degrés, comme en ont le clair et le brun. Ce demi-brun restant donc à peu près le même, quant au ton, ce n'est que par son volume et par sa forme qu'il peut prendre du caractère par rapport à d'autres demi-bruns. Nous ne nous arrêterons pas à sa forme, puisqu'elle se rapporte à la beauté dans les lignes; nous nous arrêterons seulement à expliquer comment on peut corrompre le caractère de demi-brun dominant dans le tableau. Soit donc une scène de brouillard dans laquelle on introduirait un objet formant une masse très-noire, cette masse altérerait certainement et atténuerait le caractère du demi-brun de ce brouillard. C'est ainsi qu'une voiture toute brune, attelée de chevaux bruns, fera tache dans ce même spectacle. Voyez la fig. 459; voyez aussi la fig. 460, qui offre une tête éclairée en dessous par une lumière voilée, cette tête se détachant sur un fond gris au milieu duquel un ombrage très-noir et isolé vient se faire désagréablement remarquer.

CHAPITRE 407.

DE L'UNITÉ DE CLAIR AFFAIBLIE OU DÉTRUITE PAR L'UNITÉ DE BRUN.

Tout ce que nous venons de dire se comprendra encore mieux, si nous expliquons les cas où chacune des unités serait affaiblie ou détruite par une unité contraire (ces explications eussent ralenti l'exposition qu'il nous fallait faire rapidement des cas précédens). Ainsi commençons par l'unité de clair.

S'il est nécessaire, pour rendre plus sensible et pour mieux caractériser telle ou telle unité, de lui associer une ou plusieurs oppositions; si à une masse brune il faut opposer du clair, et à une masse claire du brun; et si à l'une ou à l'autre il convient d'opposer des demi-bruns, ces oppositions ne doivent pas être tellement grandes, tellement intenses, qu'elles produisent de secondes unités disputantes avec les principales. Quand les parodistes de Rembrandt noient un point clair dans un grand fond noir, ils donnent l'idée d'un spectacle noir corrompu par un spectacle clair trop piquant; ou, s'ils ont l'intention de procurer par de pareils tableaux l'idée d'un spectacle clair, ils le corrompent évidemment par ce second spectacle brun qui est tout aussi dominant que le clair.

En général, si c'est l'unité de clair qu'on adopte, il ne faut pas que dans ce cas le brun ou les bruns du tableau

fassent sur la vue une sensation d'obscur aussi forte que
la sensation de clair, sans quoi il y aurait affaiblissement
ou destruction de l'unité et dispute en cette partie. Il en
est de même par rapport à une seconde sensation trop
dominante par l'effet du clair, lorsqu'on adopte l'unité de
brun. Rappelons ici que cette sensation ou de clair ou de
brun est le résultat non-seulement de l'intensité et du
volume réel du clair ou du brun, mais qu'elle est le résultat de l'opposition plus ou moins forte qui déterminera
la différence. Ainsi un habit noir paraîtra plus noir, ou
donnera bien plus fortement la sensation du noir, s'il est
opposé à un fond gris clair, que s'il est peint sur un fond
un peu obscur. D'après cette observation le clair et le
brun ne sont pour la vue que ce qu'ils paraissent, et non
ce qu'ils sont réellement et géométriquement. Mais revenons au vice de duplicité produit par une unité de brun
disputante dans un spectacle clair qu'on veut rendre dominant.

Il est certain que cette duplicité ou cette dispute peut
être manifestée à différens degrés, et cela selon les cas;
c'est au peintre à discerner et à sentir la force de ces dissonances et de ces duplicités, quelque faibles qu'elles soient,
et à les éviter toutes. Mais il est bon de signaler ici quelques-uns de ces cas ou de ces causes de dissonances qui
détruisent l'harmonie optique dans le clair-obscur.

De toutes les manières dont l'unité brune peut disputer
et nuire à l'unité claire, celle-là est la plus vicieuse qui a
lieu, lorsque la sensation du brun sur le clair se fait par
une ligne droite et qui traverse le tableau soit verticalement, soit horizontalement, soit de biais. Voy. la fig. 461,
où les deux sensations opposées n'en sont que plus dis-

tinctes et où elles se disputent encore plus évidemment. Cette dispute du brun principal et du clair principal, ou cette scission, se manifeste déjà moins, s'il y a une certaine fusion ou engrenure entre le clair et le brun, et que l'un entre pour ainsi dire dans l'autre. Voy. la fig. 462. Mais, malgré cette disposition, le vice subsiste, et l'égalité dans les triangles ou échancrures brunes et claires produit une autre espèce de duplicité qui empêche la beauté.

Il importe de placer ici une observation, c'est que cet ordre ou cette unité recommandée doit avoir lieu sans égard pour l'intérêt que peuvent inspirer les objets produisant les masses, c'est-à-dire qu'une tête, par exemple, accompagnée de ses cheveux, ne doit être considérée qu'optiquement et sans que l'on compte pour plus qu'ils ne sont géométriquement les tons clairs ou bruns de cette tête, ou, si l'on veut, sans égard pour l'importance de son caractère, de son expression, etc., qui toujours affectent plus ou moins l'esprit, et qui par conséquent attirent la vue d'une manière particulière; car, dans ce cas, ce n'est pas l'importance optique, mais l'importance métaphysique du sujet qui se fait remarquer et qui produit la compensation.

Cette observation rappelle assez naturellement une règle applicable à tous les cas qui vont suivre, c'est qu'il faut que les parties ou les masses les plus sensibles optiquement soient aussi, tant qu'on peut le faire, les plus sensibles intellectuellement; car, si les masses les plus sensibles, soit par les oppositions, soit par leur énergie intrinsèque, se trouvaient être les moins intéressantes, et qu'au contraire les plus faibles et les moins apparentes optiquement fussent les plus importantes sous le rapport intellectuel, ce serait contrarier par une telle disposition

l'harmonie générale et l'ordre naturel ; il résulterait une
espèce de duplicité de cet état embrouillé et discordant
des choses. Cette règle au surplus ne diminue en rien
l'obligation où est le peintre de cacher l'art et de conserver en tout point la naïveté au sein des combinaisons les
plus étudiées et des convenances les plus rigoureuses. Si
l'on renverse de haut en bas un portrait dans lequel le
brun dispute au clair, lequel représente la face de la figure,
cette dispute sera bien plus sensible, parce que les objets
peints étant ainsi renversés, la signification ou l'intérêt
des masses claires devenant nulle pour l'esprit, vu qu'on
ne sent pas ce qu'elles représentent, on ne perçoit que
la disparate optique entre le clair et le brun, sans aucune
compensation intellectuelle. Dans la position naturelle
au contraire, l'intérêt que procure la tête et quelques autres parties importantes de ce portrait, fait que les faibles masses claires qui résultent de l'apparence de ces
objets, jouent en général un plus grand rôle.

Je dois dire maintenant qu'il convient le plus souvent
que ce soit le clair qui domine dans les tableaux, et que
les cas où le brun doit dominer, sont beaucoup plus
rares, bien qu'ils aient lieu plus souvent qu'on ne pense,
ainsi que nous le verrons bientôt. Toutefois la faiblesse
de l'art et les emplacemens plus souvent obscurs que
clairs où sont exposés les tableaux, emplacemens où leurs
tons bruns se rembrunissent, tout cela engage à adopter
presque toujours l'unité claire pour unité dominante ; et
il faut des cas particuliers où des choix d'effets peu ordinaires, pour que le peintre fasse bien en offrant au
contraire pour dominante l'unité brune.

Ainsi, comme dans les tableaux c'est presque toujours

le clair qui est plus abondant que le brun, il faut, pour
que le brun ne lui dispute pas, augmenter le clair par
beaucoup de demi-clairs qui se réuniront à la masse générale claire, ce qui produira d'ailleurs la suavité.

Au reste le sentiment seul indique qu'on doit suivre
cette loi générale de l'unité dans les clairs ou dans les
bruns ; et, si dans la nature il arrive souvent qu'un corps
sphérique ou cylindrique qui se présente à notre vue
avec moitié ombre et moitié clair, n'en soit pas moins manifesté, quant au relief et à la rondeur, cet aspect ne
nous plaît cependant pas autant que l'aspect qui offrirait
l'unité de clair dominant sur l'unité de brun. Voyez les
fig. 463 et 464. Dans l'art il faut donc choisir et embel·
lir les effets, tout en conservant le caractère des choses.
Voilà pourquoi Vandick tournait souvent ses têtes de
trois quarts et de manière que la grande joue était décidément claire, la petite joue demi-claire, et le fond ou
autre accessoire, tel que les cheveux tombant de côté,
décidément brun. Voy. fig. 465. Par ce moyen il réta-
blissait l'unité dominante de clair sur cette tête, sans
quoi il eût donné, comme beaucoup de peintres qui ne
savent pas choisir leur clair-obscur, un spectacle brun
égal au spectacle clair, et il n'eût pas représenté avec
unité le caractère d'une tête dont la carnation est claire.
Dans les peintures antiques, ce choix du clair dominant
sur les corps cylindriques et sur les membres des figures
est évident; la partie ombrée n'occupe guère que le
quart de tout le diamètre de l'objet, et cette manière
d'exposer les objets est non-seulement plus belle, mais,
ainsi que nous l'avons dit, elle est plus naturelle et plus
favorable à l'expression du relief. Voy. les fig. 466 et 467.

On peut démontrer la justesse de toute cette théorie sur un tableau dont on agrandit par hasard le brun en agrandissant la toile, car il arrivera, dans le cas où le brun de ce tableau serait avant ce changement dans un rapport harmonieux et secondaire avec le clair, que son effet changera de tout au tout par cet alongement de la toile et du brun. Ce brun deviendra donc principal et disputera avec le clair par sa nouvelle dimension : la preuve de ce résultat serait plus complète, si ce brun augmentait en même tems en intensité. C'est ainsi que très-souvent des tableaux diminués ou augmentés par les réparations perdent leur effet. De même il peut arriver que, dans un tableau raccourci, les clairs se trouvent comme transportés et placés si près des bords ou si loin du centre, que les réparateurs sont obligés d'éteindre ensuite ces mêmes clairs, qui, sans qu'ils en comprennent la raison, leur semblent alors trop dominans.

CHAPITRE 408.

DE L'UNITÉ DE BRUN AFFAIBLIE OU DÉTRUITE PAR L'UNITÉ DE CLAIR.

Il nous est plus facile maintenant de démontrer la seconde proposition, qui découle de la première et qui est relative à la discordance résultant d'une unité de clair qui disputerait dans un système dominant brun. Quoique ce système ou ce spectacle d'un brun dominant soit plus rare que celui d'un clair dominant, ainsi que je l'ai dit, il y a cependant beaucoup de sujets qui le commandent :

il est d'ailleurs assez commun dans le paysage. Enfin on doit apporter dans ce cas la même application et le même principe de l'unité. Dans un spectacle sombre où une unité obscure est évidemment déterminée et d'obligation, c'est donc en corrompre l'unité que d'introduire une masse claire trop remarquable et qui produise une sensation aussi forte que peut l'être la masse obscure dominante de tout le tableau. Ainsi lorsque dans un clair de lune sombre, par exemple, on donne trop d'éclat aux nuages et à la lune elle-même, les critiques disent qu'elle fait tache dans le tableau, et cela, malgré le naturel et la vérité qui peut être observée dans l'imitation. Nous avons déjà fait la même observation au sujet de certains tableaux de Rembrandt, qui, du milieu de la masse toute obscure, font ressortir le clair vif et isolé de la tête d'un portrait. Si, au milieu du Déluge de Poussin ou de quelque autre tableau sombre, on introduisait une masse imposante très-claire, on corromprait le caractère de ce spectacle sombre. Cette vérité évidente n'a pas besoin d'être développée par d'autres explications.

CHAPITRE 409.

DE L'UNITÉ DE DEMI-BRUN DISPUTANT AVEC L'UNITÉ DE BRUN OU AVEC L'UNITÉ DE CLAIR.

Si l'on suppose le cas où l'unité de demi-brun vienne disputer dans l'unité de brun, c'est-à-dire, dans un système d'obscur dominant, il faut alors supposer que cet effet provient du volume beaucoup trop grand de ce

demi-brun, et que dans ce cas l'unité brune n'a été que
vaguement déterminée. Cette faute commise par l'ad-
mission d'un demi-brun trop dominant, n'est pas si rare
qu'on pourrait le croire, et elle est assez facile à sentir,
quoique son résultat optique doive moins blesser la vue
que les autres dissonances. En effet le demi-brun contraste moins avec du brun ou du clair que ne contras-
teraient entr'eux du brun et du clair déterminés. Si donc
cette corruption du spectacle brun par les demi-clairs
trop grands a lieu, il arrivera que ce spectacle brun
sera languissant, qu'il sera peu caractérisé ou prononcé,
et qu'il n'y aura pas lieu à l'unité de clair-obscur ou à
la beauté.

Quant à l'autre cas, celui où l'unité de demi-brun disputerait à une unité claire, il est moins rare, plus frappant
et plus aisé à imaginer; voici comment on peut expliquer
ce désordre. Si l'unité claire étant adoptée comme dominante, on associe plus de demi-bruns qu'il n'en faut
pour la suavité et pour l'opposition, il arrivera que cette
grande quantité de demi-bruns jouera un rôle principal,
affectera la rétine d'une manière trop particulière, et dif-
férera trop de l'unité claire dont elle corrompra le caractère; l'effet clair sera donc affaibli et comme abaissé
par cette quantité de demi-bruns ou de demi-clairs, et la
résolution optique n'aura pas lieu en ce point. Beaucoup
de portraits sont ainsi noyés et affadis dans ces demi-
clairs des fonds trop étendus, ou dans les demi-clairs
d'objets offrant des masses grandes et d'un ton très-faible.
Une draperie demi-claire sur un fond demi-clair ne peut
donc manquer de disputer avec le clair dominant du tableau, et lui nuire en rendant ce clair moins important

par l'association de ce second spectacle composé d'un demi-clair trop étendu. C'est ce principe senti, mais non réduit en maxime, qui détermine quelquefois certains peintres à diminuer le champ demi-clair de leurs tableaux en l'accourcissant; et par ce changement ils réussissent à faire mieux valoir l'unité des clairs ou des bruns dominans sur les objets qu'ils veulent faire remarquer.

CHAPITRE 410.

DE L'UNITÉ DE CLAIR OU DE BRUN DISPUTANT, OU L'UNE OU L'AUTRE, OU MÊME TOUTES LES DEUX, AVEC L'U- NITÉ DE DEMI-BRUN.

L'unité de demi-brun étant adoptée, telle serait, par exemple, la peinture d'un brouillard ou d'une mer calme ou de tout autre effet vague et d'un ton incertain, ce serait détruire ou corrompre ce caractère vague et incertain que d'y introduire quelque objet trop tranchant et trop apparent en noir ou en clair. Ainsi un vaisseau obscur, au milieu de l'effet demi-clair d'une mer vue par le ciel calme et nébuleux du matin, corrompra l'unité de ce spectacle, qui devrait seulement être mieux caractérisée par l'opposition de ce brun, lequel dans ce cas est exagéré. Si dans la représentation d'une plaine étendue et rendue très-vague par l'effet clair de l'air, on introduit des objets principaux, tels que des personnages trop apparens, vêtus de brun, ces objets, quoique justement imités selon l'affaiblissement de la perspective, feraient tache et corrompraient par leur unité disparate le caractère

dominant de demi-brun du tableau. Nous renvoyons à
l'exemple signalé fig. 459 et 460.

Quant au clair qui viendrait corrompre l'unité de demi-
brun, cette corruption serait moins sensible, et il faut
supposer, pour qu'elle soit choquante, que ce clair, par la
nature de sa forme, par son éclat outré, et par d'autres
disparates encore, apportera une seconde unité disputante dans ce système tranquille de demi-bruns.

CHAPITRE 411.

DE L'UNITÉ INCOLORE DOMINANTE ET DU CONTRASTE DE QUELQUES COULEURS DISPUTANT AVEC CETTE UNITÉ INCOLORE ET DOMINANTE DU CLAIR-OBSCUR.

Il reste à expliquer le cas déjà indiqué où, le clair-obscur étant dans le tableau le spectacle dominant par le
caractère incolore de ses masses, il ne convient pas d'introduire dans ce tableau ou dans cette unité incolore
quelques couleurs fortes qui feraient duplicité. Ce cas,
qui semble d'abord trop recherché et imaginaire, survient
plus souvent qu'on ne pense. En effet combien de portraits
et de compositions même de plusieurs figures qui exigent
des vêtemens blancs ou noirs, lesquels sont si dominans
par leur volume dans le tableau, qu'ils font pour ainsi dire
tout le tableau, ensorte qu'il n'y a que les fonds presque
toujours incolores eux-mêmes dans ce cas, et que les carnations qui offrent quelques couleurs! Les masses obscures nécessaires pour faire valoir ces très-grandes masses
blanches, sont ordinairement des ombres qui le plus sou-

vent sont elles-mêmes incolores, ensorte que le spectacle dominant est, comme on dit, tout clair-obscur, et ne frappe la vue que par des tons. Or il est aisé de comprendre que ce serait introduire une duplicité choquante, que de placer dans de pareils tableaux une ou deux masses de couleur forte qui appelleraient beaucoup la vue et qui détruiraient par cela même l'unité dominante incolore ou le caractère incolore dominant dans ce tableau. Dans de pareils spectacles, il faut n'introduire des couleurs qu'avec économie, les choisir fort en harmonie avec l'espèce de teinte des objets, et enfin éviter les chocs ou la dissonance dans cette combinaison presqu'incolore.

Si donc le peintre, pour réveiller, comme on dit, son tableau, jette dans de pareils effets de clair-obscur des masses de couleurs vives, il risque de faire naître la duplicité et la dissonance que je veux signaler ici, dissonance qui au reste est plus commune qu'on ne pense.

CHAPITRE 412.

RÉCAPITULATION.

ON peut conclure de tout ce qui vient d'être dit, que le choix qui se rapporte à la beauté dans le clair-obscur ne doit point être fait par caprice ni en imitation de quelques maîtres, ni sans beaucoup de méditations, mais qu'il doit être le résultat d'une théorie fixe et à laquelle le peintre est nécessairement asservi. Cependant, ne manquons pas de le remarquer ici même, si cette théorie est incomplète dans l'esprit du peintre, s'il ne rapporte

pas les règles particulières à la loi fondamentale de l'u-
nité, loi qui régit toutes les autres, ses efforts et toute son
application seront peut-être impuissans, et il n'atteindra
pas le but. C'est ainsi que dans certaines écoles on s'est
assujetti à des manières, à des recettes invariables, au
lieu d'être libre et varié dans un principe ou dans une
théorie fondamentale.

Si l'on recherche quel a été, sous ce point de vue, le
caractère des écoles, on remarquera, par exemple, que le
clair-obscur de l'école anglaise paraît un peu académi-
que, c'est-à-dire, conventionnel et trop arrangé, quoique
d'ailleurs il soit large, grand et débrouillé; car tous ces
larges morceaux, toutes ces grandes masses de clair, et
ces grandes masses d'obscur sont un peu monotones, et
cela, parce que le principe de l'unité optique et intellectuelle n'a pas été le principe qui a servi de guide aux
artistes de cette école. Avec ce principe si fécond, tantôt
c'est par le fond, tantôt c'est par le terrain qu'on complète le brun dominant : tantôt c'est une seule grande
draperie blanche, tantôt c'est un nuage ou une figure
qui donne le clair dominant : mais chez les peintres anglais, il faut absolument que ce brun soit apporté là
comme exprès et non ailleurs; aussi leur arrive-t-il souvent de traiter des sujets rians, gracieux et légers, dans
le clair-obscur grave et sévère du mode dorien; de même
que dans des sujets de guerre et d'effroi, le même calme
majestueux se fait remarquer dans leur clair-obscur. Au
reste tout ceci est dit, non pour critiquer tant d'artistes
expressifs et profonds de cette école, mais pour rendre
notre doctrine plus intelligible et prouvée par des faits.
Enfin leur système de larges masses les conduit à faire

des masses larges semblables de brun, et de larges masses
de clair semblables et presque de même volume; il
semble même qu'ils n'aient point voulu admettre de
petites masses, comme si· la nature en était dépourvue.
Cependant ce sont les petites masses qui rendent grande
l'unité de la masse principale.

Quant aux parodistes de Rembrandt, on leur a reproché avec justesse d'avoir jeté, sans respecter la marche
optique de la lumière, des masses claires et des masses
d'ombre par caprice, là où il leur plaisait de les jeter et
souvent contre toute vraisemblance. On a critiqué leurs
portraits tant obscurcis par le bas sans cause et sans vérité, comme si Rembrandt avait adopté lui-même ces combinaisons par l'effet de son ignorance en perspective, et
comme s'il n'eût pas su donner de la consistance à ces
parties ombrées, condition que ne savent pas observer ses
imitateurs qui, en obscurcissant les parties, les font fuir,
malgré eux, par le vague que causent leurs glacis bruns et
adoucis, ignorant d'ailleurs qu'il y a des moyens pris dans
la nature, et par conséquent dans la perspective et dans
la touche, pour tenir en avant ce qui est privé de lumière.

D'autres ne connaissent pour tout secret que des oppo-
tions.; aussi voit-on toujours dans leurs peintures un clair
à côté d'un brun, et un brun à côté d'un clair : ils croient
qu'en cela consiste toute la magie du clair-obscur, se
contentant, à l'aide de cette routine, de rendre les masses
vives et piquantes. Mais il s'agit de bien d'autres calculs
encore que de celui des oppositions, calcul qui a souvent
lieu contre la règle et contre le principe de l'unité qui
doit le diriger. Au reste la question des oppositions n'est
pas mieux démontrée dans les livres que toutes les autres,

et ce qu'on y lit à ce sujet n'éclaire pas beaucoup plus que
ce que dit Hagedorn dans son Grand livre des peintres,
lorsqu'il nous apprend que l'artifice de l'ordonnance du
clair-obscur, comme de la couleur et des lignes, n'est autre
chose que le passage bien entendu du repos au mouvement.

Enfin la plupart des peintres en sont réduits à consulter ou les estampes, ou les tableaux, ou même les taches
sur les vieux murs, ou bien à adopter à tous risques une
combinaison que leur donnera le hasard, ne croyant point
qu'il existe des règles sûres en cette partie. Un grand
nombre encore ayant vu que tous ces calculs qu'ils ima-
ginaient, n'étaient au fait que des faussetés qui faisaient
regretter le naïf aspect de la nature, ont cru mieux faire
en ne tenant point compte de ces lois du beau, et ils ont
déclaré qu'il n'y avait qu'à bien imiter sans choix et sans
tant de soins. Mais il est aisé de reconnaître que l'avantage et la supériorité des peintres qui ont su, au moins en
partie, en quoi consiste ce choix et en quoi consiste la vérité, ont été immenses. Ils ont su distinguer dans la nature
des beautés d'effet qui échappaient à ces ennemis des
règles. Car ceux-ci ne sachant circonscrire leur tableau
dans les choix ou dans les spectacles pittoresques naturels, ont égaré vaguement leurs yeux sur des parties, au
lieu de les fixer sur des ensembles remarquables par les
belles combinaisons, et ils n'ont point su distinguer qu'au
de là de ces ensembles ou de ces limites, les beautés optiques n'avaient plus lieu. Souvent aussi des artistes, sé-
duits par la seule vérité d'imitation, se sont flattés de
plaire en étant seulement vrais; mais bientôt, reconnais-
sant leur impuissance, ils ont regretté cet art de s'empa-
rer des spectateurs par des effets d'un beau choix.

Ce qui a été encore très-funeste aux peintres prévenus contre les lois du clair-obscur beau et choisi, c'est qu'ils ont gâté presque toujours ce que leurs compositions ont pu offrir de beau dans les lignes; en sorte que telle disposition linéaire assez heureuse lorsqu'elle sortait de l'imagination de ces peintres, devenait souvent toute contraire à la beauté dès qu'ils apportaient inconsidérément dans ce trait des masses de clair et d'obscur qu'ils ne savaient pas combiner. Ils gâtaient même à la fin de très-heureuses combinaisons et de fort belles dispositions que leur sentiment leur avait fait entreprendre.

Enfin la vraie théorie ou les véritables règles peuvent seules favoriser le peintre, et les mille et mille copies qu'il ferait d'après tous les maîtres coloristes, ne lui apprendraient rien sans les lumières de cette même théorie. Lorsqu'on voit dans l'atelier d'un artiste de bonnes copies de Tiziano, de Vandick, etc., on se demande pourquoi dans ses ouvrages on ne trouve pas même des imitations de ces habiles maîtres; pourquoi on n'y trouve aucun effet, aucune masse, aucun repos. Mais la véritable cause de ce peu d'effet et de beauté provient de cette même ignorance de la vraie théorie, et l'on cesserait bientôt d'être étonné, si on pouvait comparer le grand savoir de ces maîtres avec la témérité, l'insouciance et le peu d'instruction des copistes qui sont parvenus à répéter à-peu-près quelques-uns de ces chefs-d'œuvre, dont ils n'ont compris cependant en aucune façon le principe.

Malgré tout ce que je viens de dire, on ne m'accusera pas, je l'espère, de prétendre que tout doit être sacrifié au clair-obscur et qu'il faut chercher des sujets pour les couleurs, au lieu de chercher des couleurs pour les sujets;

mais on reconnaîtra qu'il fallait prouver que le beau optique doit être appliqué avec autant d'art et de soin à cette
partie de la peinture qu'à toutes les autres.

Terminons cette récapitulation et toute cette question
du beau appliqué au clair-obscur, en disant que si nous
n'offrons pas ici plusieurs exemples gravés servant à démontrer collectivement l'application de toutes les règles
que nous venons d'exposer, c'est que dans le cas où ces
figures seraient même excellentes, elles n'aideraient en
rien les peintres qui auraient à représenter d'autres sujets
que ceux qui se trouveraient exprimés dans ces gravures.
Ainsi c'est le principe et la théorie qu'il faut exposer, et
non un exemple déterminé. Que toutes les conditions si-
gnalées ici soient observées, et le clair-obscur du tableau
sera bon et beau : l'œil et l'esprit n'hésiteront pas à le reconnaître et à en être satisfaits.

CHAPITRE 413.

DE LA JUSTESSE D'OPÉRATIONS RELATIVES AUX TONS OU AU CLAIR-OBSCUR, ET NÉCESSAIRES A LA JUSTESSE DE REPRÉSENTATION.

Nous avons promis, en traitant de la perspective linéaire,
de donner les moyens de représenter les tons des objets
avec autant de justesse et de certitude que les lignes
elles-mêmes : c'est en prenant connaissance de ce que
nous allons exposer ici, et non en préjugeant de l'impossibilité d'une pareille théorie, que le lecteur pourra reconnaître si cette promesse a été hasardée : nous suppo-

sons au surplus que le lecteur aura compris súffisamment et pratiqué avec succès toute la théorie du dessin. Nous allons avant tout parler de la nécessité d'opérer juste en fait de tons ou de clair-obscur.

CHAPITRE 414.

DE L'IMPORTANCE ET DE LA NÉCESSITÉ DE LA JUSTESSE DANS LA REPRÉSENTATION PAR LES TONS OU LE CLAIR-OBSCUR.

Pour bien sentir l'importance et la nécessité de la justesse relative aux tons, on doit se rappeler que le clair-obscur est un moyen auxiliaire du dessin, et que la fausseté des tons, non-seulement corrompt le résultat des plus justes contours ou des lignes les plus conformes à la perspective, mais que cette fausseté fait paraître, pour ainsi dire, ces lignes sans signification et contraires même à l'expression qu'elles doivent produire.

Si des peintres ont répété que le trait était tout, que c'était le trait qui faisait le dessin; si même, dans certaines écoles d'Italie, ils ont ajouté et réduit en un proverbe aussi trivial que hasardé, cette pensée que, le contour une fois tracé, le dedans était à dédaigner, leur intention était probablement de recommander par-dessus tout le dessin, et de lui affecter le premier rang; mais il ne fallait pas produire de telles assertions au détriment d'une partie aussi essentielle que le clair-obscur, qui contribue par sa justesse à exprimer et les circonscriptions et les milieux. Néanmoins, non-seulement les plus habiles peintres

qui ont écrit sur leur art, tels que Léonard de Vinci,
Mengs, etc., recommandent particulièrement cette partie
de la peinture, mais leurs tableaux, ainsi que ceux de
tous les célèbres dessinateurs, sont une preuve incontestable de la grande importance qu'ils attachaient à ce
moyen si essentiel de l'art. Raphaël, Giorgione, Corregio,
Annibal-Carracci, Rembrandt, tous les Flamands et les
Hollandais nous prescrivent donc cette utile leçon.

Au surplus, comment douter de cette importance, quand
on réfléchit que sans le clair-obscur on ne saurait modeler et rendre tout le relief des formes; que c'est le clair-
obscur qui manifeste évidemment les caractères des plans,
qui exprime à quel degré les parties sont saillantes, rentrantes ou obliques; que c'est par le clair-obcur qu'on
feint une lumière qui éclaire les corps, un air plus ou
moins clair ou plus ou moins brun, qui en modifie la splendeur; et enfin que ce sont les tons qui ajoutent au contour ou au trait, ce que celui-ci seul ne saurait exprimer.

Je sais que d'un autre côté on ne peut guère concevoir
un bon modelé sans un trait correct et précis, et que si
Léonard est celui qui a le mieux modelé, c'est qu'il a aussi
tracé les traits les plus justes ; mais l'excellence d'un moyen
ne dispense pas de l'excellence des autres. Ceux donc qui,
comme Corrégio, ont eu le sentiment du modelé ou du
clair-obscur vrai, auraient obtenu un double succès, s'ils
eussent su préparer dans une graphie excellente, le plan,
les tons qu'ils savaient si bien conduire et modifier. Qu'est-
ce en effet qu'un ton juste trop large ? Qu'est-ce qu'un
clair juste trop étroit? Ce clair, ce ton, n'est plus juste
dans ce cas : ainsi, dire que le clair-obscur doit être juste,
c'est dire que le trait ou la délinéation le doit être aussi.

Par la même raison que le moyen de. la tonographie est puissant et très-significatif lorsqu'il est employé dans l'esprit de' la nature, c'est-à-dire, selon le vrai caractère des formes, et qu'il est appliqué dans un contour exact, il arrive que ce moyen produit des résultats vicieux et d'une conséquence funeste lorsqu'il est appliqué sans justesse ou sans correction. On n'en voit que trop souvent la preuve dans les ouvrages des commençans ou des peintres qui ont été peu instruits ou maniérés en cette partie. Mais la plus grande preuve de l'importance de la justesse du clair-obscur doit se tirer de l'importance même de la géométrie et de l'optique. Bientôt cette preuve sera mise au grand jour. Poursuivons.

Qu'on trace un cercle parfait; ce cercle n'exprimera point un globe sans l'effet juste du clair-obscur, et il faut que cet effet soit même parfait, car, s'il est faux en quelque chose, il indiquera une forme ou un objet qui ne sera pas parfaitement sphérique. Le contour d'un nez vu de trois-quarts peut être très-juste dans l'imitation linéaire, et paraître faux par un clair-obscur défectueux; une colonne torse peut être très-bien exprimée par la seule marche exacte du clair-obscur, et sans qu'on aperçoive de contour, car entre deux traits parallèles on peut, sans s'occuper du contour et sans le rendre discernable, modeler les formes torses de cette colonne. Pour peu qu'on ait commencé à pratiquer le clair-obscur, on sera convaincu de ces vérités. Voy. la fig. 468. Un auteur moderne veut pour cette raison que le peintre rejette l'emploi des contours et qu'il ne dessine qu'avec le clair-obscur, mais c'est confondre les résultats avec les procédés. Enfin ne voit-on pas tous les jours, dans les mauvais por-

traits, des joues dissemblables par l'effet d'un clair-obscur
inexact? La grande joue y est arrondie et la fuyante semble plate; ou bien l'une semble placée haut et l'autre
semble placée bas.

Une autre considération non moins essentielle à ce
sujet, c'est que le peintre est souvent obligé de s'écarter
des formes de son modèle et de suppléer à ces formes
individuelles qu'il a sous les yeux; et puisqu'il ne peut
pas faire comme le sculpteur qui ôte ou qui ajoute de la
matière, il est dans la nécessité de feindre par le clair-
obscur ce plus ou ce moins dont il a besoin pour la perfection de son ouvrage ou de son modelé. Comment donc
exprimera-t-il les changemens tous imaginés, quoique
naturels, s'il n'est pas familier avec la géométrie et la
perspective du clair-obscur, s'il ne le manie pas à son
gré et aussi aisément que le statuaire manie l'argile ou la
cire obéissant sous ses doigts? Car, si nous supposons
qu'il ne soit pas maître de ce moyen, nous ne saurions
le supposer capable d'atteindre à la beauté ou à la perfection. Ainsi il faut que le peintre se rende le sentiment optique et perspectif tellement exercé par la connaissance et la pratique des règles, qu'il puisse modeler
par le clair-obscur avec son pinceau aussi facilement que
le fait le plasticien avec ses instrumens. Et remarquons
ici que le sculpteur opère par un moyen direct et simple,
tandis que le peintre ne peut procéder que par un moyen
indirect et composé, celui de rendre l'apparence de la
réalité, en sorte qu'il lui faut toujours supposer et calculer par les règles les effets de clair-obcur qui auraient
lieu selon les changemens qu'il imagine.

Quand on réfléchit beaucoup sur l'importance de cette

partie de l'art, on est toujours surpris du peu de sévérité des maîtres qui l'enseignent ou des écrivains qui en indiquent les principes. Car, comment peut-on traiter ou enseigner avec légèreté une partie aussi fondamentale de la peinture, une partie sans laquelle il n'y a point de peintre? On est tenté quelquefois de croire que des maîtres peu généreux, craignant de communiquer leur plus grand secret, feignent d'y attacher peu d'importance, afin de laisser des entraves aux élèves : mais il vaut mieux attribuer ce peu de sévérité à l'incertitude des peintres qui courent si souvent dans des routes étrangères et trompeuses. Témoins de l'embarras de certains artistes novices dans la peinture, des maîtres habiles ont voulu quelquefois les aider en leur expliquant les principes du clair-obscur; alors leurs yeux se sont ouverts comme pour la première fois, le voile est tombé pour ainsi dire devant eux, et aidés par quelques démonstrations fortifiées par l'expérience, ils ont fait des pas et des progrès dont leurs plus grands efforts seuls ne les auraient jamais rendus capables. D'autres fois ces mêmes maîtres, piqués de la vanité de certains élèves indociles, les ont laissés dans leur ignorance, et on ne les a jamais vus se relever.

Qui n'a pas été frappé de ces effets si vrais, si simples, si débrouillés de clair-obscur dans quelques tableaux excellens en cette partie, et qui ne les a pas comparés à cette foule de peintures où le modelé est incertain et factice, où les effets sont décousus, hachés, faux et sans vérité? A qui n'est-il pas arrivé, en sortant de l'atelier d'un mouleur, lorsque la vue était encore doucement émue par toutes les masses attrayantes de lumière, et d'ombre distribuées sur les beaux plâtres moulés d'après l'antique, de se trouver ensuite en présence de célèbres tableaux, dans lesquels cependant, au lieu de la représentation exacte du relief et des formes, au lieu des effets vrais du clair-obscur, on n'aperçoit que des objets habilement indiqués, il est vrai, mais nullement débrouillés, nullement compréhensibles, comme ils le sont dans la nature ?

C'est un art bien séduisant que celui qui peut, sur une superficie plate, imiter plusieurs corps saillans et fuyans dans l'enfoncement, et il faut convenir que, malgré l'habitude de voir beaucoup de ces sortes de tromperies, c'est pour l'esprit un charme très-grand que les déceptions du pinceau. Il est agréable de se laisser croire de relief ou proéminent et enfoncé, ce qui n'est que l'effet magique de quelques couleurs. Aussi Léonard de Vinci, le plus précieux imitateur des plans et des formes, disait-il que la première intention du peintre devait être de feindre que les corps sont de relief; aussi Apelle, le plus grand des peintres d'autrefois, s'efforça-t-il et vint-il à bout de faire saillir et sortir hors du panneau la main de son Jupiter armée de la foudre.

Si l'on ne conçoit pas toute la perfection, toute la magie d'un clair-obscur vrai, on ne concevra pas la perfection de ces tableaux antiques, tels qu'ont dû en produire Apelle ou Protogène. Très-peu de tableaux modernes, il faut l'avouer, offrent cette excellence de clair-obscur, et très-peu offrent la justesse du modelé portée à un degré vraiment éminent. Aussi mille et mille tableaux imparfaits en cette partie sont-ils d'une influence très-funeste.

Une des causes du peu d'excellence de cette partie de l'art moderne doit être signalée ici : c'est l'altération

qu'éprouve la peinture à huile, altération qui se manifeste sur presque tous les tableaux, et qui, décomposant
par des obscurcissemens accidentels et irréguliers les
rapports établis entre les clairs et les bruns, ne laisse
plus subsister l'état primitif du clair-obscur. Si donc des
chefs-d'œuvre de clair-obscur vrai sont sortis du pinceau de quelques maîtres, les élèves n'ont cependant
plus aujourd'hui pour modèles et pour exemples démons-
tratifs que des images altérées et plus ou moins décom-
posées. Ces mille et mille tableaux peints à huile, dans
lesquels les demi-tons sont obscurcis disproportionnelle-
ment, ont donc accoutumé les peintres et le public à ces
à-peu-près dans le modelé, à ce manque de dégradation, à ce peu de justesse aérienne et à cette aridité si
choquante pour les personnes sans préjugés qui font leurs
délices des charmes de la nature. Cet accord et cette justesse relative au modelé, les peintres hollandais les dési-
gnent par le mot *houding*, qui, selon eux, exprime cette
qualité indispensable dans la peinture; ce mot, qui vient
du verbe *houden* (tenir, maintenir, retenir), ils l'emploient donc pour signifier l'exact maintien des rapports.
Quel parti a-t-on pris au milieu de ce désordre et de ce
grave inconvénient? Celui d'étaler en dédommagement des
bruns trop vigoureux, trop ressentis sur les plans fuyans
et aériens, et le tout dans l'espoir de relever l'éclat des
clairs et d'atteindre à certaines exagérations, à certains
chocs que les demi-connaisseurs ne manquent pas de qua-
lifier du nom d'énergie, de vigueur et de résolution, bien
que ce ne soit que de la monotonie et de la manière. L'é-
lève ne saurait donc entendre, au milieu de ces faux et
hardis mensonges, la voix de la raison, celle de son art,

ou la voix du sens commun. Souvent, il est vrai, on a vu
des tableaux privés de cette justesse de clair-obscur,
plaire au sortir de l'atelier par cette seule vivacité et ce
brillant des teintes; mais peu après cette fraîcheur fugi-
tive des teintes n'existait plus, et il ne restait que ces
tons faux et ce clair-obscur maniéré. Ceci prouve que
c'est à la justesse de tons recommandée ici que doivent
aujourd'hui leurs charmes beaucoup d'anciens tableaux
presque monochrômes, dans lesquels l'artiste a su distinguer le ton d'avec la teinte, dans lesquels le peintre a su
représenter les formes sans trop compter sur les couleurs.

Cependant, va-t-on demander, quels sont nos meilleurs
modèles en fait de justesse de représentation par le clair-
obscur? Sont-ce les tableaux de Raphaël, de Léonard,
d'Holbein, ou bien de Corrégio ou de Gérard-Dow, etc. ?
Je ne me permettrai rien de décisif sur cette question.
Mais je crois pouvoir mettre en avant que, parmi toutes
les peintures exposées dans les collections de l'Europe
et représentant une figure seule, celle qui offre au plus
haut degré cette précieuse et antique qualité, c'est le
célèbre portrait connu sous le nom de Lisa Joconda qu'on
admire au Musée de Paris. Dans aucun ouvrage, soit de
Léonard de Vinci, qui est l'auteur de ce précieux morceau, soit des maîtres que je viens de citer, on admire
autant la précision, le rendu, la délicatesse et la justesse
du clair-obscur, et on ne peut faire mieux l'éloge de ce
chef-d'œuvre qu'en disant qu'un sculpteur pourrait en
modeler et en répéter les formes. Quant aux tableaux de
plusieurs figures peintes en petit dans un site un peu
grand, je ne crains pas d'être contredit en citant comme
un de ceux qu'on doit le plus remarquer, quant à cette

qualité, le célèbre tableau de Gérard-Dow, lequel représente une femme hydropique entourée de sa fille, de sa garde et de son médecin.

Ne voit-on pas des têtes de Guido-Reni et d'autres peintres célèbres, dont l'expression est vague, dont le caractère de forme et de solidité n'est indiqué que d'une manière indécise, tandis que Raphaël et Léonard exprimaient positivement et sensiblement le caractère dont ils étaient pénétrés? Ici se présente naturellement une observation qu'on ne saurait mettre trop fréquemment en évidence pour le profit des élèves, c'est que tout le génie de Raphaël et de Léonard n'eût produit presque rien, sans l'excellence des moyens techniques de leur art, et que c'est l'excellente éducation artistique de ces hommes remarquables, qui est la cause principale de leur talent et de leur célébrité. C'est la pratique familière de la géométrie et de la perspective des tons, jointe à la pratique familière de la géométrie et de la perspective des lignes, jointe aussi à la faculté de modeler réellement en tout relief, qui a produit ces résultats que nous sommes toujours tentés d'attribuer à un génie tout particulier.

Que le peintre soit donc constamment convaincu que sans la justesse de représentation par le clair-obscur, il n'obtiendra que des indications aussi imparfaites aux yeux des peintres eux-mêmes qu'aux yeux du public. Qu'il soit constamment préoccupé de l'art de tirer en avant, d'enfoncer les parties, d'exprimer la situation plus ou moins oblique des surfaces, d'isoler les objets, d'ôter toute idée de superficie plate recevant les couleurs, de donner celle de l'air, de modeler enfin les plans et les formes, comme le fait le plasticien, et de procurer l'existence à ces formes et à ces plans analysés et répétés d'après nature.

Mais, objectera-t-on, s'il faut que le peintre, pour obtenir la justesse du clair-obscur, se rende compte de tous les tons sur toutes les surfaces des objets, et qu'il calcule sans cesse, pour modifier avec scrupule tant de degrés, soit orthographiquement, soit perspectivement ; s'il faut de plus qu'il exécute en terre ou en cire molle ses figures, combien pourra-t-il produire de tableaux, puisque, pour cette seule partie de l'art, il lui faut prendre tant de précautions? Et d'ailleurs qui paiera assez cher tant de fatigues et si peu d'ouvrage ? Sans entreprendre de démontrer ici que ces prétendues fatigues sont de vrais soulagemens et des moyens très-abréviateurs, je répondrai : voulez-vous que l'art tombe, continuez à exécuter de pratique et, comme on dit, de sentiment, ne vous en rapportant qu'aux sensations de la vue ; expédiez des tableaux, des figures dont le modelé faux semblera bien adroitement et moelleusement conduit par le pinceau ; peut-être que malgré tous ces lazzis vous aurez de la célébrité, des partisans et les faveurs de la fortune, mais l'art n'en sera pas moins tombé. Voulez-vous relever l'art? Reprenez la même route qu'ont suivie les Grecs, et qu'ont cherchée Raphaël, Léonard, Corrégio, route qu'ont su retrouver les premiers maîtres hollandais et flamands, route sévère hors de laquelle on n'eût jamais vu briller tous ces peintres.

CHAPITRE 415.

QUOIQU'ON AIT ÉCRIT DANS PRESQUE TOUS LES LIVRES QUE LE CLAIR-OBSCUR N'ÉTAIT PAS COMPLÈTEMENT DÉMONTRABLE, IL EST CERTAIN QU'ON PEUT LE DÉMONTRER COMPLÈTEMENT ET EN ÉTABLIR TOUTES LES RÈGLES.

Que des peintres, jaloux d'augmenter leur crédit, répètent sans cesse que leur art est un mystère et qu'on y réussit, non à l'aide des règles, mais à l'aide du seul sentiment ou de ce génie qu'on apporte en naissant, cette assertion, qui ressemble beaucoup à un mensonge, a quelque chose d'excusable dans la bouche de peintres tout à fait routiniers; mais que des théoriciens viennent nous affirmer d'un ton d'autorité dans leurs écrits que les lois du clair-obscur seront éternellement cachées au peintre, et que le coloris est un don que le ciel lui accorde ou lui refuse en naissant, cette proposition, qui a quelque chose d'insoutenable, est d'autant plus dangereuse que les lecteurs, qui en effet ne trouvent point les règles du clair-obscur et du coloris écrites dans les livres, se persuadent que c'est parce qu'elles sont trop mystérieuses et inexplicables qu'on n'a pu les exposer. D'ailleurs une telle idée n'a-t-elle pas quelque chose de désespérant pour ceux qui se destinent à la peinture? En général il n'appartient à aucun écrivain de décider que telle ou telle partie d'une science ou d'un art restera éternellement cachée, parce que ni lui ni d'autres n'ont pu encore la découvrir. Au

reste, ce qui doit faire paraître fort étrange cette assertion au sujet du clair-obscur et du coloris, c'est qu'au
contraire on trouve çà et là, dans toutes sortes d'écrits,
des choses très-claires, très-positives et très-profondes
même sur ces mêmes règles que nos écrivains, pour leur
propre commodité, veulent faire passer pour introuvables.
Voici quelques citations récentes de ces écrivains.

« Ce n'est qu'en plein air, au milieu d'une atmosphère
» imprégnée des vapeurs terrestres et embrasée des feux
» du soleil, qu'un peintre parvient à s'instruire dans les
» mystères de la perspective aérienne, cette science si
» étonnante dans ses résultats qu'elle semble tenir de la
» magie, si difficile dans la pratique que peu d'artistes y
» excellent, et si abstraite dans la théorie que ses élémens
» se refusent à la précision de l'analyse. Oui, ce n'est que
» pour diriger le dessin dans sa marche qu'il existe des
» règles précises dont la pratique facilite à cet art les
» moyens de saisir la pensée au milieu de la rapidité de
» son vol et de la fixer en caractères ineffaçables : mais
» le secret de l'harmonie des couleurs ne dérive d'aucun
» précepte positif; indépendant de tout système métho-
» dique, le coloris est un don de la nature qu'elle dispense
» à sa volonté. »

« La perspective aérienne, vient de dire un autre écri-
» vain, n'est astreinte à aucune règle bien déterminée,
» parce qu'elle consiste dans une dégradation plus ou
» moins sensible de la lumière, selon l'état de l'atmo-
» sphère, l'enfoncement des corps dans le plan perspectif,
» les accidens du jour, etc., ce qui varie à l'infini. » Tout
géomètre conclurait au contraire et fort volontiers que cet
enfoncement des corps et cet état de l'atmosphère étant

mesurables, la dégradation peut se mesurer; mais l'auteur semble ne reconnaître en fait de coloris qu'une perspective qu'on appelle sentimentale.

Un autre a dit : « Je passerai sous silence la matière du » clair-obscur; un peu d'attention à ce qu'on peut voir » journellement, éclaire mieux dans cette matière que ne » pourrait le faire un long discours, d'autant plus qu'il est » impossible sur ce sujet de fournir des règles générales. »

Je pourrais citer plus de cent passages semblables dans lesquels les auteurs, n'exprimant aucun regret au sujet de cette lacune dans la théorie, affectent d'exposer froidement cette idée pour se mettre à l'abri de tout reproche et pour s'exempter ainsi de toute obligation à ce sujet. J'espère qu'on sera bientôt convaincu au contraire que les règles sur le clair-obscur se démontrent, comme les règles du dessin.

Qu'on ne s'étonne donc plus que vingt peintres devant un même modèle fassent vingt imitations différentes, puisqu'ils travaillent en tâtonnant et, comme on dit, par sentiment; car, si l'on faisait opérer ces vingt peintres par le même principe, la même règle, par les mêmes mesures enfin prises sur la nature, ils se rapprocheraient tous. Voilà pourquoi les Flamands ou les Hollandais se ressemblent si fort dans leur imitation de la nature. Rubens, Vandyck, Gérard-Dow et Rembrandt, son maître, Teniers, Van-Ostade, Vander-Heyden, etc., n'ont point colorié à tâtons, et cette ressemblance qu'on remarque entre eux ne saurait être regardée comme une preuve de la servitude de leurs pensées, puisqu'ils ont su imiter les variétés de la nature. La diversité au contraire et la divergence dans les productions de tant d'artistes contemporains, en

Europe aujourd'hui, prouvent seulement que sans les règles et la raison chacun diverge et extravague à sa manière. Enfin n'est-il pas reconnu qu'aucun art ne doit être
pratiqué à tâtons et sans régulateur, et que, si les Grecs ont
excellé en sculpture, en peinture et en tant d'autres arts,
c'est qu'ils savaient avant tout et en tout ce qu'ils avaient
à faire ?

Ce qui prouve que les règles du clair-obscur peuvent se
démontrer, c'est ce même sentiment visuel accordé, dit-
on, par la nature aux coloristes privilégiés, sentiment
qu'on invoque pour affirmer que toutes ces règles sont des
mystères. En effet le sentiment des coloristes concorde
tellement avec les règles, et l'explication vague que ceux-
ci donnent de leurs sensations déterminantes, est tellement l'explication vague des règles, que chez eux savoir et
sentir est tout une même chose. Il ne s'agit donc que de
les interroger et d'aider à leurs réponses; il ne s'agit que
d'observer leurs opérations, leur marche, leurs repentirs,
leurs palettes et leurs pinceaux, pour trouver chez eux les
justes causes et les justes préceptes.

Paul Véronèse et Teniers mettaient le ton juste en
place et n'y revenaient pas : c'est, dit-on, qu'ils avaient
mieux que les autres le sentiment des tons; non, c'est
qu'ils connaissaient mieux ce ton à l'aide d'une règle men-
tale, et que l'ayant d'ailleurs mesuré par raisonnement
et par sentiment, ils l'appliquaient ensuite franchement
sur la toile, se gardant bien de le retoucher avant que
tout l'ensemble ou au moins un grand nombre de rapports
fût établi et monté, se fiant plutôt à leurs mesures qu'à
leurs sensations. C'est dans cette idée que David recom-
mandait si souvent et s'efforçait lui-même de placer le ton

juste et au premier coup sur la toile, et malgré l'effet étrange d'abord que faisaient ces couleurs.

Les peintres de décors ne s'en rapportent point et ne s'adressent point d'abord à leurs yeux, quand leur toile de fond ou leur coulisse est posée à plat par terre; et ils n'interrogent point leur sensation, toutes les fois qu'ils couchent avec de gros pinceaux les teintes qu'ils ont eu soin de préparer avec une grande justesse dans des vases, peignant d'ailleurs au grand jour et de fort près des images qu'eux et les spectateurs doivent juger à la lumière et de fort loin.

L'organiste (car pourquoi ne le citerai-je pas?) n'est-il dirigé que par ses oreilles, lorsqu'environné du bruit des claviers, des soufflets, des pédales et des soupapes, il calcule cependant les effets lointains, et qu'il est guidé par le savoir dans ses inspirations? Or l'organiste ne nie point la possibilité d'exposer les règles de l'harmonie, puisqu'elles sont indiquées par les signes musicaux; et, bien qu'il lui soit permis de transgresser un peu les lois dictées par les notes, lorsqu'un juste sentiment des caractères et des expressions l'y engage, il admet et reconnaît ces lois. Par la même raison, lorsque le coloriste savant outrepasse parfois les degrés des teintes et des tons, il ne reconnaît pas moins une exactitude mathématique exigible dans ces teintes et dans ces tons.

C'est parce que les règles sont démontrables, que Desargues, qui avait découvert par les mathématiques presque toutes les règles du clair-obscur, faisait dire à Abraham Bosse : « S'il y a des praticiens qui, pour éviter le » défaut résultant de la grande proximité de leur œil et » de leur tableau, se lèvent très-souvent à mesure qu'ils

» travaillent, pour aller voir d'une raisonnable distance
» si l'ouvrage fait à leur œil l'effet du naturel, on n'en doit
» pas conclure que ce soit le plus prompt et le plus assuré
» moyen pour bien faire, puisque c'est toujours travailler
» en tâtonnant. Mais celui qui suit les règles, abrège tout
» ce tems perdu, n'ayant besoin de se lever, s'il ne veut,
» que pour se divertir, sachant que son travail fera sans
» cela l'effet qu'il se propose. »

Rubens possédait aussi et pouvait expliquer beaucoup
de règles du coloris; mais ceux qui le singent, en niant
les règles, ne l'imiteront jamais, quoiqu'ils exagèrent
avec adresse le rose, le vert, le rouge et le brun. Enfin,
si personne ne conteste l'exactitude des mathématiques,
personne ne doit contester les principes qu'elles peuvent
fournir, aussi bien dans les mesures des tons que dans
celles des distances ou des grandeurs.

On est vraiment étonné, lorsqu'on voit que tout le soin,
toute la patience, tous les calculs d'un peintre de perspective qui représente l'intérieur d'un édifice, ne lui sont
utiles que pour les traits et les lignes, et que, lorsqu'il en
est aux couleurs, il opère sans règles, sans calculs, en sorte
que ces lignes très-justes peuvent être détruites pour ainsi
dire par la fausseté des tons, des teintes et de la touche.

Parce qu'il y a beaucoup de cas complexes, beaucoup
de cas accidentels dans la marche du clair-obscur de la
nature, on a cru que l'on ne pouvait ni analyser ni expliquer tous ces cas. Mais, outre que les exceptions aux règles
dans toutes les sciences n'ont jamais empêché d'en reconnaître et d'en distinguer les principes premiers et inaltérables, ne peut-on pas s'étonner de cette prévention en
pensant à toutes les complications de la perspective li-

néaire, telle qu'on la pratique aujourd'hui, lesquelles complications n'ont jamais été considérées comme un obstacle à la connaissance des règles et des lois fondamentales de l'optique ou de la vision ? Le clair-obscur n'est
pas plus compliqué que le dessin, et c'est parce qu'on
n'a pas eu la clé de la science du clair-obscur, qu'on a mis
en avant cette grande mobilité optique qui, je le répète,
est moins embarrassante que la mobilité des corps soumis au regard du dessinateur. Il est résulté de ce retard
obstiné dans cette partie de l'art que les écrits sur ce
point offrent les plus misérables documens. Au reste, sans
interroger sur ce point ces livres mêmes, il suffit de savoir ce qu'ont écrit quelques artistes naïfs qui ont voulu
de bonne foi donner quelques lumières ou quelques conseils sur cette partie de l'art. Voici, par exemple, ce que
le peintre Oudry disait dans les conférences de l'Académie
de Paris, en présence des Coypel, des Rigaud, etc. et du
tems de plusieurs peintres auxquels on n'a jamais refusé
le mérite du clair-obscur.

« Oui, je voudrais, quand vous auriez un tableau dont
» la scène serait en pleine campagne, que vous vous y
» portassiez avec deux ou trois amis bien unis par l'amour
» du travail ; qu'après avoir trouvé un aspect ou un effet
» à-peu-près convenable à votre sujet, vous vous missiez
» à en faire quelques bonnes études, tant par rapport à la
» forme et à la lumière, que pour la couleur ; qu'ayant
» bien arrêté vos plans, vous missiez dessus quelques fi-
» gures dans les endroits où vous auriez dessein de les
» placer dans votre composition, pour voir l'effet qu'elles
» y feraient et par leur couleur et par leur grandeur.
» Deux d'entre vous, ou quelqu'un pris sur les lieux peut

» remplir cet objet, parce que vingt figures ou une, c'est
» le même principe. J'espère que vous sentez que, moyen-
» nant ces précautions, vous feriez des choses au-dessus
» de ce que l'on fait ordinairement, et que vous acquer-
» riez un fond d'intelligence qu'on ne peut espérer de
» trouver dans le simple raisonnement. »

« .... Ce que mon maître (M. de l'Argillière) trouvait à
» redire dans la façon de faire de ces maîtres, était qu'en
» leur voyant prendre le modèle, pour peindre d'après
» les figures qu'ils voulaient mettre sur leur premier
» plan, ou sur le second, ou même sur le troisième, ils
» le posaient toujours à la même distance.

» .... Je voudrais qu'on eût l'attention, lorsqu'il s'agit
» d'un fond piqué de clair, de placer dans l'atelier une
» toile de façon qu'elle soit frappée du jour, comme dans
» les fonds sombres il faudrait faire le contraire. »

Ces citations, et nous ne lisons rien de beaucoup plus
instructif sur ce point dans les longues phrases de Watelet et dans les articles de l'Encyclopédie, ces citations,
dis-je, doivent donner à croire que la théorie enseignée
jusqu'alors était bien pauvre en ce point, puisque les écrivains étaient réduits à des lieux communs de cette espèce. Ça donc été comme par hasard que des peintres
habiles se sont formés dans cette partie de l'art.

Mais finissons. Peut-on déterminer et établir la graduation géométrique de la lumière sur les différentes surfaces des corps, quelle que soit leur situation? Oui. Peut-
on déterminer et établir la graduation géométrique de
l'illumination sur les corps selon leur éloignement de
la source du luminaire, et selon leur position oblique par
rapport à ce luminaire? Oui. Peut-on déterminer cette

même graduation en tenant compte aussi de l'espèce d'air
clair ou sombre? Oui. Tous ces calculs peuvent se faire,
ainsi que ceux qui sont relatifs à la largeur, à la hauteur
de la lumière, et à l'apparence perspective de tous ces effets ou de tous ces tons, en sorte qu'on peut par avance
et dans des travaux préparatoires qui précèdent l'exécution du tableau, déterminer et prendre des échantillons
de tous les tons nécessaires et qu'on est à même de juger
sous le rapport du convenable et du beau.

Passons donc à cette étude ou à cette méthode nouvelle,
car on peut donner ici le nom de nouvelle à cette méthode, puisqu'elle n'est point usitée dans les écoles, bien
qu'elle ne soit pas plus nouvelle que la géométrie elle-
même. Au surplus, toutes les méthodes instructives en
peinture et basées sur la géométrie peuvent être appelées
aujourd'hui nouvelles, dès lors qu'on n'enseigne chez les
maîtres qu'une pratique de sentiment. D'ailleurs, puisqu'on répète partout que le coloris et le clair-obscur n'ont
point de règles, et qu'il faut seulement copier ce qu'on voit
et ce qu'on sent, n'a-t-on pas le droit d'appeler nouvelle
une méthode par laquelle on démontre au contraire d'une
manière positive et mathématique toutes les causes optiques naturelles qui sont relatives à la peinture, ainsi que
tous les moyens de ce bel art chargé de la représenter?

Que les personnes qui ont peu fréquenté les peintres et
qui ignorent l'état de nos écoles publiques, me pardon-
nent toutes ces digressions, tous ces raisonnemens. Elles
ne savent pas combien est endurcie chez les artistes la
méfiance des règles, combien est invétérée leur confiance
en leur propre génie, en leurs propres sensations. Ils nient
les règles qui les humilient; ils ridiculisent la méthode,

parce qu'ils marchent sans elle hardiment, quoiqu'à tâtons; ils se dépitent contre les lumières et la raison, parce qu'ils visent à surprendre, ne sachant pas persuader; enfin ils deviennent haineux contre la vérité, parce que chacun d'eux voudrait seul la posséder, et voudrait seul aussi posséder le privilége que, à les entendre, les coloristes ne reçoivent que du destin ou des astres.

CHAPITRE 416.

DE LA NÉCESSITÉ D'ÉTABLIR UNE DISTINCTION ENTRE LE GÉOMÉTRIQUE, LE GÉOMÉTRAL ET LE PERSPECTIF DES TONS DANS L'OPÉRATION. — DE CE QU'ON DOIT ENTENDRE ICI PAR TON GÉOMÉTRIQUE, TON GÉOMÉTRAL ET TON PERSPECTIF.

Nous avons tâché de démontrer, au sujet du dessin, que le but de la représentation était de donner l'idée du géométrique des objets, c'est-à-dire, l'idée de ce qu'ils sont réellement et par eux-mêmes. Ainsi le peintre qui représente un objet blanc, gris, noir, doit combiner le choix et de l'aspect, et de l'air, et du luminaire, de manière que l'esprit ne conçoive aucun doute sur le caractère propre du ton de ces objets gris, noirs ou blancs, représentés sur le tableau qui doit nous les faire connaître. De même donc que le perspectif linéaire ne doit point défigurer, décomposer la forme, de même l'air, le luminaire et la situation du spectateur ou de l'objet ne doivent point en décomposer le ton et doivent nous en conserver le géométrique.

Nous devons rappeler aussi la comparaison prise sur un enfant qui, par le besoin qu'il a de connaître, s'exerce à juger des objets et à les comparer, malgré leur apparence qui déguise plus ou moins à son esprit leur caractère. Pourquoi cet enfant a-t-il le regard inquiet, l'esprit incertain, tout le sentiment dans un état de curiosité active? C'est parce que son sentiment conservateur lui inspire ce vif besoin de connaître; et, comme il ne peut connaître que par l'apparence, il est tout occupé à traduire cette apparence en réalité et à discerner ce qui est d'après ce qui paraît. Cette incertitude de l'enfance, il ne faut point la renouveler chez les hommes par la peinture, en sorte que ce n'est pas l'idée d'une image qu'il faut leur donner par les représentations, c'est l'idée des objets, c'est l'idée du géométrique des objets.

Or tout le monde conviendra que le premier moyen de produire une apparence exacte d'un objet, c'est l'étude et la mesure du géométrique de cet objet, qui doit être feint apparent. En effet, de cette connaissance du géométrique de l'objet, nous pouvons passer à l'étude des altérations qu'il éprouve en son apparence, tandis que l'étude seule des lois de l'apparence ne conduirait à rien sans l'application qu'on en doit faire à des cas, c'est-à-dire, à des géométriques déterminés. Par exemple, chacun sait que la présence du soleil éclaircit beaucoup la surface qu'on lui présente en face de lui; mais ce qu'il faut savoir avant tout, c'est si cette surface est noire, blanche ou grise. Tout le monde sait que, si cette surface est présentée de biais au soleil, elle sera moins claire; mais il faut encore savoir de quel ton est cette surface. De plus, chacun sait qu'une surface vue à cent pieds dans un air un peu sombre sera altérée dans une proportion quelconque; mais ce qu'il faut savoir avant cela, c'est si cette surface est claire, brune ou grise, illuminée ou ombrée. On sait bien encore qu'en regardant de biais une surface quelconque, son ton, quel qu'il soit, paraîtra affaibli; mais ce ton sera affaibli en apparence, selon son espèce propre, car, s'il est gris, il paraîtra toujours le même, tandis que, s'il est noir, il s'éclaicira en apparence, et, s'il est blanc, il semblera brun. Voilà, je crois, des observations toutes nouvelles, même pour ceux qui sont nés coloristes.

C'est donc le géométrique des tons qu'il faut connaître; or cette étude est fort facile, parce qu'elle est directe et positive et qu'il y a des moyens sûrs de mesurer, tandis que, si l'on veut connaître les tons en confondant et ce qu'ils sont et ce qu'ils paraissent à travers l'air et selon les aspects, il est impossible à l'esprit le plus pénétrant de se soutenir dans ces recherches dépourvues de méthode; et, si pour répéter l'apparence de ces tons, on opère par le seul sentiment et en jugeant par instinct, on est exposé à des erreurs énormes, vu l'effet des oppositions qui nous trompent continuellement, vu l'idée du géométrique qui vient toujours nous empêcher de répéter exactement l'apparence, ou vu l'idée de l'apparence qui vient toujours nous empêcher de donner l'idée exacte du géométrique, vu enfin le contraste du blanc de la toile ou des tons voisins. Ainsi, pour faire fuir un objet clair, nous imaginons qu'il faut l'obscurcir; pour faire venir en avant un objet noir, nous l'éclaircissons. Nous embrouillons toutes les questions, et persuadés par préjugé que l'art des tons n'a pas des règles fixes, nous adoptons

à la fin certaines manières d'autrui et des systèmes de
routine, en sorte que nous donnons tantôt le géométrique
pour le perspectif, tantôt un perspectif conventionnel au
lieu de l'idée de la nature.

La fonction du peintre n'est pas d'exprimer selon ses
propres sensations, mais de répéter les effets tels qu'ils
ont lieu réellement et optiquement, abstraction faite de
ce que peut éprouver tel ou tel regardant, en sorte que
bien qu'il doive consulter sa sensation, il doit par-dessus
tout consulter les mesures et se fier à la géométrie. Ce
qui donc devrait seulement différencier entr'eux les bons
imitateurs, ce serait le choix, tant dans le vraisemblable
que dans le beau, mais ce ne devrait pas être la manière
de connaître et d'imiter les objets. Et cependant, faute
d'avoir admis ou connu la possibilité d'une théorie fixe
pour le clair-obscur et le coloris, on a déclaré, mais bien
faussement, que, chaque peintre voyant la nature à sa
manière, cela prouvait qu'il n'y avait point de règles, puisque les organes de chacun étaient très-différens, assertion
qu'on ne s'est pas avisé cependant de publier à propos
des lignes ou du dessin.

Hors de la peinture et dans la conversation nous ne
nous entendons pas même sur la question du géométrique
et du perspectif. Quand nous disons : il fait grand jour;
le jour est bien vif, bien éclatant; c'est une façon de parler
qui, bien qu'intelligible, ne serait approuvée ou répétée
ni par les physiciens, ni par les opticiens, ni par les peintres. En effet, voulons-nous parler de l'éclat réel et géométrique du jour tel qu'il est, ou bien parlons-nous de son
éclat tel que nous le sentons? Sur les Alpes couvertes de
neige le jour est éclatant, mais si nous les regardons de

deux lieues par un air gris, ce même jour n'est plus éclatant ; ainsi, quand nous sommes près des corps qui réfléchissent la lumière, nous disons que le jour est vif,
mais nous ne le disons plus, quand nous sommes éloignés
de ces mêmes corps qui cependant restent toujours réfléchissant géométriquement ce même degré de jour. Ajoutons enfin que ce qui nous paraît demi-ombre, considéré
d'un certain point de vue, est peut-être géométriquement
un clair ; et que ce qui nous paraît clair, peut être une
privation de la lumière directe. Ainsi c'est de l'apparence
qu'il s'agit, quand on regarde d'un seul point ; et c'est
souvent du géométrique qu'il s'agit, quand on se rend
compte des rapports réels, et non des perspectifs.

Mais en voilà assez pour prouver la nécessité d'étudier
d'abord le géométrique des tons. Ceux qui auront et ap-
profondi et pratiqué notre théorie, acquerront et com-
muniqueront bien d'autres idées encore sur ce point, car
la vérité est si belle qu'on aime à la présenter sous toutes
ses faces pour la faire admirer. Le 6e chapitre du 6e
livre de Paul Lomazzo fait voir qu'il avait appris dans des
écrits toutes ces importantes questions d'optique.

Maintenant expliquons en particulier la différence
qu'on doit établir entre les expressions, ton géométrique,
ton géométral ou orthographique, et ton scénographique.
Cette différence au reste est toute expliquée par ce que
nous avons dit au sujet de la même différence dans les
lignes ou dimensions des solides.

Par ton géométrique on entend dire le ton propre de
l'objet, son ton inhérent, tel qu'il est par lui-même et
jugé comparativement à un autre qui serait situé tout
proche de lui, qui serait exposé à la même lumière, sous

le même angle et considéré du même point, et sans aucune obliquité visuelle. (Il faut toutefois excepter les surfaces luisantes qui doivent être un peu tournées de biais pour être mieux aperçues.) C'est ainsi que, pour voir et juger une étoffe dans un magasin, on se place par rapport à elle le plus perpendiculairement que l'on peut, et qu'on la place par rapport au jour le plus en face de lui.

Le géométral au contraire ou le ton orthographique comprend, outre le cas géométrique, le cas d'obliquité, soit d'obliquité de la surface par rapport au luminaire, soit d'obliquité par rapport à l'aspect orthographique, c'est-à-dire, lorsque l'œil du spectateur se transporte vis-à-vis de chaque point et tout proche de lui, en sorte qu'il n'y a ni influence perspective de l'air ni influence de vision par rayons coniques ou scénographiques.

Quant au ton scénographique ou perspectif, c'est ce même ton orthographique ou géométral modifié ou diminué, et par l'influence de l'air ou de la distance, et par l'influence de la perception scénographique ou perspective, c'est-à-dire, par rayons convergens à l'œil du spectateur. Ceci concorde entièrement avec le géométrique, le géométral et le scénographique des lignes, et cette heureuse concordance donne beaucoup d'unité à notre théorie. Enfin un disque est géométriquement rond, et peut être orthographiquement ou géométralement ovale, et perspectivement ou scénographiquement plus ovale encore. De même ce disque peut être géométriquement blanc, et paraître orthographiquement gris par sa position oblique, puis perspectivement plus obscur encore, si l'air est obscur et que le point de vue soit de côté. Passons aux procédés pratiques.

CHAPITRE 417.

COMMENT ON PEUT CONNAITRE ET REPRÉSENTER PAR
DES ÉCHANTILLONS LES TONS GÉOMÉTRIQUES PARTI-
CULIERS ET INHÉRENS AUX OBJETS.

Rien n'est plus simple et plus facile que l'opération
par laquelle on obtient des échantillons qui répètent exactement les tons des objets qu'on veut connaître sous le
rapport du clair-obscur.

Placez l'objet ou la surface sous un jour modéré, et
exposez-la le plus possible perpendiculairement au luminaire, de manière cependant à éviter et le luisant et
l'obscurcissement qui aurait lieu par l'effet de l'obliquité.
Nous supposons ici que l'on aura pris pour cet exercice
un carton, ou une carte, ou une planchette, ou un morceau d'étoffe bien tendu et d'un ton accessible par la
palette; il ne s'agit donc que de charger l'amassette
d'un ton tout semblable à la surface modèle, et de placer de tems en tems cette amassette tout près de la surface
et dans la même position et situation qu'elle par rapport à
l'œil et par rapport au jour, afin de vérifier et de corriger
ce ton de l'amassette jusqu'à ce qu'il y ait similitude parfaite entre le ton du modèle et le ton répété. Cet échantillon étant obtenu, on le dépose au pinceau sur la toile
ou panneau destiné à le recevoir, puis on y inscrit un
numéro ou tout autre signe, s'il est nécessaire, pour le
reconnaître parmi les autres échantillons, et on indique
aussi par écrit que ce ton est géométrique.

Il est évident que cet exercice est indispensable aux commençans, de même qu'il le serait pour les peintres tout formés, en ce qu'il contribuerait à rectifier les préjugés qui, en leur faisant confondre bien des questions sur la perspective et le géométrique des tons, leur laissent à la fin contracter une idée très-fausse des tons, ainsi que des teintes réelles des objets. A la partie du coloris nous opérerons d'une manière analogue, pour étudier les teintes. Ici nous n'étudions encore que les surfaces exposées presqu'en face du jour, tout à l'heure nous étudierons les surfaces posées et situées obliquement.

Une observation toute pratique est à faire, c'est que la toile qui reçoit l'échantillon doit être demi-blanche et incolore, comme l'est l'amassette, qui dans ce cas servira mieux étant d'ivoire que d'acier. Si l'amassette était couleur d'acier et la toile roussâtre, cette couleur roussâtre transparaissant altérerait la similitude effective qu'on a obtenue entre la couleur d'échantillon posée sur la toile et la même couleur tentée sur l'amassette.

On conçoit déjà que l'élève acquerra par ces exercices l'usage de la palette et du matériel de son art, et qu'à l'aide de ce procédé, qui est le premier pas dans la vraie méthode régulière, il ne naîtra aucune confusion dans son esprit au sujet de l'imitation par les tons ou le clair-obscur. Cet exercice lui rendra l'organe très-délicat, et il discernera, en multipliant ces analyses pratiques, les finesses les plus subtiles qui caractérisent les tons des différens objets, tels que, par exemple, le ton de la pierre blanche d'avec le ton du marbre blanc, le ton du linge d'avec le ton de la mousseline ou du papier ou du taffetas blanc, etc. Dans ces recherches il associera le désir de

se rendre compte des tons propres aux substances diaphanes et des procédés pour les représenter, ainsi que des
tons résultant des surfaces raboteuses ou polies, dures
ou molles, etc. La plume blanche, le poil blanc, le gris
opaque ou léger, le noir brillant ou mat, laisseront dans
son esprit des idées distinctes et des comparaisons, sans
lesquelles il n'y a point de coloriste imitateur.

CHAPITRE 418.

DE LA NÉCESSITÉ DE RECONNAITRE DANS QUELLE ES-PÈCE D'AIR EST PLONGÉ L'OBJET OU LA SURFACE, AFIN D'AJOUTER CE TON PARTICULIER D'AIR AU TON DE TOUS LES ÉCHANTILLONS PRIS ORTHOGRAPHIQUEMENT DANS UN AIR D'UN TON ORDINAIRE OU MOYEN.

MAINTENANT que l'élève sait prendre à l'amassette les
échantillons de toutes les surfaces imitables et placées perpendiculairement au luminaire, il faut qu'il sache étudier
les échantillons des tons considérés orthographiquement,
c'est-à-dire l'amassette étant toujours tenue dans la même
situation une fois adoptée, et l'œil se transportant à la hauteur de chaque point situé ou de biais ou de face. Ainsi,
soit le bord de la table, fig. 469, dont la fig. 471 offre le
plan : l'amassette doit toujours être placée parallèlement
au bord de cette table située un peu obliquement au luminaire, et cela afin que la couleur posée sur l'amassette ne
produise pas de luisant, pas plus que les tableaux que
l'on a coutume de placer un peu de biais pour cette fin.
Ceci étant dit en passant, reprenons la question de l'in-

fluence du ton de l'air ou des coupes d'air, dans lesquelles se trouvent situés les différens objets.

Nous avons vu que, pour bien juger le ton géométrique d'une surface, il fallait qu'elle ne fût point exposée dans un air trop clair, ni trop sombre, ni sous un luminaire trop vif ou trop éteint : ainsi il est nécessaire de considérer quel est le ton du site dans lequel sont placés les objets modèles, et de reconnaître s'il y a dans ce site des coupes d'air accidentelles ou des plans d'air, pour parler ainsi, offrant plus d'obscurité ou plus de clarté qu'il n'y en a dans le site en général. Dans un tel cas on ne peut pas conserver, comme étant exact, l'échantillon qui a été pris à l'amassette sur l'objet situé ainsi dans l'obscurité, puisque la lame de l'amassette, ou bien l'échantillon, était lui-même obscurci par le ton accidentel de l'air, lorsqu'on le tenait proche du modèle pour la comparaison, et puisque, lorsqu'on placera cet échantillon sous le jour ordinaire où l'on a coutume de considérer les tableaux, il ne semblera plus le même qu'il était au moment où on l'a mesuré. Il faut donc obscurcir après coup cet échantillon, autant que la surface, dont on a mesuré le ton, était obscurcie elle-même par l'air noir du site; ou bien il faut l'éclaircir après coup, si cette surface doit être représentée, par exemple, sous l'air très-clair du jour ouvert. Je dois prévenir ici qu'il est nécessaire d'avoir compris les leçons précédentes, pour ne point trouver étranges celles-ci et pour pouvoir les pratiquer sans hésiter; mais expliquons-nous encore et poursuivons cette question.

Si la fenêtre est étroite, telle est celle de la fig. 469, et que vous vouliez prendre sur le cube 3, qui est situé à

l'extrémité de la table, par exemple, l'échantillon de son
ton, il ne sera juste que tant que vous laisserez votre amassette exactement dans cette même place; car ce cube,
situé à cette extrémité de la table, est moins éclairé que
les autres. Mais, dès que vous reporterez cet échantillon
au jour, il n'exprimera plus un géométrique obscurci par
la privation de la lumière.

Il semblerait peut-être plus simple et plus sûr de reporter tous les objets à la même place sur la table, et
de prendre en cette seule place tous les échantillons à
l'aide de l'amassette, puis de les rembrunir ensuite selon
le ton de la place qu'ils occupaient; mais qu'importe que
l'objet comparé soit dans une coupe d'air obscurcie ou
éclaircie, puisque l'amassette ou l'échantillon qu'on approche de lui s'obscurcit et s'éclaircit aussi? Il suffit donc
de prendre les échantillons sans déplacer les objets, et
de les modifier après coup.

Passons au moyen matériel d'obscurcir et d'éclaircir
les échantillons selon ces influences accidentelles de l'air
noir ou clair ou gris.

Si l'air est noir dans une partie du site, et qu'il rende
la surface ou l'objet mesuré plus obscur qu'il ne l'eût été
sous un air et un luminaire modéré et tel qu'on le doit
choisir pour exposer des tableaux, il faut alors abaisser
ce ton moyen de l'échantillon, soit après qu'il sera sec et
par un noir glacé par-dessus, soit immédiatement en
ajoutant du noir dans la teinte encore fraîche (ce noir
étant toujours supposé sans couleur).

Si l'air est très-clair accidentellement dans une partie
du site, il arrivera que le ton de la surface mesurée sous
cet air ou ce jour très-clair, lequel ton a été déposé sur

l'amassette ou l'échantillon, reparaîtra d'un ton modéré, lorsqu'on le sortira de cette coupe d'air accidentelle, en sorte qu'il faudra l'éclaircir et exalter son éclat jusqu'à ce que la différence offerte par cet air accidentel clair soit répétée sur cet échantillon considéré comme tableau et vu sous un jour ordinaire.

Enfin, si l'air accidentel est gris, ce sera du gris qu'il faudra ajouter, etc.

Ces tons étant obtenus, on les placera soit l'un à côté de l'autre, avec leurs numéros, tel qu'on le voit dans le plan, fig. 471, soit sur l'esquisse préparatoire disposée à cet effet. Voy. le chap. 441.

Mais de combien, dira-t-on, doit-on embrunir tel ou tel échantillon accidentel situé dans telle ou telle coupe d'air obscur? Il y a deux moyens d'y parvenir : le premier par le calcul, le second par le sentiment; mais, pour mieux dire, il n'y en a qu'un, c'est le calcul aidé par le sentiment. Ainsi, si l'on a le plan du site sur lequel sont exprimés les degrés d'éloignement relatifs des objets au luminaire, on déterminera, par le calcul, de combien s'obscurcit tel ou tel objet ou surface exposée en face du luminaire (voy. le chap. 342, où il a été traité du jour fermé), et on connaîtra par ce moyen les divers degrés d'obscurcissemens relatifs à la place de chaque objet dans le site, ou relatifs à des effets accidentels, lesquels sont eux-mêmes déterminés.

C'est à présent qu'il conviendrait peut-être de rappeler que, si l'on glace du noir sur un échantillon répété d'après un objet noir, ce noir ne le changera pas; que si c'est du gris que l'on superpose et que l'objet ou l'échantillon soit gris, il n'y aura pas non plus de changement, et qu'il en est ainsi du clair superposé sur un échantillon clair. Mais, quant au gris, il abaissera l'échantillon clair, et éclairera l'échantillon brun. Le noir au contraire obscurcira le clair et le gris, etc.

Je crois devoir aussi dans ce chapitre répéter que le but est de donner l'idée du géométrique inhérent aux objets. Ainsi l'on doit le conserver dans le clair comme dans l'ombre, de sorte que l'ombre d'un cube blanc plongé dans l'air noir, doit, malgré cette obscurité, donner l'idée d'un cube blanc, mais il faut aussi que cette ombre donne l'idée d'un air noir et d'un luminaire peu éclatant. J'ai dit plus haut qu'à l'aide des oppositions on facilitait ces résultats et ces vraisemblances.

Voilà donc le ton des objets connu et répété dans quelque air que soient plongés ces objets ou ces surfaces superposées et situées toujours sous le même angle par rapport au luminaire. Nous verrons tout à l'heure de combien est altéré le ton de ces surfaces, lorsqu'elles se présentent obliquement au luminaire; puis nous considérerons orthographiquement ces mêmes surfaces, quelle que soit leur obliquité, et enfin perspectivement, pour y ajouter l'altération aérienne ou scénographique.

Ces premiers exercices de clair-obscur feront peut-être croire aux élèves que la méthode analytique exposée ici est indispensable pour opérer sur le tableau, et qu'ils seront menacés de passer par une multitude d'opérations fastidieuses; mais il faut les avertir tout de suite qu'ici nous sommes obligés de commencer par l'exposition de la partie théorique et scientifique du clair-obscur, mais qu'à la fin nous donnerons des moyens pratiques d'opérer très-simples, très-faciles et très-expéditifs. Ainsi ces premières instructions doivent moins les inquiéter que les tranquilliser, et ils doivent les suivre de même qu'ils ont suivi les premiers élémens de la graphie linéaire auxquels ont succédé les procédés pratiques très-simples de l'orthographie et de la scénographie, à l'aide de l'échelle optique.

CHAPITRE 419.

DE LA NÉCESSITÉ DE RECONNAITRE QUEL EST LE DEGRÉ D'ÉNERGIE DU LUMINAIRE ADOPTÉ POUR LE TABLEAU, AFIN D'ÉLEVER OU D'ABAISSER APRÈS COUP LE TON DES ÉCHANTILLONS PRIS D'APRÈS NATURE SOUS UN LUMINAIRE MOYEN ET TEMPÉRÉ.

COMME il faut ici comprendre et examiner tous les cas, il convient d'ajouter que le luminaire sous lequel on mesure et on prend les échantillons, peut n'être pas le même sous le rapport de l'énergie que celui qui a été déterminé pour la représentation, en sorte que ces tons ne donneraient pas l'idée d'un luminaire énergique ouvert et puissant, tel que celui du jour ou du soleil. Il convient donc d'exalter ces échantillons pris sous le jour fermé, s'ils doivent représenter des surfaces éclairées par un jour ouvert et brillant. Si on eût pris ces échantillons au grand jour, il eût toujours fallu les exalter après coup, puisque ces tons de l'amassette répétés en plein jour eussent été eux-mêmes très-éclairés alors, et qu'étant ensuite placés et exposés sous le jour des appartemens, ils se trouvent abaissés. On aurait tort d'objecter que ceci

vient d'être dit au chapitre précédent, puisque l'air clair
provient d'un luminaire clair ; mais en y réfléchissant,
on verra qu'il fallait distinguer ces questions.

D'après le même principe, si le luminaire voulu pour
la représentation sur le tableau est plus sombre que celui
sous lequel on examine les surfaces et les échantillons
qu'on leur compare, il faut abaisser après coup ces échantillons.

Il résulte du principe étudié dans ces deux chapitres,
que, dans l'altération ou la modification faite après coup
sur les échantillons pris sur les objets par un jour et
dans un air moyen, il faut considérer la modification et
de l'air et du luminaire : de l'air plus sombre ou plus clair ;
du luminaire plus énergique ou plus sourd, le tout pour
rentrer dans l'effet naturel voulu pour le tableau.

Ajoutons quelques réflexions qui serviront à faire
mieux comprendre l'ensemble de toute cette question. Si
l'on avait à représenter, comme l'a fait Rembrandt, St-
Alexis, logé sous un escalier, il ne faudrait pas user des
échantillons tels que les donnerait la pierre des murailles,
le papier ou le parchemin, le bois et autres objets introduits dans ce sujet (Musée de Paris, n° 664) ; mais, après
avoir pris ces échantillons sous un jour ordinaire, il faudrait les altérer, comme les altèrent en apparence la petite fenêtre triste qui les éclaire, et l'air obscur dans
lequel ils se trouvent.

Il faut donc observer la nature dans le site qui doit
servir de modèle, pour s'en souvenir ou y prendre des
notes précises ou mathématiques, si l'on veut, des modifications que les objets y éprouvent quant à leur ton ;
mais il ne suffit point d'y mesurer les tons à l'aide d'é-

chantillons; puisqu'ils seront jugés sous un jour clair et moyen. Cette observation sur la différence des jours du site et des jours qui éclairent le tableau, fait naître beaucoup d'idées intéressantes que nous tâcherons de recueillir plus tard, mais disons, en attendant, que quand les peintures sont exposées ou au soleil ou dans des salons ou galeries très-éclairées par le haut, cela peut induire en erreur les peintres qui calculent pour produire de l'effet dans ces seuls salons (tel est le salon de peinture de Paris). Ainsi les bruns très-forts qui dans ces mêmes tableaux ne paraissent que des demi-bruns, sont d'une obscurité choquante lorsqu'on transporte ces tableaux dans un appartement éclairé par un jour moyen.

Examinons maintenant un effet particulier, celui, par exemple, d'un crépuscule, et observons l'influence de l'air graduellement sombre et du luminaire à demi éteint.

Vers le soir et lorsque la nuit commence, toute la nature s'éteint dans un demi-jour décroissant. Les effets ordinaires ne sont plus les mêmes; les corps blancs paraissent voilés et obscurcis; rien n'éblouit plus; les réflexions luisantes sont amorties, et tout se passe en demi-tons. Le demi-jour semble fondre les effets et ne plus produire qu'une seule couleur; les plans paraissent grands, simples et sans détails sensibles; une obscurité ambiante semble envelopper les surfaces et mieux arrondir les formes; les plans fuyans et éloignés sont aussi bruns que les plans plus proches, et il y a quelque chose d'incertain dans le volume des clairs; enfin les ombrages sont vagues et très-prolongés sur le terrein. Or dans tous ces effets il n'y a rien qui ne soit mesurable, qui ne soit positif; et c'est faute de bonnes méthodes et de principes certains

qu'on a cru que tant d'effets fugitifs ne pouvaient pas être
soumis à l'analyse. Mais le fugitif est aussi aisé à calculer
que l'immuable, et ceux qui savent dessiner un cheval
qui galope, un nuage qui passe, etc., peuvent représenter
un ton qui va changer dans un instant, une teinte qui ne
dure qu'un moment. Cette description du crépuscule peut
donc devenir mathématique, si le peintre le veut. A cette
heure l'air est obscur et le luminaire n'est qu'une lueur
plus ou moins faible et qu'on peut déterminer. Le géométrique des tons est donc obscurci à un degré qu'on peut
fixer. L'azur du firmament décolore les teintes rouges des
carnations, il verdit un peu les teintes jaunes et annihile
les couleurs orangées (voyez le chapitre de l'achromatisme). Les luisans disparaissent, puisque le luminaire est
élargi et affaibli ; rien n'est si aisé à comprendre (voy. le
chapitre des luisans). Tout se fond et s'éteint : cela doit
être, puisque tout est moins distinct. Les plans semblent
grands et simples par la même raison. (Ne paraissent-
ils pas tels en plein jour, si on les considère à travers des
verres obscurcis ?) Si les tournans sont plus sensibles, c'est
que l'air étant obscur, les reflets sont presque anéantis.
Les bruns du lointain restent bruns ; même cause, même
effet, car l'air brun ne saurait les éclaircir. Enfin, si l'on
remarque quelque chose de particulier dans le volume des
clairs, c'est que cet effet ne peut ressembler ni à la lumière orthographique du soleil, ni à la lumière vague du
jour, puisque le volume de cette lumière crépusculaire
est particulière et déterminée. Quant aux ombrages, ils
sont alongés, ainsi qu'au soleil couchant, mais ils n'ont
pas la même projection orthographique et tranchante.

Au résumé, que faut-il faire pour représenter ce ta-

bleau quant au clair-obscur et à la question dont il s'agit
dans ces chapitres ? Il faut, après avoir mesuré les tons
des objets qui composent ce sujet ou ce spectacle, et après
en avoir pris des échantillons qu'on placera sous des numéros ou si l'on veut dans une esquisse monochrome
(voy. le chap. 441); ces échantillons étant pris sur les
faces situées un peu tournées à un luminaire moyen, ainsi
que nous l'avons dit, il faut, dis-je, abaisser ensuite chacun de ces tons, selon qu'on se souvient qu'ils le sont dans
la nature et dans l'effet du crépuscule qu'on se propose
de peindre. Et ces modifications, il faut les faire selon
le vraisemblable ou selon l'idée qu'on veut donner d'un
tel spectacle, en proportionnant la dégradation du ciel à
celle des objets, etc. J'ai choisi et cité cet exemple pour
faire apercevoir que repousser les règles qui ne sont autre
chose que les élémens de l'analyse, et vouloir imiter tout
par sentiment sans ces règles, c'est une funeste prévention,
puisqu'elles éclaircissent les idées et qu'elles précisent les
différences, puisqu'enfin elles dirigent ou contiennent
l'artiste dans les opérations relatives au vrai, au vraisemblable et au beau.

CHAPITRE 420.

DU MOYEN DE COMPARER ENTRE EUX LES RAPPORTS DES TONS ET DE LES DIVISER ET SUBDIVISER A VO- LONTÉ.

Deux tons extrêmes 1 et 3 étant adoptés et posés (voy.
fig. 472), si l'on place entre deux un ton aussi différent

de l'un que de l'autre de ces deux tons extrêmes, on aura un ton moyen 2, qui est autant la moitié de l'un que de l'autre. Si ensuite on prend pour extrême ce ton moyen 2 et un de ces deux autres tons extrêmes, quel qu'il soit, et ici 3, et qu'on place entre deux un ton qui soit aussi éloigné ou différent de l'un que de l'autre, ce ton 4 sera de même autant la moitié de l'un que de l'autre, et par conséquent le quart inférieur du tout, et ainsi de suite.

Pour obtenir le tiers il faut d'abord prendre le quart tel que 4, par exemple, puis rapprocher un peu ce ton 4 du ton 2, ce qui éclaircissant un peu ce ton 4, le rendra tiers (voy. le ton tiers 5 et l'autre tiers 6). La ligne ** qui est divisée en tiers, indique assez par les espaces prescrits par les points la différence qu'il faut observer dans ce ton : les n°ˢ 5 et 6 expriment donc ces tons.

Je ferai observer en passant combien sont utiles aux commençans les exercices qu'on doit leur faire exécuter selon cette leçon. Ces exercices sont absolument analogues aux exercices de la gamme en musique, et ils forment le sentiment optique des mesures d'intensité, de même que les exercices sur la gamme forment le sentiment acoustique. C'est donc être descendu jusqu'aux véritables rudimens du coloris, que d'avoir pénétré dans ces divers élémens très-simples et qui pour la première fois se trouvent exposés dans un traité.

CHAPITRE 421.

COMMENT ON REPRÉSENTE GÉOMÉTRIQUEMENT LES TONS
DES SURFACES PLUS OU MOINS OMBRÉES PAR L'EFFET
DE LEUR SITUATION PLUS OU MOINS OBLIQUE AU LU-
MINAIRE.

Nous avons tâché d'expliquer au chap. 345 comment
s'opère l'illumination des objets par les luminaires; nous
avons dit que, sur les surfaces placées obliquement par
rapport au luminaire, les rayons ne projetaient la lumière qu'en glissant, et que leur réflexion avait par conséquent moins de force ou d'énergie, ce qui provenait
d'ailleurs de ce qu'ils se trouvaient comme pressés et
embarrassés les uns par les autres. Ici il s'agit de donner
le moyen d'exprimer avec justesse et de répéter à coup
sûr l'effet ou le ton que manifestent les surfaces selon
qu'elles sont plus ou moins obliques au luminaire.

Commençons par déterminer les échantillons des deux
tons extrêmes de la superficie dont nous allons chercher
le degré d'obscurcissement par le degré d'obliquité. Nous
venons de prendre (chap. précédent) l'extrême clair, il
ne s'agit plus que de déterminer l'extrême obscur.

Un raisonnement particulier est nécessaire ici. A l'ins-
pection de la figure 473, que nous allons expliquer, on
remarque que le plus grand ou l'extrême clair 90 est exposé perpendiculairement au luminaire, et qu'il doit recevoir un très-haut degré d'illumination; et cependant nous
avons vu aux chapitres précédens que, pour prendre

l'orthographie de la surface claire (qu'on modifiait après coup, selon l'air et le luminaire convenu pour le tableau), il faut placer cette surface un peu obliquement au luminaire pour qu'elle soit accessible à la palette, en sorte qu'on en conclurait que la surface n° 90, fig. 473, offre un maximum de clair inaccessible. Mais, puisque le ton n° 1, fig. 371, est le plus haut que puisse atteindre la palette, ou le maximum praticable (différence qui se rapporte au principe d'inégal quoique semblable), il faut que ce soit ce même ton qui soit l'extrême, (90 A) du quart de cercle nécessaire à notre opération ; et comme cet extrême clair est affaibli, il faudra affaiblir aussi l'extrême obscur B o, selon la règle indiquée chap. 439 (de l'inégal, quoique semblable, des tons).

Voilà donc nos deux extrêmes connus, le clair A n° 90 et le brun B o. D'ailleurs le peintre, ainsi que nous l'avons dit, est le maître d'adopter, selon le vraisemblable, tel ou tel clair, tel ou tel brun extrême, qu'il juge à propos, sauf le brun encore plus intense des trous, et le clair des luisans, dont on ne tient pas compte ici. Il ne s'agit plus que de considérer combien cette surface A 90 est tournée ensuite obliquement au luminaire, et de proportionner son obscurcissement à cette obliquité. Établissons donc le quart de cercle fig. 473, et divisons-le en 7 parties seulement, ce qui suffit, les autres subdivisions n'étant indiquées que par des points. Ainsi on aura les principales divisions ainsi qu'il suit : 90, 75, 60, 45, 30, 15 et zéro. Passons au moyen de rapporter les tons à ces obliquités.

CHAPITRE 422.

DE L'EMPLOI DU SINUS POUR CONNAITRE LES DEGRÉS
D'OBLIQUITÉ DES SURFACES AU LUMINAIRE, ET POUR
Y FAIRE CORRESPONDRE L'INTENSITÉ DES TONS ME-
SURÉS DANS LE RAPPORT DE CES DEGRÉS D'OBLI-
QUITÉ.

Si on connaît le degré d'obliquité de la surface au luminaire, surface dont on veut répéter le ton, il ne s'agira
plus, pour répéter ce ton, que de composer un ton intermédiaire rapproché du ton extrême brun autant que la
surface est tournée obliquement au luminaire, ce qui
s'obtient à l'aide du sinus.

Le sinus d'un arc est une ligne droite menée de l'extrémité de cet arc perpendiculairement sur le diamètre
qui passe par l'autre extrémité : ainsi BC est le sinus de
l'arc AB, fig. 476.

Pour faire usage du sinus servant à faire concorder
avec les degrés d'obliquités des surfaces leurs tons plus
ou moins obscurs, il faut, la route du luminaire étant
déterminée sur le plan (fig. 474), prendre avec le compas une grandeur quelconque, telle que Aa, par exemple,
(fig. 475); puis, portant cette grandeur ou cette ouverture de compas sur une des lignes du luminaire qui tou-
chent obliquement la surface, ainsi qu'on le voit en BC,
par exemple (fig. 174), il faut fixer sur cette ligne du
luminaire en C la branche de compas opposée à celle qui
est sur le point B, et ensuite resserrer l'ouverture du
compas, de manière que cette branche qui était en B

vienne sectionner perpendiculairement en E la ligne Bb
ou surface oblique au luminaire. Cette réduction rap-
portée ensuite sur la grandeur de la ligne A*a* (fig. 475),
qui sert de comparaison, fera connaître quelle est la réduction de cette nouvelle ligne : le ton suivra cette différence. Ainsi, dans ce cas, le nouveau point E (fig. 475),
qui exprime ici la réduction de la ligne A*a*, se trouvant
rapproché du point *a*, fait connaître que le ton demandé
doit aussi être rapproché de A brun extrême; et, pour
mieux expliquer ceci, ajoutons que, quand nous compa-
rons l'ouverture réduite du compas à la grandeur de la
ligne A*a*, nous voyons que cette réduction est aux dépens
de A qui est censé le maximum clair, ensorte que E, qui
n'est autre chose que le point A rapproché de *a*, doit exprimer le ton clair A obscurci ou rapproché de l'extrême
brun *a*. Or, dans l'exemple proposé fig. 475, nous remarquons que la quantité diminuée désignée par AE, se trouve
être le quart de toute la ligne A*a* : nous en concluons
donc que le ton A de la surface oblique s'obscurcit d'un
quart par rapport à *a* qui est le brun extrême. Voyez
pour cette dernière opération particulière le chap. 420,
qui traite des moyens de diviser et de subdiviser les tons.

Il est à observer que, si l'on voulait prendre le point
milieu E de la surface (fig. 474), au lieu du point extrême B, la ligne A*a* qu'on vient d'employer, serait trop
longue, puisqu'elle irait presqu'en F sur la ligne corres-
pondante du luminaire; dans ce cas et dans tout autre
analogue, il ne s'agit que de prolonger la ligne de la surface. Ainsi on prolongera la ligne B*b* jusqu'en *bb*, et le
point G sera le point de raccourcissement servant de
règle pour obscurcir le ton.

On emploiera le même procédé et les mêmes moyens
de mesurer pour connaître et répéter toutes les surfaces
quelconques exposées au luminaire. Maintenant on de-
mandera si le procédé doit être le même quant aux superficies éclairées par des luminaires petits, tels que les
flambeaux qui envoient leurs rayons par une projection
conique : je répondrai qu'il n'y a aucune différence dans
le procédé, sinon que la mesure se prend sur ces rayons
coniques; ainsi la mesure Aa au lieu d'être reportée de B
en C sur le rayon parallèle, sera portée de B en c sur le
rayon conique convergent au luminaire que nous supposons hors de l'estampe.

Nous venons donc d'étudier le géométrique des tons
des surfaces obliques au luminaire, mais une surface ainsi
obscurcie et dont le ton est connu, n'est pas toujours vue
et considérée par un spectateur placé vis-à-vis d'elle; elle
peut donc se présenter à lui, de manière qu'elle lui semble
un peu différente orthographiquement de ce qu'elle
est géométriquement, parce qu'elle présente une nouvelle
obliquité qu'on peut appeler obliquité d'aspect; il faudra
donc en tenir compte, ce qui est fort facile. De plus, cette
surface peut être considérée perspectivement, ce qui
ajoute encore plus ou moins d'altération. Voyez les chapitres correspondans à ces deux questions.

Ajoutons que, pour reconnaître et répéter les différens
tons d'un cercle, il suffit de le considérer comme un po-
lygone dont les faces sont déterminées; et, les tons étant
placés, il suffit de fondre chaque ton avec son contigu.
Quant aux tons d'une sphère, on peut les considérer
comme résultant d'un polyhèdre sphérique.

En étudiant la nature sous ce rapport, on ne manquera

pas de remarquer qu'il y a des cas accidentels de toute
espèce, qui font exception. Tous les corps ne sont pas
d'une contexture semblable. Ceux qui sont polis ou mats
ou demi-mats, ou veloutés, etc. passent plus ou moins
subitement au brun s'ils sont blancs, et plus ou moins
subitement au clair s'ils sont noirs ou bruns ; mais ces
différences ne concernent que le choix des deux tons extrêmes clair et brun, car le procédé pour trouver les obliquités est le même. De plus, il y a les reflets qui arrêtent
la régularité des progressions, etc. ; mais toutes ces explications ne servent qu'à faire ressortir la justesse de notre
principe ou plutôt de notre procédé.

Il doit résulter de cette étude analytique du clair-
obscur ce qui résulte de l'étude analytique de la perspective linéaire, c'est que, dans le cas même où l'on ne ferait
pas toutes les opérations de calcul indiquées ici pour tel
ou tel objet du tableau, on n'en sera pas moins instruit sur
ce point par ces exercices faits dans les écoles, ensorte
qu'on saura voir la nature tout autrement, c'est-à-dire,
infiniment mieux que ne la voient les ignorans en ces
questions, ignorans qui sont persuadés que leur génie leur
suffit. Je suppose donc que dans les écoles on aura exercé
les élèves à trouver les tons obliques de toutes sortes de
surfaces au luminaire, telles que les surfaces grises, noires, luisantes, demi-luisantes, demi-veloutées, etc. Les
moindres notions en arithmétique suffisent pour faire
obtenir toutes les divisions et les subdivisions usitées dans
ce procédé. Quant au sentiment visuel nécessaire pour
ces opérations, toute personne bien organisée l'acquerra
aussi facilement que le sentiment qui en musique peut
faire distinguer un demi ou un quart de ton, un dièse ou

un bémol. Nous supposons d'ailleurs 'que le peintre sait très-aisément mesurer et transporter les tons [1].

CHAPITRE 423.

COMMENT ON REPRÉSENTE GÉOMÉTRIQUEMENT LES OMBRAGES.

L'EMPLOI de l'échelle perspective permettant de représenter ou d'exprimer après coup la modification scénographique, il s'en suit que le moyen de dessiner les ombrages peut être beaucoup plus simple que celui qu'on trouve indiqué dans les livres. Ainsi l'analyse géométrale que nous allons employer, en nous servant du profil du plan et de l'élévation, donnera une grande facilité pour représenter tous les ombrages perspectifs sur le tableau. Commençons par les opérations les plus simples.

Ombrage porté sur le terrain par les corps posés à plomb.

La longueur de l'ombrage est déterminée par la hauteur de la partie qui intercepte, et par la hauteur du luminaire. La largeur de l'ombrage est déterminée par la largeur du corps qui intercepte : nous adoptons ici la lumière du soleil dont les rayons sont considérés comme parallèles. (Il faut observer que, si le luminaire est plus étroit que le corps qui intercepte, cette largeur augmentera ; s'il est plus large, cette largeur diminuera, la dis-

---

[1] Il peut arriver que les tons des figures gravées ici aient été altérés à l'impression, mais le lecteur suppléra aisément à ces altérations.

tance du luminaire influant d'ailleurs sur cette mesure.
Ces deux questions appartiennent à la dernière section
de ce chapitre.)

Ombrage porté sur le terrain par un cube (*fig.* 477).

A indique le soleil, 1 est le cube. Pour connaître la longueur de l'ombrage sur le terrain, projetez le rayon lumineux AB qui touchera l'angle C du cube qui intercepte
le soleil, la longueur DB sera celle de l'ombrage. Quant
à sa largeur, le plan de ce même cube étant représenté
en 2, les lignes EFG en exprimeront la mesure; puis, en
y ajoutant les longueurs prises sur la 1re figure en DB, on
aura exactement l'image géométrique de l'ombrage sur
le terrain.

Ombrage porté sur le terrain par une pyramide (*fig.* 478).

1 représente la pyramide, A indique le soleil, CB la
longueur de l'ombrage; quant à sa largeur, il faut, pour
l'obtenir, reporter la mesure CB en CB sur le plan 2,
et B sera l'ombrage du sommet auquel viendront se join-
dre les lignes D et E, ce qui formera géométriquement
l'ombrage.

Ombrage porté sur le terrain par un cylindre (*fig.* 479).

1 représente un cylindre couché par terre; on voit les
divisions régulières de ce cylindre en 1 2, 3 4, 5 6, 7 8 et 9
rapprochées orthographiquement d'après l'opération n° 2.
La longueur de l'ombrage porté par chacune de ces divisions est indiquée sur la ligne de terre par des chiffres

correspondans. Quant à sa largeur, le cylindre dont le plan est représenté n° 2, offrant les mêmes divisions, il ne s'agit que de tirer des lignes indéfinies de chacun de ces points de division, lesquelles lignes seront sectionnées ensuite par les longueurs prises sur la 1ʳᵉ figure ; et là, où ces longueurs sectionnent les lignes indéfinies qui expriment les largeurs, seront les points par lesquels passera le contour de l'ombrage.

Ombrages portés par les corps posés à plomb sur d'autres corps posés aussi à plomb. — Ombrage porté par un cylindre sur un cube, l'un et l'autre étant posés à plomb (fig. 480).

Le n° 1ᵉʳ représente le profil du cylindre, et le n° 2 le profil du cube avec la direction des rayons lumineux, et par conséquent la place où chaque division du cylindre porte son ombrage sur le cube. Le n° 3 offre le plan donnant les largeurs de l'ombrage, plus les divisions nécessaires pour l'élévation ; et la ligne *zz* est la ligne d'aspect ; les nᵒˢ 4 et 4 offrent l'élévation et du cube et du cylindre dont l'ombrage porté s'obtient en prenant sur le plan les divisions de largeur que l'on porte sur la ligne de terre, et auxquelles on ajoutera les hauteurs prises sur le profil.

Il est inutile de rappeler que les dessins de ces figures sont exécutés par les procédés dont nous avons usé précédemment, ensorte qu'il faut les savoir pratiquer.

Ombrage porté par un cube sur un cylindre
(fig. 481).

Il n'y a aucune observation à faire au sujet de cet

exemple, dans lequel on a procédé comme dans l'exemple précédent.

Ombrage porté par une pyramide sur un cylindre (fig. 482).

Dans cet exemple remarquez que sur la ligne 5 5 du cylindre n° 4, B C sont les points où le cylindre couché touche la terre, et où l'ombrage de la pyramide s'arrête; et que la forme indiquée par le triangle ABC est l'image de l'ombrage qui descend sous le cylindre, et qui est censée ici vue par transparence.

Ombrages que des corps inclinés portent sur d'autres corps inclinés. — Ombrage porté par un cube incliné sur un cylindre incliné (fig. 483).

Il n'y a rien de particulier à remarquer dans cet exemple, la manière de dessiner géométralement ou orthographiquement les corps inclinés ayant été expliquée au chapitre 272.

Ombrage porté par une pyramide inclinée sur un cylindre incliné (fig. 484).

Cette leçon est toute conforme aux précédentes.

Des ombrages projetés à la lumière des flambeaux.

Il nous resterait à parler de l'ombrage produit par un luminaire plus petit que l'objet, tel que serait un flambeau; et à parler aussi de l'ombrage produit par un luminaire plus grand que l'objet, tel que serait entr'autres une fenêtre de grande ouverture et proche de laquelle serait situé le corps portant l'ombrage : mais l'examen des figures 485 et 486 doit suffire. On voit qu'il n'y a rien de différent dans l'opération exigée dans ces cas, si ce n'est la direction des rayons du luminaire dont l'un rend les ombrages élargis, et l'autre les rend rétrécis à leurs extrémités.

CHAPITRE 424.

COMMENT ON REPRÉSENTE GÉOMÉTRIQUEMENT LE TON DES REFLETS PROVENANT DE L'ILLUMINATION DES CORPS VOISINS.

QUELQUEFOIS les corps projettent des reflets ou des réverbérations assez importantes pour qu'on doive les étudier en particulier, et cette espèce d'étude n'a rien d'étranger à la marche que nous avons suivie jusqu'ici. Il faut donc considérer ces corps réfléchissans comme des luminaires principaux, et en observer toutes les conséquences. Ils peuvent d'abord être représentés géométriquement, puis orthographiquement, et enfin scénographiquement; mais la place du spectateur cause parfois une assez grande obliquité sur quelques-unes des surfaces refletées, car le corps reflecteur peut être placé presque derrière l'objet refleté. On se rappellera que dans cette question il ne s'agit nullement de choix, mais seulement de la justesse de représentation.

CHAPITRE 425.

COMMENT ON REPRÉSENTE EN GÉOMÉTRAL LES LUISANS.

LES luisans ne se manifestant que sur une petite étendue très-déterminée, il est peut-être plus essentiel de les
représenter avec justesse que les simples clairs qui s'é-
tendent, se fondent, se perdent plus ou moins, et qui, si
on ose le dire, permettent quelque chose de vague dans
leur imitation. En effet, ce point unique et fixe du luisant exprime et manifeste d'une manière positive la forme
de l'objet et l'espèce de luminaire qui l'éclaire. La moindre fausseté est choquante en cette représentation. Aussi,
lorsqu'il s'agit, à propos de figure, des points luisans sur les
yeux, reconnaît-on combien cette justesse concourt à la
vérité ou à la fausseté de l'image. Au reste des études de
perspective sur cette question sont infiniment utiles pour
former et pour rendre délicat le sentiment du peintre.

La théorie des luisans repose sur un axiôme connu de
géométrie : c'est que la réflexion produisant ou manifestant le luisant, fait toujours un angle égal à son incidence.

Un exemple préparera l'explication qu'il convient de
donner à ce sujet. Quand une bille a été chassée obliquement contre la bande d'un billard, elle se réfléchit
et va du côté opposé : or la ligne qu'elle parcourt pour
aller d'abord frapper et bondir contre la bande, forme
avec cette bande même un angle quelconque, qu'on appelle angle d'incidence (du mot latin *incidere*, tomber).
L'autre angle qu'elle forme ensuite par la ligne qu'elle

parcourt après avoir quitté le point de la même bande,
est ce qu'on appelle angle de réflexion, angle toujours
égal à l'angle d'incidence.

Ainsi (fig. 487) la route ou la ligne AA du luminaire
étant tracée et passant par le centre du cylindre, et la
ligne de l'œil BB étant aussi tracée et passant aussi par le
centre du cylindre, il s'agit de diviser en deux l'angle ou
triangle que forment ces deux lignes, et là où passera cette
ligne de division, sera le point du luisant qui est ici C. On
voit que, si au contraire l'œil était placé en D, le luminaire restant en AA, le point de luisant se trouverait en E.
La fig. 488 fait voir l'élévation de ce cylindre.

S'il s'agit du luisant sur une sphère, l'opération est la
même quant au plan. Il ne s'agit que d'obtenir de plus
la hauteur où se trouve le point de luisant. Pour cela, il
faut dessiner d'abord la sphère géométralement; puis, la
hauteur du luminaire étant déterminée et sa ligne de direction passant par le centre, ce point luisant de la sphère
aura lieu là où cette ligne de hauteur du luisant section-
nera la colonne verticale du luisant ou bien la ligne verticale qu'on aura prolongée à partir du point de luisant
trouvé pour un cylindre ou un disque du même diamètre
que la sphère (voy. fig. 489).

Il y aurait encore à considérer quelle est la largeur
ou grandeur du point luisant qui mire, par exemple, une
fenêtre ou bien le ciel sous un jour ouvert. On conçoit,
quant à cette grandeur, sous un jour fermé, que l'éloignement ou le rapprochement du corps luisant par rapport
à une fenêtre, fait que cette grandeur est ou plus resserrée ou plus étendue, et ceci se rapporte aux proportions
des effets de l'angle visuel ou perspectif. Ces différences

sont donc très-mesurables. Quant aux luisans sous le
jour ouvert, l'éloignement de l'objet ne change rien à
leur grandeur. Je crois inutile d'entrer dans d'autres détails, persuadé que tout artiste doué d'une intelligence
ordinaire pénétrera aisément dans les particularités d'optique relatives à cette question.

CHAPITRE 426.

DES TONS CONSIDÉRÉS ORTHOGRAPHIQUEMENT.

Par orthographie des tons on entend la vue et la représentation des tons des surfaces considérées orthographiquement. Voir orthographiquement les tons, c'est les
voir ainsi qu'on voit les superficies elles-mêmes par l'effet
d'une vision droite ou par des rayons droits parallèles
et non convergens à l'œil; c'est de plus les considérer
de tout près et sans l'interposition de l'air, en sorte que
l'influence que l'air peut avoir sur les profondeurs, éloignemens ou enfoncemens, influence qui constitue la scénographie des tons ou la perspective aérienne, n'est
comptée pour rien. En orthographie on obtient donc
le ton, non tel qu'il paraît selon son altération visuelle,
lorsqu'il est perçu de loin et d'une seule œillade, mais
tel qu'il est par rapport à l'aspect par rayons droits et
perpendiculaires au spectateur. Ce ton orthographique
n'est donc autre que le ton géométrique modifié selon
l'aspect orthographique déterminé par la place du spectateur. Enfin avoir obtenu le ton orthographique, c'est
avoir obtenu, outre le ton géométrique des surfaces, le ton

qui résulte de leur position ou obliquité par rapport au luminaire, ainsi que de l'espèce d'air ou des coupes d'air dans lesquelles se trouvent ces surfaces, c'est avoir obtenu, dis-je, la petite altération qui résulte de la situation plus ou moins oblique du spectateur par rapport à ces surfaces vues orthographiquement.

De même donc que dans l'orthographie linéaire il y a des raccourcis orthographiques ou géométraux, et par-conséquent des diminutions de dimension, de même il y a des raccourcis et des diminutions de ton sur les faces obliques vues orthographiquement.

Il est nécessaire de rappeler qu'une surface dont le ton est ou ombré par son obliquité, ou noir, ou gris, ou blanc, parce que tel est son caractère propre, etc., que cette surface, dis-je, paraîtra différente selon qu'on la considérera ou de face ou de côté. Or les surfaces obliques au spectateur subiront cette altération apparente; en sorte qu'il convient, avant que de prendre les mesures orthographiques des tons des surfaces, de se rappeler le principe qui veut qu'une surface brune paraisse éclaircie, étant aperçue ou considérée obliquement, qu'une surface claire paraisse obscurcie, et que les surfaces grises restent grises, quelle que soit leur obliquité.

Quand nous considérons une colonne de manière à n'en apercevoir qu'un quart ombré et les trois autres quarts clairs et demi-clairs, cette ombre nous semble moyennement brune; cependant, quand nous tournons autour de cette colonne pour considérer de face cette même ombre sans nous en approcher, cette ombre semble embrunie. C'est, nous l'avons déjà expliqué, parce que ce plan ou cette face ombrée était très-oblique par rapport à notre œil, et que les rayons étaient très-serrés et ne se réfléchissaient vers nous qu'en glissant. Mais dès que nous nous sommes placés de côté et en face de cette ombre ou face ombrée, les rayons bruns sont arrivés librement et perpendiculairement à notre vue et nous ont donné une sensation plus intense de brun. Et comme la même chose a lieu, mais en sens inverse, sur les plans géométriquement clairs, il résulte qu'un plan, qui géométriquement n'est ni brun ni clair, ne procure aucune modification dans la sensation comme ton, lorsqu'il est situé obliquement; et que sitôt qu'il est ou un peu clair ou un peu brun, le principe a toute sa force, et la modification a lieu. Beaucoup de draperies et d'autres objets offrent ce cas et embarrassent souvent le peintre qui leur trouve un caractère équivoque, ne sachant pas, faute surtout du principe relatif à la force de la touche, exprimer les plans de ces draperies, et les rendre sensibles au spectateur aussi aisément que les autres.

Peignez une carte en gris, pliez cette carte à angle droit, et placez-la de bout; quand vous aurez observé le ton géométrique de ses deux faces à travers un cylindre obscur, tel, par exemple, qu'un rouleau de papier noir, vous remarquerez que, de quelque côté que vous vous tourniez, l'obliquité visuelle ne change point l'apparence de ce ton géométrique : mais, si vous faites la même expérience sur une carte blanche et sur une noire, vous verrez qu'au fur et à mesure que vous vous mettez en obliquité visuelle avec ces surfaces, leur ton géométrique apparaît différemment et s'affaiblit. Ainsi l'éclat du côté clair sera obscurci ou affaibli à raison de cette obliquité visuelle, et le ton de l'ombre sera éclairci. Si la carte est noire, le même effet aura lieu, et ce ton géométriquement noir étant vu plus ou moins de côté, s'éclaircira plus ou moins.

L'expérience précédente peut servir à déterminer si tel ou tel ton géométrique appartient à la classe des clairs, ou bien à la classe des bruns, ou à la classe des gris. Cette question est assez nouvelle.

Il faut donc distinguer, outre l'altération apparente du géométrique par l'obscurité du luminaire et de l'air, l'altération qui provient de la vision orthographique, lorsque les surfaces placées obliquement semblent s'affaiblir de ton. Il faut distinguer de plus l'altération par la vision scénographique selon laquelle elles s'affaiblissent, affaiblissement qui a lieu doublement: premièrement, parce que le rayon visuel conique est encore plus oblique à cette surface que ne l'est le rayon orthographique; secondement, parce que l'air interposé altère l'apparence des tons qui ne sont pas de la même espèce que lui.

Si nous voulions suivre régulièrement l'ordre indiqué dans nos chapitres, il faudrait dire ici de combien doit être altérée orthographiquement une surface dont le ton géométrique a été déterminé et a été répété (voy. les ch. 421 et précédens), en sorte qu'on ajouterait par un calcul exact cette altération et ensuite l'altération scénographique. On pourrait en effet calculer et mesurer de combien une surface noire, par exemple, placée sous tel ou tel luminaire, dans tel ou tel air, et à tel ou tel degré d'obliquité, perd ou gagne en intensité par rapport à la vision orthographique ou à la petite obliquité nouvelle que cause cette vision. Ce calcul est faisable, mais il est minutieux; car, en supposant, comme il est raisonnable de le faire, qu'une surface claire et parallèle au spectateur s'obscurcisse d'un

16e, lorsqu'on la considère au 90e degré, c'est-à-dire, lorsqu'elle est tournée ensuite tout à fait en raccourci de
manière qu'on ne la discerne presque plus, il faudrait mesurer l'angle particulier sous lequel elle paraît orthographiquement, angle qui n'est jamais très-grand, et altérer
par conséquent son éclat ou l'obscurcir en proportion de
l'obliquité qu'on lui donne. Voyez la fig. 490, qui représente une surface claire (A) vue de face, et la même
surface vue presque tout à fait tournée (B). On y voit
aussi l'effet des degrés de l'obliquité sur une surface grise
(C) et sur une surface noire (D). La même figure 490
fait voir de plus une de ces représentations (celle de la
surface A) à laquelle on a ajouté la perspective aérienne.

Cependant, comme nous avons le procédé pratique de
l'amassette à notre disposition, nous pouvons nous dispenser la plupart du tems de ces calculs, et mesurer les tons
à l'aide des échantillons essayés sur l'amassette, en sorte
qu'il est possible de répéter le ton orthographiquement
en le prenant par une simple comparaison ou confronta-
tion. C'est ainsi que nous pourrons prendre le ton perspectif par une pratique analogue, c'est-à-dire, en plaçant
l'amassette en un seul point seulement, lequel sera le
point scénographique ou visuel, comme nous le dirons
tout à l'heure.

Quelques autres figures sont, je crois, nécessaires pour
faire comprendre toutes ces questions, qui néanmoins sont
extrêmement simples. Ainsi la surface A (fig. 491) est
la face ombrée d'un cube blanc représenté ici géométralement, en sorte que cette face A cache toutes les autres.
La surface A (fig. 492) est encore la même face; mais,
comme le cube est tourné et vu par l'angle orthographi-

quement, cette surface A se présente en raccourci, et son ton est par conséquent affaibli en apparence pour le spectateur placé dans la direction des rayons orthographiques désignés sur cette figure. Quant à la même surface A vue en perspective et telle que l'offre la fig. 493, elle s'affaiblit un peu plus que dans l'exemple précédent, parce que l'œil est fixé en un seul point, et que dans ce cas la surface se présente plus raccourcie encore. Mais, comme dans l'effet perspectif complet il y a l'effet de l'air, nous avons représenté une seconde fois cette surface A (fig. 494); et dans cet aspect scénographique elle se trouve paraître affaiblie de plus par l'interposition de tout l'air qu'il y a entre elle et le spectateur. Nous avons représenté (fig. 495 et 496) les mêmes cubes noirs et gris.

Passons au moyen pratique de prendre orthographiquement les tons sur les objets eux-mêmes.

Moyen pratique de prendre orthographiquement les tons sur les objets eux-mêmes.

La concordance qu'on va remarquer entre le procédé pratique que nous allons donner pour mesurer orthographiquement les tons des surfaces, et le procédé pratique du compas pour mesurer orthographiquement les largeurs et les hauteurs des surfaces, cette concordance, dis-je, ou cette analogie prouve beaucoup en faveur de toute notre théorie. De plus nous verrons bientôt que l'échelle des tons suit exactement l'échelle des lignes, et enfin que le même accord a lieu quant au coloris, quant à la touche et à toutes les parties de la représentation.

Supposons donc les objets placés dans le site, tels que sont les solides offerts par la figure 499; il s'agit d'appro-

cher l'amassette chargée de couleur, tout près de chaque
surface, en tenant ce couteau à couleur ou cette amassette
placée parallèlement au cadre, c'est-à-dire, orthographiquement, et en transportant l'œil ou le rayon orthographique vis-à-vis de chaque surface, de manière à pouvoir
comparer immédiatement le ton de l'amassette au ton
de la surface : par ce moyen on pourra se procurer une
exacte répétition des tons orthographiques ou des tons
vus orthographiquement.

Comment sera sous le rapport des tons cette imitation ou
cette représentation sur le tableau? Elle sera semblable à
la représentation linéaire orthographique, c'est-à-dire
que beaucoup de ces tons seront justes et tels qu'ils doivent rester pour le tableau perspectif, et qu'il n'y aura
que ceux qui étant par leur enfoncement sujets à un affaiblissement, ou, si l'on veut, à une diminution soit brune,
soit claire, ne paraîtront pas absolument naturels et
exacts, en sorte qu'il ne manquera que l'effet de l'air ou
de la distance aérienne dans cette représentation. Mais
l'avantage de procéder ainsi à coup sûr est si grand, il y
a tant de surfaces qui seront représentées presque justes,
et l'altération aérienne sera si facile à ajouter après coup,
que tous les peintres doivent être frappés de l'excellence
de cette opération.

Ajoutons que, si l'opération a été faite avec attention,
ces tons obtenus par ce procédé pratique doivent être absolument les mêmes que ceux qu'on aurait obtenus par
l'opération mathématique que nous avons exposée dans le
chapitre 422, dans lequel le moyen du sinus est employé
pour trouver les degrés d'intensité des surfaces plus ou
moins obliques au luminaire.

La figure 498 représente donc les mêmes solides vus et tracés orthographiquement. L'amassette A est placée tout près de la surface claire du solide B, et le peintre est occupé à comparer le ton de l'objet et le ton posé sur l'amassette, afin de le rendre égal, son œil se plaçant toujours à la hauteur et vis-à-vis le point mesuré, point indiqué ici par un astérisque.

La figure 497 représente les mêmes objets avec leurs tons procurés par l'amassette. On les a placés dans une délinéation perspective, afin de faire mieux comprendre l'apparence de ces mêmes objets; car, si on les eût placés sur une seule ligne orthographique, comme dans la fig. 498, qui n'est ici telle que par la nécessité d'expliquer cette question, la démonstration n'eût pas été aussi satisfaisante. D'ailleurs il arrive très-souvent que le peintre, lorsque son tableau perspectif ou son carton perspectif est tracé, desire étudier orthographiquement le ton de telle ou telle surface; cela a lieu, par exemple, sur une figure vivante : elle peut donc être dessinée orthographiquement ou perspectivement lorsqu'on en étudie les tons ou les teintes orthographiques. La fig. 499 offre la représentation perspective de ces mêmes objets.

Comme cette étude des traits des tons et des teintes d'une figure vivante posée droit et répétée exactement avec ses beautés et ses imperfections, est extrêmement utile et indispensable (ainsi que nous l'avons dit), afin de pouvoir l'embellir, c'est-à-dire, de la modifier proportionnellement, il faut, dans ce cas, poser les tons et les teintes dans une délinéation orthographique. La fig. 500 représente donc un peintre faisant sur sa palette les tons, ou, si l'on veut, les teintes (car c'est par méthode didactique que nous séparons ici les teintes du ton), en les confrontant, à l'aide de l'amassette, avec les tons de l'individu qui lui sert de modèle.

Ainsi on peut d'abord prendre au compas les largeurs ou plans des ombres et ombrages, et en répéter ensuite orthographiquement les tons et les teintes par ce procédé pratique. Quant aux tons des surfaces qui se présentent à l'œil sans obliquité, on peut les mesurer encore plus juste que les autres, puisqu'on peut placer un peu de couleur sur ces surfaces mêmes, laquelle couleur ou lequel échantillon sera exact infailliblement, s'il se confond avec la couleur réelle de cette surface.

Il est facile de tendre, si on le desire, un fil horizontal et situé bien parallèlement au tableau orthographique, ou bien de tracer sur le plan du site quelques lignes parallèles aussi au tableau, afin de guider l'amassette et l'œil, car, répétons-le, la justesse de situation de l'amassette que l'œil compare au modèle, est très-importante, puisque, si la lame de l'amassette se présente trop obliquement au luminaire ou à l'œil, elle paraîtra obscurcie et différente par conséquent de ce qu'elle est réellement et de ce qu'elle sera sur le tableau orthographique qui doit recevoir la couleur dont elle est chargée. Un peu d'habitude suffit au reste pour faire employer l'amassette aussi aisément, aussi vîte, aussi sûrement que le compas. Il ne s'agit pour cela que de bien comprendre toute cette question, qui d'ailleurs est de la plus grande simplicité.

Nous devons répéter que la toile qui recevra l'échantillon, doit être du même ton que l'amassette, puisque, la couleur du subjectile transparaissant toujours plus ou moins, les tons arrêtés, par exemple, sur une amassette

d'acier bleuâtre, ne paraîtraient plus être les mêmes
après qu'on les aura placés sur une toile préparée d'un
blanc jaunâtre.

Il y aurait une foule d'observations à faire sur la nécessité de ce moyen, ignoré de tant de peintres. Ces observations seraient superflues pour ceux qui ne voudraient pas
le pratiquer, aussi dois-je dire que la confusion des idées des
peintres, lorsqu'ils sont occupés à imiter les tons des couleurs des objets, vient de ce qu'ils n'ont pas une idée nette
de la différence qui sépare le géométral d'avec le perspectif, et que dans la prévention où ils sont que le perspectif
n'est pas mesurable et que tout est perspectif, ils ne leur
vient pas à la pensée qu'on peut opérer par compas et par
comparaison immédiate des tons et des teintes, comme le
font les ouvriers, lorsqu'il s'agit d'assortir des échantillons.
Ce procédé tout simple est donc un secours extrêmement
précieux, sans lequel le peintre n'opérerait que par conjecture et ne connaîtrait pas le ton apparent des objets
qu'il veut représenter. En l'employant au contraire, tous
les caractères des tons, toutes leurs différences selon leur
rapport de situation au luminaire seront saisies ; et, si l'on
n'obtient pas par ce seul procédé pratique d'orthographie
une ressemblance complète de l'apparence et de l'effet
scénographique telle que la procure le procédé pratique de
perspective que nous enseignerons bientôt, cette ressemblance donne au moins (ce qui est beaucoup) l'idée du
géométral et du géométrique, et l'idée de toutes les différences qui ont lieu sur toutes sortes de surfaces, sous
toutes espèces du luminaire, quelle que soit l'obliquité de
la surface, et enfin dans toute espèce de site où ce moyen
peut être pratiqué. Mais si le peintre veut, selon la routine

ordinaire, associer dans son esprit l'idée du perspectif à l'idée du géométrique et du géométral, il arrivera que, ne sachant pas s'il doit attribuer à l'apparence perspective ou au caractère géométrique de l'objet tel ou tel ton, il ne retiendra aucune comparaison, il ne pénétrera dans aucune cause, et en répétant l'apparence seulement par sentiment, il n'opérera qu'à tâtons, commettant continuellement de très-gros contre-sens et ne parvenant jamais à donner par ses images l'idée des objets.

Je ne crois point nécessaire de reparler ici de l'obscurcissement par un glacis qu'il convient d'ajouter au ton mesuré des surfaces obscurcies parce qu'elles sont plus éloignées que les autres du luminaire. Voyez ce que nous avons dit à ce sujet aux chapitres 418 et 419.

CHAPITRE 427.

DU PERSPECTIF OU DE LA SCÉNOGRAPHIE DES TONS, C'EST-A-DIRE, DE L'EFFET QUE PRODUIT SUR LE TON GÉOMÉTRIQUE OU GÉOMÉTRAL DES OBJETS SOIT LA QUANTITÉ D'AIR INTERPOSÉ PROPORTIONNELLEMENT AVEC LEUR ENFONCEMENT DANS LE TABLEAU, SOIT L'OBLIQUITÉ VISUELLE.

Si le perspectif des lignes est une déformation, le perspectif des tons est une altération d'intensité des tons. C'est ainsi que le perspectif des couleurs ou des teintes est une altération chromatique, et le perspectif de la touche un affaiblissement de sensation relative aux détails ou petites parties aperçues des objets. Le ton per-

spectif n'est donc autre chose que le ton géométrique ou
orthographique, tel qu'il nous paraît par rayons convergens à notre œil, ou tel qu'il est pour nous quant à la
sensation, tel enfin qu'il doit être sur le tableau.

Qu'est-ce qui cause ou constitue cette différence ou
cette altération visuelle que semble éprouver le ton géométral, quand nous le considérons perspectivement ? Il y
a deux causes de cette différence : la première, c'est la
quantité et l'espèce d'air qui est interposé entre cette
surface et le cadre, ou entre cette surface et notre œil ;
la seconde cause, c'est la situation plus ou moins oblique,
et par conséquent plus ou moins de face de notre œil par
rapport à cette surface que nous voulons imiter conformément à son ton perspectif ou scénographique.

Il y a des cas où l'influence de ces deux causes est peu
apparente, ce qui ne nous empêche pas d'avoir très-nette-
ment le sentiment des distances des objets. Il faut faire remarquer à ce sujet que dans les cas où le peu d'obliquité
visuelle et le peu d'espace aérien n'altèrent point ou presque point le géométrique ou le géométral, les objets se
trouvent cependant altérés constamment dans leur dimension, et que cette altération, qui produit les rapetissemens
perspectifs et l'affaiblissement de sensation, suffit pour
nous faire juger des espaces et de la situation des objets.
Aussi est-ce dans ce cas surtout qu'il faut s'aider de la
force ou de la douceur de la touche, c'est-à-dire, de la
touche qui rend sensibles et proches, qui rend incertains
et fuyans les détails des objets.

Si donc on demandait, généralement et vaguement parlant, pourquoi nous distinguons aisément de combien une
surface, telle qu'un carton blanc, par exemple, est éloignée

d'une autre surface semblable, et cela quoique notre œil ne
soit situé ni plus ni moins obliquement par rapport à ces
cartons supposés tous du même ton et éclaircis par la lumière égale du soleil et de plus vus à travers un air très-
pur, il faudrait répondre que le perspectif linéaire n'étant
jamais désassocié du perspectif des tons et des teintes
dans la vision, on doit compter pour beaucoup dans ce
cas l'effet de la diminution de l'angle visuel et l'effet de
l'air qui atténue et affaiblit les objets. En effet le carton
proche apparaissant sous un angle plus grand que le carton le plus éloigné, doit donner une plus forte ou une plus
grande sensation. Si l'on voulait changer cet ordre et
placer en avant ce carton plus petit, et en arrière ce
carton plus grand, la force de sensation n'en serait pas
moins manifestée par d'autres effets que voici, et cela
malgré l'équivoque relative à l'angle visuel. Ce carton plus
petit, mais plus proche, manifesterait donc toujours quelques aspérités très-apparentes, quelques tâches, quelques
caractères de contexture. Sur les bords il serait inégal, et
d'ailleurs son bord laisserait voir son épaisseur qui serait
peut-être elle-même tachée et dépolie; de plus, il en résulterait que l'angle visuel, sous lequel seraient aperçus
ces points saillans, ces petites taches, cette épaisseur
enfin, que cet angle visuel, dis-je, serait plus ou moins
grand selon la distance. Or cela seul nous aiderait à
distinguer ces mêmes espaces, et nous les distinguerions
même malgré certaines équivoques; cependant je ne
tiens pas compte ici de l'effet des couleurs, qui sur ces
taches et sur ces aspérités sont autant de petites masses
de repère, lesquelles étant vues sous des angles visuels
différens, nous font encore discerner les distances.

Jusqu'ici j'ai supposé un air pur, mais on peut tenir aussi compte de l'assistance que l'œil, pour percevoir, reçoit d'une illumination plus ou moins faible de l'air. Cette illumination de l'air ne manque donc pas d'affaiblir les bruns, tels que les taches, les creux, l'épaisseur ombrée du carton, à mesure qu'il est distant de nous et qu'il en est séparé par une plus ou moins grande quantité d'espace aérien illuminé, etc. De même, par une faible illumination de l'air, les corps blancs ne manquent pas de paraître perspectivement rembrunis selon leur enfoncement ou leur éloignement.

Une autre cause dont je ne fais pas mention, c'est la couleur de l'air qui altère celle des objets perspectivement et dans certains rapports; car si, par exemple, l'objet ou la surface aperçue de l'objet est orangé, et que la couleur du ciel ou de l'air soit bleue, il est évident que, même à une petite distance, l'influence de cet achromatisme sera manifestée, c'est-à-dire que le bleu du ciel, joint à la couleur orangée de l'objet, produira un ton gris sale, ou, si l'on veut, très-décoloré.

On peut donc dire qu'un grand mur blanc, vu de loin et formant un angle visuel infiniment plus grand que celui qui serait donné par un très-petit objet proche et blanc du même ton que ce grand mur dont on ne distingue pas les divers petits détails, que ce grand mur, dis-je, malgré l'avantage optique qu'on lui suppose à cause du grand angle visuel qu'il produit, semblera plus faible ou produira une sensation plus faible que le petit objet blanc vu de près et rendu très-sensible par l'effet d'un rayon plus court que celui qui résulte du grand mur séparé de l'œil par un long espace aérien. Le près et le loin ne se

répètent donc pas précisément par le clair et l'obscur,
mais par le fort et le faible de la sensation et par conséquent
de la touche : ainsi la perspective aérienne ne consiste
pas à éteindre les clairs et à éclaircir les bruns lorsqu'ils
fuient, car sous un air obscur les bruns restent bruns,
et sous un air clair les clairs restent clairs; mais la perspective aérienne est le résultat de l'effet de l'air,
qui modifie de plusieurs façons les tons ou l'apparence
des tons, et qui toujours modifie et atténue proportionnellement à la distance des objets la sensation oculaire
qu'ils nous font éprouver.

CHAPITRE 428.

DU TON ÉVANOUISSANT CORRESPONDANT AVEC LE POINT ÉVANOUISSANT OU POINT DE VUE FICTIF DE L'ÉCHELLE PERSPECTIVE LINÉAIRE.

Dans la représentation linéaire on reconnaît un point où
toutes les grandeurs viennent se confondre et s'évanouir,
et où la mesure n'est plus discernable, étant impercep-
tible. De même on reconnaît dans la représentation scénographique un point où les tons particuliers des objets
sont inaperçus et viennent se confondre dans un ton général, qu'on peut appeler ton évanouissant ou ton général
d'air. On conçoit que plus les objets sont enfoncés dans un
site quelconque, plus leur ton est modifié par l'influence
de l'air, qui est ou clair ou gris ou obscur.

Il faut donc déterminer sur la palette ce ton général
d'air, afin de l'ajouter au ton des objets dans telle ou

telle proportion, laquelle est déterminée par la distance qu'il y a de l'objet à la base du tableau.

Pour adopter un ton évanouissant d'air, il ne faut pas le prendre tel que l'offre la bande la plus inférieure de l'horizon, laquelle doit souvent être considérée comme accidentelle ; mais il faut le prendre un peu au-dessus, là où le ciel offre le ton moyen et le plus général dont l'influence a lieu sur tout le site et en accorde généralement l'aspect. Ce ton évanouissant peut être bien ou mal choisi, mais quel qu'il soit, son influence sera toujours proportionnelle et perspective, et une harmonie quelconque mathématique aura toujours lieu. En général ce ton doit être ou clair ou gris ou obscur; on le dépose donc sur la palette et en assez grande quantité pour qu'il puisse fournir à tous les tons dans lesquels on doit l'introduire selon les proportions qu'indiquera l'échelle perspective.

CHAPITRE 429.

COMMENT ON REPRÉSENTE EN PERSPECTIVE LE TON DES SURFACES PLUS OU MOINS ENFONCÉES DANS LE TABLEAU, TON QUI DOIT PARTICIPER PLUS OU MOINS DU TON ÉVANOUISSANT AÉRIEN.

L'ÉCHELLE perspective est la règle de la dégradation des tons. Les tons suivent exactement la diminution scénographique linéaire, en sorte qu'un cube qui, par son enfoncement de 20 pieds, par exemple, dans un tableau (la distance étant de 9 pieds), est réduit à un quart quant à sa dimension, sera réduit aussi à un quart quant à son ton.

L'opération nécessaire pour reconnaître cette diminution est bien simple; il s'agit de prendre au compas sur
l'échelle adoptée la mesure d'un pied réduit à l'enfoncement de 20 pieds (puisque telle est la mesure d'enfoncement dont il s'agit ici), et de comparer la grandeur de
cette ouverture de compas avec la grandeur d'un pied
réel non réduit (la base de l'échelle offre toujours ces
pieds réels et non réduits) : puis on verra si cette réduction ou ce resserrement des branches du compas est d'un
tiers, d'un quart ou d'un demi-quart de pied. Il ne s'a-
gira que d'ajouter au ton orthographique, que je suppose
avoir été obtenu, ou un tiers, ou un quart ou un demi-
quart du ton évanouissant adopté.

Pour mieux faire comprendre cette opération très-simple, nous mettons sous les yeux une figure explicative. On
voit donc que la surface A (fig. 501) étant enfoncée de vingt
pieds dans le tableau, diminue de trois quarts, car le pied
n° 20 est plus petit de trois quarts que le pied géométrique
n° 1. Or, si le ton géométral ou orthographique B, qui est
connu et déterminé d'après l'effet, soit de l'obliquité au
luminaire, soit du géométrique, etc. ; si, dis-je, le ton B
de cette surface A doit être enfoncé à 20 pieds, il se rap-
prochera de trois quarts ou participera de trois quarts
du ton évanouissant, de même que la dimension de
cette surface A s'est rapprochée de trois quarts du point
évanouissant ou point insensible. Ainsi plaçons en opposition ce ton B et le ton évanouissant C, et rapprochons
de trois quarts ce ton B du ton C. Pour cela, il faut d'a-
bord le rapprocher de moitié, tel est E, puis rapprocher
ce ton E de moitié du ton C, tel est F; B sera donc parti-
cipant de trois quarts du ton évanouissant, et il expri-

mera par cette altération ou par cette diminution d'intensité, un enfoncement de 20 pieds dans l'air, selon le
point de distance adopté dans cette échelle prise ici pour
exemple. (Nous supposons l'air clair et l'objet brun.)

Peu importe quelle est avec d'autres échelles la différence du pied enfoncé avec le pied géométrique, car si
la réduction est, par exemple, d'un quart ou d'un tiers fort
ou faible, le ton sera modifié selon cette différence, c'est-
à-dire, d'un quart ou d'un tiers fort ou faible.

Maintenant il s'agirait de donner les moyens de mesurer les différens tons produits par les coupes accidentelles d'air qui ont lieu dans un même site, afin de
reconnaître au juste et d'en répéter le caractère et la
différence; car, ainsi que nous l'avons dit, il arrive que
dans une chambre carrée, éclairée par une petite fenêtre,
il y a bien des espaces ou des degrés d'obscurité particulière, et ces espaces peuvent être considérés comme
des coupes d'air, dont le ton évanouissant serait différent
de celui de l'air général. Quel est donc le moyen d'être
exact dans ces effets particuliers ? Il est bien simple, puisqu'il consiste seulement à se donner un ton évanouissant
particulier, en sorte que, si un objet se trouve enfoncé
dans une coupe d'air obscur, il faut se donner pour ton
extrême ou évanouissant un ton obscur; et de même, si
cette coupe d'air est claire ou même demi-claire, il faut
se donner un ton évanouissant conforme à ces cas accidentels.

Cependant une considération au sujet de ces effets doit
être rappelée ici, c'est que ces mêmes tons ou obscurs
ou clairs dans ces coupes particulières d'air ont à traverser l'air général pour arriver à l'œil du spectateur,

en sorte qu'ils se trouvent par cela même modifiés ; c'est
ainsi, et nous l'avons expliqué au chapitre 358, qu'un coup
de lumière jeté au milieu d'un paysage un peu sombre,
sera vu à travers cet air un peu sombre et devra par conséquent être atténué. Il en serait de même d'une coupe
d'air obscur qui aurait à traverser l'air clair et général du
site pour parvenir jusqu'au spectateur.

Le peintre pourra donc construire et posséder une
échelle scénographique des tons, comme il a pu en construire une pour les mesures linéaires, et comme il en
peut construire une aussi pour les teintes ; ainsi nous
allons, dans un exemple, offrir cette échelle, et nous lui
associerons une échelle abrégée, de même que nous avons
donné une échelle abrégée des dimensions scénographiques. Voy. chap. 276, vol. 6, pag. 285 (fig. 223). La
figure 502 est cette échelle tonographique. On voit sur le
côté deux bandes avec les tons des distances principales :
l'une de ces bandes ou de ces échelles abrégées offre les
tons d'une surface noire vue dans un air clair ; l'autre
offre les tons d'une surface claire vue dans un air obscur.
L'échelle qui a servi pour cette échelle tonographique est
la même qu'on voit figurée n° 215, et dont la distance
proche (elle n'est que de 10 pieds) permet de placer des
échantillons suffisamment distincts ; car, si nous eussions
employé la première échelle (fig. 212), dont la distance
est de 15 pieds et dont les carreaux sont très-serrés, nous
n'eussions pas eu assez de place pour rendre distincts les
échantillons des tons placés de côté et formant cette
bande ou échelle tonographique abrégée, ou, si on veut
l'appeler ainsi, ce compas du coloriste.

CHAPITRE 430.

COMMENT ON REPRÉSENTE LE TON DES SURFACES QUI APPARAISSENT OBLIQUEMENT PAR L'EFFET PARTICULIER DE LA VISION PERSPECTIVE.

Nous avons expliqué (chapitre 298, vol. 6, p. 400) ce que c'est que l'obliquité scénographique des surfaces. On peut la considérer comme provenant de la différence d'aspect qui a lieu par rapport à une surface ou à un solide quelconque vu orthographiquement, et par rapport à la même surface vue scénographiquement. Ainsi, après que les surfaces d'un cube, par exemple, situé de côté dans le tableau, ont été mesurées par les procédés orthographiques; après qu'on les a modifiées selon l'air, selon leur obliquité au luminaire, etc., il s'agit de considérer encore de combien elles se présentent obliquement à l'œil du spectateur fixé au point de vue adopté. Si toutes les opérations ont été complètes quant aux surfaces situées vis-à-vis de l'œil et arrivant à l'œil du spectateur par des rayons perpendiculaires, elles ne sont donc pas encore complètes quant aux surfaces placées plus ou moins de côté dans le tableau et vues obliquement par conséquent. Ainsi le cube A (fig. 503) doit être, quant au ton, représenté tel qu'on l'a mesuré, puisque l'œil D l'aperçoit en ligne droite. Mais le cube B n'a pas été encore considéré sous ce dernier rapport (je veux dire le rapport d'obliquité visuelle); il doit donc être un peu modifié, parce que l'œil D le perçoit obliquement: et, quand je parle du cube, je parle des surfaces aperçues.

de ce cube. Le cube C est dans le même cas. En effet, s'il est droit par rapport à l'œil F, ainsi que l'est le cube B par rapport à l'œil E, il est oblique par rapport à l'œil D, point de vue. Dans cet exemple je mets le point de vue très-proche pour rendre plus sensible cette obliquité.

Maintenant comment procédera-t-on pour connaître le degré de cette nouvelle altération? Il faut avant tout se bien rappeler ce qui a été dit au chapitre où il est question des faces brunes, qui, vues obliquement, paraissent moins brunes; des faces claires, qui, vues obliquement, semblent moins claires; et des faces grises, qui, vues obliquement, paraissent encore grises. Le degré d'altération dans ce cas-ci dépend donc du degré d'obliquité. Or plus l'œil sera éloigné des objets, moins cette obliquité sera sensible. Voyez encore sur cette question le chapitre 426.

Comme il s'agit dans ces études-ci d'opérer mathématiquement, afin d'apprendre positivement les principes du clair-obscur, et qu'il ne s'agit pas des procédés pratiques et expéditifs que nous donnerons plus tard, on doit dire que cette altération de ton par l'obliquité visuelle est mesurable. Ainsi l'espèce de ton de la surface étant déterminée à l'aide des opérations relatives à l'effet de sa position au luminaire, à l'effet de l'air dans lequel elle se trouve, et à l'effet perspectif de l'air à travers lequel on la considère scénographiquement; ce ton collectif étant arrêté, dis-je, il s'agit de mesurer le nouvel angle d'obliquité visuelle qui résulte de sa place plus ou moins de côté par rapport à l'œil, et de faire subir au ton déjà connu de cette surface la légère modification qui peut résulter de cette obliquité scénographique, modification qui le plus souvent est insensible, mais dont il fallait faire men-

tion ici pour la régularité et le complément de notre
théorie. Or nous avons vu, chap. 426, qu'on peut supposer
qu'une surface vue le plus complètement possible de côté,
c'est-à-dire, sous une obliquité de 90 degrés, perd un 16ᵉ
de ce ton; cela nous fait voir que cette altération est peu
considérable, en supposant même qu'elle ait lieu sur une
surface vue sous un angle de 10 ou 12 degrés d'obliquité
visuelle. Cependant il faut tenir compte de cette diminution, lorsque la surface diffère par son ton du ton évanouissant aérien.

La manière dont Vandyck se plaçait par rapport aux
modèles de ses portraits, l'exemptait de s'occuper de ces
légères altérations, car il se trouvait presque toujours situé entre la fenêtre et son modèle, en sorte que le luminaire, l'œil du peintre et l'objet étaient sur une même
ligne (voyez fig. 504) : A est le peintre, B son tableau,
CC le modèle tourné de trois quarts, DD le même modèle
sous le trois quarts opposé. On sait par tradition que Vandyck se contentait le plus souvent de faire pivoter son
modèle à la même place pour choisir ses aspects; par
ce moyen les saillies étaient par rapport à lui les places
les plus éclairées, et les fuyans étaient les places les plus
privées de lumière. Ainsi, dans son système de clair-
obscur, les obliquités visuelles étaient par rapport à lui
réduites à zéro.

Il convient ici de signaler la correspondance que tout
géomètre apercevra entre l'angle d'obliquité et l'enfoncement dans le tableau : c'est cette correspondance qui fait
que, pour représenter soit ces obliquités, soit ces enfoncemens, l'addition à un même degré du ton évanouissant
suffit. Desargues a signalé cette correspondance.

Ajoutons une dernière observation. Si, le soleil étant en A (fig. 5o5), l'œil du spectateur se trouve en B, et que regardant la surface C, il la trouve plus lumineuse que lorsqu'il avait l'œil en D, il serait tenté de croire que le plus d'obliquité visuelle ne produit point une plus grande diminution d'éclat; mais il est à remarquer que ce sont des facettes luisantes de l'objet qui causent cette différence. Si donc le corps C avait encore plus de facettes luisantes, cet effet serait encore plus sensible; mais s'il était mat, l'obliquité produirait une certaine diminution dans l'éclat de cet objet.

CHAPITRE 431.

COMMENT ON REPRÉSENTE EN PERSPECTIVE LES TONS PROVENANT OU DE L'ILLUMINATION OU DE L'OBSCURCISSEMENT ACCIDENTEL D'UNE PORTION DE L'AIR AMBIANT ET GÉNÉRAL.

Dans l'air général qui enveloppe les objets, air qu'on peut appeler ambiant, il peut se rencontrer accidentellement des illuminations partielles ou des obscurcissemens isolés, et c'est ce que nous avons déjà appelé coupes particulières d'air : mais, comme nous n'avons pas dû traiter encore ce point, puisque l'ordre de notre théorie n'amène qu'à-présent même cette question distincte, nous devons dans ce chapitre définir plus amplement ce que c'est que ces coupes accidentelles dans l'air général, et comment on doit en représenter les effets. Nous pouvons dire par avance que, quelles que soient les explications que nous

donnions ici, nous n'apporterons rien de particulier et
de différent de ce que nous avons déjà indiqué à ce sujet
en passant.

On peut distinguer quatre points dans cette question :
1° la définition de ce qu'on appelle coupes accidentelles
d'air ; 2° l'influence de ces coupes d'air clair ou obscur
sur les bruns ou sur les clairs qu'elles masquent par rapport au spectateur ; 3° l'affaiblissement de cet effet à cause
de l'air général que les objets masqués par ces coupes d'air
ont à traverser pour parvenir à l'œil du spectateur ; et 4°
enfin le procédé nécessaire pour les représenter.

La définition de ce que nous appelons ici coupes d'air
accidentelles ou particulières n'est pas difficile à donner.
Il s'agit de ces illuminations extraordinaires et partielles
qui ont lieu ou dans un site clos ou dans l'atmosphère
même en pleine campagne, illuminations produites par
quelques nuages resplendissans, par quelques murailles
très-lumineuses, par des corps éclatans enfin, lesquels
communiquent de leur clarté et de leur splendeur à une
certaine quantité ou étendue d'air : il s'agit de même de
ces obscurcissemens causés par quelques ombrages portés
sur une certaine étendue d'air, obscurcissemens accidentels qui doivent être exprimés dans la représentation.

L'influence de ces tons accidentels d'air est facile à remarquer, puisque ce sont comme des voiles lumineux ou
obscurs à travers lesquels on aperçoit les objets, en sorte
que les bruns les plus foncés, tels que sont ceux des trous,
se trouvent éclaircis par ces coupes d'air clair interposées,
et les tons très-clairs se trouvent abaissés ou obscurcis
par ces voiles aériens plus ou moins obscurs eux-mêmes.
Nous avons déjà expliqué ces effets en parlant du géomé-

trique des tons de l'air; mais ici il s'agit du perspectif et
de la représentation de ces accidens.

Malgré l'influence géométrique de ces effets particuliers, il faut tenir compte des modifications d'apparence
qui ont lieu par l'effet de l'air général que ces tons accidentels ont à traverser pour arriver perspectivement à
notre rétine. Or, si l'air général est clair, il doit arriver
qu'une masse accidentelle d'air brune, telle que serait un
nuage sombre avec son ombrage sur l'air, qu'une telle
masse, dis-je, s'éclaircira un peu en apparence, puisqu'elle
sera aperçue à travers cet air général clair qui subsiste
entre elle et l'œil du spectateur. De même, si ce ton accidentel est clair, il s'obscurcira lui et les surfaces qu'il
recouvre de son éclat, dès qu'il aura à traverser un ton
d'air obscur ou même gris pour parvenir à l'œil du spectateur. Ces apparences se rapportent absolument à l'effet ou aux calculs scénographiques. Voy. le chap. 358.

Ainsi l'étendue, c'est-à-dire, l'épaisseur et l'intensité de
ces coupes particulières d'air, ou sombres, ou claires, ou
même grises, étant connues, ainsi que l'espèce d'air général, et de plus la distance du spectateur à ces masses accidentelles d'air, il ne reste plus qu'à opérer selon la
méthode que nous avons prescrite ici. Par cette méthode
on imitera ces effets, soit que la nature modèle les four-
nisse, soit que l'artiste les imagine.

Sans ces études analytiques et ces recherches optiques,
le peintre se priverait d'un des moyens les plus magiques
et les plus admirés de son art, je veux dire le moyen de
représenter l'air avec toute son influence considérée sous
le rapport du clair-obscur.

CHAPITRE 432.

COMMENT ON REPRÉSENTE EN PERSPECTIVE LES TONS DES OBJETS RÉFLÉCHIS PAR L'EAU OU PAR LES CORPS POLIS.

Nous n'avons qu'un mot à dire sur cette question, qui d'ailleurs doit être traitée au chapitre correspondant du coloris. Nous ferons donc seulement remarquer que le ton propre à la surface polie qui réfléchit, telle que l'eau, par exemple, doit être ajouté au ton propre et connu de l'objet réfléchi. Ainsi, si l'eau est grise et l'objet gris, cet objet ne sera sensible à l'œil que par le ton de ses ombres ou de ses luisans; si l'objet est clair et que l'eau soit obscure, elle obscurcira d'autant l'apparence de cet objet, en sorte qu'en glaçant ou ajoutant sur le ton correct de l'objet un ton égal à celui de l'eau ou du corps qui mire cet objet, on aura imité avec justesse cette réflexion quant au ton. Tout ce qu'on pourrait ajouter ici, est facile à imaginer.

CHAPITRE 433.

COMMENT ON REPRÉSENTE EN PERSPECTIVE LES TONS DES LUISANS.

Les luisans ne mirent pas les objets, mais ils mirent le luminaire plus ou moins modifié par l'air, en sorte que c'est la splendeur du luminaire que font jaillir les corps polis, et cette splendeur réfléchie ou ce rejaillissement masque jusqu'à un certain point le ton de l'objet qui lance le luisant. Je dis jusqu'à un certain point, car une bouteille de verre obscur, remplie de vin rouge, réfléchit la lumière moins vivement ou par un éclat moindre qu'une carafe remplie d'eau pure. Ainsi, pour représenter, par exemple, les points luisans des yeux, le même ton qui est juste sur la prunelle, ne serait pas propre à exprimer le luisant sur la cornée.

C'est un spectacle plein d'attraits pour un coloriste, qu'un vase de crystal très-pur contenant une liqueur limpide, et exposé à un jour vif et très-pur lui-même. Toutes ces faces éclatantes reluisant et se réverbérant réciproquement, ces tons obscurs et légèrement voilés par la splendeur des reflets cristalliques, tout cela fait un contraste puissant avec ces points étincelans qui dardent des traits aigus à travers les nappes polies demi-brunes et diaphanes. Oui, il est plein d'attraits lui-même, l'art qui, avec d'aussi faibles moyens que ceux de la palette, parvient à réveiller des sensations vives et inaccoutumées, et finit par réjouir et enchanter les regards. Mais qui ne comprend pas que, pour rendre avec justesse ces jets radieux, ces facettes scintillantes, ces réverbérations multipliées et plus ou moins amorties, il faut être familier avec les questions d'optique qui nous occupent ici? En effet le soin seul, la netteté et la ténuité de pinceau ne sauraient produire ces prestiges.

CHAPITRE 434.

COMMENT ON REPRÉSENTE PERSPECTIVEMENT LES TONS
DES SURFACES PLONGÉES DANS LES BROUILLARDS,
VAPEURS, FUMÉES OU POUSSIÈRES.

QUELLE différence scénographique doit-on remarquer
entre un air chargé de brumes épaisses, de brouillards
ou de poussières, et l'air ordinaire et pur, mais illuminé
plus ou moins et même obscurci? Cette différence est
relative à la dégradation plus ou moins rapide des objets
vus à travers cet air ou ce brouillard, dégradation qui,
dans l'état ordinaire de l'air pur, se calcule selon la diminution linéaire.

L'observation principale qui résulte de cette comparaison, c'est que, si le point évanouissant a lieu à douze
cents fois la grandeur d'un objet, il peut arriver, si l'air
est chargé de quelques vapeurs, que le ton évanouissant ne suive pas cette disparition, et qu'il doive être
supposé approché en deçà de ce point linéaire : en effet, il
y aurait à considérer et à calculer dans ce cas, outre
la quantité d'air, son opacité. L'épaisseur de l'air atténue,
il est vrai, la sensation; mais l'opacité l'empêche, en
masquant les objets.

Supposons donc ici un brouillard plus ou moins épais
et adopté par le peintre. Pour en représenter l'effet, il
faut qu'il construise une échelle de dégradation exprès
pour ce cas particulier, et cette échelle, qui est toute
semblable à l'échelle perspective, sera faite selon un

point de distance plus ou moins proche, et selon qu'on
aura adopté un brouillard plus ou moins épais. Il résultera qu'un pied géométral enfoncé de vingt pieds, par
exemple, sera réduit à un huitième, si la distance n'est
que de quatre pieds, ce qui servira de règle pour rapprocher d'un huitième le ton d'une surface brune enfoncée à dix pieds dans ce brouillard. Ainsi, plus la distance adoptée dans l'échelle sera courte, plus il y aura
d'altération dans le ton ; de même qu'il y aurait une
grande déformation dans les lignes. Dans ce cas il arrivera, comme dans les cas ordinaires, que les tons gris res-
teront gris, s'ils sont du ton des brouillards, et que les tons
obscurs s'éclairciront. La seule différence qu'il y a, c'est
la rapidité de la dégradation. En supposant donc, dans le
cas que nous venons d'indiquer, qu'un habit noir soit enfoncé à deux pieds, il sera éclairci d'un demi-quart ou
huitième par le ton évanouissant blanchâtre du brouillard.

Quant au ton géométrique ou géométral de cette surface ou de ce noir qui doit être vu à travers le brouillard,
il doit avoir été d'abord modifié, puisque cette surface
est plongée dans ce brouillard, en sorte que ce sera ce
ton modifié qui ensuite sera soumis à l'influence scénographique du brouillard. Il faut encore remarquer, au
sujet du ton géométrique de l'objet, qu'il ne saurait être
très-illuminé, parce que la lumière solaire s'éteint elle-
même plus ou moins à travers le brouillard.

CHAPITRE 435.

DE L'EXAGÉRATION DES TONS LORSQUE LA REPRÉSEN-
TATION PERSPECTIVE DES OBJETS EST COLOSSALE.

Tous les jours il se fait des tableaux dont les figures
sont de dimension colossale, et en les considérant avec
attention, on est tenté de croire que les auteurs de ces
tableaux ont rarement eu une idée nette de la question
d'optique qui se rapporte à cette espèce de dimension ou
d'exagération.

Il ne s'agit point ici d'examiner s'il convient de représenter les figures avec des dimensions qui soient au-dessus des dimensions ordinaires ; nous avons déjà traité
cette question (voy. le chap. 167, vol. 4). Ici il s'agit de
considérations toutes techniques relativement au ton et
à l'exaltation de clair-obscur que ces images exigent. Tâchons de bien poser la question.

Quand on adopte une grande dimension ou même une
dimension colossale pour les figures d'un tableau, on
veut ou feindre que les personnages sont d'une stature
colossale, ou faire qu'elles ne paraissent que grandes
comme nature : ces deux cas sont fort différens. Dans le
premier cas, c'est-à-dire, s'il s'agit de héros ou de dieux
colosses, aucun calcul particulier ne doit avoir lieu, et il
faut représenter ces grandes figures d'après les mêmes règles que toutes les figures en général et sans exagération
de clair-obscur et de coloris, à moins cependant que le
site trop sombre ou trop clair où ce tableau sera placé,

ne l'exige. Si au contraire on n'agrandit l'image qu'à cause de la grande distance de laquelle elle sera aperçue, et afin de sauver l'effet de cette distance, ou encore pour faire concorder la dimension de cette image avec la grandeur du lieu dans lequel elle sera placée, et conserver ainsi un caractère de grandeur à toute l'image ; dans tous ces cas, dis-je, un calcul optique et particulier est nécessaire. Nous allons voir que ce calcul n'est pas absolument favorable au but qu'on se propose, et que c'est vouloir outre-passer les limites de la peinture, que de se donner de semblables problêmes à résoudre.

Lorsque l'image qu'on veut rendre vraie et conforme à la dimension du modèle est plus grande que lui, le peintre doit faire en sorte que, par la force des couleurs et par l'expression des détails bien aperçus, elle fasse le même effet que ferait l'objet modèle, s'il était placé en deçà du cadre, c'est-à-dire, plus rapproché du spectateur ; de manière que celui-ci, en voyant cette grande image, croirait voir cet objet rapproché de lui, objet qui couvrirait exactement cette même image placée en arrière de lui. Cette définition, déjà donnée à l'aide de la fig. 228, explique tout de suite la nécessité où est le peintre de forcer les tons et d'exprimer ou de rendre très-visibles les détails sur une telle image supposée ainsi rapprochée en avant du cadre. Or c'est cette supposition d'un cadre plus éloigné que l'objet, ou d'un objet existant en avant du cadre, qui, ainsi que je l'ai dit, n'est pas favorable au but de la peinture.

Une autre considération est à remarquer, c'est que, malgré les fortes couleurs et l'expression des détails, une figure ainsi exagérée n'en est pas moins séparée du spectateur par beaucoup d'air, qui, quoiqu'en fasse le peintre, atténue le caractère de l'apparence et procure un certain vague, un certain fuyant, que ne saurait neutraliser soit la touche, soit le ton ou les teintes, soit, si l'on veut, le trait que je suppose détaillé, comme il apparaît sur les circonscriptions d'objets aperçus de très-près.

Je serais donc porté à conclure que les colosses sont des faussetés, et qu'il faut se contenter de la seule grandeur de dimension sur des objets héroïques ou divins, sans vouloir, par d'autres exagérations, outre-passer les limites de la peinture, qui, si elle peut donner l'idée de l'enfoncement et du fuyant, ne peut guère faire ressortir de beaucoup les objets en deçà du cadre ou de la toile, l'un et l'autre (la toile et le cadre) étant jugés sans équivoque quant à leur distance du spectateur. Il résulte que les figures des vastes coupoles donnent l'idée de géans juchés tout en haut de ces voûtes, et qu'un portrait colossal donne nécessairement l'idée d'un modèle colosse.

Cependant une certaine saillie en deça du cadre est possible, et c'est un artifice qui n'est point à dédaigner; c'est un moyen ingénieux qui sert à faire valoir les illusions du coloris : mais je veux parler d'une saillie de quelques pouces seulement. C'est ainsi que le pied ou le genou d'un portrait assis peut être feint en avant de la toile ou du cadre; c'est ainsi qu'Apelle avait fait saillir la foudre et la main de Jupiter. Mais, si l'art prétend à un relief d'un pied et plus en deça du cadre, l'illusion, loin d'être perfectionnée, sera affaiblie et détruite.

On pourrait donc confondre les questions et croire qu'un tableau à figures colossales et éloigné de la vue, est vraisemblable, parce qu'à l'aide de l'exagération des tons, il fait l'effet d'un tableau plùs petit et moins éloigné ; mais il ne s'agit pas de tableau petit ou grand, il s'agit de figures qui, bien qu'elles soient vues de loin, semblent toujours colossales, lorsqu'elles le sont en effet. Ainsi on pourrait dire, mais à tort, que, si l'œil qui est placé en V (fig. 506) éprouve une même sensation, soit en voyant le petit tableau CC, soit en voyant le mòyen et le grand tableau BB AA, il ne doit rien exiger de plus. Mais ce n'est pas là le raisonnement qui est à faire dans la question qui nous occupe ici.

Comment, je le répète, espérer de sàtisfaire l'esprit en lui faisant supposer que les figures sont en avant du cadre ou du mur, et qu'elles sont avancées dans l'appartement et situées plus proche de l'œil que la muraille où est attaché le tableau ?

Je conclus que des figures colossales sont toujours crues colossales, malgré la distance d'où on les voit, et que, si l'œil est déçu par cette distance, il ne l'est que fort peu. Je pense même que ces images colossales sont approuvées et goûtées par l'esprit, lorsqu'il y a convenance entre le site et leur dimension. C'est ainsi que, dans de vastes églises ou en dehors des grands édifices, on les trouve conformes à l'harmonie générale : mais cela ne prouve pas que l'œil n'en reconnaît pas les mesures. Enfin un portrait colossal est rarement goûté, à cause de cette idée qu'il doit être la ressemblance des mesures connues d'un individu. Dans tous les cas, ce sont de grandes figures que l'on voit et que l'on croit voir, et tout l'artifice de la palette, pour les rapprocher de la vue et les faire croire par ce moyen de grandeur ordinaire et proches, n'est pas suffisant.

D'après ce principe, ce n'est qu'avec beaucoup de réserve que le peintre doit adopter ces dimensions exagérées : cette réserve a été commune aux plus savans peintres. La Bataille de Constantin et toutes les grandes fresques de Raphaël au Vatican offrent des figures d'une dimension noble, sans qu'elle soit colossale. Les plus célèbres ouvrages de David sont conformes à ce choix.

Je crois devoir démontrer par un exemple que l'effet de l'air empêchera toujours les peintures éloignées de l'œil, de sembler proches. Si la pyramide (fig. 507) est séparée par cinq tronçons placés les uns loin des autres sur une même ligne perpendiculaire à l'œil du spectateur, en sorte que la pointe, qui serait le tronçon le plus éloigné, paraisse, ainsi que les autres tronçons, située au-dessus de la base, ce qui, pour l'œil, formerait une pyramide à ressauts (telle est la fig. 508), je dis que ces tronçons éloignés auraient toujours l'air d'être éloignés, malgré la force qu'on donnerait aux couleurs pour les faire paraître plus proches qu'ils ne sont du spectateur. C'est ainsi encore que la figure colossale AA (fig. 509) ne sera jamais supposée par le spectateur D être placée en B ou en C, bien qu'on en ait exagéré les tons, car tout l'espace d'air qui est entre C et A, contrariera toujours cette prétendue déception.

CHAPITRE 436.

DE L'EXAGÉRATION DES TONS SUR LES POINTS DE LA SUPERFICIE PEINTE VUS EN RACCOURCI DANS LE CAS OU LA DISTANCE PRESCRITE EST TROP COURTE.

CETTE différence a été assez clairement expliquée au chapitre 299, où il est dit que, si la superficie peinte ou le tableau est vu de trop près faute d'espace pour laisser reculer le spectateur, il arrivera que les extrémités en seront aperçues en raccourci, et qu'en conséquence les lignes, les tons et les teintes doivent être calculés pour neutraliser cet effet du raccourci. Mais comme ces cas sont accidentels, et que, si le spectateur ne peut se reculer assez loin, on doit admettre qu'il peut au moins se transporter de côté, il faut conclure que l'exagération des tons sur ces points vus obliquement serait le résultat d'un purisme défavorable plutôt que propice à la justesse de représentation.

Nous n'ajouterons donc rien ici, sinon que le moyen de réparer cette diminution du ton, diminution qui résulte de l'obliquité visuelle, est de mesurer la quantité de degrés que comporte cette obliquité, en prenant pour obliquité complète l'angle de quatre-vingt-dix degrés, qui réduit à un seizième le ton ainsi aperçu sous cet angle extrême. Voyez le chapitre 430.

CHAPITRE 437.

DES LIEUX ET EMPLACEMENS OÙ SONT EN GÉNÉRAL
EXPOSÉS ET CONSIDÉRÉS LES TABLEAUX, DE L'EXAGÉ-
RATION OU EXALTATION PROPORTIONNELLE A LA
FORCE D'ILLUMINATION QUI ÉCLAIRE CES LIEUX ET A
LA DISTANCE OBLIGÉE DE LAQUELLE CES TABLEAUX
SONT APERÇUS.

Presque tous les novices en coloris sont frappés de la
force des tons sur certains tableaux que souvent on leur
conseille indiscrètement de copier. Cette force, dont ils
ne sentent pas la cause, peut être distinguée en deux
espèces : la première est celle qui résulte de la juste
imitation des vigueurs naturelles ; la seconde est celle qui
provient de l'exagération dont les auteurs de ces tableaux
ont cru devoir s'aider pour que leur peinture parût avec
avantage dans les sites ou sous les jours peu favorables,
où ils savaient qu'elle serait exposée. La vigueur imitée
d'après nature étonne les yeux des débutans, parce
qu'ignorant la perspective des tons et n'essayant le plus
souvent sur leurs tableaux que des couleurs salies ou
des bruns ternes dont ils ne connaissent pas les rapports,
ils regardent comme outrés les tons que les maîtres emploient savamment pour atteindre aux intensités optiques
de la nature. Quant à l'exagération qui les étonne encore
davantage sur certains tableaux destinés à être vus de
loin, ils en comprennent beaucoup moins la cause, et
ils ne supposent pas que le besoin d'une semblable exagération n'est particulier qu'à certains cas.

Les peintres qui se sont accoutumés à monter ainsi leur palette, finissent par voir sur les objets et sur les figures les tons dont ils décorent leur peinture; ils font, pour ainsi dire, un précepte de cette manière conventionnelle de voir, manière qu'ils appellent pittoresque ou artistique, en sorte qu'ils exigent que les élèves voient comme eux ces énergies et ces exagérations que ceux-là sont loin de découvrir sur leurs modèles.

Voici comment s'exprimait un jour, en s'adressant à un élève, un peintre de portraits fort habile et du nombre de ceux dont je parle ici, peintre exercé, qui savait poser très-savamment des teintes énergiques et splendides qu'à peine il fondait ensuite avec le pinceau. « Voyez-vous ces » tons fiers, lui disait-il avec chaleur, cette demi-teinte » énergique? Vous ne remarquez pas ici ce coup de clair » éblouissant, là cette touche rougeâtre, et ici ce brun » très-foncé? » L'élève répondit : non, je ne suis pas encore assez exercé. Le maître alors prit la palette et posa avec précision des clairs qui, aux yeux de l'élève, paraissaient exagérés, des tons enflammés produits par les ocres orangés, des roussâtres puissans que l'élève ne voyait nullement, non plus que le maître, sur le modèle; puis, lorsque l'ébauche fut un peu avancée, il porta le tableau à son point de distance, d'où il fit déjà un effet frappant, et d'où le relief commença à se prononcer avec la vérité de la nature.... Mais que pouvait conclure de cette exaltation cet élève bien convaincu que son maître avait effectivement vu tous ces tons et toutes ces oppositions dans la nature? Il pouvait tout au plus retenir cette manière de faire, pour l'adapter ensuite et l'appliquer à toutes sortes d'effets, quels qu'ils fussent; mais il était bien loin de comprendre qu'avec de tels mensonges on parvient souvent à l'illusion. Enfin le maître apprenait une certaine pratique, mais il n'enseignait pas les principes ou la théorie du clair-obscur. Comment se fut donc énoncé ce professeur, s'il se fut agi de l'exagération indispensable pour des tableaux situés sous des jours ou trop obscurs ou trop éclatans? Restons dans cette dernière question.

Tous les jours on remarque qu'un tableau piquant, soit de Rubens, soit de quelque habile décorateur, ne fait plus un effet heureux sous un autre jour où on l'a transporté, et que toute sa magie est évanouie dès qu'on l'a déplacé de son site primitif ; et non-seulement l'effet général, la force d'aspect et même la suavité de ces tableaux est diminuée, mais leur caractère de vérité se trouve détruit. En effet, il n'importe pas peu qu'une masse demi-brune devienne ténébreuse, ou qu'une masse demi-claire devienne d'un blanc de craie. De semblables dérangemens anéantissent donc tout le clair-obscur d'un tableau, car la règle, nous l'avons dit, veut que dans tous les tableaux on reconnaisse le géométrique des objets, l'espèce de luminaire qui les éclaire, l'air dans lequel ils sont situés ou plongés, et de plus la distance ou l'enfoncement où ils se trouvent dans la scène ou le site.

Ces observations tendraient à établir en principe qu'il faut nécessairement qu'un tableau ait une destination dans un lieu déterminé, lieu qu'il doit décorer ou plutôt caractériser : des considérations métaphysiques ont fait émettre cette opinion ; mais on peut l'émettre aussi pour des raisons d'optique. Cependant, dira-t-on, les tableaux, qui sont des leçons et des spectacles d'harmonie, doi-

vent être transportables partout et sous tous les jours,
aussi apprenons-nous que tels étaient les chefs-d'œuvre
dans l'antiquité : Pline, qui fait cette remarque, ajoute
que les grands peintres se seraient bien gardés de fixer
leurs chefs-d'œuvre sur des murailles où ils eussent pu
périr. On peut donc avancer que chaque tableau doit avoir
une destination et un lieu propre d'après lequel le peintre
puisse établir son calcul. Les petits tableaux peuvent
être vus dans tous les appartemens tant que le jour y est
modéré, mais il n'en est pas de même des grands morceaux de peinture. D'ailleurs, si le peintre ne calculait pas
pour un jour déterminé, sur quoi appuierait-il ses comparaisons et ses représentations?

De tout ceci, il faut conclure qu'un peintre qui ne
tiendrait pas compte de la perte ou des dérangemens et
décompositions optiques que doivent produire l'air et le
luminaire du site où sera exposé son tableau, sera jugé
défavorablement, non d'après ce que devait paraître ce
tableau sous le jour où il a été exécuté, mais d'après ce
qu'il paraît dans ce site où il est placé et examiné.

Tel peintre qui doit exposer son tableau dans le vaste
salon de peinture de Paris, salon éclairé par une vaste
lumière venant d'en haut, fait certains calculs qui par
fois lui réussissent ; mais, quand ce même tableau est
placé sous un jour ordinaire, ou un peu sombre, et dans
un lieu peu spacieux, une partie de son bel effet est
évanouie, et il ne reste que des tons noirâtres, des lumières sans coloration et peu de fuyant aérien.

Maintenant il s'agirait de prescrire la règle qui doit
guider dans ces cas et dans ces exagérations; mais un
jugement et un organe sain suffisent pour déterminer ces

degrés. Au reste un moyen premier peut et doit être employé : il consiste à mettre en place le carton colorié du tableau, et à tenir note des altérations que lui font subir la distance et l'espèce d'air et de luminaire, afin d'exalter ou d'abaisser les tons qui, sous ce jour, sortent par leur apparence de l'harmonie adoptée.

On reconnaîtra aisément qu'un site très-éclairé et souvent refleté doit affaiblir les bruns et priver les clairs de l'opposition de ces bruns. Dans ce cas, il faut adopter des masses très-brunes, et prendre une résolution forte d'oppositions.. Il faut même resserrer les lumières pour les rendre plus piquantes, et adopter un luminaire et des objets propres à ces résolutions. Si au contraire le site est sombre, il faut choisir un effet clair, éviter les masses qui de l'état de brun pourraient sembler passer à l'état de ténèbres, et il faut exalter les clairs en se procurant des masses de lumières franches et vives. Enfin je crois que c'est plutôt par le choix de masses vraies et vraisemblables que par une exagération factice et accidentelle, qu'il faut obvier aux entraves causées par le jour du site. Je crois aussi que, si un tableau n'a pas de destination de localité déterminée, il faut éviter les extrêmes et se tenir dans un juste milieu d'énergie, en ayant soin toutefois de choisir un parti franc et débrouillé.

On doit convenir toutefois que certains portraits de Rubens doivent leur éclat et leur triomphe dans les collections à cette franchise d'exaltation de teintes et de clair-obscur : mais il est évident que ces exagérations étaient presque toujours nécessaires et indispensables. Au reste avec quelle réserve et quel savoir de perspective ne doit-on pas ajouter ces exaltations ! Cependant combien de pein-

tres qui, pour avoir forcé de pratique leurs tons en prodiguant l'orangé dans les demi-tons, en doublant les clairs
sur le front ou sur les saillies des carnations, en regla-
çant en brun des tons déjà trop obscurs, ne peuvent
plus sortir de cette manière d'exagération, et ressemblent
à ces chanteurs exaltés de nos opéras qui sont incapables de moduler des tons moyens et tempérés ! Chez de
tels artistes dont le diapazon est forcé, l'idée d'exaltation fait perdre toute idée de justesse, en sorte qu'ils ne
produisent que des parodies forcées elles-mêmes.

J'ai dit que le meilleur moyen était de faire des choix
vrais et conformes ou adaptés au site ; cependant j'ai dit
aussi que le mode du tableau prescrivait les choix et que
le clair-obscur devait concorder par son caractère avec
le caractère ou le mode du sujet. On voit que la question
est délicate. Mais toute la complication s'évanouit, s'il ne
s'agit pas de cas extrêmes, et si l'artiste pense constamment à plaire autant à l'esprit qu'à la vue, étant préoccupé autant de l'harmonie ou de la beauté intellectuelle
que de la beauté optique.

En définitive, il faut que le peintre puisse mesurer la
perte que son tableau éprouvera dans tel ou tel site, sous
tel ou tel jour. Or le moyen le plus simple pour vérifier
cette perte, c'est de porter le tableau en place, et d'avoir
avec soi l'esquisse coloriée du même tableau, laquelle
esquisse on placera sous un jour ordinaire et favorable,
en sorte que l'on pourra comparer avec l'harmonie de
cette esquisse les altérations apparentes ou les discordances qui ont lieu sur le tableau situé dans ce lieu qui
leur est destiné. Mais le plus souvent les peintres veulent
jouir de leur ouvrage dans leur atelier même et en faire

jouir les spectateurs. On se plaît à montrer un portrait
sous le jour où il a été exécuté, et lorsqu'on a reçu plusieurs éloges, il faut bien se décider à le voir placer soit
dans un salon éclairé de toutes parts, soit dans une
chambre sombre et éclairée d'en bas, soit tout autrement, mais plus ou moins défavorablement. C'est alors
qu'on se repent des félicitations anticipées, et qu'on reconnaît la prudence et le sage artifice des Vandyck, des
Tiziano, qui attendaient les suffrages, non dans leur lieu
de travail, mais dans les lieux où devaient être jugées
leurs peintures.

CHAPITRE 438.

D'UN MOYEN PRATIQUE DE REPRÉSENTER PERSPECTI-VEMENT LES TONS DES OBJETS.

Maintenant donnons un moyen pratique de représenter perspectivement les tons, moyen qui corresponde
en tout point avec le moyen scientifique. Ce moyen pratique ne peut s'employer que d'après les objets mêmes ;
aussi correspond-t-il avec l'emploi de la vitre ; car de même
qu'à l'aide de celle-ci on répète les lignes perspectives, de
même avec le moyen que nous allons donner on répète
les tons des objets considérés perspectivement.

Ainsi, les objets étant situés et définitivement arrêtés,
de même que l'espèce de luminaire, l'espèce d'air, et la
distance et hauteur de l'œil du spectateur, il s'agit de
prendre à l'amassette des échantillons de ces objets vus
perspectivement, et de les reporter sur le tableau que

344   CLAIR-OBSCUR.

nous supposons avoir été déjà tracé. Pour opérer avec justesse, l'essentiel est de se mettre à la distance adoptée,
et d'éloigner assez l'amassette pour qu'elle se trouve placée là où est censé le cadre ou la vître. (Un cadre véritable serait très-utile à cette fin.) Il est vrai que le bras
ne se trouve pas être assez long pour éloigner de l'œil,
autant qu'il le faudrait, ce ton placé sur l'amassette ;
mais il faut y suppléer. Il est entendu qu'on doit toujours
tourner l'amassette un peu obliquement et tel que sera
le tableau qui doit recevoir ce ton perspectif déposé sur
l'amassette. Quand il s'agit de petits tableaux, la longueur du bras suffit, et on peut éloigner assez la main
qui tient l'amassette pour comparer le ton dont elle est
chargée avec le ton des objets naturels. Si l'on voulait
opérer avec une grande exactitude, on placerait l'amassette chargée de l'échantillon sur un support ou porte-
amassette quelconque placé tout contre le cadre, puis
on irait comparer ce ton à la nature en se reculant jusqu'à la distance; mais à chaque ton il faudrait aller déplacer l'amassette et la charger d'un autre échantillon.
Au reste chaque peintre emploiera, au sujet de cette
très-petite difficulté, les moyens que lui suggérera son
industrie. Mais je dois avertir qu'il importe beaucoup,
pour copier extrêmement juste, d'avoir l'œil à la distance
adoptée, et l'échantillon sur la vitre ou le cadre, ou au
moins sur un fil tendu qui simulerait la vitre.

Les peintres seront surpris de la justesse des tons qu'ils
obtiendront par ce procédé très-simple. Les demi-tons,
les obscurités acquerront une vigueur et une vérité qui
les surprendra. Enfin ils reconnaîtront que les tons parallèles à la base du tableau ou au cadre, et qui, en même

tems, sont à fleur du cadre, doivent être répétés tels qu'ils sont, et qu'il n'est pas plus difficile de répéter l'apparence des tons obliques ou des tons enfoncés. C'est alors qu'ils réfléchiront sur l'inégal et le semblable des tons, sur les erreurs où nous jettent les oppositions, sur l'absorption et la réflexion de la lumière, sur le caractère optique des matières apposées sur le tableau, et enfin qu'ils acquerront une foule d'idées qui, presque malgré eux, en feront des coloristes exacts, de même que l'échelle perspective et l'orthographie au compas en auront fait de toute nécessité des dessinateurs corrects.

Enfin il est très-facile de comprendre que, puisque le tableau est une vitre sur laquelle viennent se peindre les objets, ou, si l'on veut, une vitre sur laquelle les couleurs apparentes des objets viennent se fixer, comme si ces couleurs coulaient le long des rayons visuels pour arriver à la vue, et comme si elles se trouvaient arrêtées sur la vitre, il ne s'agit que de considérer du vrai point de vue comment sont ces couleurs là où elles s'arrêtent sur la vitre, et d'en répéter l'apparence par des échantillons qu'on placerait là même où est censée cette vitre, ou sur une vitre véritable, si on le désire. Ces tons doivent être composés avec tant de justesse qu'ils se confondent avec ceux des objets, l'échantillon et l'objet étant aperçus et confrontés immédiatement du point de vue ou de distance adopté.

Il semble inutile, après tout ce qui a été dit sur la perspective des lignes, sur l'orthographie, etc., de recommander dans cet exercice pratique de ne jamais quitter le point de vue, de tracer par terre la place des objets, celle du tableau, la direction du luminaire, etc.

Enfin il serait bon d'imaginer ou de se figurer que

l'objet ou le modèle n'est pas de relief, mais qu'il est peint sur la vitre; en sorte qu'il ne serait pas plus difficile de copier ainsi la nature que de copier une peinture vers laquelle on approche ordinairement les tons d'échantillons, avec cette différence toutefois que l'œil peut en approcher, tandis que dans la pratique que nous indiquons ici, l'œil doit rester fixé au point de vue.

Ces tons, on les range sur la palette; mais il est plus sûr de ne pas en réunir beaucoup, dans la crainte de ne plus se souvenir de leur destination : mieux vaut donc les placer au fur et à mesure sur le tableau.

Si cet excellent moyen pratique ne se trouve pas indiqué positivement dans les livres de perspective, il a dû venir à l'esprit de beaucoup de coloristes, et il est à croire que les Flamands et les Hollandais en ont usé souvent. David, qui à Rome conféra beaucoup avec un habile géomètre duquel il reçut d'excellentes idées sur la perspective, comparait très-souvent les teintes qu'il préparait sur sa palette aux teintes des objets qu'il avait à peindre, et il les comparait immédiatement, c'est-à-dire plutôt orthographiquement que scénographiquement; et néanmoins il est résulté de cette pratique une grande justesse de ton et de teinte parmi les objets très-variés introduits dans quelques-unes de ses peintures. Un jeune peintre français que la mort enleva, il y a peu d'années, au moment où il débutait par des portraits bien remarquables [1], pratiquait un moyen analogue : il mesurait sur la nature ses tons, les recueillait sur sa palette, puis les posait avec beaucoup d'art sur son tableau.

---

[1] Pagnetz (Claude Amable), mort en 1821, à 50 ans, élève de David.

Ajoutons encore que ce serait une étude excellente que de revenir de ce procédé pratique au procédé scientifique, je veux dire, de vérifier les tons par l'un et par l'autre moyen à la fois.

Des figures explicatives semblent superflues ici, car la même figure qui représente le peintre comparant la teinte orthographiquement (voy. fig. 500), suffit, puisque la seule différence à supposer, c'est que son œil reste fixé au point de vue, l'amassette ou l'échantillon demeurant fixé là où serait le tableau ou la-vitre. Nous avons cru utile toutefois d'indiquer (fig. 510) un moyen fort simple de fixer à volonté l'échantillon, de manière à ce que le peintre reste toujours placé au point de vue.

Il convient peut-être de terminer ce chapitre en faisant considérer tout ce procédé pratique comme un excellent régulateur du sentiment des tons, et comme le meilleur moyen de garantir le peintre de l'influence si funeste des oppositions. Ainsi, pour rappeler ici cette puissance des oppositions des tons signalée déjà au chapitre 346, nous dirons que, si une succession de tons étant établie, telle est celle qu'on voit (fig. 511) et qui comprend 7 degrés, on ne considère que les deux premiers 1 et 2 en cachant tous les autres avec la main, le ton 2 semblera obscur comparé au ton 1. Mais si l'on ne considère que les tons 2 et 3 en cachant tous les autres, le ton 2 qui semblait obscur, semblera clair. Si donc on compare de cette manière tous les autres tons, on éprouvera le même changement de sensation et d'idée, en sorte que le ton n° 6, qui est fort brun, ne sera cependant que gris, comparé au ton 7 qui est le plus obscur de tous.

CHAPITRE 439.

QUESTIONS RELATIVES AUX REPRÉSENTATIONS INÉGA-
LES, QUOIQUE SEMBLABLES, DES TONS, C'EST-A-DIRE,
DANS LESQUELLES L'ÉCLAT DES TONS DE LA PALETTE
N'ÉGALE PAS CELUI DES OBJETS NATURELS SERVANT
DE MODÈLES.

Nous avons posé en principe (chap. 379) que le peintre n'a pas le droit de rejeter tous les sujets dont le
caractère optique surpasse en éclat celui des couleurs
de la palette; nous avons dit qu'il priverait son art de
très-grandes beautés par cette réserve mal-entendue, et
qu'il y avait moyen, tout en ne répétant pas la puissance
des effets brillans, splendides ou profonds de la nature,
d'en donner l'idée suffisamment pour intéresser et attacher fortement le spectateur. Ici il s'agit de traiter en particulier de ce moyen relatif à la représentation dans de
tels cas.

On lit dans presque tous les livres que, lorsqu'un objet
est trop éclatant, ou par lui-même, ou par l'effet du luminaire, pour qu'on puisse atteindre à cet éclat, il faut obscurcir sur le tableau les ombres ou les bruns de cet objet
jusqu'à ce que les rapports du clair au brun soient réta-
blis; ou, ce qui est la même chose, qu'il faut forcer les
bruns jusqu'à ce que le rapport entre les extrêmes soit semblable, quoiqu'inégal. Cette doctrine absolument fausse
et barbare tend à faire noires et décolorées toutes les
ombres des corps très-splendides et très-colorés, ce qui
est contraire aux lois premières de l'imitation.

Ainsi, pour représenter les effets du soleil sur un cube de marbre blanc, il faudrait selon ces écrivains faire noire l'ombre de ce cube, et pour faire briller la vivacité des carnations, on en obscurcirait les ombres, etc. Mais, bien qu'on puisse employer des oppositions brunes placées hors de ces ombres ainsi obscurcies, pour les faire paraître plus claires, n'est-ce pas produire un contre-sens réel que de descendre ainsi tous les degrés des tons, et d'arriver à des ténèbres, lorsqu'on se propose, par exemple, de peindre les effets d'un beau jour ?

D'autres plus réservés et moins routiniers composent avec la nature, croyant prendre à l'aide de leur sentiment un juste milieu; mais ils tâtonnent long-tems, et modifient jusqu'à la fin et presque toujours dans des rapports faux et sans proportions. Ces erreurs proviennent de l'effet des sensations passagères et variées que fait éprouver au peintre son tableau, lorsqu'il en monte les teintes et les tons. En effet, nos sens nous trompant presque toujours, nous faisons trop coloré, trop sombre ou trop clair sans nous en douter, et cela quoiqu'il existe un moyen de le savoir; car en employant le moyen mathématique, on se trouverait avoir fait juste et l'on saurait plaire à la fois à la vue et à l'esprit. Voici ce moyen mathématique.

Lorsqu'une surface de l'objet modèle est plus claire que les plus claires couleurs de la palette, il faut savoir, avant tout, de combien est cette différence; car, il faut pour conserver les rapports proportionnels, que l'ombre la plus grave de ce même objet soit éclaircie ou rapprochée du clair, autant que le clair de l'objet est supérieur au clair de la palette.

Ainsi, il faut situer cette surface dont le ton clair est

inaccessible, de manière qu'elle devienne accessible, en se
présentant plus obliquement au luminaire. La surface AA,
dont on voit le plan (fig. 512), est donc celle dont la
palette ne peut atteindre l'éclat parce qu'elle est vivement
éclairée par le luminaire, dont la route est indiquée par
les lignes BB. L'amassette C est chargée du ton le plus
lumineux que la palette puisse fournir. On fera pivoter
cette surface, de manière à ce que, se présentant plus
obliquement au luminaire, elle baisse d'éclat et puisse
être répétée, quant à son ton, par celui de l'amassette.
Cette nouvelle situation de la surface est indiquée par la
ligne DD. E est l'amassette. Si on fait cette opération
à l'aide d'un rapporteur, on comptera une différence de
15 degrés dans cet exemple-ci. Il faudra donc éclaircir
de 15 degrés la surface qui offre l'ombre la plus forte.
Pour cela on répétera, sur un petit carton, ou échantillon, le ton géométrique et réel de cette surface ombrée, ou le ton de cette ombre, et on le fera pivoter,
de manière qu'elle s'éclaircisse de 15 degrés; telle est le
plan de la surface FFb plus claire que la surface FFa.

Ces deux tons extrêmes étant connus, on les place
en réserve sur le bord du tableau, et ce sera avec ces
deux tons (GG, fig. 513) qu'on opérera le modelé des
formes. Et, comme les rapports du modelé sont chan-
gés, il conviendra de se donner le ton milieu ou moyen
de ces deux échantillons extrêmes, tel est H; puis, si
l'on veut, le quart, tel est I, ensorte que l'exacte demi-
ton, sur le modèle ou l'objet, sera rendu par le demi-
ton obtenu dans cette opération, et servira de moyen ou
de règle pour les tons intermédiaires.

Exposons ici quelques observations choisies parmi

toutes celles qu'on peut rattacher à cette importante
question.

Puisque le principe dominant, en fait de représentation, c'est qu'il faut donner, par l'image d'un objet, l'idée
de son géométrique, ce ne serait point retracer le géométrique appartenant à un corps blanc, éclairé par le
soleil, que de le peindre avec des ombres noires ; ce serait
plutôt représenter l'effet de la lune ou d'une éclipse. En
effet, tant que dure une éclipse de soleil (cette remarque
a été faite lors de celle qui fut visible à Paris en 1820),
les ombres et les ombrages sont plus sombres, et ressemblent un peu à ceux de la lune. Lorsque le soleil reparaît, les ombres s'éclaircissent peu à peu, ainsi que le
ciel ou l'air, ensorte qu'en supposant que le soleil fût
encore plus brillant qu'il n'est, les ombres seraient plus
claires encore. Lors donc qu'elles semblent le plus sombres, c'est lorsque l'air est si pur, qu'il ne reçoit et ne
renvoie pas beaucoup d'illumination.

Une raison particulière qui peut engager encore à
éclaircir les ombres, c'est que (ainsi que nous l'avons
dit au chapitre 437), quand le tableau est placé et vu dans
un site sombre, les ombres paraissent plus obscures encore, et les clairs bien moins éclatans; et, dans les sites
clairs, ces ombres obscures font un contraste choquant
avec le ton géométrique des objets réels placés dans ce
site, ton géométrique qui, sur les obliquités ombrées de
ces objets naturels, est clair lui-même.

On objecterait peut-être que les ombres fermes et vigoureuses en peinture donnent l'idée d'un luminaire vif
et éclatant; mais un tel effet détruit l'idée qu'on aurait
d'un objet clair : aussi, au clair de la lune, distingue-t-on

mal les objets. Enfin il est évident que l'ombre d'une
chair blanche doit être plus claire que l'ombre d'une
chair brune, et l'ombre d'un linge blanc plus légère encore.

L'unité du tableau est aussi une raison de préférer le
choix des objets d'un ton accessible, afin qu'il y ait entre
l'image et l'objet similitude quant au ton, à la couleur
et à la dimension. Le cas où la représentation étant
égale par le ton produit le plus puissant résultat, c'est
le cas où la représentation est elle-même par la dimension égale à l'objet naturel. En effet, il résulte de ces
deux égalités, surtout si elles sont accompagnées de l'é-
galité de couleur, une unité qui dans la représentation
produit toujours une certaine force d'imitation et une
certaine illusion : il est facile de remarquer cette unité
d'imitation dans quelques tableaux.

Lorsque dans le même tableau les objets accessibles
et vrais se trouvent être les objets subalternes, et que les
objets inaccessibles et faux se trouvent être les personnages dominans, telle qu'une femme vêtue d'un blanc
éclatant, accompagnée d'autres femmes vêtues de couleurs moins claires et accessibles, un tel choix n'est pas
très-bien entendu, parce qu'il ne convient pas de ménager
l'illusion pour les objets secondaires. Je mets cette observation en avant, pour faire sentir la nécessité d'opérer
selon les règles sur les objets d'un éclat inaccessible ; car
si indépendamment du manque d'éclat, cette figure blanche et principale est fausse dans ses rapports d'ombres,
de demi-ombres et de clairs, ce défaut deviendra choquant, non-seulement pour l'œil, mais pour l'esprit.

Enfin disons qu'il y a un certain inconvénient à donner

aux élèves pour exercices des têtes de plâtre très-blanches
à représenter ; car, en faisant comme ils voient, ils feront
faux. Il en est de cela comme des lignes ou des espaces.
Ce sont donc certains rapports qu'il s'agit de répéter, et
non chaque ton l'un après l'autre et exactement.

CHAPITRE 440.

COMMENT ON PEUT RÉUNIR TOUS LES TONS DES OBJETS SUR UN PLAN OU SUR UN TABLEAU PRÉPARATOIRE.

Nous avons donné les moyens de déterminer et de répéter par des échantillons tous les tons des objets, soit que
ces objets apparaissent perspectivement ou orthographiquement, soit qu'ils se trouvent plongés ou situés dans un
air obscur, gris ou clair, soit que leur contexture les rende
mats, diaphanes ou polis, soit enfin que leur ton soit gris,
clair ou brun. Or on desirerait assez naturellement pouvoir composer la réunion de tous ces tons sur le plan
même du tableau, ou sur un tableau préparatoire ; c'est
ce qui est très-facile à exécuter. Bien que nous ne pré-
tendions pas que le peintre doive absolument ajouter au
plan de ses tableaux tous les principaux tons des objets
qu'il doit représenter, puisqu'il peut d'ailleurs déposer
ces tons sur un carton préparatoire, nous croyons devoir
donner par une explication l'idée de ce procédé. Mais,
comme nous devons traiter de cette question ou de ce
moyen au sujet du coloris, chap. 522, et que les peintres,
ne séparant guère dans l'exécution le ton de la teinte,
répétent par un seul échantillon l'un et l'autre, nous nous

bornerons ici à quelques indications ; les élèves feront donc un très-bon exercice en s'attachant à placer sur un plan tracé correctement les tons perspectifs appartenant aux différentes surfaces des objets indiqués sur ce plan. Cet exercice simple et dégagé du coloris leur rendra familier le sentiment de la dégradation scénographique, ainsi que celui des tons orthographiques et géométriques.

Ainsi commençons par dire qu'il convient que le plan linéaire soit tracé sur une toile ou panneau de la même préparation et couleur que le tableau qu'on exécutera d'après le plan, afin que les tons qu'on placera sur le tableau soient bien les mêmes que ceux qu'on aura placés sur le plan. Si donc on adopte, par exemple, pour plan celui du tableau qui représente des cubes (fig. 360), ou bien celui qui représente une église souterraine (figures 375 et 376, etc.), l'élève pourra poser tout près de chaque objet figuré sur le plan les tons des surfaces aperçues de cet objet. Ces tons correspondront donc avec l'obliquité de l'objet, avec son enfoncement, avec la coupe d'air où il se trouve et avec la distance perspective ; enfin tous les caractères des tons seront répétés sur ce plan. Une telle étude ne pourra être que très-instructive. L'élève pourra ensuite, s'il le veut, représenter ces objets en perspective en les posant sur un tableau vertical et en adoptant telle espèce d'air ou de ton évanouissant qu'il jugera à propos. Mais arrêtons-nous ici et ménageons les observations que nous pourrions placer dans ce chapitre, pour celui où il sera question du coloris.

CHAPITRE 441.

APPLICATION DE TOUTE LA THÉORIE PRÉCÉDENTE AU
CLAIR-OBSCUR D'UN OU DE PLUSIEURS OBJETS DE-
MANDÉS POUR UN TABLEAU, ET DEVANT PAR CON-
SÉQUENT RÉUNIR LES CONDITIONS DU VRAI ET DU
BEAU. — DE L'USAGE ET DE L'UTILITÉ D'UNE ÉCHELLE
ABRÉGÉE DES TONS, SOIT POUR LA COMPOSITION DES
ESQUISSES, SOIT POUR L'ANALYSE CRITIQUE DES TA-
BLEAUX SOUS LE RAPPORT DE LA JUSTESSE DES TONS.

Pour ne point répéter inutilement ici l'exposé que nous
donnerons au sujet du coloris chap. 523, chapitre qui
comprendra ce que nous avons à dire ici, puisqu'en opérant sur les teintes ou avec les teintes on opère sur les
tons et avec les tons, nous renvoyons le lecteur à ce
même chapitre 523 (partie du coloris).

La même observation s'applique à l'usage d'une échelle
abrégée des teintes, échelle qui peut exprimer en même
tems les tons; ainsi nous renvoyons encore à ce même
chapitre 523 du coloris, chapitre dans lequel nous traiterons de la connaissance et de l'usage de cette échelle.

CHAPITRE 442.

DU SENTIMENT GÉOMÉTRIQUE ET PERSPECTIF DES
TONS.

Après ce que nous avons dit, au chapitre 307, du sentiment graphique et de sa perfectibilité, nous aurons peu
de chose à communiquer ici sur le sentiment des tons
considéré comme résultat de ce même sentiment graphique des plans et des formes. En effet, le peintre ne saurait
posséder ce sentiment des formes sans posséder aussi celui des tons qui servent à exprimer les plans. Mais, si nous
considérons le sentiment des tons sous le rapport de la
situation des surfaces au luminaire, sous le rapport de
l'espèce d'air obscur ou clair ou demi-clair dans lequel
se trouve situé l'objet; si nous considérons de plus les
tons sous le rapport de l'enfoncement ou de l'affaiblissement aérien, et par conséquent du degré d'obscurité ou
de clarté de l'air général qui sert de règle pour donner le
ton évanouissant; dans ces cas, dis-je, le sentiment est
une qualité importante, perfectible, et d'une grande influence sur la justesse de représentation. Ici, on le comprend assez, il n'est nullement question du beau choix,
ou de la combinaison générale et belle dans le clair-obscur.

Il y a donc des organes heureusement constitués et
d'une grande sensibilité qui perçoivent facilement et avec
justesse les rapports des tons ou des intensités. La moindre dissonance optique les choque, et un sentiment particulier d'harmonie les caractérise; enfin ce sont de sem-

blables organes qu'ont possédés les peintres qui ont su
rendre les formes et les distances, et qui ont su donner
l'idée de la lumière, de sa dégradation et de ses privations,
ainsi que de l'air et de l'espace.

Outre ce sentiment de justesse sciagraphique ou tonographique, le peintre doit posséder un goût naturel et
perfectible, en fait de vraisemblance, en fait de signification et de franchise dans le modelé, modelé qui ne s'obtient qu'à l'aide des tons; c'est donc ce sentiment que fortifie encore et que dirige la science perspective des tons,
science appelée perspective aérienne. C'est à l'aide de
cette faculté que les vrais peintres se dirigent dans le vrai
sens de la nature, et qu'ils expriment et prononcent ou en
plus ou en moins, selon que l'indique le principe optique
de la représentation. Ainsi à cette science des tons il faut
ajouter le sentiment des tons; et à la vérité mathématique
du ton il faut ajouter une certaine modification caractéristique qui est le résultat du sentiment, ou qui est, si l'on
veut, un moyen supplémentaire à l'aide duquel on parvient
au complément de la représentation par l'artifice des tons.

Au surplus, les tons sont si fugitifs et si changeans sur
les objets, que vouloir se conformer à tous ces changemens successifs, c'est vouloir n'en représenter aucun avec
justesse; la science prescrit, il est vrai, les élémens du ton
(les analyses précédentes l'ont assez démontré); mais c'est
au sentiment à saisir le système de tonographie adopté, et
à ne plus s'en écarter; ensorte qu'à l'aide de ce sentiment déterminé les effets vagues et incertains sont ramenés à leur vrai caractère. Nous disons donc qu'il faut de
l'ame, de la chaleur et du sentiment pour modeler, ou, si
l'on veut, pour conduire, pour moduler les tons avec unité.

D'ailleurs, ces mêmes tons de la peinture ou du tableau, combien ne perdent-ils pas en apparence de leur
valeur, de leur magie, ou de leur suavité, selon tel ou
tel jour, sous tel ou tel aspect, dans tel ou tel site où l'on
considère ce tableau? Par quel moyen le peintre sou-
tiendra-t-il donc ces effets oscillans, par quel artifice re-
médiera-t-il à ces incertitudes optiques, si ce n'est par
le sentiment qui lui fera accuser ou exprimer avec franchise et résolution; sentiment qui soutiendra les effets
tendant à paraître vagues et incertains, qui fera enfin
que, malgré la distance et les jours défavorables, on re-
trouvera toujours la juste, la bonne résolution qui a servi
à concevoir tout d'abord l'effet ou le système optique général adopté pour le tableau?

Enfin ce n'est pas tout que cet air et cet espace aient
été mesurés, calculés et exprimés selon la rigueur de
la science optique, il faut de plus un calcul de sentiment.
Or beaucoup de peintres ont réussi par ce seul sentiment, et ont su, sous un jour très-ingrat, dans un site
très-resserré, sans modèle même et sans relief devant
les yeux, créer des images étonnantes par leur saillie,
par leur rondeur, et charmantes par la fusion et l'énergie
des tons. Mais, disons-le, de quel avantage n'eussent pas
joui ces mêmes artistes, s'ils eussent connu, s'ils eussent
possédé les vrais principes de la dégradation aérienne
et toute la théorie que nous nous sommes efforcés d'expliquer! Combien de peintres eussent reconnu que l'on ne
peut que convertir en manière ce sentiment, si l'on eût
enseigné à ces peintres dans les écoles, et avec méthode
et clarté, cette même science du clair-obscur, au lieu
de la déclarer introuvable et inexplicable!

COLORIS.

COLORIS.

CHAPITRE 443.

DÉFINITION DU COLORIS.

Le coloris est l'art d'associer à l'imitation du relief l'imitation des teintes des objets naturels, telles qu'elles paraissent selon les distances, les situations et positions, sous tel ou tel luminaire, et dans quelque espèce d'air que ce soit; c'est aussi l'art de ne choisir dans la nature que des couleurs qui puissent plaire au sens de la vue par la beauté de leur caractère et de leurs combinaisons sur le tableau, et à l'esprit par leur beauté intellectuelle ou leur convenance avec le sujet adopté.

Cette définition comprend, comme celle du clair-obscur, le vrai, le vraisemblable, le beau intellectuel ou la convenance, le beau optique, ainsi que la justesse de représentation.

La distinction que nous avons établie déjà entre le clair-obscur et le coloris, nous dispense d'entrer ici dans aucune preuve particulière de la nécessité de cette distinction, les chapitres suivans devant d'ailleurs en démontrer de plus en plus la justesse.

Quant aux mots colorier, colorer, couleur, etc., voyez ce qui a été dit au Dictionnaire (vol. 1er).

CHAPITRE 444.

DIVISION DU COLORIS.

Le coloris se divise, ainsi que toutes les autres parties de la peinture, en quatre conditions fondamentales que nous venons de signaler en en donnant la définition : 1° le vrai et le vraisemblable ; 2° la convenance ou le beau pour l'esprit ; 3° le beau optique ; et 4° la justesse de représentation. Par le vrai et le vraisemblable on n'obtient que le moyen ; par le beau intellectuel ou la convenance et par le beau optique, le coloris concourt au but de la peinture, qui est l'harmonie ou l'expression des beautés de la nature. Quant à la justesse de représentation par le coloris, on peut dire que l'art, sans cette justesse, n'atteindrait ni à la vérité ni à la beauté.

CHAPITRE 445.

DU VRAI PROPREMENT DIT, OU DU POSSIBLE DANS LE COLORIS.

Nous continuons à appeler vrai le possible, afin de le distinguer du vraisemblable ou du possible vraisemblable.

Il a été dit qu'il fallait connaître les objets pour les représenter : il s'agit donc ici d'apprendre à les connaître sous le rapport de leurs teintes ou couleurs, c'est-à-dire, des teintes qui leur sont propres et inhérentes ; de leurs couleurs géométriques, non telles qu'elles paraissent de loin ou à travers un air coloré ou sous un luminaire coloré lui-même, ou bien encore vues plus ou moins de biais (nous n'en sommes pas encore à cette étude), mais il faut les connaître telles qu'elles sont réellement par elles-mêmes et géométriquement.

Avant tout, il s'agit de savoir ce que c'est que couleurs, quelle est la loi qui constitue leur existence optique, de combien d'espèces premières elles se composent, comment elles s'altèrent, se corrompent et se détruisent même mutuellement, etc.

Commençons donc par ces questions essentielles et fondamentales.

CHAPITRE 446.

DE LA CONNAISSANCE DU GÉOMÉTRIQUE DES COULEURS.

La confusion qui règne assez généralement dans les esprits à propos de coloris, de couleurs, de sensation des teintes et des nuances, fait croire volontiers que la théorie des couleurs, comme celle du coloris, est un cahos impossible à débrouiller, et que personne ne pourra pénétrer dans des secrets accessibles seulement au sentiment et inaccessibles à la science et à l'analyse ; cependant simplifions les idées, et bientôt l'intelligence distinguera les bases de cette science si essentielle à l'art ; observons avec méthode, et nous verrons se dissiper peu à peu les longues ténèbres à travers lesquelles notre amour-propre ne nous a fait supposer qu'un cahos.

Qu'on n'allègue pas avant tout la vicieuse conforma-
tion de quelques organes, exceptions qui servent d'ex-
cuse à l'ignorance, exceptions sans conséquence, à l'aide
desquelles on soutient cependant que tout est doute, que
rien n'est démontrable en fait de couleurs et de coloris,
et que toujours les peintres seront réduits à un seul
guide, leur goût ou leur sentiment.

Il faut faire remarquer à ce sujet que les organes vi-
ciés sont en général beaucoup plus rares qu'on ne pense ;
et l'on doit bien se garder de prendre pour comparaison
le sens de l'ouïe sur l'imperfection duquel on a peut-être
fait aussi des conjectures très-hasardées. (Il n'entre pas
dans mon sujet de les relever ici.) Je dis donc qu'en fait
de couleurs bien peu de personnes saines se méprennent
et sont insensibles aux comparaisons ; je dis que des
ignorans seuls ont pu avancer que certains peintres modernes avaient un coloris ou jaune ou violet, à cause que
leurs organes étaient dominés par une sensation constante de ce jaune ou de ce violet. C'est insulter à la nature que de supposer les yeux des hommes différens
entr'eux quant au mécanisme et à la faculté de percevoir.
Les exceptions fournies par les malades ou les gens mal
constitués ne doivent être d'aucun poids dans cette objection. Oui, tous les hommes ont la même idée et le
même sentiment des couleurs, comme des sons, comme
des dimensions, etc., etc.

Mais revenons à cette étude facile et toute simple des
couleurs, étude qui est par conséquent à la portée et du
goût de tout le monde, parce que tout le monde aime
plutôt à prendre connaissance des couleurs telles qu'elles
sont et telles que chacun peut les sentir directement,

que des couleurs perspectives ou altérées par certains résultats de la vision. Enfin la seule connaissance des couleurs géométriques naturelles dégagées du perspectif ou de l'apparence est très-nécessaire pour l'analyse du coloris, et l'on peut avancer que les tableaux qui offrent les teintes bien semblables aux teintes naturelles vues de près et sans l'effet perspectif, produisent déjà par cette seule similitude un haut degré de vérité. Pour prendre un exemple, citons les tableaux représentant des peintres ayant la palette à la main ; toujours les couleurs sur cette palette imitée sont naturelles. Pourquoi ? Parce que l'artiste n'a pas eu d'autre idée que celle d'y répéter les véritables couleurs matérielles à l'aide de ces mêmes couleurs déposées sur le tableau. Cependant il eût fallu dans plusieurs de ces tableaux altérer ces couleurs pures, soit à cause du luminaire ou de l'air obscur, soit à cause de l'air coloré ; mais si, malgré cet oubli de la dégradation aérienne, on a pu rendre avec justesse le géométrique seul de ces couleurs, l'idée offerte sera juste elle-même : tant il est vrai que le géométrique exactement répété est déjà beaucoup dans l'art magique du coloris. Au surplus, quand nous en serons aux moyens de représenter, nous verrons qu'il est nécessaire de distinguer le géométrique d'avec le perspectif.

CHAPITRE 447.

THÉORIE DE LA COULEUR EXPLIQUÉE PAR L'ACHROMA-
TISME. — DE L'EMPLOI D'UN MÈTRE CHROMATIQUE
PROPRE A ANALYSER ET A MESURER LES COULEURS.

On donne le nom de couleur à un des caractères de
l'apparence que les rayons lumineux procurent aux objets, en sorte que par couleur on entend l'impression
que fait sur notre vue la lumière réfléchie et modifiée
de certaines façons par les superficies et la substance
des objets qu'elle illumine. Cette définition démontre
assez que la couleur n'est couleur que dans notre organe,
qu'elle n'existe point dans ou sur les corps qui la manifestent, et qu'elle n'est qu'un résultat sur un de nos sens
et non hors de ce sens. Car, de même que le marteau qui
frappe ne contient point le coup ni le bruit, de même
les objets ne contiennent point la couleur. Au reste, la
couleur est si peu dans les corps que, lorsque nos yeux
sont défectueux ou malades, nous croyons que le vice est
dans les corps, tandis qu'il est dans notre organe. C'est
ainsi que certains vieillards dont l'ouïe commence à se
paralyser, attribuent la faible sensation acoustique qu'ils
éprouvent à la faiblesse des sons : aussi disent-ils quelquefois avec humeur, que dans leur jeunesse on parlait
plus haut et qu'on prononçait mieux.

On s'est beaucoup occupé à découvrir la cause physique de la couleur. Cette variété infinie de teintes que
la nature a si heureusement multipliées, comme pour

nous rendre plus distincts les objets, a excité dans tous les tems la curiosité et le zèle des savans.

On croit assez généralement aujourd'hui que c'est à la diffraction des rayons qu'il faut attribuer la cause de la formation des couleurs. Nous ne pouvons point encore nous occuper des conjectures qui se rapportent à cette question, parce que c'est à l'aide de la loi de l'achromatisme qu'on peut pénétrer dans cette théorie des couleurs. Il nous faut donc définir avant tout ce que c'est que l'achromatisme et en examiner les conséquences.

Chacun aujourd'hui est d'accord pour reconnaître trois couleurs primitives dans la nature, le jaune, le rouge et le bleu, couleurs dont naissent toutes les autres. Cette opinion était celle des anciens. Quelques passages de Plutarque et d'autres écrivains nous transmettent ce même principe antique. On pourrait prouver encore son antiquité par l'usage où étaient les peintres primitifs de n'employer que quatre couleurs, car leur quatrième couleur matérielle devait être ou le noir ou le blanc. Or le blanc pouvant être donné par le dessous ou la préparation (*albarium opus*), et les peintres peignant très-souvent par lavis sur des stucs très-blancs, il n'était pas besoin de compter le blanc comme couleur. Quant au noir, il peut, comme nous le verrons, être produit par la réunion des trois couleurs, le jaune, le rouge et le blanc. Nos modernes ont voulu analyser la couleur un prisme à la main ; ce prisme leur a donné des images colorées analogues à celles de l'arc-en-ciel dont les anciens n'ont jamais tiré cependant aucune induction contraire à leur principe des trois couleurs élémentaires. Newton, ce prisme à la main, a dit : « Il y a sept couleurs primitives dans la nature. »

A qui donner raison, à Newton ou aux anciens? On se décidera bientôt, si l'on peut remonter aux sources ou au principe premier.

Il appartenait à un peintre de jeter un grand jour sur la question des couleurs. M. Charles Bourgeois a donc cru devoir faire de sérieuses recherches sur la loi qui les produit; il a été jusqu'à combattre Newton, ne se lassant pas de multiplier les expériences pour en former des armes contre cet illustre géomètre dont il entreprend de réfuter les doctrines pied-à-pied. Il ne m'appartient pas d'entrer dans le domaine de la physique pour examiner jusqu'à quel point a pu triompher ce nouvel adversaire; mais je ne laisserai pas échapper ici l'occasion de déclarer que la candeur, la longue expérience et l'assiduité désintéressée de l'auteur sont des garans de son amour pour la vérité et de son zèle pour éclairer le bel art qu'il professe. J'emprunterai donc à M. Charles Bourgeois son système ou sa doctrine si féconde, selon moi, en conséquences utiles, doctrine que je regarde comme indispensable dans la théorie et la pratique du coloris.

Voici, selon lui, quelles sont les bases sur lesquelles on doit asseoir toutes les questions des couleurs et du coloris:

Il n'y a que trois couleurs primitives dans la nature, le jaune, le rouge et le bleu.

Lorsque ces trois couleurs sont réunies et confondues, et que chacune d'elles se trouve dans un état d'égalité complète d'harmonie, ou autrement dit, dans un état d'équilibre parfait, tant sous le rapport de l'intensité lumineuse que sous le rapport de l'énergie colorifique, il résulte de ce mélange l'absence totale de couleurs, et cette annihilation est ce qu'on appelle achromatisme.

Si donc on mêle ensemble et à égale quantité, soit en état de poudre, soit en état liquide, les trois couleurs jaune, rouge et bleu, et que le jaune, par exemple, ne soit pas plus jaune que le bleu n'est bleu, ou que le rouge n'est rouge, et réciproquement; si d'ailleurs ces couleurs sont accordées quant au degré de lumineux, ce mélange donnera un gris absolument incolore. Qu'on fasse l'expérience avec des rayons solaires traversant un prisme et projetés sur un mur, et que les trois rayons jaune, rouge et bleu soient choisis en état d'équilibre, ces couleurs ainsi projetées produiront une lumière incolore. Le même résultat a lieu, quand on fait passer un rayon solaire à travers trois cellules semblables de verre remplies de trois liquides colorés, car le rayon qui les aura traversées sortira incolore. Si l'on supprime le liquide dans une des trois cellules, la couleur du rayon projeté sera binaire; si l'on resserre inégalement les cloisons, la couleur projetée sera un excédant quelconque d'achromatisme : ces faits sont exacts et constans [1]. Mais comme cet état d'équilibre parfait est rare, et qu'il n'a lieu que sur les corps matériels qui sont absolument blancs, gris ou noirs, ou bien dans les lumières dites blanches ou absolument incolores, il est évident que dans tous les autres cas les objets laissent ressortir quelques couleurs excédantes de l'achromatisme. Nous parlerons bientôt de ces cas ou de ces excédans.

On doit déjà conclure de cet exposé qu'il y a les couleurs primaires, ce sont celles qui sont unes et élémentaires ; et de plus les couleurs binaires, ce sont celles qui sont un composé de deux couleurs primaires. Quant à

[1] Voyez le mémoire publié par M. Charles Bourgeois, et lu à la classe des sciences physiques et mathématiques de l'Institut, le 22 juin 1812.

des couleurs ternaires ou composées de trois, on ne saurait admettre cette distinction ni les dénommer ainsi. En
effet, il n'y a jamais que des couleurs binaires imparfaites
qui dans ces cas ressortent de trois ou de plusieurs couleurs ; et la teinte résultant de trois couleurs qui reste-
raient sensibles toutes les trois, quoique confondues, ne
saurait recevoir de dénomination. Bientôt on comprendra
la raison de cette assertion.

Les couleurs primaires, ainsi que les couleurs binaires,
sont donc pures ou impures, c'est-à-dire, parfaites ou imparfaites. Elles sont pures d'une seule façon, mais elles
sont impures de mille façons. Une couleur primaire est
pure conventionnellement, c'est-à-dire qu'elle est considérée comme primaire toutes les fois qu'elle est semblable et égale aux deux autres couleurs élémentaires nécessaires pour toute combinaison chromatique ; mais elle
n'est point toujours archétype de pureté et d'éclat. Nous
reviendrons sur cette question. Quant à l'impureté ou à
l'imperfection d'une couleur primaire, elle a lieu par le
mélange d'une certaine quantité, soit d'une des deux autres couleurs élémentaires, soit de toutes les deux à la fois ;
c'est cette addition qui la rend impure par rapport à ces
deux autres. Pour ce qui est des couleurs binaires, elles
sont pures, lorsqu'elles ne sont composées exactement
que de deux couleurs élémentaires réunies à quantité
égale ; et elles sont impures, lorsqu'une ou deux autres
couleurs élémentaires sont en partie mélangées avec elle.

Il faut remarquer au sujet des couleurs primaires que
les couleurs pures sont à distinguer des couleurs énergiques. Une couleur primaire est pure, avons nous dit,
lorsqu'elle est le moins possible corrompue par une des

deux autres, ou par deux des autres ; mais cette même couleur non pure peut être très-énergique : c'est ainsi que dans le vermillon il y a beaucoup de jaune mêlé au rouge, ce qui n'empêche pas cette couleur impure d'être éclatante ; c'est ainsi encore que dans le bleu si énergique de l'outremer il existe un mélange sensible de rouge.

Il y a trois couleurs binaires : l'orangé qui résulte du jaune et du rouge, le vert qui résulte du jaune et du bleu, et le violet qui résulte du bleu et du rouge.

Ces couleurs binaires sont plus ou moins impures selon qu'elles sont corrompues par une troisième. Ainsi une couleur binaire impure est un mélange de trois couleurs inégales, mélange dans lequel a eu lieu nécessairement un achromatisme à travers lequel la couleur binaire ressort plus ou moins obscure. L'achromatisme baisse donc l'éclat de cette couleur binaire en raison de l'obscurité des couleurs qui le composent.

Je ne dis rien ici sur la cause physique de cet abaissement du ton par l'effet de l'achromatisme ; cette question relative à la conversion de la lumière en couleur, phénomène que Newton a appelé recomposition de la lumière par les couleurs, peut être la source de débats auxquels je reste étranger, en sorte que je n'embarrasserai point le cours de nos recherches par une digression de cette nature.

C'est donc avec raison qu'on a appelé ennemies certaines couleurs, car elles sont ennemies jusqu'à la mort ou jusqu'à leur entière et mutuelle annihilation. Si à du vermillon vous ajoutez du bleu, le bleu tuera ce rouge et sera tué en même tems, parce que le vermillon étant composé de deux couleurs primaires, le rouge et le jaune,

l'addition du bleu produit cet état ternaire d'où résulte
l'anéantissement de toutes les couleurs. Ces trois couleurs, si elles sont en équilibre, seront abîmées l'une par
l'autre. A du vert ajoutez du rouge, il en résultera un même
effet plus ou moins sensible, selon le plus ou le moins d'a-
nalogie dans la pureté ou l'équilibre de ces trois couleurs.
Il en est de même du violet, couleur binaire, si l'on y mêle
du jaune. Voilà donc que l'orangé, couleur binaire, peut
descendre de l'état énergique du vermillon ou du minium
à l'état tempéré de l'ocre de rue rougi au feu, et cela par
la seule addition du bleu pur. Ces métamorphoses sont
produites à tout moment sur la palette des peintres.

Nous avons dit que c'est probablement à la diffraction
qu'il faut attribuer la cause de la formation des couleurs,
c'est-à-dire que, lorsque les rayons de la lumière sont
diffractés aux bords des surfaces qu'ils effleurent, ils produisent alors les trois couleurs, lesquelles, selon leur
situation et leur nombre, deviennent des excédans d'a-
chromatismes, excédans qui sont les couleurs que nous
apercevons sur les objets de la nature. Ainsi chaque diffraction de rayon lumineux est opérée par le caractère des
molécules, par leur disposition, ou par la contexture organique des corps. Il n'est pas difficile de concevoir cette
propriété dans la disposition organique des corps même
les plus tenus, si l'on parvient à concevoir l'extrême ténuité de la lumière qui pénètre l'or et les substances les
plus denses. Or, comme les trois couleurs qui résultent
des diffractions produites par chaque molécule, peuvent
être croisées ou superposées, il arrive nécessairement des
achromatismes et des cumulations, et le résultat de ces
combinaisons est une couleur quelconque, qui toujours

est un excédant sensible de la combinaison ternaire appelée achromatisme.

Pour trouver, par exemple, la cause d'une couleur très-jaune, il faut savoir que le caractère ou la disposition de la contexture qui a produit la diffraction, et par conséquent les trois couleurs, a laissé se cumuler les rayons jaunes, et a achromatisé les rayons rouges et bleus ; il en est de même des deux autres ; il en est de même aussi des couleurs binaires et enfin de toutes les couleurs. Si d'ailleurs la surface est très-propre à réfléchir et à cumuler les rayons lumineux, l'énergie colorifique sera plus grande ; c'est ainsi qu'un fil blanc recevra dans la teinture une couleur plus vive, par l'effet de sa réflexion lumineuse, qu'un fil gris plongé dans cette même teinture, en sorte que plus il y a de lumière, plus il y a de vive coloration. Quant au cas accidentel où la lumière blanche masque l'énergie des couleurs, comme lorsqu'on projette sur une surface colorée la réflexion du soleil rejaillissant d'un miroir, ce cas est, je le répète, accidentel et ne prouve en rien contre notre principe. Il est facile maintenant de concevoir que les corps blancs sont les résultats d'achromatismes très-lumineux, de même que les noirs sont les résultats d'achromatismes très-obscurs, et qu'en conséquence le blanc, le gris et le noir ne sont point des couleurs.

De tout ceci il résulte, quant au nombre des couleurs pures, qu'il y en a six : trois primaires, élémentaires ou couleurs mères, qui sont le jaune, le rouge et le bleu ; et trois binaires résultant de la combinaison des trois primaires prises deux à deux : ces couleurs binaires pures sont, nous l'avons dit, l'orangé, le vert et le violet.

Dans les couleurs les plus incertaines on doit, géométriquement parlant et abstraction faite des oppositions qui trompent les sens et le jugement, on doit, dis-je, reconnaître une de ces six couleurs comme dominante et ressortant au milieu des mélanges plus ou moins incertains. Ainsi l'on peut dire : cette couleur est d'un jaune rougeâtre ou bleuâtre, ce rouge est jaunâtre ou bleuâtre, ce bleu est ou jaunâtre ou rougeâtre. Pour les binaires, on peut dire aussi : cet orangé est jaunâtre ou rougeâtre, ce vert est jaunâtre ou bleuâtre, ce violet est rougeâtre ou bleuâtre [1]. Mais on ne peut pas dire : cet orangé est violâtre, car la présence du bleu qui compose le violet achromatiserait l'orangé, en sorte que le bleu seul du violet ressortirait dans cette combinaison. De même on ne peut pas dire : ce vert est violâtre, puisque le rouge du violet étant le complément du binaire vert, produirait l'achromatisme et laisserait excéder ou ressortir le bleu. Il en est ainsi du violet qui ne peut être appelé ni orangeâtre ni verdâtre. Quant au gris, au blanc ou au noir, on peut très-bien dire qu'il est verdâtre, violâtre, orangeâtre, de même qu'on dit qu'il est jaunâtre, rougeâtre, bleuâtre. Ces distinctions et ces associations sont bien sensibles dans le mélange des couleurs matérielles, et il est aisé d'apercevoir combien ce principe, une fois reconnu et adopté par les peintres, doit leur donner de facilité pour rompre, modifier et composer leurs couleurs.

Remarquons bien une fois pour toutes combien les

---

[1] Cette syllabe *âtre* est ajoutée pour signifier une certaine quantité de couleur étrangère dont est chargée la principale couleur. Ainsi jaune bleuâtre n'est pas synonyme de bleu jaunâtre ; c'est ainsi qu'en terme de marine on dit Nord Nord-Est pour signifier que le vent est plus près du Nord que de l'Est.

noms donnés inconsidérément aux couleurs des objets naturels ou des matières colorantes, laissent dans l'esprit d'idées incertaines et fausses sur les couleurs. Ainsi le rouge élémentaire ne ressemble ni à du cinabre, ni au feu, mais bien, par exemple, à la garance, à certaines roses de Provins qui ne sont nullement jaunâtres. De même le jaune élémentaire n'est ni l'ocre jaune, ni le jaune d'antimoine ou de Naples, ni même le massicot, ni le jaune d'œuf qui contient du rouge; le vrai jaune, c'est celui que donne la gomme-gutte, par exemple, appliquée par trois ou quatre lavis superposés, ou bien l'oxide de chrôme qui est très-énergique, la gaude encore, si elle n'était pas un peu bleuâtre, le safran, le soufre, etc. Le vrai bleu n'est ni l'outremer, ni le cobalt, ni l'indigo; ces couleurs contiennent du rouge : mais le bon bleu de Prusse donne un bleu élémentaire, tant qu'il n'est pas verdi par l'effet de l'huile.

La difficulté de trouver des mots très-propres pour exprimer toutes les nuances de la nature, provient non seulement de ce qu'on ne rapporte pas aux six couleurs que nous venons d'indiquer toutes les autres, mais de ce qu'il existe un nombre infini de degrés qui dans la même espèce de teinte séparent l'extrême clair de l'extrême brun. C'est ainsi que pour désigner, par exemple, l'orangé brun, on n'emploie guère le mot orangé, mais on emploie un terme plus vague en disant brun ou marron : et cependant du brun peut être bleuâtre, et souvent le marron est plus près du rouge foncé que du jaune. Bernardin de St-Pierre dit à ce sujet : « Comme ces nuances peu éclatantes sont en effet très-composées, il est fort difficile » de les caractériser avec les expressions de notre no- » menclature ordinaire. Ainsi au lieu de dire en latin un

» jaune noircissant, ou une couleur cendrée, pour déter-
» miner quelque nuance particulière de couleur dans les
» arts ou dans la nature, on dirait un jaune de couleur de
» noix sèche, ou un gris d'écorce de hêtre. »

Le moyen usité vulgairement, c'est donc d'employer des
termes pris des objets naturels eux-mêmes. C'est ainsi
qu'on dit : couleur de soufre, couleur de feu, gris de lin,
gris de perle, vert de mer, vert pré, bleu de ciel, jaune
chamois, nankin, beurre frais, etc. Cette pauvreté dans la
langue disparaîtrait, si l'on s'entendait mieux qu'on ne l'a
fait jusqu'ici au sujet des divisions et mélanges chromatiques. D'abord ce serait s'exprimer assez clairement que
d'ajouter, selon le besoin, au nom des couleurs la syllabe
âtre, en la faisant suivre de l'adjectif clair ou obscur,
en sorte que par cette dénomination on exprimerait toutes
les nuances. Et, si la couleur est très-faible, soit en clair,
soit en obscur, alors il conviendrait de dire : blanc, gris,
noir, en ajoutant jaunâtre, verdâtre, etc.; car, dans ce
cas, le ton étant plus sensible que la teinte, l'expression
dominante et première doit appartenir à l'idée du ton.

On croirait peut-être au premier aperçu qu'il suffit
d'employer la syllabe *âtre* finale pour les couleurs primaires seulement, sans qu'il soit besoin de l'ajouter aux
couleurs binaires, et cela, dirait-on, parce que du vert
bleuâtre peut être nommé du bleu jaunâtre; mais, nous
l'avons vu, ce serait confondre les choses et limiter les distinctions. En effet du bleu jaunâtre est du bleu primaire
et déterminé auquel est ajouté un peu de jaune, et du
vert bleuâtre est décidément du vert, à laquelle couleur
verte binaire et parfaite se trouve ajouté un peu de bleu :
cette définition est bien plus régulière et intelligible.

Indépendamment de ces nuances, il y a des couleurs qui, soit claires, soit brunes, soit demi-brunes, sont très-corrompues, et par cela même incertaines, bien qu'elles paraissent alors plus déterminées, lorsqu'elles sont opposées à d'autres; mais il ne s'agit pas ici de ces cas d'opposition, il s'agit de les définir telles qu'elles sont géométriquement. Or nous venons de dire que ces couleurs incertaines, flétries, sales, etc., pouvaient être appelées blanc jaunâtre, gris jaunâtre, noir jaunâtre, etc.

Répétons en passant qu'il faut bien se garder de confondre la qualité de foncé avec celle d'énergique. Une teinte peut être foncée et faible : telle est la couleur de la fonte ou fer coulé, lorsqu'il est neuf. Une teinte peut être légère et énergique : telle est la couleur du soufre.

Il paraît que les anciens avaient une expression qui leur tenait lieu de notre syllabe *âtre,* placée après les adjectifs des couleurs : c'est ainsi qu'ils disaient *subcandidus,* pour dire blanchâtre (Pline, Celse, Varron); *subniger,* pour dire noirâtre (Varron); *subcœruleus,* pour dire bleuâtre (Celse), etc. Quant aux couleurs vives et claires, ils les distinguaient des couleurs fortes et chargées, en appelant les premières *colores floridi,* et les autres *colores austeri.* La distinction des sujets et des modes rendait nécessaires ces différences d'expression. Cependant, comme nous, ils tiraient leurs adjectifs de certaines comparaisons. C'est ainsi qu'ils disaient : *oculi herbei,* comme nous dirions yeux couleurs d'herbe.

Mais nous avons souvent recours à des noms dont l'acception est plus ou moins convenue; je dis plus ou moins, parce que nos vocabulaires ne sont pas d'accord dans l'explication de ces mêmes mots : telles sont, par exemple, les expressions amaranthe, pourpre, nacarat, cramoisi, mordoré, etc. Le vocabulaire français offre encore des noms appropriés à certaines choses particulières; c'est ainsi qu'en parlant de la couleur des chevaux, on dit cheval bai, alezan, isabelle, etc.; d'autres noms sont comparatifs, tels sont colombin ou gorge de pigeon, incarnat, bleu d'émail, paonace, turquin, poracé, purpurin, saure. Les tailleurs, les modistes, emploient beaucoup de ces noms composés et tirés des objets : ils disent bleu de roi, vert dragon, robe de capucin, tabac d'Espagne, merde d'oie, crotin de cheval, vert olive, ventre de biche, etc. Toutes ces locutions n'ont rien de commun avec le langage positif de la chromatique.

Enfin on peut dire que nous n'obtenons que très-peu de clarté par les mots que nous employons pour exprimer le caractère des couleurs et de leurs diverses nuances. Mille exemples pourraient le prouver davantage. Mais n'appliquons cette observation qu'à la couleur rouge seulement. Une cerise est dite rouge, et cependant elle est tantôt rouge-jaune, tantôt rouge-bleu, tantôt rouge-noir. Par la même impropriété des mots, une rose est dite rose, quoique sa couleur soit composée de rouge clair et de bleu clair; car il semble que le mot rose doive n'exprimer que le mélange du rouge et du blanc, tel serait le mélange du carmin et du blanc de plomb, teinte qu'on appelle encore à tort couleur de chair, puisque la chair est une couleur plus complexe dans laquelle entre le jaune. Les Italiens disent du rouge d'œuf, et nous, nous disons du jaune d'œuf. Toutes ces incertitudes d'expressions verbales proviennent beaucoup de la négligence qu'on met à user de couleurs matérielles types ou pri-

maires, ou, ce qui revient au même, de ce que presque
toutes les substances les plus évidemment colorées sont
des mélanges ou des couleurs primaires impures, c'est-
à-dire, avec addition de quelques parties des deux autres,
en sorte que dans l'ocre, il y a beaucoup de rouge, ainsi
que dans la couleur jaune de Naples; dans le brun-rouge,
il y a beaucoup de jaune; et dans la laque il y a souvent
du bleu. Nous reparlerons de cet inconvénient considéré
par rapport aux moyens de représenter.

Maintenant voyons si, à l'aide de la précieuse clef de
l'achromatisme, nous ne pourrions pas pénétrer dans
l'art de mesurer les couleurs. Si le peintre peut mesurer
les grandeurs et les distances, s'il peut mesurer les tons
en adoptant deux extrêmes matériels, l'un blanc, l'autre
noir, pourquoi lui serait-il refusé de savoir diviser selon
certaines mesures les couleurs, et de comparer et de répéter ces mesures? Essayons donc de produire un mètre
pour les couleurs, et d'établir les divisions de ce mètre.

Nous ne pouvons prendre pour mètre que les couleurs
matérielles appropriées à la peinture; ainsi nous allons
choisir les plus belles qui nous soient connues. Nous adoptons donc ici pour jaune, un mélange de gaude, de
gomme-gutte, un peu d'ocre de rue (le moins rouge), avec
addition de quelques autres matières, s'il est nécessaire,
telles que l'oxide de chrome, etc.; puis, du mélange de
ces matières, nous formons une seule couleur matérielle
jaune, que nous considérons comme type élémentaire
pure ou primaire [1]. La seconde des trois couleurs pri-

---

[1] Nous exprimerons ici le regret de ne point posséder encore de vrai
jaune homogène durable, aussi beau ou aussi jaune que la garance est
rouge, ou que le cobalt et l'outremer sont bleus.

maires est donnée par le carmin de garance. La troisième
est donnée par l'outremer ou le bleu de cobalt. Ces
matières colorantes étant adoptées, il s'agit de les modifier de manière qu'elles soient en équilibre, c'est-à-
dire, aussi intenses en lumière et aussi énergiques en
teinte l'une que l'autre. Or cet accord n'aurait pas lieu,
si on les employait telles qu'elles sortent des fabriques.
Ainsi, en supposant le carmin de garance tel qu'il doit
être, c'est-à-dire, ni bleuâtre ni jaunâtre, il s'agit d'y
proportionner le bleu et le jaune. Le bleu d'outremer est
la plus belle des couleurs, et par conséquent au-dessus
des deux autres, le jaune et le rouge, quant à l'éclat; il
faut donc l'abaisser au niveau du carmin de garance.
Pour cela on y ajoutera un peu d'oxide orangé de fer,
ce qui, produisant un achromatisme (l'orangé est un
composé de jaune et de rouge), abaissera l'intensité ou
la splendeur de l'outremer. Quant au jaune, qui, faute
d'une matière homogène accordée avec le ton du carmin
de garance, est composé de plusieurs matières, il résulte
du mélange de ces matières que l'éclat de cette couleur
jaune est plutôt au-dessous qu'au-dessus des deux autres
que nous venons d'indiquer. Mais il ne s'agit dans toute
cette question que de trois couleurs quelconques bien
accordées et mises réciproquement dans un état d'équilibre parfait; peu importe donc que ces trois couleurs
soient hautes, énergiques ou de peu d'éclat. Ainsi on peut
faire avec des matières quelconques l'expérience qui va
nous occuper.

Ayant du jaune, du rouge et du bleu bien accordés,
divisons chacune de ces couleurs en cent parties (fig. 514),
division adoptée déjà pour les mesures d'étendue, et pla-

çons dans un godet chacune de ces parties, ce, qui en fera cent pour le jaune, cent pour le rouge et cent pour le bleu, en tout trois cents. Mais une autre division est nécessaire, elle se rapporte aux tons ou intensités lumineuses de ces mêmes couleurs. En effet, non-seulement les couleurs figurent en telle ou telle quantité dans les mélanges colorés, mais elles y sont à tel ou tel degré de clarté ou d'obscurité; or ce sont ces degrés qu'il faut établir. En conséquence on construira une série de cent degrés de tons incolores, depuis le plus clair jusqu'au plus obscur, et ce sera un de ces tons qu'on ajoutera à la teinte fournie par les godets. Pour obtenir ces cent divisions de tons, on procédera comme il a été dit au chapitre 420, c'est-à-dire que pour obtenir d'abord la moitié, on cherchera un ton aussi éloigné en intensité du noir d'ivoire que du blanc de plomb. Cette division correspondra au n° 50; puis, pour trouver la division par quart ou 25, on cherchera un ton aussi éloigné en intensité de ce ton moyen n° 50, qu'il sera éloigné du ton le plus clair, n° 1; et pour avoir la division 75, on cherchera un ton aussi différent ou éloigné du maximum noir que du ton moyen correspondant à 50; et ainsi de suite, jusqu'à ce qu'on ait composé les cent degrés de tons depuis le plus clair jusqu'au plus foncé correspondant au noir d'ivoire. Cette opération étant faite, et ces divers tons emplissant cent vases ou godets de la même capacité que ceux qui contiennent les teintes, on possédera le moyen de répéter toutes les nuances qui dans la nature sont accessibles à la palette, et de compter ou de mesurer la quantité des élémens colorifiques qui les composent.

Maintenant expliquons l'emploi de ce moyen par quel-

ques exemples exposés ici de souvenir et par approximation, ces exemples n'ayant pas été vérifiés sur la nature.

Supposons donc la couleur géométrique du marron
d'Inde composée ainsi qu'il suit : orangé parfait, un centième (pour la teinte) ; le numéro soixante du noir (pour
l'intensité ou le ton de cette couleur marron).

Feuille de rose : orangé parfait, une partie ou un centième; excédant rouge, un centième; intensité ou ton, n° 3.

Amande du pistachier : vert parfait, un centième; excédant jaune, un centième; intensité, n° 6.

Fruit de l'olivier : vert parfait, un centième; excédant
de jaune, un demi-centième; intensité, n° 20.

Le bec du merle : orangé parfait, un centième; excédant jaune, un demi-centième; intensité, n° 6, ou, ce qui
est la même chose, blanc du sixième degré, c'est-à-dire,
abaissé ou obscurci par six parties de noir.

Ardoise : cinquante centièmes de noir ou d'obscur, ou
bien n° 50, donnant le gris parfait; addition de bleu, un
demi-centième; addition de rouge, un quart de centième [1].

Racine de buis : jaune élémentaire, un centième; addition d'un quart de centième de rouge; intensité, n° 3.

Fleur de pensée : violet parfait, un centième; intensité, n° 60 (ou bien un godet de bleu, un godet de rouge
et un godet de gris foncé n° 60).

Bois de crayons de mine de plomb, dits Conté : orangé
parfait, un centième; plus deux parties de rouge; intensité, n° 30. (Si vous prenez un pain à cacheter de couleur orangée et que vous le couvriez d'encre au degré
convenable, vous aurez cette même couleur.)

---

[1] Il faut remarquer que les couleurs chatoyantes qui changent selon les
jours, offrent l'apparence distincte des trois couleurs non confondues.

Tous ces exemples, imaginés comme demonstration ou explication seulement, n'ont point été, je le répète, vérifiés sur la nature ; mais chacun pourra aisément reconnaître de combien ils sont éloignés ou approchés des vraies proportions, doses ou degrés ; et ces exercices seront trouvés fort divertissans, sauf la peine d'établir tous ces tons et toutes ces teintes, travail analogue à celui du facteur d'orgues ou de clavecins, mais bien autrement prompt et facile, comme chacun peut aisément le comprendre.

Enfin je crois que ce moyen supplée à ce que peuvent avoir de vagues les comparaisons, en sorte qu'il est plus positif selon moi, au lieu de dire qu'un objet est couleur de la noix sèche, de dire que la couleur de cet objet se compose d'un centième d'orangé parfait (un godet de rouge et un godet de jaune), plus d'un quart de rouge et d'un centième n° 6 d'intensité ; de même, au lieu de dire qu'un objet est d'un gris écorce de hêtre, il est plus positif de dire que ce gris est le 7ᵉ dans l'échelle des tons, et qu'il offre de plus un demi-quart de centième de violet [1].

---

[1] Plusieurs personnes se sont occupées à chercher des moyens de désigner et de caractériser les couleurs par des mesures ; mais sans la clef de l'achromatisme, il leur était impossible d'arriver à des méthodes usuelles. Voici ce qu'écrivait un des auteurs du journal de Trévoux, avril 1739 : « Ne pourrait-on pas, par exemple, dire : la couleur de chair est
» du 9ᵉ degré de coloris de la classe des rouges cramoisis, et du 10ᵉ ou 11ᵉ
» degré de clair-obscur ; le carmin est du 8ᵉ degré et demi de coloris entre la classe des couleurs de feu et celles du cramoisi, au 6ᵉ et 7ᵉ degré de clair-obscur ; le vermillon est du 7ᵉ degré et demi de coloris entre le rouge-orangé, et le rouge-feu est au 8ᵉ ou 9ᵉ degré de clairobscur ; la fleur de lilas est au 11ᵉ ou 12ᵉ degré de coloris dans la classe des violets bleuâtres, et au 10ᵉ ou 11ᵉ degré de clair, et ainsi de tous les objets ? »

Revenons sur la nécessité de ne reconnaître que deux espèces de couleurs, les primaires et les binaires, et de rejeter la distinction de couleurs ternaires.

Si l'on y veut faire attention, on reconnaîtra que toutes les nuances incertaines de la nature, quelque obscures, quelque indéterminées qu'elles soient, sont binaires. Si elles sont primaires, c'est qu'elles ne sont point incertaines. Celles-ci peuvent être peu sensibles, vu leur extrême clarté ou leur extrême obscurité, mais elles n'en sont pas moins primaires et déterminées. Les couleurs incertaines au contraire, quelque claires, quelque sombres qu'elles soient, sont le résultat d'une combinaison binaire qui ressort avant tout, et dans laquelle une troisième couleur est supposée comme confondue et comme cause de l'effet incertain de la teinte. Ce sont les peintres surtout qui sont portés à percevoir des couleurs ternaires, parce qu'en effet, ils emploient souvent une troisième couleur matérielle primaire pour rompre leurs teintes; mais ils pourraient en reconnaître aussi qui sont composées de quatre, de cinq, de six, etc. couleurs, puisqu'ils en associent un aussi grand nombre. Dans la couleur lilas un peu fauve, le peintre voit d'abord le lilas ou violet clair binaire pur, puis il y distingue du jaune; mais dans l'analyse chromatique et dans l'énumération ou l'énoncé des teintes, il faut procéder rigoureusement. Quand dans du violet parfait on ajoute un peu de jaune élémentaire, c'est comme si l'on y ajoutait un peu de noir, car le jaune produit dans ce cas le complément de l'achromatisme, puisqu'il est associé au rouge et au bleu composant le violet. Il en est de même de l'effet du rouge ajouté au vert; ou bien du bleu ajouté à l'orangé. Enfin on ne peut appeler ces couleurs que binaires, et ce serait être inintelligible que de les appeler ternaires.

Si dans du violet parfait on ajoute un peu de jaune, le violet reste violet, mais impur; et si l'on ajoute beaucoup de jaune et que ce jaune soit rougeâtre, tel que l'ocre de rue, alors l'augmentation et du rouge et du jaune fait que la couleur prend plutôt le caractère d'orangé, mais obscur ou fauve, que le caractère de violet. (Cet effet de l'ocre, dans ce cas, démontre assez l'inconvénient de procéder avec des matières de couleur mixte, au lieu de matières de couleur élémentaire.)

Lorsqu'on veut abaisser du vert, on y ajoute du rouge; mais on aura le même résultat en y ajoutant du noir. En effet le rouge joint aux deux couleurs qui composent le vert, produit un achromatisme et par conséquent un obscurcissement, mais non un changement de teinte. C'est toujours le même vert, mais plus sombre.

Le principe de l'achromatisme est donc de la plus grande importance, et c'est avoir été d'un grand secours à l'art du coloris et (je ne crains pas de le dire) à la science de la physique, que d'en avoir fait la découverte ou que de l'avoir mathématiquement démontré.

Il nous faut à présent prouver que la palette du peintre doit être accordée d'après le mètre chromatique que nous venons de faire connaître, et qu'elle doit offrir les trois couleurs élémentaires parfaitement en équilibre, de manière qu'aucune ne surpasse l'autre en ton ou en énergie, et qu'étant confondues, elles donnent un achromatisme ou un gris parfait sans excédant coloré. Et, comme la palette ne doit rien offrir que ce qui est seulement nécessaire, il suffit qu'elle soit composée de ces trois couleurs amenées chacune à trois tons différens, un très-clair, un moyen et un sombre.

Afin de faire mieux comprendre cette question, nous avons exposé cet ordre de la palette dans une figure explicative. (Voy. fig. 515.)

Le n° 1 offre donc le jaune le plus clair, le n° 2 offre le jaune moyen, et le n° 3 le jaune le plus profond. La seconde rangée fait voir de même le rouge le plus clair n° 4, puis le second ton de rouge n° 5, et ensuite le plus foncé n° 6. Les n°ˢ 7, 8 et 9 font voir les mêmes degrés dans la couleur bleue. Mais, comme il faut, pour imiter la nature, employer des bruns très-puissans et dans lesquels la teinte soit à peine aperçue, nous ajoutons un supplément de brun à chacune des trois couleurs; il est indiqué par les lettres *B C D*. De plus, *A* indique du blanc pur, *E* indique du brun. Ces couleurs sont en réserve pour la commodité, et nous n'en tenons pas compte ici[1].

Expliquons à présent par quelles couleurs matérielles connues aujourd'hui dans le commerce on peut composer ces teintes de la palette.

Sans nous étendre ici sur la question chimique des matières colorantes employées dans la peinture, nous ferons observer de nouveau que, ne possédant point encore de

[1] M. Stward, peintre anglais, qui en Amérique voulut bien me donner des conseils sur la peinture, m'a dit qu'on possédait à Londres une palette de Vandyck toute chargée de couleurs, et que cette palette trouvée à Anvers, offrait des teintes disposées à peu près telles que nous le faisons voir ici. Ce peintre anglais, qui excelle dans la ressemblance des portraits, opinion que j'ai entendu confirmer par le célèbre sir Thomas Laurence, usait d'un semblable arrangement de couleurs; j'en ai fait moi-même un emploi constant jusqu'à ce que les recherches de M. Ch. Bourgeois m'aient déterminé à simplifier encore cet ordre dans les couleurs matérielles de la palette ou cette disposition des teintes.

jaune élémentaire profond, et qui de cet état profond puisse passer à l'état clair à l'aide du blanc, ainsi que cela a lieu dans le carmin de garance ou le bleu de Prusse et même dans le bel outremer foncé, et ainsi que cela a lieu aussi dans la gomme-gutte, nous devons avoir recours à plusieurs substances pour composer ce jaune. Voici celles que nous avons employées.

N° 3 (fig. 515). Pour le jaune profond : oxide jaune de fer, le moins rouge; gomme-gutte dégommée; belle laque de gaude (voy. ce qui est dit sur ces couleurs au chap. 585); oxide de fer, dit ocre de rue, parce qu'étant un peu verdâtre, il peut neutraliser le rouge de ces jaunes (il doit être purifié et très-lavé); plus une pointe d'oxide de chrôme et de vert de cobalt.

N° 2. Jaune plus clair : jaune de Naples ou plutôt d'antimoine, le plus dégagé possible de rouge; gomme-gutte; laque de gaude.

N° 1. Jaune le plus clair : gomme-gutte; laque de gaude; blanc de plomb et blanc d'argent.

N° 6. Rouge foncé : oxide rose de fer (très-peu); carmin de garance; brun rouge, parce qu'il couvre, étant sans alumine.

N° 5. Rouge plus clair : les mêmes, avec du blanc d'argent.

N° 4. Rouge le plus clair : les mêmes, avec plus de blanc encore.

N° 9. Bleu foncé : outremer; cobalt; oxide orangé de fer, pour neutraliser le rouge du cobalt.

N° 8. Bleu plus clair : les mêmes, avec blanc d'argent.

N° 7. Bleu plus clair encore : les mêmes, avec plus de blanc encore.

(Ainsi les couleurs extraordinairement belles sont à rejeter de la palette, parce qu'elles sont isolées et qu'on ne peut plus y associer avec harmonie les couleurs ordinaires. Aussi les orpins, les azurs, les oxides du chrôme sont-ils des couleurs qu'on voit très-souvent discorder entre elles dans les tableaux. Les Vénitiens ont renoncé à ces couleurs dans leurs draperies par cette excellente raison d'harmonie; et les élèves qui croient faire merveille aujourd'hui en les risquant dans leurs tableaux, font voir leur ignorance et leur présomption. Il résulte delà que la découverte d'une couleur plus belle que celles que nous possédons, ne nous servirait à rien, puisqu'il faudrait l'abaisser au niveau des autres pour l'admettre sur la palette. Il en faudrait trois plus belles, ou point du tout.)

Les trois couleurs très-profondes *B, C, D*, sont composées ainsi qu'il suit : jaune brun désigné par *B;* brun de Prusse, ou oxide brun de fer le plus foncé; bitume.

Le rouge très-obscur *C* est composé de carmin de garance, de noir et d'un peu de bitume.

Le bleu très-foncé *D* est composé de bleu de Prusse, d'outremer et de noir.

Quant à la teinte *A,* elle est composée seulement de blanc de plomb et de blanc d'argent; et la teinte *C* est composée comme la teinte *B,* mais avec plus de bitume. Ces deux couleurs sont censées en réserve.

Rien n'empêche qu'on ne charge le haut de la palette de bel oxide de fer jaune, ou rose, ou orangé, ainsi que de quelques autres couleurs; mais je les regarde comme inutiles et embarrassantes. En effet dans quelle confusion ne se jettent pas les peintres qui ont leur palette couverte de toutes ces nuances ou couleurs fabriquées par tant de

marchands, nuances qui, si on y ajoute une ou deux couleurs élémentaires, finissent par se ressembler toutes ?
N'est-ce pas vouloir par cette profusion se donner l'embarras du choix et une peine tout à fait vaine ? Les fabri-
cans de couleurs sont intéressés à vanter les mille et mille
nuances qu'il leur est facile de composer et de vendre ;
mais le peintre instruit et expérimenté n'adopte pas tant
de moyens, et pour produire une seule chose, il évite les
doubles emplois, et le mélange de tant de phénomènes
chromatiques.

Cet inconvénient qui résulte de la réunion sur la palette
de plusieurs couleurs discordantes, est un inconvénient
que toute personne étrangère à la peinture sentira facilement. Le but du peintre est d'accorder en imitant. Or,
si les teintes primitives qu'il met à sa disposition sont déjà
discordantes, si les couleurs qu'il place sous sa vue et qu'il
dispose pour son besoin sont déjà disparates, aigres et
sans rapport entre elles, il se sera donné des moyens dan-
gereux et nullement propres à son but. Pourquoi donc ce
désordre sans nécessité et ces instrumens incohérens,
moins propres à un concert qu'à un charivari ?

Que le bleu de cobalt, par exemple, et l'outremer ne
paraissent donc jamais sur la palette sans être accordés
avec la force des deux autres couleurs, et que jamais les
peintres ne les admettent dans leur état naturel. Que cet
éclat soit rompu et amené par des jaunes ou des orangés
au ton bleu modéré qui est dans l'harmonie limitée de
la palette. Que le vermillon, ce rouge âpre et criard, soit
banni aussi, autant à cause de sa vivacité et de son énergie
discordante, qu'à cause de son peu de solidité. Enfin
que les chrômes, que les orangés ne se présentent jamais

purs et parés de leur luxe importun. De même, si parmi
nos trois couleurs matérielles élémentaires une est faible
et a moins d'énergie que les deux autres, il est évident qu'il
faut baisser ces deux autres au niveau de cette couleur
faible, puisqu'aucune autre ne la peut remplacer, car sans
ce premier accord il n'y a point de facilité pour le coloris.
En effet à quoi servirait de voir sur la palette une couleur
très-belle qui ne peut servir que quand on la corrompt ;
à quoi sert aussi du jaune rouge, lorsqu'on a besoin de
jaune pur ; ou lorsqu'on veut ajouter du bleu, à quoi sert
de n'avoir que du bleu mêlé de rouge? A quoi servirait
enfin à un musicien, qui va exécuter un morceau de musique quelconque, de trouver sur son instrument quelques
cordes plus sonores, plus éclatantes que les autres, quelques cordes qu'il n'oserait point toucher ou dont il faudrait absolument qu'il atténuât le son?

Et puisque nous en sommes à comparer l'instrument
musical ou acoustique à l'instrument optique ou chromatique, ajoutons que de même que dans les concerts on
accorde les violons, les flûtes, les bases, etc., d'après le
diapason archétype qui donne le *la,* et que ce ton du *la*
étant adopté par les musiciens, ils peuvent tous accorder
les autres tons ou cordes de leurs instrumens, de même
on peut et on devrait dans un lieu d'étude de peinture
adopter, par exemple, le ton du jaune n° 2 (fig. 515), et
tous les peintres ayant ce même ton de jaune sur leur palette, ils accorderaient ensuite les couleurs bleue, rouge,
etc., d'après ce diapason. Par ce moyen le professeur et les
élèves s'entendraient, lorsqu'il s'agirait de composer telle
ou telle nuance, de rompre ou d'exalter, de rougir ou de
jaunir telle ou telle teinte. J'imagine que beaucoup de

personnes étrangères à l'art de la peinture supposent que
les choses se passent ainsi dans les écoles; mais ces personnes seraient assez surprises en voyant la confusion, le
désordre gênant ou l'absence de toute méthode de nos
élèves dans cette étude délicate du coloris.

Ce que nous venons de dire suffit, je pense, pour bien
établir la différence qu'il y a entre le mètre chromatique
des peintres, mètre qui ne saurait surpasser les élémens
ou les couleurs matérielles que notre industrie met à leur
disposition, et l'archétype visible ou imaginaire des couleurs.

Avant de parler de cet archétype, je dirai que je ne con-
çois pas qu'on puisse assigner un nombre déterminé aux
teintes dans la nature, bien que l'art puisse peut-être n'en
fixer ou n'en adopter qu'un certain nombre. On conçoit
très-bien que les trois couleurs primaires peuvent produire un millier de couleurs, et cependant il faut reconnaître que le nombre des teintes, des nuances ou des
tons, si l'on veut user de ce mot, est absolument indé-
terminé. Des recherches faites par M. Mayer de Goettin-
gue lui ont fait compter 819 changemens, résultat des
cinq couleurs qu'on dit avoir été employées par les peintres dans l'antiquité. Cependant les peintres seraient aussi
embarrassés que les musiciens, si on interdisait à ceux-ci
certains quarts de tons ou demi-quarts de tons qui, rappelant les accens de la nature, donnent aux auditeurs l'idée
de tels ou tels sentimens, en sorte qu'en considérant ces
légères nuances ou subdivisions comme tolérées seulement, on aperçoit que le nombre en est vraiment infini.

L'archétype des trois couleurs primaires pures n'existe
pas pour nous, car les deux élémens qui le constituent,

c'est-à-dire, la lumière et le mécanisme colorifique sont indéfinis; aussi n'avons-nous aucun archétype du bleu, du rouge, ni du jaune, considérés comme énergiques. Les feux du soleil couchant sont bien ce que nous connaissons de plus puissant en fait de rouge, mais ce ne peut être un archétype, ce rouge étant d'ailleurs modifié par l'épaisseur de l'air interposé. L'écarlate la plus vive n'est pas non plus un archétype. En effet, devant rapporter ces couleurs à nos sensations, il nous faudrait connaître un archétype de sensations. L'aveugle qui répondait que la couleur écarlate devait ressembler au son de la trompette ne sentait pas encore l'archétype du rouge, car le son de la trompette n'est point encore l'archétype du son fier aigu, et élevé. Quant aux couleurs des demeures célestes et des charmes des houris, telles que les extatiques de l'orient se les représentent dans leurs visions, elles sont au-dessus de tous les archétypes visibles ici-bas : c'est le schéma des couleurs. , Si donc nous voulions absolument fixer ces archétypes, ce serait l'écarlate, l'outremer, le vert de gris, le minium orangé, le chrôme et quelques autres qui seraient ces types; mais ce point fixe est inutile à la science, il lui suffit d'être parvenue à reconnaître ce qui constitue la pureté et l'unité des couleurs que l'art a à sa disposition.

Veut-on avoir la sensation du plus beau jaune, ou du plus beau rouge ou du plus beau bleu élémentaire que l'on puisse voir; il faut le chercher dans le spectre solaire [1]. Mais comme les nuances du spectre solaire sont

[1] Les opticiens donnent ce nom à l'image colorée qui résulte d'un rayon solaire projeté sur un mur ou sur un carton blanc dans une chambre fermée et obscure, lequel rayon a traversé un prisme de crystal.

pour ainsi dire parfondues et noyées les unes dans les autres, il résulte que ces couleurs ne sont pas pures. Or on
peut les rendre pures en produisant un achromatisme sur
les teintes de ce spectre qui peuvent par leur fusion corrompre la couleur demandée. Ainsi voulant, par exemple,
avoir dans l'image du sceptre solaire, un rouge élémentaire, il s'agit de détruire le jaune qui le corrompt. Le
moyen en est facile, car en projetant à l'aide d'autres
prismes un rayon violet, couleur binaire, qui, combinée
avec le jaune qu'on veut détruire, produit en effet l'achromatisme, on obtient un rouge infiniment plus pur : cette
épuration est très-sensible à la vue, bien que l'éclat de ce
rouge se trouve par cela même un peu abaissé. La même
expérience peut se faire sur le jaune et sur le bleu en
annihilant par des complémens les couleurs qui altèrent
plus ou moins celles qu'on désire avoir pures et élémentaires (voy. les Mémoires de M. Charles Bourgeois). Cette
expérience n'est pas une de celles qui prouvent le moins
la simplicité et la justesse de cette nouvelle théorie ou
plutôt de cette analyse toute naturelle.

Lorsque nous rencontrons des couleurs qui produisent
sur notre rétine une sensation extrêmement énergique,
nous ne pouvons guère nous rendre compte des causes
physiques de ces puissans résultats ; cependant nous connaissons quelques-unes des raisons de ces effets. Par exemple, nous savons que les pierres précieuses ne produisent
leur grand éclat colorant que par le moyen des rayons
transmis par réfraction et par réflexion. Les lapidaires,
pour augmenter ces moyens de réflexion, placent sous ces
pierres des lames brillantes d'or ou d'argent.

Une des causes démontrables de l'énergie de certaines

couleurs produites par les corps naturellement colorés,
c'est la réverbération mutuelle des lamelles qui quelquefois les composent et qui sont placées dans une certaine
position favorable à cette réverbération réciproque d'une
même couleur, qui alors semble très-vive. On voit des
fleurs, telles que les renoncules rouges, par exemple, qui
produisent sur notre rétine une sensation de couleur extrêmement puissante : il semble que la lumière en les
frappant en détache et en emporte des molécules. Cet effet n'est autre que celui qu'on remarque au fond des
feuilles d'or chiffonnées et par lequel la couleur jaune est
doublée, quadruplée, etc., parce qu'elle n'éprouve pas la
neutralisation ou l'achromatisme qui aurait lieu par des
reflets colorés étrangers à la couleur dominante, si la situation des lamelles était différente, et si les angles de
réflexion étaient d'une autre espèce.

C'est la vivacité de la lumière combinée avec la contexture des corps colorés qui nous transmet indirectement avec une célérité plus ou moins grande la commotion optique d'où résulte cette vive sensation et ce prompt
mouvement sur la rétine. Au crépuscule et pendant la
nuit, la disparition des couleurs dépend beaucoup de la
teinte plus ou moins sensible du luminaire. La nuit, l'é-
carlate devient noire et le bleu est quelquefois très-sensible. Pendant le jour, l'air étant coloré en jaune rouge
par le soleil, il arrive que ce que nous appelons rouge
écarlate nous paraît plus énergique que le bleu, et cela
parce que le bleu est achromatisé par la couleur du jour;
mais que l'on fasse tomber un rayon provenant de l'azur
du nord sur une draperie bleue isolée dans un petit local,
cette cumulation du bleu produira une énergie bleue

aussi sensible que celle de l'écarlate éclairée par le jour.
A chaque instant on remarque qu'au grand jour une
touffe de fleurs, un banc vert, une muraille jaune et une
carnation rose augmentent d'énergie colorée : ces effets
proviennent des couleurs accidentelles de l'air qui se suc-
cèdent en l'emportant souvent l'une sur l'autre.

Terminons ce chapitre par une conjecture qui, bien
qu'elle semble d'abord très-étrangère à l'art du peintre,
peut néanmoins ouvrir des idées sur quelques points relatifs à l'harmonie et à la sensation. Il s'agit de rechercher
si dans la nature, au lieu de trois couleurs, il n'y en aurait
pas une seulement, mais dont les degrés de décroissement produiraient les trois divisions où se manifestent
les trois couleurs primaires qui frappent si distinctement
notre vue. Le jaune serait cette couleur qui, selon les modifications de la lumière combinée avec la contexture de
l'objet, passerait successivement du jaune insensible et
analogue à la lumière solaire, au jaune clair ; du jaune
clair au jaune foncé ; du jaune foncé au rouge ; puis du
rouge sombre au bleu.

On lit dans les Mémoires de Trévoux (avril 1739, page
808), un passage assez curieux sur les couleurs. Il y est
dit que « le bleu est la première couleur qui se dégage
» des ténèbres ; que de même que le bleu sort du noir,
» de même du bleu sort le rouge, car tout bleu foncé a
» un petit œil rougeâtre ; et enfin que du rouge sort le
» jaune. » L'auteur aurait pu faire observer de même
que tout jaune foncé a un œil rougâtre. De cette assertion,
si elle est conforme à la vérité, on peut conclure que le
noir et le blanc sont les deux extrêmes entre lesquels sont
rangées toutes les couleurs, ou bien qu'il n'y a qu'une

couleur qui suit l'ordre de la lumière. Car, après le jaune extrêmement clair ou presque blanc, on voit suivre le jaune safran, le jaune un peu rougeâtre, l'orangé, le mordoré rougeâtre, le brun intense et presque décoloré, duquel sort le rouge obscur presqu'incolore; et de cette couleur obscure ou noire, si elle est mélangée de blanc, on verra sortir le bleuâtre foncé, puis le bleu plus clair, puis le blanc légèrement bleuâtre, etc.

Bernardin de St-Pierre s'exprime plus positivement au sujet de cette même conjecture. « Les concerts admira-
» bles de lumières et de formes qui ne se manifestent,
» dit-il, que dans la partie inférieure des nuages la moins
» éclairée du soleil, sont produits par des lois qui me sont
» tout-à-fait inconnues. Mais quelle que soit leur variété,
» elles s'y réduisent à cinq couleurs : le jaune y paraît une
» génération du blanc, le rouge une nuance plus foncée
» que le jaune, le bleu une teinte de rouge plus renforcée,
» et le noir la dernière teinte du bleu. On ne peut dou-
» ter de cette progression, lorsqu'on observe le matin,
» comme je l'ai dit, le développement de la lumière dans
» les cieux; vous y voyez ces cinq couleurs avec leurs
» nuances intermédiaires s'engendrer les unes des autres,
» à peu près dans cet ordre : le blanc, le jaune soufre,
» le jaune citron, le jaune d'œuf, l'orangé, la couleur au-
» rore, le ponceau, le rouge plein, le rouge carminé, le
» pourpre, le violet, l'azur, l'indigo et le noir. Chacune
» de ces couleurs ne semble être qu'une teinte forte de
» celle qui la précède, et une teinte légère de celle qui la
» suit, en sorte que toutes ensemble ne paraissent que
» des modulations d'une progression dont le blanc est le
» premier terme, et le noir le dernier. »

Je rappelle ici ces conjectures, qui semblent, il est vrai, n'avoir trait qu'à la physique, mais qui cependant ne sont pas à délaisser même par le peintre, puisqu'elles l'entretiennent dans cette idée d'harmonie et d'unité si essentielle dans les beaux-arts. Cependant la complaisance qu'on peut avoir pour le système de l'unité, ne doit pas aller jusqu'à causer de l'indifférence sur les tristes effets de la monotonie. Aussi un critique exagéré qui venait de Londres, où il avait vu *l'exhibition* des tableaux des artistes vivans, s'exprimait-il ainsi : « C'est une drôle de
» chose que ces tableaux où des ignorans veulent à toute
» force produire l'harmonie dans le coloris; tous ceux
» que je viens de voir à Londres sont ou tout rouges, ou
» tout jaunes, ou tout bleus. »

CHAPITRE 448.

DE L'ÉNERGIE GÉOMÉTRIQUE DES COULEURS SOUS LES DIFFÉRENS LUMINAIRES INCOLORES, TELS QUE LE JOUR, LE SOLEIL, LA LUNE, ETC.

Si la lumière est le principe de toute visibilité, elle est le principe de la visibilité des couleurs; or plus la lumière sera vive, plus les couleurs seront développées et sensibles. Les couleurs pures, vues au soleil, paraissent donc les plus belles possibles; les couleurs pures, vues à l'obscurité, paraissent au contraire sans beauté. C'est d'après cette règle que Léonard de Vinci a dit : « Toute
» couleur est plus belle en ses parties lumineuses que dans
» les ombres » : excepté bien entendu en ses parties relui-

santes ; excepté encore les cas où le luminaire colore l'objet d'une certaine teinte défavorable, car, si un objet jaune,
par exemple, est éclairé par l'azur du ciel, et que son côté
ombré soit reflété par un autre objet jaune, il pourra arriver que dans l'ombre cet objet soit d'un plus beau jaune
que dans le clair. Lorsqu'on place un modèle près de la
fenêtre, on remarque que souvent il semble moins coloré
que lorsqu'on l'en éloigne un peu, et cet effet pourrait
faire douter du principe que nous venons de mettre en
avant. Mais qu'on y fasse bien attention, la cause de cette
différence provient, soit de la couleur d'azur du jour qui
achromatise les teintes dorées de ce modèle, soit des luisans de ses surfaces qui mirent le luminaire et qui sont
aperçues sous certains angles ; car, si des nuages dorés
viennent à illuminer ce même modèle, ou si on le regarde d'un autre point duquel le luisant disparaisse, il se
manifestera de très-grandes différences dans la teinte apparente de ce modèle.

Il n'y a qu'un cas où la lumière très-vive puisse masquer l'énergie des couleurs, et ce cas est plus accidentel
qu'il n'est ordinaire ; c'est lorsqu'un corps réflecteur, tel
qu'un miroir, par exemple, ou bien de l'eau, ou tout autre luminaire accidentel et luisant , fait rejaillir de la
lumière sur les couleurs déjà illuminées par le luminaire
principal. En effet, si l'on dirige sur un spectre solaire
un rayon solaire incolore, son intensité lumineuse mas-
quera l'énergie de couleur du spectre, et là où frappera
ce rayon superprojeté, il y aura décoloration à tel ou tel
degré.

D'après cet exposé, on doit conclure que la couleur
propre ou géométrique d'une surface ou d'un objet quel-

conque serait manifestée dans son plus haut degré d'é-
nergie, si elle était exposée aux rayons du soleil lorsqu'il
est incolore, et si de plus elle était dégagée de l'influence
des rayons bleus du firmament. Cependant, comme dans
le cas où le soleil blanc l'éclaire, la force de ses rayons dé-
ploie toute l'énergie colorée de cette surface, cette énergie est si grande, que l'on ne compte pour rien la couleur
particulière, soit du firmament bleu, soit des corps étrangers qui feraient rejaillir des réverbérations colorées sur
cette surface illuminée par le soleil. Ainsi du rouge éclairé
par le soleil est tellement rouge, que le bleu du ciel ne
semble ôter à ce rouge aucun degré de son énergie et ne
lui apporter aucune altération.

C'est de cette façon, je pense, que nous pouvons avoir
l'idée de la couleur d'une surface, c'est-à-dire, lorsque
le soleil éclaire cette surface; car, si elle n'est éclairée
que par le jour, nous ne connaîtrons pas toute l'énergie
colorée qui lui est propre. Et il faut encore supposer que
le jour qui éclaire cette surface est incolore, sans quoi
cette couleur que nous appelons propre à l'objet, paraîtrait corrompue. Si ensuite nous la considérons perspectivement, c'est-à-dire, vue à travers l'air plus ou moins coloré
par les réflexions des objets ambians, elle paraîtra beaucoup plus corrompue encore; et de plus, si de ce degré
d'énergie nous passons aux degrés moindres résultant de
l'obliquité de cette surface à la lumière et à l'œil, ces degrés nous feront connaître non sa couleur propre, rigoureusement parlant, mais sa couleur propre affaiblie : admettons ensuite certains reflets étrangers, et cette même
couleur pourra nous sembler presque détruite.

La lumière du soleil incolore développe, en les doublant

et en les triplant, pour ainsi dire, les couleurs qui sont exposées perpendiculairement à ses rayons. Quand je dis qu'elle triple les couleurs, j'entends dire par comparaison avec ce qu'elles paraissent lorsqu'elles sont exposées sous un jour ordinaire ou à l'ombre. Un coup-d'œil jeté sur un ruban d'une belle couleur, vu dans une chambre éclairée par deux ou plusieurs fenêtres situées au nord, mais sur lequel on ferait parvenir un rayon de soleil par une petite ouverture particulière, suffira pour faire reconnaître cette vérité. Si l'on veut faire la même épreuve d'une autre manière, on n'a qu'à placer un morceau de ruban perpendiculairement au soleil, puis placer un autre morceau du même ruban à l'ombre; dans ce cas l'ombre sera ce que nous appelons le jour dans une chambre. L'expérience serait plus instructive, si l'on employait un ruban offrant réunies les trois couleurs élémentaires distinctes.

La lumière du jour, c'est-à-dire, la lumière indirecte, diffuse et réfléchie du soleil, la lumière enfin qui éclaire les objets dans les lieux fermés où le soleil ne pénètre pas directement, cette lumière, dis-je, est par rapport aux rayons solaires le résultat d'une privation de ceux-ci, ou, si l'on veut, n'est que l'ombre du soleil : sous une telle lumière réfléchie, les couleurs doivent donc paraître moins énergiques. Si de plus ces lieux fermés ne sont illuminés que par un jour du nord sans nuages et par conséquent sombre, l'énergie colorée des objets vus dans ces lieux fermés et peu illuminés, sera moindre encore. Nous ne faisons pas mention des achromatismes qu'occasionne sur les teintes orangées des carnations la couleur bleue du firmament.

Il importe beaucoup de reconnaître que les couleurs

jaunes, rouges et bleues, quoique développées, et, on peut le dire, créées par un même luminaire, ne se trouvent pas naturellement en harmonie; cela vient de ce qu'il faut beaucoup plus de lumière pour manifester les unes qu'il n'en faut pour manifester les autres. Par exemple, pour manifester le bleu également au jaune, il faut dix fois plus de lumière, et pour manifester le rouge également au jaune, il en faut cinq fois plus.

Cette observation très-essentielle suffit pour faire connaître combien les couleurs matérielles de la palette sont naturellement discordantes entre elles, et quelles modifications il faut leur faire subir pour les mettre toutes les trois en un état parfait d'équilibre chromatique. On peut par cette même observation expliquer pourquoi un tableau qui serait calculé pour produire de l'effet seulement sous le pinceau du peintre, paraîtra d'un tout autre effet lorsqu'il sera transporté sous un jour tout différent. Cette différence qu'il éprouve sous cet autre jour est remarquable en ce que certaines couleurs perdent plus les unes que les autres et dans un nouveau rapport; en sorte que sous une faible lumière ou sous un jour demi-sombre, les couleurs claires restent encore claires, tandis que les couleurs plus sourdes paraissent ou sont tout-à-fait obscures. L'effet contraire a lieu sous un jour très-clair qui rend clairs les bruns, et qui rend grises les couleurs splendides. (Voyez le chapitre 519 où nous reviendrons sur ce point.)

Quant à l'influence que l'éclat de la lune exerce sur les couleurs, il faut remarquer que lorsque cet astre est incolore, sa splendeur modérée développe très-peu les couleurs, et que les effets qu'il produit rentrent dans la classe de ceux dont nous venons de parler, lesquels sous un jour sombre consistent dans l'éclat soutenu des couleurs très-claires ou blanches et dans l'obscurité incolore des teintes obscures. Pour ce qui est de la couleur rouge vue au clair de la lune, elle est elle-même très-affaiblie par la teinte bleuâtre de l'air lorsque le firmament n'est point voilé par des nuages ou des vapeurs : aussi dans une site sombre le rouge devient-il presque noir.

CHAPITRE 449.

DE LA COULEUR DES LUMINAIRES EN GÉNÉRAL.

A présent que nous connaissons la loi de l'achromatisme, il ne nous est pas difficile d'analyser les effets que produisent ou l'influence qu'exercent les luminaires colorés sur les couleurs des corps ou surfaces. Si le luminaire est rougeâtre, tel qu'est le soleil à son coucher ou à son lever, tel qu'est une fenêtre gazée par un léger tissu rouge, cette teinte en frappant sur des surfaces de couleur verte les corrompra et les achromatisera. Si au contraire ce luminaire rouge éclaire des objets rouges eux-mêmes, il en développera toute l'énergie, et on croira même, vu l'effet de l'opposition provenant des autres couleurs ou objets placés dans le même site, que ce luminaire a triplé ou quadruplé la teinte rougeâtre de ces surfaces. Si au contraire le luminaire est bleu, tel qu'est celui qu'on reçoit du nord dans une chambre par un jour serein, ce bleu qui fera valoir la teinte des objets bleus, décomposera les couleurs dorées, en sorte que les carnations animées pâ-

liront sous ce jour et perdront leur teinte propre et géométrique.

Ne voit-on pas souvent dans les églises éclairées par
des vitraux colorés ces effets accidentels? Ne voit-on pas
ces projections colorées rendre pâles les carnations, rendre très-bleus ou très-violets les vêtemens bleus et violets
qui les reçoivent, ou rougir beaucoup, enflammer même
les teintes purpurines? Rien n'est donc si facile à comprendre et à expliquer que ces divers phénomènes.

Nous nous bornons dans ce chapitre à cette explication
succincte; ce n'est point ici le lieu de traiter du choix
du luminaire sous le rapport de sa couleur, tant pour
aider au vraisemblable et conserver la teinte géométrique
des objets, que pour produire l'harmonie chromatique
qui fait partie de la beauté générale du coloris.

CHAPITRE 450.

DE LA COULEUR PROPRE ET ACCIDENTELLE DE L'AIR, ET DE SON INFLUENCE SUR LES COULEURS DES OB- JETS.

La question dont il s'agit ici touche de bien près celle
qui précède. L'air a-t-il une couleur qui lui soit propre, ou
bien celle qu'on y remarque par fois est-elle accidentelle?
Cette dernière question me semble affirmative.

L'air n'a point de couleur par lui-même, et, en quelque
quantité que les rayons lumineux incolores le traversent,
ils restent et paraissent toujours incolores, à moins que
les corpuscules qui remplissent son milieu et qui y flot-

tent, pour ainsi dire, sans y être aperçus ne soient eux-mêmes chargés de quelque couleur. On objectera peut-être, pour prouver que l'air est naturellement coloré, que les montagnes et les lointains sont toujours bleuâtres, parce que, en les voyant de loin, on les voit à travers beaucoup d'air; mais voici comment on peut expliquer cet aspect souvent bleu des montagnes et des lointains. Les montagnes peuvent recevoir souvent la couleur bleue du firmament par des rayons directs, verticaux ou perpendiculaires, et qui traversent l'épaisseur des nuages ou des vapeurs atmosphériques à angle droit; or cette teinte bleue du ciel que colore les montagnes, nous ne l'apercevons souvent pas, ou bien nous ne la voyons qu'à travers la couche des nuages ou des vapeurs qui apparaissent à nos yeux en raccourci. Il arrive donc que les montagnes qui sont le miroir du ciel nous semblent très-bleues par opposition avec les teintes jaunâtres et chargées de l'horizon; mais elles nous paraissent beaucoup moins bleues que ne nous paraît l'azur du ciel lorsque nous percevons cet azur perpendiculairement, et ainsi que le reçoivent elles-mêmes les montagnes.

Il resterait peut-être à expliquer pourquoi le ciel est bleu, lui qui n'est que l'espace ou que le vide aérien. « L'azur de l'air, dit Léonard de Vinci, vient de la gros-» seur du corps de l'air éclairé se rencontrant entre les » ténèbres supérieures et la terre. » Il paraît que Léonard de Vinci pensait que de même qu'un léger glacis de blanc sur du noir produit une teinte bleuâtre, de même l'air blanc interposé, soit entre les ténèbres d'en haut, soit entre les parties obscures des montagnes, produit le même résultat. Quelques physiciens ont supposé que la couleur

bleue du ciel provenait de la couleur de la mer qui est
mirée par le firmament, mais cette conjecture est forcée.

Pour en revenir à la cause de la teinte bleuâtre qu'on
voit assez souvent dans l'air, on peut donc l'attribuer au
vide qui est au-delà de l'air atmosphérique, vide que
les vapeurs interposées font paraître bleuâtre ; ce serait cette teinte bleuâtre qui se communiquerait plus ou
moins librement à l'air, selon les cas ; car souvent l'air
dans les tems gris et chargés est rougeâtre, même en plein
midi, et il arrive très-souvent que les montagnes ne paraissent point bleues, même quand le tems est léger et
que des vapeurs empêchent l'azur du ciel de tomber sur
ces montagnes.

Ainsi on peut dire que l'air reçoit toutes les couleurs,
mais qu'il n'en possède aucune. Au reste cet état neutre
de l'air est le plus favorable aux accidens dont la nature
est si souvent embellie, et sans cette qualité neutre les
spectacles de la nature seraient peu variés de couleur et
même d'une ressemblance monotone.

Les effets produits par la couleur de l'air sont dépen-
dans absolument de la loi de l'achromatisme, en sorte
que si l'air est jauni par le soleil, les surfaces jaunes plongées dans cet air sembleront encore plus jaunes ; si ces
surfaces au contraire sont violettes, le jaune de l'air amortira ce violet par l'effet de l'achromatisme, le jaune étant
le complément de ces deux couleurs, etc.

Il y a mille remarques à faire à ce sujet. Par exemple,
dans les tems gris, lorsque l'air est incolore, on remarque
que les rouges et les jaunes sont très-sensibles ; cela vient
de ce qu'ils ne sont point altérés par l'air bleu du ciel,
aussi les bleus sont-ils beaucoup moins beaux sous cet air

incolore que quand ils sont plongés dans l'air coloré par l'azur du firmament.

C'est l'influence de l'air coloré de telle ou telle teinte et dont cette teinte varie plusieurs fois le jour, qui produit ces variations si remarquables sur les édifices et sur toutes les grandes masses plongées dans cet air. Un édifice que l'on voit tous les jours et dont on connaît très-bien la couleur et le ton géométrique, puisqu'on connaît la matière ou la pierre dont il est construit, semble cependant tantôt d'une teinte, tantôt d'une autre, et souvent d'une teinte toute différente de ce qu'elle est géométriquement. Les ardoises d'un toit paraissent quelquefois rosées, d'autres fois d'un bleu sombre, d'autres fois d'un gris jaunâtre, etc., et cela sans qu'elles mirent telle ou telle coupe colorée d'air, mais seulement parce qu'elles sont aperçues à travers ces coupes d'air ; car, si l'on s'en approche dans la même direction et sous le même angle visuel, cet effet ou plutôt cette teinte disparaîtra, et la teinte géométrique et positive sera perçue sans altération.

Plus tard nous indiquerons le procédé qu'il faut employer dans la représentation perspective de l'air coloré.

CHAPITRE 451.

DES OPPOSITIONS DES COULEURS ENTRE ELLES, ET DE L'EFFET DE CES OPPOSITIONS.

L'effet optique ou la sensation qui résulte des oppositions contribue beaucoup à embrouiller les idées relativement aux couleurs, parce que telle teinte qui semblait, par exemple, verdâtre, lorsqu'elle se trouvait opposée à un beau violet, semble ensuite violâtre, lorsqu'elle est opposé à un vert énergique. Cet effet est absolument analogue à celui des lignes, car une ligne horizontale semble monter ou baisser selon qu'une autre ligne inclinée elle-même lui est opposée. Mais ces teintes, ces nuances qui dans l'art du coloris doivent être considérées et évaluées telles qu'elles paraissent, doivent dans l'analyse optique n'être considérées que telles qu'elles sont réellement et non en apparence; en sorte que le peintre ne doit pas dire au sujet d'une teinte qui ne semble pas assez jaune ou assez rouge sur son tableau : « J'ai cependant mis beau-» coup de rouge dans cette teinte, etc.; » car il n'y a rien d'absolu en peinture et rien n'étant clair ou brun, gris ou coloré, grand ou petit, vigoureux ou suave, que par le con-traste de ce qu'on lui oppose, c'est moins la mesure de sensation que la mesure mathématique qui est à suivre.

Le peintre ne doit donc pas s'embarrasser de la quan-tité de jaune, de rouge ou de bleu qu'il emploie, pas plus qu'il ne doit s'embarrasser des lignes qui montent, qui baissent, etc., puisque, quand l'ouvrage est terminé et considéré du vrai point de vue, tout revient dans l'ordre et tel qu'il doit être.

Le résultat des oppositions est un moyen dont le pein-re doit faire usage au profit de l'art, ainsi que nous le ver-rons plus tard; ici il ne s'agit que de définir cet effet très-remarquable provenant des déceptions chromatiques qui se présentent en foule sur la palette du peintre. Citons-en un exemple. Que l'on mêle sur la palette du noir d'ivoire et un peu d'ocre jaune et de blanc pour avoir un ton qui isolé paraîtra gris verdâtre ; qu'à côté on oppose une masse du même ton et au moins aussi large qui soit d'un beau violet : la première teinte paraîtra verte. Mais qu'on enlève ce violet et qu'on le remplace par un beau vert du même ton : la première teinte, de verte qu'elle paraissait, paraîtra violette ou rougeâtre, suivant que l'expérience sera faite avec une nuance ou une autre.

M. Vatelet explique fort bien cet effet dans le passage suivant. « Voyez le grand artiste, dit-il, prendre avec la » brosse ou le pinceau une teinte dont son intelligence » éclairée a pressenti l'effet; cette teinte examinée seule » dans l'intervalle qu'il met à la porter de la palette sur » la toile, offre souvent un ton que vous jugez si peu con- ». venable à l'objet auquel vous voyez qu'il est destiné, ». que vous croyez ce choix une erreur de l'artiste; cepen- ». dant sa main intelligente et sûre la place, et dans l'ins- ». tant, par un effet vraiment magique, les couleurs qui » environnent cette teinte, lui dérobent ce qui semblait » devoir blesser vos regards, ou cette teinte leur donne ». elle-même ce qui semblait leur manquer. »

Tout ce qu'on ajouterait ici à la suite de cette dernière idée, n'instruirait en rien le coloriste.

CHAPITRE 452.

DE LA DÉCOLORATION OU DIMINUTION GÉOMÉTRIQUE DES TEINTES DES SURFACES, SELON LEUR OBLIQUITÉ DE SITUATION A TEL OU TEL LUMINAIRE INCOLORE OU COLORÉ.

De même que l'éclat ou l'intensité de ton des surfaces diminue selon qu'elles se trouvent placées plus ou moins obliquement à la lumière, de même l'énergie des couleurs des surfaces diminue selon cette même obliquité à un luminaire incolore. Un carton rouge placé en face du jour ou placé de biais au jour, ce jour étant incolore, offre une différence bien grande d'énergie colorée. Il est à remarquer que la différence entre l'extrême énergie colorée (la surface étant perpendiculaire au luminaire) et l'extrême décoloration (la surface étant complétement oblique ou fuyante au luminaire), n'est pas la même pour les trois couleurs. En effet, le jaune tout-à-fait oblique perd moins que le bleu. Cela s'explique par le degré d'énergie lumineuse de chacune de ces couleurs; car, puisqu'il faut plus de lumière, comme nous l'avons déjà dit, pour développer le bleu, qu'il n'en faut pour développer le jaune, il doit arriver que le bleu oblique perd plus que le jaune, à obliquité égale. Mais cette différence n'en apporte aucune dans l'ordre des divisions par degrés dans tout l'espace du quart de cercle, espace dans lequel varient les obliquités (voy. le chap. 422). Ce sont donc les deux extrêmes qu'il s'agit, qu'il suffit de connaître et de posséder, pour ensuite obtenir les degrés ou les nuances, selon les divisions régulières ou obliquités par degrés.

Comme il y a des jours étroits et des jours larges ; des lumières vives, aiguës, et des lumières douces et diffuses ; comme aussi le luminaire peut être coloré de telle ou telle façon, il résulte que les obliquités des surfaces au luminaire amènent des différences sensibles dans la décoloration de leurs teintes. Sous un jour très-étroit la moindre obliquité produit une décoloration très-sensible, tandis qu'en plein air ce même degré d'obliquité des surfaces n'en change presque point la teinte et le ton. Il résulte qu'une surface colorée oblique à la lumière perd de sa coloration selon son espèce. Le jaune la perd moins, le rouge plus, et le bleu encore plus, car, ainsi que nous l'avons remarqué, il faut à peu près dix fois plus de lumière pour manifester le bleu également au jaune, et cinq fois plus de lumière pour manifester le rouge également au même jaune. Si la surface oblique est d'une couleur mixte, il faut ne tenir compte que de l'excédant de l'achromatisme, et calculer, selon que cet excédant est composé de tant de rouge ou de jaune ou de bleu, afin d'en tenir compte pour opérer dans la représentation la décoloration générale de cette surface oblique au luminaire.

Puisqu'il est vrai que chacune des trois couleurs manifeste son énergie à l'aide de plus ou moins de lumière, et qu'il arrive que le maximum obscur du jaune est plus jaune que le maximum obscur de rouge n'est rouge, ou que le maximum obscur du bleu n'est bleu, il en résulte une règle essentielle : c'est que, lorsque le peintre accorde les trois couleurs sur sa palette, il ne se conforme pas à ces différences relatives des trois couleurs naturelles, mais bien à l'accord ou à l'égalité qu'elles doivent manifester nonobstant ces différences ; et on peut comparer le peintre dans ce cas au musicien qui met tous ses instrumens à l'unisson, bien que quelques-uns soient plus graves ou plus aigus que les autres.

Si le luminaire est coloré d'une teinte analogue à la surface qui lui est oblique complétement, la décoloration sera bien plus sensible que si le luminaire est incolore, ou que s'il était d'une couleur étrangère à cette surface. Un carrosse d'un rouge orangé est donc très-rouge sur la face qui regarde le soleil couchant, lorsque celui-ci est rouge orangé lui-même ; mais la face en retour peut être extrêmement décolorée et comme noirâtre, si le ciel qui l'éclaire est d'un azur franc. En effet l'orangé avec le bleu produit l'achromatisme. Si au contraire il s'agit d'un carrosse bleu exposé au même luminaire orangé, la face qui regarde le soleil sera grisâtre, et celle qui est reflétée par l'azur, sera d'un très-beau bleu. Mais, si le carrosse bleu est exposé à un jour nuageux, à un soleil gris et non apparent, son obliquité complète au jour ne produira pas une différence très-sensible. Sous les jours couverts où la lumière est très-diffuse par les nuages, la teinte dans le clair ou dans le demi-clair n'est donc pas très-différente et ne suit pas la différence du ton, en sorte que ce même carrosse orangé exposé sous de pareils jours offrira de tous côtés à peu près la même couleur, sauf les reflets colorés et accidentels, et sauf le point d'aspect du spectateur qui se trouverait en face ou de côté de ce carrosse.

Remarquons donc tout de suite ici qu'il peut arriver qu'un de ces côtés nous semble plus beau de teinte par l'effet de l'aspect qui nous place plus ou moins en face.

d'un des côtés. En effet une surface vue obliquement est moins sensible par l'effet du pressement des rayons visuels, sans que cependant cette couleur ait diminué en rien géométriquement. Ici je ne parle pas de l'effet perspectif aérien. Cette remarque rappelle encore la nécessité de ne jamais confondre le géométrique avec l'orthographique ou le perspectif, c'est-à-dire, ce qui est avec ce qui paraît; et comme le perspectif ne détruit pas toujours le géométrique, et que très-souvent il ne l'altère que très-peu, c'est ce géométrique qu'il faut avant tout connaître, mesurer et répéter.

On conçoit que pour représenter avec justesse la couleur des contours ou des surfaces tout-à-fait fuyantes, il faut employer des teintes très-rompues et dont la couleur soit pour ainsi dire insensible. En effet l'obliquité est si grande sur les bords ou contours des corps arrondis, qu'ils paraissent presqu'entièrement décolorés. Cependant, comme on doit dans ce cas donner l'idée de l'air qu'il y a entre le contour fuyant et le plan saillant, et que la transparence de la peinture est bornée, on y supplée quelquefois par une certaine énergie roussâtre, assez sensible, lorsqu'elle est vue de près. C'est pour cela que Tiziano exprimait les contours de ses carnations avec l'asphalte qui procurait des glacis mordorés forts et diaphanes. Ces teintes des contours ont été très-souvent faussées et mal interprétées par les copistes qui y ont substitué des teintes beaucoup trop rougeâtres et beaucoup trop animées. Plusieurs peintres de l'école d'Italie ont aussi forcé ce ton orangé et roussâtre des contours; mais ne nous étendons pas plus sur ce point.

Le chapitre 503, où il sera question du moyen de répéter ou de représenter les différens degrés des couleurs selon les obliquités, amènera d'autres explications.

CHAPITRE 453.

DES REFLETS PROJETÉS PAR DES COULEURS SUR D'AUTRES COULEURS, ET DES REFLETS CAUSÉS PAR L'AIR COLORÉ.

Les reflets étant des réverbérations colorées envoyées sur certaines couleurs par d'autres couleurs, cette question rentre absolument dans les précédentes. Un petit nombre de remarques suffiront sur ce point.

Un reflet jaune projeté sur une surface jaune semblera en augmenter la couleur, parce que le jaune ne saurait détruire le jaune. Projeté sur une surface bleue, le résultat sera vert; mais cette espèce de vert dépendra de l'espèce de bleu, c'est-à-dire que si le bleu tire sur le violet par l'effet du rouge qu'il contient, le jaune, qui se trouve être le complément du bleu et du rouge, produira un achromatisme. Si le reflet, au lieu d'être jaune pur, est jaune orangé et qu'il soit projeté sur du violet pur, un achromatisme aura encore lieu, et le jaune ne sera ostensible qu'en tant qu'excédant, ou bien, il ne le sera pas du tout, malgré le reflet. Il en sera de même des reflets bleus sur de l'orangé, et des reflets rouges sur du vert. C'est parce qu'un reflet rouge semble doubler le rouge de l'objet sur lequel il est projeté, que Léonard de Vinci a dit : « La couleur de la carnation, là » où elle est réverbérée par une autre carnation, est plus

» rouge et plus vive qu'en aucun autre endroit du corps. »
Le peintre, aidé de cette théorie, aura donc beaucoup
de facilité pour comprendre et saisir les teintes des
ombres qui toujours sont reflétées et dont la composition
ne pourrait jamais être analysée sans ce moyen.

Il est à remarquer que souvent les objets réverbérant
des reflets sur les surfaces ombrées produisent un résultat coloré plus intense que lorsqu'ils réverbèrent ces reflets sur des surfaces illuminées. En effet il arrive souvent
que l'illumination de ces surfaces masque l'énergie du
reflet, et que l'intensité lumineuse déguise l'énergie colorifique. C'est ainsi, par exemple, qu'un carton blanc étant
placé près d'une table d'acajou, la réverbération du rouge
de l'acajou sur ce carton sera très-sensible, s'il est oblique
au jour et par cela même dans l'ombre; cette réverbération sera au contraire beaucoup moins sensible, si le
carton est placé en face du jour.

Les reflets colorés projetés sur les objets blancs sont
très-remarqués par le peintre, car il faut que le blanc
matériel de sa palette soit très-chargé et très-corrompu
par les teintes de ces reflets, s'il en veut représenter les
effets avec exactitude.

En général l'énergie colorifique des rejaillissemens est
beaucoup mieux distinguée par le peintre qui en répète
les caractères, que par les spectateurs ordinaires, parce
que le peintre seul sait combien de ces teintes réverbé-
rées il faut qu'il ajoute dans la couleur des surfaces qui
reçoivent ces reflets. Winckelmann, en observant de
près les peintures antiques, n'a pas toujours compris la
cause optique des teintes reflétées qu'il examinait, en
sorte qu'il a souvent cru voir des étoffes changeantes là

où il y avait une représentation juste d'une draperie de couleur uniforme, mais modifiée en certaines places par des reflets très-prononcés. Dans la peinture des Noces Aldobrandines, par exemple, le blanc de la robe de la jeune fille qui pince de la lyre est tellement reflété par la teinte du terrain, qu'il ne viendrait jamais à la pensée de quelqu'un qui verrait cette peinture de trop près, que le bas de cette robe puisse exprimer du blanc, et cela, bien qu'en effet ce blanc ait dû sembler très-vrai avant que cette peinture ne fût altérée par l'effet de l'enfouissement. Malgré cette observation, on voit représentées dans les peintures antiques des étoffes dont le tissu est réellement de couleurs changeantes.

Nous verrons plus tard de quel secours peuvent être en peinture les reflets colorés.

Disons un mot sur les reflets causés par l'air. La couleur de l'air, en battant sur les faces des objets qui se trouvent plongés dans son milieu, sont de véritables réverbérations ou réflexions colorées : ces reflets sont très-distincts de la couleur de l'air intermédiaire par lequel le spectateur est séparé de l'objet. C'est cette distinction rigoureuse que Desargues voulait établir en mentionnant séparément l'air d'entre deux, l'air d'alentour et l'air général. Les peintres qui voudront ou qui pourront suivre cet auteur, dans son ouvrage même, trouveront beaucoup à réfléchir sur ce point de la représentation.

Enfin disons que les peintres ne sauraient trop analyser ces effets à l'aide de la géométrie, des mathématiques et de l'optique, car c'est par le secours de ces études qu'ils parviendront à voir les couleurs de la nature et par conséquent à les représenter avec les couleurs de leur palette ; c'est par leur secours qu'ils se rendront les yeux délicats autant pour observer que pour représenter, et qu'ils retrouveront ce prétendu secret flamand et hollandais qui n'était autre chose que le résultat du savoir d'artistes très-réfléchis et qui ne faisaient pas de l'art de la peinture un exercice routinier et de mode, dans lequel, si l'on en croit les peintres ignorans, on peut avoir la prétention de réussir, si l'on a de la hardiesse, du goût et de la dextérité.

CHAPITRE 454.

DE LA COULEUR OU DE LA TEINTE DES LUISANS.

La couleur ou la teinte des luisans est la couleur ou la teinte même du luminaire, lorsqu'il est miré par les corps incolores plus ou moins polis : mais cette couleur ou teinte du luminaire se combine avec la couleur propre des corps polis, lorsque ceux-ci sont colorés.

Ainsi le luisant apparent sur la peau d'un cheval noir ne sera pas de la même couleur que le luisant sur la peau d'un cheval bai, et cette différence dépendra outre cela de la couleur même de la lumière mirée par l'un et par l'autre. Sur le cheval noir, si le luisant provient d'une lumière chaude et dorée, ce luisant sera d'un bleuâtre très-tempéré ; mais, si c'est l'azur pur du ciel qui est réfléchi, ce luisant sera très-bleu, et cela parce que la teinte noire ou incolore du poil de ce cheval s'accorde avec la teinte bleue provenant du ciel, et ne la détruit aucunement. Si au contraire le cheval est bai ou rouge-brun, le luisant bleuâtre du ciel sera modifié par la couleur rougeâtre du poil bai, et, malgré le contraste qui rendra très-sensible le luisant bleu, ce bleu sera néanmoins d'une teinte beaucoup moins pure que celle du luisant qui a lieu sur le cheval noir.

Quant aux luisans sur les corps un peu mats, ils se manifestent par une teinte plus simple, parce qu'elle diffère peu de la teinte propre de ces corps, en sorte que du blanc ajouté à cette teinte suffit quelquefois pour exprimer ces luisans.

Il y a des corps polis, mais diaphanes, tels que la chair, l'albâtre, la cire, certains fruits, etc., et l'effet coloré des luisans varie sur ces diverses substances. C'est au peintre à bien analyser les causes de toutes ces différences. Les luisans des carnations varient aussi dans leurs teintes, selon la couleur du luminaire, cause première de ces luisans. Chez les peintres vénitiens qui éclairaient souvent les objets par le soleil voilé, les luisans ne sont guère bleuâtres. L'école française au contraire tend à représenter des luisans blanchâtres et de couleur froide. Les flamands et surtout J. Jordaëns les ont souvent tenus de couleur citron, mais c'est le principe de l'exagération optique qui (distinguons bien ce cas) les a déterminés en ceci. (Voy. le chap. 519.)

Enfin sur les chevelures on voit des luisans fort différens selon la couleur des cheveux, selon celle de la lumière et selon l'espèce matérielle des cheveux qui sont ou diaphanes ou chatoyans par l'effet de leur contexture. Je ne parlerai, au sujet des luisans, ni des velours, ni des corps nacrés, ni des soieries, ni des feuilles lisses et plucheuses, ni des corps métalliques, etc. ; c'est au peintre à s'appuyer sur les vrais principes de son art, pour saisir tous ces caractères. S'il possède ces principes, il ne fera pas de ces contresens si fréquens sous le pinceau de ceux qui ne comptent que sur leurs couleurs hardies et sur leur touche brillante. Ne voit-on pas en effet de ces habiles praticiens qui, ayant à peindre, par exemple, une cuiller d'argent placée près d'un vase de crystal, donneront plutôt l'idée d'une cuiller de crystal placée près d'un vase d'argent? La teinte du luisant sur une cerise fraîche sera la même pour eux que celle du luisant d'un marron, et les luisans du satin, ils les rendront aussi tranchans que les luisans de l'acier, etc. C'est donc la théorie qui peut garantir de tous ces contresens et de toutes ces routines.

CHAPITRE 455.

DE LA COULEUR DANS LES CREUX OU SILLONS LUMINEUX.

Nous avons remarqué la cumulation des couleurs qui a lieu lorsque des surfaces situées proche l'une de l'autre et parallèlement réverbèrent et se renvoient mutuellement leur teinte. Cette couleur ainsi doublée est apparente surtout dans le fond des plis des feuilles d'or battu, quand elles sont chiffonnées. On voit encore cet effet dans le fond des feuilles de certaines fleurs ou dans le creux des plis de certaines étoffes, et même dans les plis de la chair entre les doigts, vers les narines, les oreilles, etc. Rubens n'hésitait pas à représenter ces creux ou ces plis avec du vermillon pur.

Le peintre doit, avant de répéter la couleur des creux
ou des sillons lumineux, en analyser le caractère, et, pour
mieux imiter, il doit observer autre chose que l'apparence
de ces couleurs, c'est-à-dire, observer les véritables causes
optiques qui les déterminent ; au reste à cette connaissance analytique de la nature, il doit ajouter celle du
vraisemblable et même celle de la beauté, laquelle rejette
tout ce qui sort de l'harmonie et de la simplicité.

CHAPITRE 456.

DE LA COULEUR DE CERTAINS CORPS ET DE CELLE DES CARNATIONS EN PARTICULIER.

Ce serait une longue entreprise que l'analyse des teintes
ou couleurs de tous les objets naturels soumis à la peinture. En effet cette diversité des couleurs des objets est infinie, aucune de leurs teintes ne se ressemblant précisément : et non-seulement les corps diffèrent les uns des
autres par leur espèce de couleur, par leurs degrés d'é-
nergie et par leur caractère mixte et particulier, mais ils
diffèrent encore en ce qu'ils sont les uns mats et opaques,
les autres luisans et diaphanes, etc. Quelques-uns font
voir dans leur transparence des teintes superposées et
dont on découvre les plus enfoncées à travers celles qui
sont plus élevées et rapprochées de la superficie. D'autres, qui sont mats et polis, offrent des nuances croisées,
les unes sur les autres, des nuances très-variées, très-
multipliées : tels sont les marbres, les bois veinés, etc.
Il y en a aussi qui, comme les étoffes ou le col des pigeons

et la nacre, sont changeans. Enfin les fruits, les agathes,
les tissus de laine et de soie, le poil ras ou long des animaux, les substances préparées par l'art, telles que la
cire, les cartons, les cuirs, les émaux, etc., affectent la
rétine et sont rendus distincts et reconnaissables chacun
par une teinte ou une nuance particulière propre et caractéristique.

C'est au peintre à sentir toutes ces différences, à les
établir dans son sentiment à l'aide d'études chromatiques, et à les répéter avec un grand soin et une scru-
puleuse exactitude. Le chapitre 5bo traitera des moyens
de répéter, par des échantillons, les teintes géométriques
des objets.

Mais de même que de tous les objets dont la forme doit
être étudiée par l'artiste, c'est celle de l'homme qui lui
offre le plus d'intérêt, de même c'est la couleur des carnations qui est la plus importante de toutes les couleurs
imitables par l'art de la peinture.

On peut affirmer que la couleur rouge est celle qui
réunit le plus d'admirateurs ; mais, comme la convenance
ne doit jamais se désassocier du beau optique, l'homme
veut que ce rouge soit modifié selon l'espèce des objets
sur lesquels il se manifeste. Ainsi on exige que la pourpre
des rois soit pure, énergique et intense ; on veut que la
magnificence du soleil paré des mains de l'aurore, étale
de riches couleurs orangées et violâtres ; on veut que
la rose, fleur délicieuse, séduise et enchante par le doux
éclat d'un rouge tendrement éclairci, et que dans ce rouge
délicat se trouve associé et mélangé un peu de la vive
splendeur du jaune, un peu de la suavité de l'azur.

Cependant chacun pensera qu'après cette fleur si belle,

l'objet qui dans la nature réjouit le plus les yeux par le doux éclat de sa couleur, c'est le corps humain ; oui, la couleur la plus belle après celle de la rose, c'est la couleur de la carnation d'une vierge parfaite, ou celle d'un jeune héros. Les enfans, tant qu'ils sont nourris de lait, sont embellis aussi de la couleur de ces roses blanches et purpurines dont la fraîcheur a tant de charmes. Mais chez l'homme fait, l'éclat de la teinte rosée est tempéré par la sévérité d'un jaune plus ou moins austère, et cette austérité sert à faire briller par contraste la carnation vive et délicate de l'autre sexe.

Quelle doit donc être la teinte qui embellira la carnation de l'Amour, du fils si beau de Vénus, de ce dieu ou enfant ou adulte ; enfant si puissant qu'il dispose de nos cœurs comme s'il était maître du monde ; adolescent si ingénu qu'il sait nous imposer par sa naïve faiblesse ? Son coloris ne sera pas celui de la rose ; on se méfierait de tant de délicatesse. Sa carnation ne sera pas celle d'un jeune guerrier ; la fierté de cette teinte n'amollirait pas assez les cœurs. C'est donc par un mélange délicat de la couleur purpurine et du doux éclat de l'or qu'il parvient à nous séduire ; il y parvient encore en alliant un peu de ces azurs légers, tels que ceux qui semblent nager dans ses yeux humides et brillans et sur ses tempes délicates, teinte douce et vague qui transparaît dans sa chair nourrie d'ambroisie. Enfin c'est par ce mélange magique qu'un peintre pourra composer cet incarnat tout divin.

Consultez l'indien dont la couleur est celle du cuivre rougeâtre ; consultez le maure dont la peau est d'un brun d'acajou, le mulâtre qui offre un teint cuivré et sali, l'africain noir et bronzé, l'albinos enfin blanc comme les

spectres; interrogez tous ces hommes différens : tous re-
connaitront la suprématie de la carnation des habitans
des climats tempérés. Oui, c'est à Paphos, c'est à Cythère
que Vénus en prescrivait l'archétype. L'homme de ces
belles régions est l'homme par excellence ; le coloris
grec sut perpétuer dans ses durables images la carnation
primitive de l'espèce humaine.

Combien de nuances encore dans les diverses contrées
de notre Europe ! Quelle différence entre la délicatesse
sanguine des carnations hollandaises et le blanc froid
des chairs de Londres ou le gris sans variété de celles de
Paris ! Et si nous restreignons nos observations à la
France, ne remarquerons-nous pas combien les chairs
en général sont sanguines à Lyon, fraîches à Caux, mates
et d'un blanc peu animé en Champagne ?

Mais l'art s'élève au-dessus de tous les caractères in-
dividuels; l'art ressaisit le beau, l'excellent et le parfait.
L'idée d'une carnation admirable, c'est l'art qui la per-
pétue par ses nobles et gracieuses images. En effet, si
les tableaux de Vandyck, de Rubens, de Jacq. Vanloo
eussent conservé leur fraîcheur primitive, ils nous servi-
raient de types quant à l'éclat et à la fraîcheur des carnations. La richesse, la vie des couleurs de la chair, c'est
dans Tiziano qu'on en trouverait des modèles, et Giorgione, sans les ravages de l'huile, nous servirait aujour-
d'hui même de règle pour la chaleur et la fierté de l'incarnat.

Quant au caractère chromatique de la chair, il consiste
dans la transparence et la variété des teintes. Plus la
peau est fine, plus ces variétés se laissent entrevoir. La
lumière qui pénètre la peau atteint les teintes bleuâtres

des veines, les teintes rouges des vaisseaux artériels et encore la couleur de la graisse et des tendons. Or toutes ces couleurs sont comme confondues et demi-apparentes à travers la peau dont l'épiderme, par sa contexture, réfracte les rayons qui la traversent. La peau, indépendamment de son poli ou de sa rugosité en certaines parties, offre aussi, et surtout sur les joues, un certain velouté que ne saurait exprimer le lisse froid du pinceau.

L'éclat des couleurs sanguines et dorées, tempéré par les teintes tendres et bleuâtres transparaissantes, ne peut être bien exprimé que par un peintre dont l'œil est très-délicat. Ces nuances sont mesurables par masse, mais leurs variétés si fines ne peuvent être répétées qu'à l'aide d'un sentiment et d'un pinceau tendre et très-pur en même tems. Tiziano est sans contredit celui de tous les coloristes modernes qui a pénétré le plus avant dans ces secrets des carnations, et presque tous les autres peintres semblent en cette partie froids, grossiers ou sans magie, lorsqu'on les compare à cet habile maître [1].

Ce serait peut-être aider à l'analyse que nous voudrions donner ici de la carnation, que de décrire de quelle manière les joues se colorent par la santé, la jeunesse et la pudeur. « La rougeur, au dire des physiolo-

---

[1] Parmi le nombre des exceptions qui sont à faire à ce sujet, il faut mettre au premier rang, je crois, celles qui concerne Jacques Vanloo, qui florissait en Flandre et en Hollande du tems de Rubens. Au moins est-il le digne émule de Tiziano dans une peinture fameuse, gravée par Porporati, et représentant une femme nue qui va se mettre au lit. La carnation de cette figure est admirable pour la force et la vérité; le plus grand savoir a dirigé cet ouvrage, et c'est, selon moi, le plus beau morceau de carnation qui existe en peinture. Ce tableau tout à fait classique pour le coloris, est à Paris en la possession de M. Giraud, statuaire.

» gistes, résulte du passage prompt et libre du sang par
» les artères dans les vaisseaux cutanés du visage où
» il s'arrête quelques momens avant que son retour se
» fasse par les veines. L'éréthisme des nerfs contribue à
» prolonger ce séjour et par conséquent la rougeur. Dans
» l'état de santé, une rougeur modérée doit être per-
» manente, même pendant le sommeil ; la transparence
» de l'épiderme et de la peau la rend d'autant plus sen-
» sible. La tension de la peau par la graisse produit le
» blanc de la carnation, et la plénitude des vaisseaux ar-
» tériels produit le rouge. Dans l'état de jeunesse et de
» santé, tous les mouvemens du cœur sont remplis et vi-
» goureux, le cœur pousse le sang et toutes les liqueurs
» dans leurs derniers capillaires, et il donne par là à la
» peau ce léger renflement qui la déride, la rend fraîche
» et procure le coloris brillant qui en relève l'éclat.

   » Ce qui achève de rendre fou le grand coloriste, disait
» Diderot, c'est la vicissitude de cette chair; c'est qu'elle
» s'anime et se flétrit d'un clin-d'œil à l'autre ; c'est que,
» tandis que l'œil de l'artiste est attaché sur la toile, le
» visage du modèle a varié : il a bâillé d'ennui, et l'ennui
» a décoloré son visage : il a pensé à un objet chéri, et la
» sérénité a pris la place de l'ennui, la joie lui sort par
» les pores de la peau, le cœur s'est dilaté, les petits
» réservoirs sanguins ont oscillé, et la teinte impercep-
» tible du fluide qui s'en est échappé, a versé de tous
» côtés l'incarnat et la vie. »

   Or on comprendra aisément que ce mélange si délicieux du rose artériel avec le blanc de la peau et de la
graisse, du velouté un peu pourpré avec le lumineux
propre aux corps polis et tendus, que ces combinaisons,

dis-je, ne peuvent s'exécuter par un procédé simple et superficiel, comme serait celui de couvrir uniment de couleur une statue, mais que cette combinaison doit être le résultat de tons variés, superposés et très-magiques ; en sorte qu'en voyant la carnation imitée dans un tableau, on n'ait l'idée ni du carton, ni du bois peint, ni de l'ivoire, ni du plâtre, ni même d'une pêche mûre, ainsi qu'on l'a dit quelquefois, mais qu'on puisse supposer qu'en faisant une piqûre légère à cette chair, le sang le plus pur en sortirait.

Nous aurons souvent occasion de traiter de l'art des carnations ; nous renvoyons particulièrement aux chap. 465, 466, 469, 476, 523, etc.

CHAPITRE 457.

DES RAPPORTS D'ÉNERGIE ENTRE LES COULEURS DU TABLEAU ET LES COULEURS NATURELLES DES OBJETS SERVANT DE MODÈLES.

Maintenant il nous faut reconnaître jusqu'à quel degré d'énergie les couleurs des tableaux peuvent s'élever comparativement à l'énergie colorée des objets naturels qu'on veut représenter.

Sans parler encore du matériel du coloris, nous allons considérer les couleurs en tant que couleurs appliquées sur une superficie plate et situées obliquement au jour pour être bien vues, ce qui par conséquent leur fait perdre de leur éclat. Nous les considérerons aussi en tant que couleurs éclaircies à l'aide du blanc, et obscurcies à l'aide du noir, telles enfin qu'on les emploie aujourd'hui dans la peinture.

Nous supposons que le lecteur a retenu ce que nous avons dit aux chapitres analogues à celui-ci en traitant du clair-obscur : il doit apercevoir aussi que nous ne parlons encore que du géométrique des couleurs, et non de la représentation ou du calcul nécessaire pour représenter la nature avec des couleurs inégales quoique semblables. (Voy. à ce sujet le chap. 521.)

CHAPITRE 458.

DE LA PUISSANCE DES COULEURS MATÉRIELLES DE LA PALETTE EMPLOYÉES POUR RÉPÉTER L'ÉNERGIE DES COULEURS DES OBJETS NATURELS.

PLUSIEURS raisons s'opposent à ce que les couleurs du tableau manifestent autant d'énergie que les couleurs des objets naturels. Premièrement, le peintre qui mélange ses couleurs avec l'huile ne possède pas sur sa palette des teintes matérielles aussi énergiques en couleurs que celles des objets très-vivement colorés. Secondement, la position oblique de ces couleurs sur le tableau qu'on ne saurait placer en face du jour, atténue beaucoup la force de leur apparence. Enfin le jour qui éclaire le tableau, et l'air plus ou moins sombre du site où il se trouve exposé, contribuent à abaisser l'énergie des couleurs employées et à produire une sensation bien moins forte que celle qui résulte des objets qui dans la nature sont éclairés et vus par une vive lumière.

Malgré les efforts des chimistes, la palette de nos pein-tres n'est point encore enrichie de couleurs qui soient d'un très-grand éclat, c'est-à-dire, qui puissent être ac-cordées sur un diapason très-élevé. En effet, s'il est vrai que le bleu d'outre-mer offre un azur céleste, il faut con-venir que le rouge que nous employons en peinture, et que fournit le carmin de la garance, est bien moins écla-tant que ce bleu. Quant au jaune, nous n'en possédons pas encore qui atteigne l'énergie bleue de l'outre-mer ou du cobalt. Ainsi, comme il faut que le peintre accorde entre elles ses couleurs, puisqu'elles sont les instrumens de l'harmonie qu'il doit produire, il est forcé d'abaisser les couleurs les plus brillantes au degré des couleurs de moindre énergie.

D'ailleurs, la transparence imparfaite des glutens qu'on emploie ne laissant pas traverser librement la lumière dans les matières colorantes, il arrive que certaines subs-tances diaphanes, telles que la chair, les feuilles, etc., ne peuvent être représentées qu'avec un éclat modéré par la peinture à l'huile, laquelle dans l'état sec est tou-jours plus ou moins trouble ou voilée. Ceci est déjà une des raisons qui font que nos couleurs sont presque tou-jours inégales à celles de la nature.

Mais la cause principale de l'état d'abaissement des couleurs de la peinture vient de leur situation oblique au luminaire, obliquité nécessaire, puisque la superficie peinte étant plus ou moins reluisante, pourrait mirer désagréablement le luminaire qui l'éclaire. Ainsi une fleur, telle que celle de la giroflée-violette, par exem-ple, sera toujours beaucoup plus belle, plus énergique de teinte dans la nature que ne le sera cette même fleur bien représentée par la peinture. En effet les teintes éclatantes du violet et de l'amaranthe sur les feuilles qui composent cette fleur, sont vues sur des plans situés perpendiculairement au jour, et réfléchissent à notre œil tout l'éclat que leur procure cette incidence des rayons; tandis que sur la toile du peintre, ces mêmes couleurs sont placées obliquement à la lumière, et ne sont là que des demi-teintes. Il en est de même des carnations qui dans la nature sont si colorées, si brillantes et si fraîches, mais qui ne peuvent être rendues sur le tableau que par des teintes dont l'éclat est très-affaibli à cause de leur position inclinée.

Enfin une feuille de pivoine, vue de face, est bien plus riche et énergique de teinte que ne peut l'être notre plus beau carmin, vu obliquement. De même une feuille de bouton-d'or est bien au-dessus de notre jaune oblique, et une feuille de barbeau ou bleuet, est beaucoup plus bleue que ne l'est notre plus beau cobalt, vu un peu de côté.

Une autre raison qui fait que les couleurs du tableau paraissent éteintes lorsqu'on les compare aux couleurs des objets naturels en relief, c'est que, pour les éclaircir, on les masque avec du blanc, en sorte qu'elles sont plutôt blanchies qu'éclaircies. L'éclat des vives teintures provient au contraire de ce que le tissu qui doit recevoir la teinte, renvoie sa couleur blanche ou sa lumière à travers la teinture, et illumine celle-ci par réflexion, en sorte que la couleur est illuminée et par le jour direct et par la splendeur que réfléchit la blancheur du tissu. Un effet analogue n'a donc lieu en peinture que lorsqu'on dépose la couleur par glacis et comme par teinture. C'est à cette fin que Tiziano et d'autres coloristes ont peint sur des dessous très - blancs préparés à colle ; c'est par cette raison que Rubens prohibait le blanc surtout dans les demi-ombres. Quant aux anciens, ils ont le plus souvent peint légèrement et comme par lavis sur des fonds de stucs très-blancs. Enfin on peut à ce sujet citer l'effet du café qui, délavé dans beaucoup d'eau, diminue en énergie colorifique, mais conserve sa teinte, et qui délavé dans du lait, change de teinte, tout en diminuant d'énergie colorifique.

Il en résulte que, pour imiter la nature, il faudrait que le peintre eût les moyens de la nature, c'est-à-dire, la lumière et la transparence : la lumière qui embellit les couleurs, et la transparence qui fait que la lumière les atteint sans obstacles. Or, comme il est privé en partie de ces moyens, il doit avoir recours à des ressources ingénieuses et à des combinaisons qui procurent cette lumière et cette transmission. Le moyen possible, c'est donc d'abord la blancheur du dessous qui recevra les couleurs, et ensuite la transparence des matières colorantes, ainsi que celle des glutens, transparence qui permettra la transmission de la lumière directe, et par conséquent la libre réflexion par la surface ou dessous à travers les molécules colorantes, réflexion qui par cette illumination embellira les couleurs du tableau.

Enfin une certaine exagération et des oppositions bien imaginées peuvent suppléer en partie à la perte qu'éprouvent les couleurs de la peinture dans les lieux défavorables et sombres où souvent elles se trouvent exposées.

Parlons de cette ressource des oppositions.

CHAPITRE 459.

DE LA RESSOURCE DES OPPOSITIONS PROPRES A DÉGUI-
SER LA FAIBLESSE DES COULEURS DU TABLEAU, OPPO-
SITIONS QUI S'OBTIENNENT EN INTRODUISANT ET DES
COULEURS DIFFÉRENTES ENTRE ELLES, ET DES COU-
LEURS BLANCHES ET NOIRES.

Le principe si utile des oppositions doit être constamment présent à l'esprit du peintre; mais, comme les oppositions et les contrastes, lorsqu'ils sont forcés, détruisent l'harmonie ou l'unité, le grand principe de l'unité
doit dans ce cas être encore plus sacré pour le peintre que
celui des oppositions.

Les trois couleurs (jaune, rouge et bleue), lorsqu'elles
sont associées inégalement selon l'ordre de l'unité, qui,
comme nous l'avons dit, produit la variété, se font valoir
mutuellement, en sorte que du rouge semble bien plus
rouge lorsqu'il est vu à côté du jaune ou du bleu, que
lorsqu'il est seul. Il en est de même des deux autres couleurs. Cette valeur apparente est très-sensible dès qu'à
une couleur dominante sont associées les deux autres
couleurs dont l'une pourtant est sacrifiée à l'autre. L'association des couleurs binaires à une couleur élémentaire
est encore d'un grand secours pour rendre plus sensible
l'énergie de cette couleur élémentaire. Du vert subordonné fera ressortir du rouge : du violet subordonné fera
ressortir du jaune. Mais, si la couleur dominante était, par
exemple, bleue, et qu'on usât pour opposition d'une cou-

leur orangée faisant une masse trop grande, l'unité bleue
serait combattue et détruite par cette seconde unité de
couleur binaire trop intense et trop vaste. Nous répéte-
rons cette remarque, quand nous traiterons des moyens
d'obtenir la beauté dans le coloris.

Ici on aperçoit combien l'accord sur la palette des
trois couleurs élémentaires réduites à leur état d'équilibre est nécessaire, puisque même avec ces couleurs en
équilibre et rendues aussi énergiques l'une que l'autre,
on est exposé à commettre de grandes dissonnances par
l'emploi des oppositions. Que serait-ce donc si la palette
offrait deux ou trois couleurs criardes et hors du système
chromatique adopté, et si, par exemple, on y trouvait du
rouge d'orpin ardent, du vert acre, ou de ce jaune tranchant que produit l'oxide de certains métaux ?

C'est donc un fait ou un principe connu en optique,
qu'une couleur paraît différente de ce qu'elle est, lorsqu'on lui oppose d'autres couleurs différentes : et que, si
on y oppose seulement du blanc ou du noir, sa véritable
teinte en sera d'autant plus sensible. Quoique les oppositions en général contribuent à faire ressortir le caractère d'une couleur, il peut arriver que des oppositions trop
grandes détruisent le caractère de cette couleur : par exemple, les nuances rouge-violet des carnations, nuances souvent très-sensibles sur les joues, sur les tempes, etc., sont
comme perdues, lorsqu'elles se trouvent en opposition
avec une grande draperie, ou vêtement d'un beau violet;
c'est ce qui a fait remarquer que le violet pâlit la chair.
Le beau vert détruit de même les gris-bleuâtres ou verdâtres, et le beau jaune refroidit par opposition les teintes dorées. Le peintre peut et doit donc user de ces in-

fluences optiques au profit de son coloris; par exemple,
s'il veut faire paraître très-rougeâtre et chaudement colorée une tête ou tout le nu d'une figure, il trouvera ingénieux d'associer à ce nu des teintes légères de couleur
gris-verdâtre ou bleuâtre, le tout sans blesser l'unité.

Parmi les diverses oppositions de couleurs, il en est
une assez remarquable dont il n'est pas facile d'apercevoir tout de suite le principe ou la cause, c'est celle qui
a lieu entre deux couleurs de même nom, ou, si l'on veut,
de même genre. Ainsi du rouge-amarante ou violet, ou,
pour mieux dire, du rouge-bleuâtre semble tout-à-fait
ennemi du rouge-orangé ; des cerises peu mûres sont
très-discordantes avec des radis d'un rouge-violet; l'im-
mortelle et la fleur de capucine n'ont entre elles aucune
concordance, bien qu'elles appartiennent l'une et l'autre
à la couleur d'espèce rouge ou à la classe des rouges.
Voilà donc, si non une opposition très-forte, au moins
une dissonnance extrêmement pénible et qu'il importait
de signaler. Ajoutons que cette dissonnance sera d'autant
plus choquante que le ton ou l'intensité lumineuse de ces
deux couleurs sera portée au même degré.

Rubens a presque toujours introduit les trois couleurs
dans ses peintures, et le plus souvent le rouge y domine;
aussi ce rouge acquiert-il beaucoup d'énergie par le soin
que prenait ce fier coloriste d'associer ou d'opposer à ce
rouge du jaune et du bleu. Quelquefois aussi, et cela
faute d'une théorie invariable, ces deux couleurs (le jaune
et le bleu) sont trop sensibles, trop égales, trop vastes,
et font que la page peinte offre un tel étalage de couleurs
que le tableau est comme diapré. Mais ainsi le voulait
Rubens; toujours son langage optique se manifeste par

un accent élevé et magnifique. Cependant, malgré l'utilité des oppositions propres à faire éclater les teintes du tableau, l'emploi de ces oppositions doit être soumis à la convenance ou au mode du sujet.

L'énergie des couleurs de Rubens provient donc en grande partie des oppositions qu'il avait soin de multiplier, et il ne faut point attribuer cette énergie aux matières qu'il employait, puisque les peintres médiocres dont le coloris est terne, usent de couleurs aussi bonnes et aussi belles que celles qu'employait Rubens.

Il nous reste à parler de la ressource des oppositions produites par les couleurs blanches ou noires pour faire valoir et ressortir la force des couleurs du tableau. Non-seulement l'emploi des masses blanches et noires est utile pour caractériser les diverses espèces de teintes du tableau et pour étendre la gamme optique de la palette, ainsi que nous le ferons remarquer ailleurs, mais les masses blanches et noires sont utiles surtout pour faire paraître avec avantage, avec énergie, toutes les couleurs quelconques du tableau. Rubens, Vandyck, ainsi que les maîtres espagnols et tous les coloristes, ont souvent tiré parti de ce moyen. Rien en effet ne manifeste d'une manière plus distincte le caractère d'une couleur quelconque, que l'opposition du blanc associé à cette couleur. Cela est facile à comprendre : le blanc est incolore, et par son opposition la moindre teinte devient sensible. Il est vrai que cette même teinte devient sensible aussi par le voisinage de certaines couleurs; mais un nombre infini de couleurs peut nuire à une seule couleur, tandis que le blanc et le noir, employés avec réserve, sont avantageux pour toutes, quelles qu'elles soient. On peut aisément faire l'expérience de ce principe en couvrant ou en sup-primant les masses blanches de certains tableaux, ou en introduisant de ces masses blanches ou noires dans cer-tains sujets peints qu'on a privés sans nécessité de cet avantage.

CHAPITRE 460.

DE LA VRAISEMBLANCE OBTENUE DANS LE COLORIS PAR LA NETTETÉ DE SENSATION ET D'IDÉES, AINSI QUE PAR LE CHOIX D'EFFETS NON ÉTRANGERS ET NON ÉQUIVOQUES.

La clarté est recommandée dans l'art d'écrire, comme une qualité qui a distingué tout les grands écrivains. Le style de Démosthène, quoique plus travaillé que celui d'aucun autre orateur ou écrivain de la Grèce, ne con-tenait pas une seule phrase louche, ou dont le moindre citoyen d'Athènes ne pût saisir le sens. N'est-ce pas cette clarté et cette vraisemblance que cherchait Tiziano dans son coloris, qui, bien que fort travaillé, n'a rien cepen-dant d'équivoque, rien qui ne soit naïf et très-vraisem-blable, soit dans les demi-teintes, soit dans les ombres et dans toutes ses couleurs? Au moins peut-on l'affirmer, à en juger d'après ses tableaux, supposés tels qu'ils étaient avant les altérations qu'a dû leur faire subir l'huile em-ployée dans leurs couleurs.

Le vraisemblable est tellement lié au vrai, qu'on peut dire que le coloris est toujours vraisemblable, lorsque le peintre conserve et manifeste évidemment le caractère

géométrique et propre des couleurs des objets, et lorsque
ce caractère a été rendu très-sensible par l'association ou
les oppositions de teintes bien choisies, et par tous les autres calculs favorables à la vérité. Les teintes du tableau
doivent donc être vraies, non-seulement en tant que possibles et ayant pu avoir été vues dans la nature, mais en
tant que vraisemblables, c'est-à-dire, telles que les conçoit en général tout spectateur dont le jugement est droit,
dont l'organe est juste et délicat.

Les chapitres suivans serviront à étendre cette question fort importante, et à en développer les conséquences
et les applications.

CHAPITRE 461.

DES EFFETS DE COLORIS QUI, BIEN QUE NATURELS, SONT CEPENDANT SUPPOSÉS IMPOSSIBLES, ÉTRANGES ET HORS DE LA NATURE.

Parmi les effets naturels qui semblent étranges quant à
leur couleur, on peut citer ceux qui se font remarquer
sur certains fruits, sur certains animaux, sur quelques
carnations particulières, quelques nuages, etc., etc. Ne
voit-on pas en effet des joues qui, par exemple, sont
d'un pourpre obscur associé à des teintes verdâtres ? Ne
rencontre-t-on pas des chiens tigrés, des nuages d'un
jaune extraordinaire, des portions de ciel d'un bleu extrême, des fenêtres réfléchissant la lueur rouge du soleil
couchant, et qui font l'effet d'un incendie intérieur ? Ne
voit-on pas des pommes tachées d'une façon si bizarre,

que cela ne paraît nullement naturel ? Beaucoup de
peintres croient donc bien faire en entreprenant de rivaliser avec ces effets qu'ils regardent comme piquans à
cause de leur étrangeté, et en adoptant avec affectation
ces choix si extraordinaires. Mais ces peintres sont grandement dans l'erreur : ces teintes, ces prétendues beautés ne sont que des invraisemblances.

La difficulté qu'il y a à représenter avec justesse des
choses communes et ordinaires est déjà assez grande,
sans qu'il faille recourir à des modèles, à des effets tellement inaccoutumés, qu'ils paraissent hors de nature. On
peut donc affirmer que tout objet, dont le caractère colorifique n'est pas manifesté d'une manière évidente, et
qui n'est pas entièrement conforme aux conditions re-
connues et propres de cet objet, doit être rejeté de la
peinture.

CHAPITRE 462.

DES EFFETS ÉQUIVOQUES DE COLORIS.

CE que nous avons dit au sujet du clair-obscur dans le
chapitre analogue à celui-ci, peut servir à faire connaître
ce que nous entendons ici par effets équivoques de coloris.

Les équivoques en coloris consistent en ce que les
teintes ou couleurs qui doivent représenter telle ou telle
chose, en représentent une autre, et souvent une autre
absolument étrangère ou contraire au sujet. Il y a des
équivoques qui sont ridicules ; il y en a qui sont hideux ;

d'autres sont seulement désagréables par l'obscurité et
l'incertitude de l'imitation. Toujours les maîtres (et ce
sont ceux chez lesquels le grand sens, la retenue et l'excellente perspicacité sont constans) ont évité avec soin
cette espèce de défaut. Dans les tableaux des jeunes peintres au contraire, ou de ceux qui ne réfléchissent pas profondément, on rencontre de ces passages bizarres, de ces
teintes étranges qui laissent le spectateur dans la per
plexité pénible qui résulte de ces mêmes équivoques.

Un peintre avait représenté un arabe vêtu d'une ca-
saque rayée blanc et rouge : une des manches de cette
espèce de veste était tellement disposée, qu'elle donnait
à un grand nombre de spectateurs l'idée d'un carré de
mouton; et, comme malheureusement ce personnage était
représenté mourant de faim sur les sables du désert, les
plaisans disaient qu'il y avait bêtise à se laisser périr ainsi,
puisque son dîner se trouvait si près de lui.

On voit dans certains tableaux de l'école florentine des
hommes ayant des pantalons serrés et collans, dont la
couleur donne à croire que c'est celle de leur chair; cette
équivoque a quelque chose de laid et de ridicule. Souvent les paysagistes copient des tertres très-rouges, très-
orangés, qu'ils ont remarqués sur la nature; mais ils ne
devraient point répéter ces teintes, parce qu'elles sont
presque toujours équivoques. Les édifices construits avec
des pierres d'un jaune clair, semblent, sous certains
jours et par l'effet de certains nuages ou de certaines
coupes d'air obscur et d'un gris violet, être eux-mêmes
d'un gris violet. De tels choix sont à éviter, parce qu'ils
laissent du doute sur la couleur propre ou géométrique
de ces édifices. S'agit-il d'étoffes; il y en a qui, par leurs

plis, donnent l'idée de papier ou de parchemin. S'agit-il de cheveux; on en voit qui ressemblent à de l'étoupe, à de la laine; d'autres qui, étant bouclés, font l'effet de rubans de satin enroulés. Mais c'est principalement sur les visages des portraits qu'on remarque des ombres déplaisantes par leurs teintes équivoques, en sorte que cette jeune fille ou cet adolescent au teint fleuri, fait voir une joue fraîche, et une autre joue terne, noirâtre, charbonnée, ou d'un gros vert enfumé : deux carnations toutes différentes sont donc manifestées sur la même figure, par l'effet de ces teintes équivoques.

Combien de taches sur le teint, c'est-à-dire, de peau tachées par les mauvais coloristes, qui, tantôt semblent avoir mis du tabac sous le nez d'un portrait, tantôt avoir peint un rond blanc sur le luisant du front, tantôt avoir ensanglanté les creux des plis des oreilles, en exagérant le vermillon ! Enfin beaucoup de chairs en peinture donnent par-dessus tout l'idée de carton lisse ou d'ivoire un peu rougi. S'agit-il d'autres objets, de métaux, par exemple; l'argent y ressemble à du plomb, l'or à du cuivre, et le fer à l'étain. Le manque de couleurs aériennes apporte encore de nombreuses équivoques, en ce que les objets éloignés, lorsqu'ils sont traités par des teintes trop corporelles, semblent proches, et donnent par-conséquent l'idée d'objets petits rapprochés du cadre; c'est ainsi que des chevaux représentés au troisième plan peuvent sembler être de très-petits chevaux; et que des hommes peuvent sembler être des pygmées. Enfin, si sur les salissures des vieux murs, si sur les marbres veinés on découvre toutes sortes d'objets et de figures, il peut arriver que sur un tableau dont les teintes sont équivoques, on croit voir tout autre chose que celle que le peintre s'est proposé de représenter.

CHAPITRE 463.

DES COMBINAISONS OU DU CHOIX DES COULEURS EN GÉNÉRAL, QUI CONTRIBUENT A LA VRAISEMBLANCE OPTIQUE ET INTELLECTUELLE.

Nous venons de parler des couleurs ou des teintes qu'il convient d'éviter, parlons maintenant de celles qu'il est nécessaire de choisir pour obtenir la vraisemblance dans l'imitation résultant du coloris.

Puisque la moindre expérience dans l'art de peindre signale à l'artiste l'invraisemblance de certaines teintes, soit sur les plans ombrés et fuyans, soit même sur les plans éclairés, il doit avant de s'occuper de l'exécution avoir pris une résolution au sujet du choix des teintes principales, considérées sous le rapport de la vraisemblance. (A la fin de la partie du coloris nous indiquerons comment ces teintes choisies vraisemblables doivent être déposées et fixées sur une esquisse préparatoire qui servira à guider l'artiste dans l'exécution de son tableau.)

Les teintes sans vraisemblance, quoique offertes par le modèle, sont rejetées par tous les peintres qui sont amis de la vérité, et jamais ils ne les copient sans les modifier. C'est ce qui fait que souvent ils délaissent et ne consultent plus le modèle qui leur offre ces teintes peu convenables, car ils préfèrent les composer par sentiment, et ne pas les copier avec trop de ressemblance. Mais ces

changemens ou ces choix sont difficiles à faire sur le tableau, lorsque tous les autres rapports n'y sont pas établis ; il convient donc de les fixer avant tout sur une esquisse préparatoire composée à cette fin, et dans laquelle
tous les objets étant réunis, il est facile de discerner les
teintes qui conviennent ou ne conviennent pas, et de faire
tous les choix nécessaires pour arriver au vraisemblable.
C'est surtout dans les masses que doivent se faire ces cor-
rections, puisque les masses frappent plus que les détails,
et que les oppositions par les masses déterminent la valeur des teintes principales.

Maintenant considérons le choix des couleurs vraisemblables sous le rapport de l'expression vraie des
plans.

CHAPITRE 464.

DE LA VRAISEMBLANCE PAR LE CHOIX DES COULEURS LES PLUS PROPRES A EXPRIMER LES PLANS.

Si les coloristes n'étaient pas retenus par la règle qui
prescrit et ordonne de déguiser l'art et d'être naïfs malgré
l'emploi des calculs, ils n'admettraient pour les différens
plans ou enfoncemens de leur tableau que les couleurs
qui par leurs divers degrés d'énergie coïncideraient avec
ces plans plus ou moins éloignés; et cette espèce de dégradation donnée ou disposée par les objets eux-mêmes, et
ajoutée à la dégradation des tons, contribuerait puissam-
ment à exprimer les saillies et les enfoncemens. Mais,
comme il arrive souvent que dans la nature les couleurs

les plus ardentes sont placées accidentellement près ou
loin, et comme ce serait une affectation remarquable que
d'établir sur un tableau un ordre offert si rarement et
par le hazard dans la nature, le peintre raisonnable se
trouve retenu dans ce choix ou ce calcul, et il se voit
souvent forcé d'employer pour les plans enfoncés des
couleurs vives, et sur les devans des couleurs faibles, selon que le requiert le sujet.

Pourquoi donc, dira-t-on, puisque dans la nature les
couleurs les plus fortes semblent toujours éloignées lorsqu'elles le sont en effet, ne pas les employer hardiment
dans l'imitation, et craindre qu'elles ne viennent pas assez
en avant, quoiqu'on les ait bien représentées réduites selon la perspective, c'est-à-dire, exactement modifiées par
l'air? Cette objection est judicieuse; cependant il faut
bien se rappeler d'abord que la peinture est un art dans
lequel la clarté, ainsi que la facilité de perception et
d'idées, est une condition indispensable; et, secondement, que les moyens de cet art étant bornés, et la toile
restant toujours présente, toujours palpable et proche
de la vue, ce qui est un obstacle presque insurmontable,
c'est agir quelquefois avec un artifice louable, que de
choisir ce qui aide et favorise cette clarté, sans nuire à
la naïveté ; or l'arrangement ou la place des couleurs
fortes et faibles, selon les plans proches ou éloignés, favorise l'expression de ces plans, et les rend plus vraisemblables, si toutefois le calcul n'est point apparent, et si
aucune raison particulière n'interdit au peintre ce calcul.

Mais examinons à quel degré certaines couleurs sont
fuyantes, ou, comme on dit, proches et terrestres. Il est
certain qu'en parlant à la rigueur et mathématiquement,

aucune couleur ne vient plus en avant qu'une autre.
Une femme vêtue de gris, et qui est proche de nous,
semble proche, malgré la couleur grise de l'étoffe qui
la revêt; de même un cavalier vêtu de rouge, et vu à
cinq cents pas, n'en semble pas moins à cinq cents pas
de nous, malgré l'écarlate de son uniforme. Mais encore
une fois, il s'agit d'un art faible dans ses moyens optiques; d'un art qui, dénué de mouvement réel, n'offre
que des images sans épaisseur, sans véritable superpo-
sition d'objets; d'un art enfin qu'il faut aider par des
choix ingénieux de teintes, de tons et de lignes. Il est
donc convenable de distinguer parmi les couleurs celles
qui semblent favorables à l'expression des distances et
de la dégradation. On peut dire à ce sujet que les couleurs douces et suaves sont fuyantes. Parmi ces couleurs,
on peut distinguer le lilas, le vert clair et l'outremer, etc.
Ces teintes sont évidemment plus douces que d'autres,
c'est-à-dire qu'elles parviennent sur la rétine sans l'ébranler fortement, comme le font l'orangé, le rouge, le jaune
brun, etc., qui sont des couleurs fières. Disons en passant
que le vert est une couleur qui repose la vue, et qui est
douce, parce qu'étant composée du bleu qui est une
couleur obscure, et du jaune qui est une couleur vive,
elle produit un terme moyen propre à exercer l'organe
sans le fatiguer. Quant aux deux autres couleurs binaires,
l'orangé et le violet, elles ne sont pas composées comme
le vert de deux extrêmes, mais bien de deux couleurs
primaires contiguës, ce qui fait que l'unité de ces deux
couleurs binaires n'est pas si déterminée. Cette question
est assez délicate.

Il faut faire observer que les couleurs doivent être

considérées d'ailleurs comme appartenant à des corps et
à des substances rudes ou douces elles-mêmes, âpres ou
polies, mates ou diaphanes. La ratine d'un vert bleu est
plus matérielle, plus sensible, moins fuyante que de la
soie colorée de ce même bleu; et même, dans les tissus
de soie, il y en a de plus rudes, de plus secs, de plus
fins et de plus moelleux. Le tapis de Turquie dont on peut
compter tous les points sur tant de tableaux flamands,
est d'un meilleur choix, lorsqu'il est placé sur le devant
de la scène, que lorsqu'il sert de fond ou de draperie
éloignée.

Il est vrai qu'on pourrait avancer que dans la nature
même toutes les couleurs ne semblent pas rester évidemment à leur place, et qu'elles procurent des équivoques
dont le peintre doit se garantir : c'est ainsi, dira-t-on,
qu'un rouge orangé au troisième plan fera une équivoque,
si les plans de devant sont ou d'un vert doux, ou d'un bleu
clair, ou enfin si le jaune y est rare; c'est ainsi encore
que le rouge ne restera pas aussi loin que le vert, et, qu'é-
tant figuré à la même distance que lui, il semblera cependant plus proche.

Une autre considération qui pourrait déterminer à n'employer qu'avec discrétion les couleurs fières, telles que les
rouges, sur les plans éloignés, c'est que la peinture les
décolore tellement par la nécessité où elle est de les atténuer avec la teinte et avec le ton de l'air (ce qui ne
s'obtient, dans la peinture à l'huile, qu'à l'aide du blanc
matériel), que cette décoloration détruit presque le géométrique de ces rouges. Souvent Teniers lui-même, qui
a habilement représenté des figurines rouges dans les troisièmes et les derniers plans, donne moins l'idée du rouge

que du rose jauni et terne, et ne conserve qu'avec peine
l'idée du rouge géométrique et déterminé.

Enfin la concordance de la teinte avec le ton est fort
à considérer, et il semble que, lorsqu'il s'agit d'un ton
fuyant, aérien et peu sensible, ce n'est pas favoriser la
vraisemblance dans la représentation des plans, que de
choisir pour ce plan ou ce ton une teinte fière, qui,
malgré la modification scénographique aérienne qu'elle
éprouvera, conservera trop d'âpreté ou de rudesse.

CHAPITRE 465.

DE L'ART D'OPPOSER ENTRE ELLES LES COULEURS POUR OBTENIR LA VRAISEMBLANCE DU COLORIS ET SUR-TOUT CELLE DES CARNATIONS.

Nous avons annoncé au chapitre 459, en parlant de la
ressource des oppositions, que nous les considérerions
comme moyen de rendre vraisemblable chaque couleur
en particulier. Ici, sans étudier cet effet sur toutes sortes
d'objets indistinctement, nous nous occuperons seulement de l'avantage que le peintre peut tirer de l'association de certaines teintes, pour faire valoir les carnations,
et surtout les carnations imparfaites dont le caractère
peut être restitué en apparence à l'aide de certaines oppositions. On voit que ceci ne concerne point encore la
beauté, mais qu'il s'agit seulement de l'art d'user des oppositions, pour faire valoir et modifier selon le vraisemblable l'apparence de tel ou tel caractère de couleur ou de
carnation. Rappelons en passant que les oppositions font

que l'on distingue mieux les objets, parce que leur caractère particulier devient plus sensible par ce moyen.

Tous les jours les femmes recherchent quelle peut être,
parmi les couleurs de leur vêtement ou de leur coiffure,
celle qui est la plus favorable à la couleur de leur teint.
Les carnations jaunes, brunes, pourprées, pâles, etc.,
paraîtront en effet avec plus ou moins de caractère ou
de modification, selon que les couleurs qu'on leur associera leur seront avantageuses ou défavorables.

Quel est donc le principe employé ordinairement dans
ce cas? Je pense que l'on n'en a jusqu'à présent découvert aucun, et que les tâtonnemens seuls du sentiment et
le goût, ainsi que l'expérience, apprennent seuls aux
femmes le vrai secret. Cependant il existe un principe assuré et une raison chromatique qu'il faut connaître o
dont il faut se servir. Tâchons d'en rendre compte ici
en nous appuyant sur ce qui a été dit dans les chapitres
précédens.

Supposons qu'il s'agisse d'un teint jaunâtre, dont on
cherche à atténuer le caractère (lorsque nous employons les mots jaune, rouge, bleu, ou jaunâtre, rougeâtre, etc.., nous entendons toujours dire jaune, rouge,
bleu élémentaire), quelles couleurs faut-il associer à ce
teint ? Il est évident que le rouge et le bleu feront ressortir ce jaune. Quant au jaune qui, selon quelques-uns, est
favorable par l'effet de l'opposition qu'ils croient propre
à détruire ce jaunâtre du teint, il peut au contraire être
très-défavorable. En effet, s'il est employé abondamment
et dans tout le vêtement, par exemple, ce jaune colorera
l'air ambiant, et jaunira ainsi le teint déjà jaune lui-
même. Ce n'est donc pas cette couleur qu'il faut associer.

Le but est de restituer le rose dont est privée la carnation, mais dont elle contient cependant quelque principe. Or, pour rendre sensible ou développer ce peu de rose, rien n'est si favorable que le vert. Essayons donc d'associer le vert. Mais, comme ce teint jaunâtre est pâle, c'est-à-dire, clair, associons du vert obscur ; et, puisque le jaune convient peu, usons d'un vert un peu bleuâtre. De toutes les couleurs, le violet sera la plus contraire parmi les couleurs binaires, surtout s'il est tendre comme le lilas ou le gris de perle. Quant à l'orangé il ne serait admissible qu'autant qu'il serait obscur et décoloré jusqu'au brun, et associé à du vert et à du blanc.

On aperçoit déja combien il importe de distinguer s'il s'agit d'un teint dont le jaunâtre est élémentaire, ou dont le jaunâtre mixte est rougi, et qui pour cela devrait être nommé orangeâtre. En effet, s'il s'agit d'un teint briqueté ou rougeâtre, les couleurs associées devront être d'un autre choix ; dans ce cas-ci, il peut donc se faire que des étoffes jaune-paille clair renvoyant des reflets clairs, éclaircissent avec avantage une telle carnation ; mais, si le ton briqueté est très-foncé, le noir avec du rouge et du blanc peuvent l'atténuer à un certain degré. Quant aux teintes pourprées et trop rouges, le blanc, lorsqu'il les éclaircit en rejaillissant sur elles sa lumière, est favorable ; l'association d'un peu de noir réussit aussi : mais du rouge avec du blanc peuvent encore mieux faire disparaître cet excès de carnation pourprée. Quant au bleu ou au jaune, ces couleurs lui sont contraires. Le lilas bleuâtre dans ce cas est insupportable, parce qu'il introduirait une unité rouge d'une autre espèce. Pour ce qui est du vert, il ne ferait qu'exalter ce pourpre.

Les chairs rosées et claires ressortent avec le blanc, avec le noir mêlé de blanc, avec le rose, au milieu duquel elles se maintiennent et s'accordent, avec le bleu doux, lorsqu'il cède en énergie à ces carnations ; elles peuvent s'allier enfin au jaune rompu, mais clair et propre à rejaillir sur elles son ton frais et léger.

Les carnations pâles et fraîches s'accommodent du violet clair, du bleu clair, parce que c'est leur blancheur et non leur teinte qui ressort.

Cette question, on le voit, est fort délicate, en ce qu'elle est compliquée, et qu'il faudrait que les cas fussent positivement déterminés. En effet combien n'y a-t-il pas de causes qui concourent pour produire chez le spectateur des sensations et des idées ? Combien l'addition d'une nuance légère, d'un volume de plus dans la masse, d'un simple déplacement même, etc., ne peut-elle pas ajouter ou diminuer l'accord ou la discordance ? Combien l'association des idées ne modifie-t-elle pas l'impression générale ? Le même teint peut donc déplaire ou être modifié à plusieurs degrés, selon ces idées associées, en sorte que la moindre réverbération, soit du ciel, soit d'un mur, soit de l'air, suffit pour produire ces différences.

Ces difficultés feraient volontiers conclure que ce n'est qu'en essayant sur la nature, qu'on pourra décider quelles sont les teintes qu'il importe le plus d'associer. Quoique je sois assez de cette opinion, j'affirme que celui-là trouvera plus vîte et plus juste la teinte convenable, qui connaîtra les définitions que nous avons données relativement aux tons et aux teintes. Tous les jours de riches coquettes se font essayer toutes leurs robes, toutes leurs parures, et à la fin elles s'en tiennent à telle ou telle combinaison, par dépit et par lassitude. Dans ce cas, leur femme-de-chambre ou quelque témoin les détermine presque toujours. C'est en effet une très-grande entreprise que de composer une nouvelle toilette différente et toujours aussi favorable que celles qui l'ont précédée. Et en ceci les femmes ne prennent peut-être pas assez garde au rôle ou au caractère qu'elle vont remplir sous cet habillement, et même à l'humeur qu'elles doivent apporter dans la société où elles ont à figurer.

En peinture tant d'embarras n'a pas lieu, parce que les points de comparaison sont plus fixes et moins multipliés; aussi les coloristes sont-ils parvenus positivement à ces modifications des carnations ordinaires. C'est donc au sujet de la peinture qu'on peut dire qu'avec des principes chromatiques certains, on peut très-promptement et comme par magie, produire les plus heureuses métamorphoses. Cependant, lorsqu'il s'agit de sauver sur la nature même la carnation vicieuse de quelques coquettes, je pense que le principe peut être appliqué avec la même promptitude et la même sécurité. Or c'est toujours à l'art des peintres que l'art de la parure doit emprunter ses leçons; c'est en approfondissant la théorie des oppositions et de l'achromatisme, que cet art de la parure peut s'approprier des secrets efficaces; c'est en analysant les meilleures productions des Tiziano, des Vandyck, etc., qu'on peut s'exercer dans l'art de modifier, de corriger, de déguiser par des oppositions les défauts des modèles, dans l'art enfin de favoriser par le coloris la beauté. Tiziano imitait très-bien la chair, mais Tiziano associait, avoisinait bien les teintes : il mettait des bleuâtres, des verdâtres où il fallait en mettre, en sorte que par ces oppositions,

le sang circulait dans ses carnations. Aux chairs blanchâtres il opposait des linges blancs, et cette opposition
qui blanchissait les linges, colorait les chairs. Si, en s'abs-
tenant de tissus blancs, il les eût remplacés par du rouge,
ces mêmes chairs eussent paru blafardes et sans vie.

CHAPITRE 466.

DU CHOIX DU LUMINAIRE DONT LA COULEUR ET L'IN-TENSITÉ CONSERVENT LE MIEUX LE GÉOMÉTRIQUE DES COULEURS DES OBJETS, ET SURTOUT DES CAR-NATIONS.

Le devoir du peintre étant de nous faire connaître le
géométrique des objets, et par conséquent leur couleur
propre et particulière, il ne doit jamais choisir un luminaire dont la couleur soit contraire à cette couleur propre des objets, et qui puisse la détruire. Cette remarque
est essentielle, surtout lorsqu'il n'y a qu'un objet seul
dans le tableau, tel que serait un buste, une tête, etc.; car,
lorsque d'autres objets de couleurs fort différentes accompagnent ou composent le sujet, il arrive que ces autres
objets, quoiqu'ils soient altérés eux-mêmes par la couleur
du luminaire, n'en apportent pas moins leur opposition
et laissent ainsi subsister l'idée de la couleur propre et
inhérente à l'objet principal. Ainsi il est fort important,
si l'on représente, par exemple, un buste d'une carnation
bleuâtre, de ne point l'illuminer par un luminaire jaunâtre et doré, tel que celui qui résulte d'un châssis voilant les rayons du soleil. C'est pour cela qu'une figure

de plâtre semble bien plus de plâtre sous un jour gris ou bleuâtre, que sous un luminaire doré. De même, si le coloris de cette tête est ardent et doré, il ne faudrait pas, pour l'éclairer, employer l'azur du nord. Le peintre doit donc avoir recours à l'influence de châssis ou gazes différemment colorées. Ce principe, observé par Tiziano, a été senti par beaucoup d'observateurs, mais il ne pouvait être bien expliqué sans le secours de la théorie de l'achromatisme. Lens a dit avec justesse : « Comme la figure humaine est l'objet principal du peintre d'histoire, il tâchera de faire paraître la couleur des chairs dans toute leur beauté. » Mais Lens aurait dû dire plus que cela. On peut remarquer combien les femmes sont contrariées et inquiètes, lorsqu'elles se trouvent exposées à certains luminaires colorés, tels surtout que les jaunes et les verts, qui détruisent, par l'effet de l'achromatisme, le rose et le violet de leur teint. Il ne serait donc pas ingénieux, si on adopte, par exemple, pour dominante l'unité bleue, d'éclairer le modèle par un air très-coloré en jaune ou en rouge. Ceci explique pourquoi sous un ciel ou avec un ciel gris froid, on ne saurait exprimer avec harmonie les objets qui sont de couleur chaude, etc., etc.

Quant à l'influence que peut exercer sur le géométrique des couleurs l'intensité du luminaire, je rappellerai ce qui a été exposé précédemment au sujet des cas où l'énergie des couleurs est masquée par l'intensité de la lumière ; et, bien que ces cas soient accidentels, on peut leur assimiler celui où l'énergie de la carnation, par exemple, étant peu manifestée à cause du site ou à cause de l'air obscur et des parois gris, tels que ceux des ateliers de peinture, cette faible énergie est comme masquée par l'éclat d'un luminaire étroit, gris lui-même et éblouissant. Cet effet décoloré est d'autant plus manifesté par les copistes ignorans en coloris, que tout ce qui environne la chair est pour ainsi dire rendu de même incolore par l'effet obscur de l'intérieur des sites où sont situés les modèles. Voilà pourquoi en plein air les paysagistes caractérisent bien plus sensiblement le géométrique des teintes, surtout lorsqu'elles sont éclairées par un soleil doux et un peu voilé.

Le copiste, qui dans sa théorie croit qu'il ne s'agit que de répéter ses sensations, ne suppose donc pas que cette tête, qu'il peint toute décolorée et blanchie, se trouve être décolorée encore par les teintes rompues qu'il lui faut employer pour exprimer les obliquités, les fuyans et le relief; il ne réfléchit pas que, les draperies qui entourent cette tête étant exposées au luminaire et à l'œil par de larges plans unis et plats, il en résulte que leur énergie colorée est très-manifestée sous ces luminaires vifs et étroits. Ce contraste, dis-je, entre des draperies fortes de teintes et des carnations décolorées et blanchies par les luisans et par des tons rompus, ôte l'accord naturel et détruit l'idée des rapports que notre imagination aime à établir entre la carnation, objet principal, et les étoffes, objet secondaire.

Il semble donc impossible de caractériser la couleur de la chair de tel ou tel individu, lorsque l'on emploie sur le modèle des lumières éblouissantes qui convertissent en luisant la couleur propre, couleur que le peintre ne peut traduire sur la toile, dans ce cas, que par du blanc; en sorte que l'énergie des carnations étant masquée par l'intensité lumineuse, le rose des joues disparaît, et l'on n'obtient, au lieu de chair, que du plâtre, de la craie, de l'ivoire ou du carton.

CHAPITRE 467.

DU CHOIX DE L'AIR DONT LA COULEUR EST LE PLUS CAPABLE DE CONSERVER LA TEINTE GÉOMÉTRIQUE DES OBJETS.

N'OUBLIONS pas de compter le choix de l'air au nombre des moyens qui peuvent favoriser ou empêcher la vraisemblance du coloris. Puisque la couleur du luminaire influe sur celle de l'air, c'est pour ainsi dire avoir fait mention de cette dernière, que d'avoir parlé de l'influence de la couleur du luminaire. Les diverses observations qui appartiennent à cette question, se présenteront donc facilement à l'esprit du lecteur qui aura pris connaissance du chapitre précédent.

Ainsi nous n'avons ici qu'un mot à ajouter, c'est qu'il faut éviter que la couleur de l'air soit trop différente de celle du luminaire. En effet ne voit-on pas en pleine campagne, sous un jour très-serein, que l'azur du firmament donne à l'air général une teinte extrêmement bleue qui se répand partout, tandis que les surfaces exposées au soleil sont seules rougeâtres et dorées. Or il résulte souvent de ces dispositions une grande invraisemblance dans la teinte des objets qui, sur quelques-unes de leurs surfaces, sont chaudement colorées, et qui, sur d'autres, sont d'une teinte froide et très-bleuâtre.

On doit encore considérer l'influence toujours croissante perspectivement de l'air coloré sur les corps qui s'enfoncent dans le tableau ou loin du spectateur, influence telle que vers le second et le troisième plan les objets participent déjà bien plus de la couleur de l'air que de la couleur particulière du luminaire.

CHAPITRE 468.

DU CHOIX DES REFLETS PROPRES A LA VRAISEMBLANCE EXIGÉE DANS LE COLORIS.

Tout ce que nous venons de dire sur le choix des couleurs associées ou opposées aux couleurs principales, s'applique aussi aux reflets qui ne doivent être en rien contraires à la vraisemblance.

La vraisemblance engage d'abord à laisser apercevoir la cause, c'est-à-dire, l'objet qui produit les reflets ; et ils doivent d'ailleurs concourir à la vraisemblance par l'espèce de subordination qu'ils maintiennent entre leur couleur et celle de l'objet coloré par eux, c'est-à-dire que, bien qu'ils réverbèrent et fassent rejaillir des teintes différentes de celle de l'objet qui reçoit ces rejaillissemens, il ne faut pas que cette différence détruise l'unité du caractère de cet objet.

Ici la théorie de l'achromatisme est indispensable, bien que par sentiment mille coloristes aient su approcher de la vérité. Disons donc que, si, par exemple, la couleur du local où l'on peint est verte, il arrivera que les teintes reflétées sur la chair seront noires ou grises, car le rouge de la chair avec le bleu et le jaune de la

muraille formeront un achromatisme. Or, imiter cet effet,
ce ne sera pas conserver l'unité du caractère de la chair
ou le vraisemblable, mais ce sera corrompre la vérité ou
l'unité de ce caractère dominant et essentiel. C'est à
l'aide d'une telle démonstration qu'on doit s'expliquer,
lorsqu'on dit que copier juste ce qu'on voit, c'est souvent
imiter mal la nature, et que ne pas copier ce qu'on voit,
c'est souvent l'imiter plus naturellement. Cependant
qu'on n'aille pas tirer de ceci. la conséquence que la
muraille doit être peinte en rouge, car comment ferait-
on, si on voulait pour son sujet un fond gris, ou s'il
fallait peindre dans un tel site une carnation fort pâle et
bleuâtre ?

Le moyen consiste donc à se procurer des reflets accidentels et partiels à l'aide de toiles tendues ou autres
surfaces. Vandyck, Rembrandt en usèrent de la sorte.
Quant à Rembrandt, il est certain que c'est en employant
de ces sortes de surfaces colorées qu'il détruisait l'achromatisme des ombres de ses carnations plongées dans l'air
noir de l'atelier qu'il adoptait, carnations très-décolorées
sur les obliquités au luminaire étroit de cet atelier. Sans
cet artifice des reflets partiels, ses chairs eussent paru trop
noirâtres.

Mais quand on dit ici que le peintre doit conserver la
couleur géométrique de l'objet, malgré les reflets qui le
réverbèrent, on n'entend pas dire que de près et maté-
riellement les couleurs des objets ne doivent être nullement corrompues. On sait en effet que les ombres du
bleu sont quelquefois très-rousses par l'effet des reflets,
et qu'elles doivent être représentées avec des couleurs
orangées obscures. On sait que le bas d'une robe blanche

situé sur un gazon, doit être peint presqu'avec les couleurs mêmes du gazon. Mais il ne s'agit nullement des
teintes telles qu'elles sont sur la palette ou sur la toile,
mais bien des teintes telles qu'elles paraissent à la distance ou point de vue et sous le jour adopté pour le
tableau. De plus, on sait aussi que les reflets, comme les
autres teintes, doivent être un peu forcées, lorsque le tableau ne doit être vu et jugé que dans un lieu obscur et
vaste où tout se trouve être plus ou moins décoloré.

Enfin, s'il faut, selon les cas, des reflets très-ressentis,
ils ne doivent pas être tels qu'ils fassent tache et que
leur teinte soit substituée à la teinte de l'objet reflété ;
mais cette couleur des reflets doit seulement être super-
posée et comme glacée par-dessus celle de l'objet, en
sorte qu'on aperçoive et qu'on reconnaisse toujours et
avec vraisemblance, à travers ce reflet, cette couleur
propre de l'objet. Ajoutons que de toutes les teintes
d'ombre celle-là imitera le plus la nature, qui tiendra le
moins d'une couleur étrangère qu'on puisse désigner :
or la teinte étrange d'un reflet trop senti apporterait cette
étrangeté et cette invraisemblance.

CHAPITRE 469.

DES COULEURS DES DRAPERIES DONT LA TEINTE EST LE PLUS FAVORABLE A LA VRAISEMBLANCE DU SUJET ET DES CARNATIONS.

Les draperies sont d'un si grand effet dans la plupart
des tableaux, que l'on doit mettre beaucoup d'impor-

tance au choix de leurs couleurs. Sans considérer encore
ici la beauté que peuvent produire ces couleurs des draperies, examinons-les seulement sous le rapport de la
vraisemblance qu'elles procurent aux teintes des objets
et surtout des carnations. En traitant des draperies, nous
n'avons pas cru devoir examiner cette question, parce
qu'elle nous a semblé appartenir exclusivement au coloris.

Rien n'est plus contraire à la vraisemblance des carnations que le voisinage, l'association ou le contraste de
draperies dont la couleur est crue, aigre, vive, rude et
piquante. Ceux-là, qui croient arriver à la vérité ou à la
force par ces sortes de couleurs, sont dans une étrange
erreur; car il en est des couleurs comme des liqueurs :
ce n'est pas aux vins les plus rudes, ce n'est pas aux plus
acides, mais bien aux plus énergiques en saveur et aux
plus fins en même tems qu'on donne la préférence.

Lorsque l'on considère d'une médiocre distance quelques-uns de ces tableaux dont les draperies offrent des
couleurs crues, l'œil est frappé des rouges, des bleus,
des jaunes de toutes ces étoffes ou objets, et cependant
les chairs semblent nulles quant à la sensation, bien que
le peintre ait cherché à les faire ressortir par des blancs
assez vifs en certains points. Lorsqu'au contraire on
considère la nature de ce même point de distance, qu'est-
ce qui frappe le plus les regards? Ce sont les carnations,
ce sont les teintes de la tête, des mains, etc. La couleur
rose et dorée des chairs appelle bien plus la vue encore,
si l'air est un peu doré lui-même, effet qui a le plus souvent lieu et que les peintres aiment à choisir.

Il importe donc dans l'art du coloris de laisser dominer, même sur les draperies, les carnations, en répétant,

en faisant ressortir leur éclat sanguin, qui généralement se soutient à côté des étoffes les plus colorées; et non-seulement la vraisemblance, mais la convenance, l'intérêt et la beauté du sujet l'exigent.

Pourquoi plaisante-t-on une vieille vêtue de couleur de rose ou d'un bleu frais? C'est parce que sa chair flétrie et jaunie est bien moins chair par cette opposition : c'est qu'il ne semble plus que ce soit de la chair, mais plutôt de la peau tannée, du cuir ou toute autre substance. Aussi les vieilles raisonnables se vêtent-elles en brun ou en noir, et relèvent-elles par un peu de blanc et de ver-dâtre le peu de rosé et de sanguin qui reste encore sur leur teint.

Il est probable, ainsi que nous l'avons dit en parlant des peintres vénitiens du moyen âge, que les riches couleurs des vêtemens orientaux que ces peintres pouvaient ob-server à Venise, ont contribué à ce choix si remarquable de couleurs fortes et profondes dont les coloristes de ce pays ont su faire usage avec art pour relever l'éclat et pour soutenir la richesse des carnations. Tiziano et Gior-gione ont constamment employé des étoffes ou cramoisies ou d'un vert profond, et jamais de ces rouges clairs et âcres, de ces bleus aigus et disparates qui obligent à faire les chairs blanches et sans vie. Il semble qu'aujourd'hui l'habitude de voir les teintes riches et variées de nos tein-turiers influe sur le choix des couleurs dont les peintres tâchent d'orner leurs tableaux. Cependant toutes ces étoffes dont les nuances sont imaginées pour les parures du sexe, embarrassent l'artiste plutôt qu'elles ne l'aident. Les couleurs de ces tissus divers sont si vives, qu'on croit faire assez en les amortissant un peu; ces teintes sont si fraîches, qu'elles restent trop fraîches encore sur le tableau, quoiqu'on en ait tempéré l'éclat. Enfin c'est dans son génie, c'est dans la théorie, et non au sein des étalages des teinturiers et des modistes, que le peintre doit choisir les couleurs qui favoriseront la vraisemblance des objets, et qui, au lieu de décolorer les carnations, les laisseront vives et purpurines, qui enfin ne frapperont pas seules la vue, mais qui feront paraître les objets essentiels avec avantage. En effet un peintre philosophe peut-il oublier que l'homme est le principal objet de ses imitations ? Osera-t-il jamais sacrifier ce qui intéresse le plus et ce qui est le plus fait pour nous émouvoir, à des vêtemens, à des draperies, qui, bien qu'elles doivent briller et servir parfois de riches ornemens, n'en sont pas moins subordonnées à la figure humaine en général, à tous les personnages du tableau et à cette vraisemblance exigée de la peinture ?

CHAPITRE 470.

DU CHOIX DE LA COULEUR DES FONDS FAVORABLE A LA VRAISEMBLANCE.

Le choix dans la couleur des fonds est si essentiel pour favoriser la vraisemblance de toutes les autres couleurs du tableau, que le changement de cette couleur peut décomposer tout le coloris des objets représentés.

C'est la teinte, et je dois ajouter le ton du fond (car il n'a pas été fait mention de ce point à la partie du clair-obscur), qui détermine la valeur de la couleur des objets et qui fait paraître les teintes riches, fières, douces, froides ou suaves, et par conséquent vraisemblables ou invraisemblables, selon les cas, et cela indépendamment de la justesse de représentation perspective sans laquelle ces mêmes fonds sembleraient d'ailleurs absolument faux. A propos de cette justesse perspective des fonds, on peut dire que c'est favoriser la vraisemblance du coloris que d'imaginer des fonds dont le caractère de teinte géométrique soit vague et tranquille, et de ne choisir que des combinaisons de couleurs qui n'apportent dans les fonds ni choc, ni rudesse d'aspect, ni de ces contrastes qui, bien que rendus selon la dégradation aérienne, rappellent trop la toile ou la superficie peinte là où au contraire elle devrait surtout fuir et sembler insensible.

Ce fut cette connaissance de l'influence des fonds qui fit faire à Rubens la réponse suivante au sujet d'un élève qu'on lui proposait et qui pouvait, disait-on, l'aider au moins en cette partie de ses ouvrages : « Si ce jeune » homme sait faire les fonds, il n'a déjà plus besoin de » maître. »

Les fonds ne sauraient manquer d'être d'une influence très-grande sur les couleurs et sur tout le coloris du tableau, parce qu'ils sont le plus souvent d'une étendue qui les constitue masse essentielle, et que de plus ils sont si opposés aux objets dont ils font ressortir la circonscription et qu'ils découpent pour ainsi dire, que, pour peu qu'ils soient d'un choix mal entendu, ils gâtent et dérangent tout l'effet chromatique du tableau.

Depiles dit que les fonds doivent se composer de toutes les teintes de la palette réunies, ce qui, selon lui, produira un effet harmonieux; mais ce précepte ne peut être suivi en pratique, ni compris en théorie. Depiles voulait

dire que le fond doit être d'une couleur rompue, à cause
de l'air qui le sépare des objets, et à cause de l'accord
coloré qu'on doit observer dans tout le tableau. Cependant, si un fond de portrait était composé des teintes qui
ont servi aux carnations de ce portrait, on n'aurait souvent qu'un fond rougeâtre qui traverserait pour ainsi dire
les figures, et qui les ferait paraître comme diaphanes.
Laissons donc cette recette, et cherchons le positif et le
calcul certain dans le choix des couleurs; cherchons, à
l'aide de la théorie de l'achromatisme, comment on peut
faire paraître vraisemblable par la couleur des fonds les
teintes des objets, tout en conservant l'unité géométrique
de ces objets, ainsi que l'unité générale ou toute l'harmonie et le mode chromatique du tableau.

Ailleurs nous considérerons les fonds comme devant
participer de l'air et comme devant être touchés avec
douceur et transparence; nous y apprendrons aussi comment on peut, au sujet d'un fond fait de sentiment et sans
calcul, vérifier et connaître ce que ce fond serait géométriquement, s'il revenait au niveau du cadre, et juger,
lorsqu'il serait revenu à cet état géométrique, s'il peut,
ou non, être favorable à la vraisemblance du coloris des
autres objets et à sa propre vraisemblance. On trouvera
encore d'autres considérations sur cette question au chapitre 476, où il s'agit de la convenance dans le coloris
du tableau.

CHAPITRE 471.

DE LA BEAUTÉ DU COLORIS.

Nous allons distinguer plusieurs points dans cette importante question : 1° l'harmonie ou le plaisir qu'on doit en général se proposer comme but dans toutes les productions des beaux-arts ; 2° la puissance de la beauté du coloris ; 3° ce que les peintres et les théoriciens ont connu et pratiqué de cette partie si essentielle de l'art ; 4° la beauté intellectuelle, ou la convenance dans le coloris ; 5° enfin la beauté optique du coloris, ou la cause du plaisir que procurent à notre organe les heureuses combinaisons des couleurs.

CHAPITRE 472.

LA BEAUTÉ DU COLORIS EST NÉCESSAIRE POUR CONCOURIR AU BUT COMMUN A TOUS LES BEAUX-ARTS, BUT QUI EST L'HARMONIE, AYANT POUR MOYEN LE PLAISIR DES YEUX ET DE L'ESPRIT.

C'est par ignorance, ou par mauvaise foi, que des gens de l'art se plaisent à répéter que la recherche du beau coloris nuit au dessin, et que cette qualité ne peut s'acquérir qu'au détriment de l'expression et des caractères. Ces artistes ont méconnu entièrement, on n'en saurait douter, ce qu'on doit entendre par beau coloris.

Aussi ajoutent-ils que l'éclat et la vivacité des couleurs ne peuvent servir qu'à distraire l'esprit en fascinant les yeux ; aussi ont-ils prêté même cette opinion à Poussin, le plus instruit des peintres, artiste dont le génie élevé n'a jamais conçu cette pensée, et cela, bien qu'il ait évité l'éclat des teintes dans ses compositions, lorsque le mode de ces compositions exigeait qu'elles fussent pathétiques et austères.

L'idée que ces peintres prévenus ont du beau coloris, est donc absolument fausse en cela qu'ils croient que toujours un beau coloris est fardé, ou trop fleuri, ou violent, ou d'un éclat excessivement varié. Or quel est le théoricien raisonnable qui ait jamais pu avancer une pareille absurdité ? Ce ne peut donc être que la contemplation de ces mille et mille tableaux de nos musées et de nos églises, qui donne à croire qu'on puisse composer une vraie théorie en consultant ces mêmes tableaux ; en sorte que, parce que Rubens, par exemple, a eu un coloris un peu fardé dans presque toutes ses peintures, et dans toutes sortes de sujets, soit tristes, soit de noces et de fêtes, tous les professeurs, tous les théoriciens seraient autorisés à prescrire, comme étant essentiels au beau coloris, la richesse, l'éclat, la grande diversité et la parure des couleurs. Combien de tems encore dureront ces préventions de l'art moderne, et tous ces exemples si funestes à l'art philosophique de la peinture ?

Non, le beau coloris n'est pas toujours celui qui, par de brillantes couleurs et d'heureuses associations de teintes, charme les yeux, surprend et attire la vue. Le beau coloris est souvent au contraire celui qui, en s'adressant à l'esprit, ne lui présente que des teintes tranquilles, et compose une harmonie triste, sombre, pathétique, et par cela même conforme au sujet. Le beau coloris est un coloris beau pour l'esprit, pour l'intelligence, pour le cœur. Le beau coloris est le coloris convenable au mode du tableau, et de même qu'il doit presque toujours former un concert qui plaise aux yeux, de même il doit former un accord moral et parfait entre son caractère et celui du sujet, en sorte qu'il dispose à cette même harmonie l'ame de celui qui contemple le tableau.

Le beau coloris ne doit donc jamais être blâmé, rejeté ou déprisé, puisqu'il répète une des beautés de la nature, et qu'il est essentiellement un des fondemens de l'art, l'expression du sujet étant sans lui incomplète, ou même fausse, en sorte qu'il est aussi indispensable pour la vue de l'esprit, que pour la vue du corps. De plus, comme dans l'ordre des impressions que fait éprouver la peinture, l'impression physique est nécessairement la première, cette impression, en précédant les autres, favorise nécessairement celles de l'ame, ou leur est nuisible. Ce raisonnement nous confirme dans l'idée que le coloris doit être beau dans tous les cas, et d'une beauté absolument conforme au sujet exposé par le tableau.

Mais une autre considération peut servir à mettre en évidence l'obligation où est le peintre de faire beau à l'aide du coloris, c'est la faiblesse même des couleurs qu'il appose sur la superficie plate de son tableau; c'est leur prompte altération presque inévitable; c'est enfin l'impossibilité où il est d'atteindre à l'éclat des couleurs que développe dans le spectacle naturel, soit l'énergie du soleil, soit celle de jours très-éclatans. En effet, si dans la nature il est une chose qui puisse plaire sans l'harmonie ou sans l'unité, c'est sans contredit l'éclat, c'est la vie des couleurs. Or, comme l'éclat ne peut point se répéter dans la peinture à ce même degré qui, dans la nature, cause la surprise, réjouit et enchante les yeux, l'art n'a réellement de ressource que dans la combinaison d'effets non éclatans, combinaison qui peut produire néanmoins la beauté ou les charmes de l'harmonie. Aussi un tableau faible de couleur et sans harmonie est-il un résultat optique fort insipide et fort déplaisant. Croire donc qu'on va attirer et toucher tous les spectateurs, en représentant sans combinaisons ingénieuses et savantes cette rose qui, dans la nature, nous fait tressaillir, c'est une grande erreur; l'imitation seule ne produira point cet effet: mais dédommager le spectateur, en lui offrant une heureuse harmonie en compensation de ce que cette rose ou ce ciel perd nécessairement en pureté et en vivacité dans l'imitation, c'est agir en artiste intelligent et instruit qui reconnaît les limites de son art, c'est atteindre véritablement le but éminent de la peinture.

Enfin le coloris ne nous intéressera et ne nous touchera vivement que s'il nous retrace des beautés naturelles du premier ordre; et c'est en cela qu'il ne le cède à aucune des autres parties de l'art qui peuvent s'élever jusqu'au choix de très-hautes beautés. Ainsi donc, bien que la vérité seule du coloris puisse produire un assez grand plaisir, les grandes beautés qu'il exprimera nous intéresseront bien davantage, puisque le beau est aussi essentiel à l'art que le vrai. Il est encore bien évident ici que c'est l'harmonie, c'est-à-dire, le plaisir de l'ame et des yeux, ou, autrement dit, la beauté, qui est la véritable fin de la peinture.

Concluons que sans la beauté du coloris cet art de la peinture serait imparfait, puisqu'il serait privé de ce qui le rend si agréable aux yeux et si attachant pour l'esprit ; concluons que ceux qui affectent de parler avec dédain de la beauté du coloris, en ignorent la définition et par conséquent les moyens et la puissance, et que ce n'est que pour excuser cette ignorance qu'ils feignent d'attribuer à l'étude et à la recherche de cette partie les fautes que certains peintres ont commises, soit dans le dessin, soit dans d'autres conditions principales de leur art. Enfin, puisque la beauté est la fin de la peinture, il faut, par tous les moyens possibles, porter au plus haut degré moral et optique cette beauté, surtout dans les grands sujets, et y faire concourir par conséquent le coloris, en le soumettant aux combinaisons les plus propres à faire naître, à développer et à fixer ce beau.

CHAPITRE 473.

LA BEAUTÉ DU COLORIS EST UN PUISSANT MOYEN DE L'ART.

Mais qui pourrait contester la puissance d'un beau coloris? Qui peut y être insensible? Quel est l'homme qui n'éprouve point une agréable, une bienfaisante émotion en présence d'une peinture qui, comme un concert expressif et délicieux, charme ses sens, émeut et touche son esprit? Ne peut-on pas dire même que les harmonies optiques ont un avantage sur l'harmonie d'un concert instrumental, en ce qu'on est forcé d'entendre suc-

cessivement et pendant une durée souvent fatigante un
concert, tandis qu'une peinture n'importune jamais, puisque en un clin-d'œil on s'en détourne et on y revient à
volonté? C'est cette qualité de puissance du coloris qui
met la peinture au-dessus en quelque sorte de la sculpture, car, bien que celle-ci semble l'emporter en ce qu'elle
offre plus que l'apparence des formes, la peinture l'emporte en ce qu'au lieu de la teinte monotone du marbre
ou du bronze, elle présente à la vue les combinaisons,
les effets les plus magiques des couleurs.

Ces couleurs, ces combinaisons ne composent-elles
donc pas un langage qui a son éloquence particulière,
et la peinture ne nous surprend-elle pas, ne nous instruit-
elle pas tout autant par la beauté et la convenance, que
par la vérité de son coloris? Oui, les teintes tristes, lu-
gubres et terribles du Déluge de Poussin, les teintes si
gaies, si pures, si fraîches des Matinées de Claude Lorrain ;
les couleurs magnifiques et pompeuses des Scènes Royales
de Rubens ; ces différentes beautés, dis-je, font de l'art
du peintre un art magique vraiment plein de puissance.
Voyez de quel éclat ont dépouillé cet art les peintres
prévenus qui ont fait parade de leur mépris barbare pour
cette partie si essentielle. Voyez, par exemple, le célèbre tableau du Jugement Dernier, que Michel-Ange a
peint avec tant de fierté et de verve au Vatican. La cour
céleste y est figurée avec les mêmes teintes que l'artiste
a employées pour exprimer la rage des damnés : les joues
de la Vierge et des anges sont de la même couleur que les
joues des démons ; enfin aucune nuance ne distingue la
joie divine du Christ au moment où s'exécutent les arrêts
de la justice éternelle, d'avec les angoisses, les frémisse-

mens, les tortures qui à la fin humilient les méchans, auparavant si cruels sur la terre.

C'était la beauté du coloris qui rendait parfaite l'expression pudique de l'Hélène de Zeuxis ; c'était la beauté du coloris qui divinisait la Vénus Anadyomène d'Apelle ; cette même beauté attendrissait et serrait l'ame devant la représentation de la mère mourante peinte par Aristide ; elle animait d'une ardeur héroïque ceux qui contemplaient les hoplites de Parrhasius, ou le guerrier de Théon de Samos : enfin c'est la beauté du coloris qui, comme une odeur délicieuse, embaume les campagnes de Claude Lorrain, c'est elle qui enrichit les fêtes de Paul Véronèse, les bals et les assemblées galantes de Watteau, et qui inspire l'ivresse à la vue des bacchanales de Tiziano ; oui, la beauté du coloris peut devenir entre les mains d'un peintre philosophe, un véritable talisman.

CHAPITRE 474.

LA BEAUTÉ DU COLORIS N'A PAS ÉTÉ JUSQU'ICI DÉMONTRÉE A L'AIDE D'UN PRINCIPE UNIQUE ET GÉNÉRALEMENT RECONNU.

Nous venons d'expliquer comment un coloris convenable peut être beau, lors même qu'il est dénué des couleurs vives et éclatantes que ne comportent point certains sujets. On aperçoit que cette question de la beauté du coloris resterait confuse dans l'esprit des élèves et des théoriciens, si on ne l'établissait pas sur ses bases véritables. Mais avant de passer à cette étude, examinons l'in-

certitude des idées émises à ce sujet dans les livres et
dans les ateliers des peintres.

Combien de méprises, combien de quiproquo risibles
n'ont pas lieu dans les livres descriptifs des musées et des
cabinets de tableaux à propos de la beauté du coloris?
Tous les jours les salles du vatican retentissent des bavar-
dages de prétendus admirateurs qui, en présence des peintures de Jules Romain ou même des Loges de Raphaël
(petits tableaux peints sur des voûtes), s'écrient : quel
beau coloris ! et qui ne disent mot des grandes fresques
placées tout près delà, où Raphaël a peint quelquefois
d'une couleur forte et harmonieuse. On entend tous les
jours appeler beau coloris des teintes d'éventail, des discordances épouvantables, de vrais étalages d'échantillons
de teinturiers. Aussi ces mêmes extasiés de commande
sont-ils fort embarrassés lorsqu'ils ont à louer la beauté
de coloris d'un Van Ostade, d'un Tiziano, d'un Metzu,
d'un Claude Lorrain, peintres chez lesquels l'harmonie
tempère toujours la crudité des teintes, peintres qui n'ont
élevé la beauté de leur coloris qu'en se basant sur la vérité et sur les justes rapports de la nature. Que ne l'ont-
ils toujours basée aussi sur la convenance avec le sujet !

Qu'est-ce que l'harmonie optique dans le coloris (personne, je crois, n'en a donné une bonne définition)? C'est,
dit-on, la concordance ou l'union dans les couleurs. Mais
qu'est-ce qui constitue cette concordance, cette union?
Qu'est-ce qu'on entend par couleurs amies? Autre obscurité. Ce sont, dit Depiles, des couleurs dont le mélange
ne produirait pas une couleur sale, mais bien une couleur
franche et caractérisée. Mauvaise définition ! D'autres ont
dit : l'harmonie a lieu, quand la transition d'une cou-

leur à une couleur d'une autre espèce est graduée et insensible, etc. Il faut donc convenir que si l'on a un peu
mieux compris la beauté de convenance ou le coloris
conforme à l'expression du sujet, que l'on n'a compris la
beauté optique du coloris, on a cependant traité très-
légèrement cette condition de la convenance, et que les
peintres ont été tellement absorbés dans la recherche des
recettes purement optiques, qu'on ne rencontre pas deux
tableaux sur mille où le mode et le caractère du sujet
soient rendus par un caractère convenable de couleurs
ou de coloris.

La cause permanente de cette incertitude au sujet du
beau coloris provient surtout de la persuasion entretenue
par tous les écrits, ou de cette croyance exigée, que les
maîtres des écoles célèbres ont parfaitement connu et
pratiqué cette condition de l'art. Cependant ces mêmes
écrivains ont dû reconnaître leur propre incertitude, dès
qu'ils ont cherché à se rendre compte de ce mérite si
vanté. C'est pour cela que Josué Reynolds nous dit qu'il
donne tel ou tel nom caractéristique à tel ou tel coloris.
Voici sa 34e note sur Dufresnoy.

« Toutes les espèces d'harmonie ou les manières de
» produire l'effet du coloris qui est nécessaire dans un
» tableau, peuvent être réduites à trois, dont deux appar-
» tiennent au grand style, et l'autre au style d'apparat.

» La première peut être appelée la manière romaine,
» dont les couleurs sont fortes et fières, telles que celles
» qu'on trouve dans le tableau de la Transfiguration. La
» seconde consiste dans cette harmonie qui est produite
» par ce que les anciens appelaient *rupture des couleurs*,
» en les mêlant et les rompant jusqu'à ce qu'il y ait une

» harmonie générale dans le tout, sans qu'on y remarque
» rien qui rappelle la palette ou les couleurs primitives;
» c'est ce qu'on nomme le style bolonais, tel est le coloris
» et l'effet que Louis Carrache a cherché à obtenir, etc.
» La dernière manière appartient proprement au style
» d'apparat ou d'ornement, auquel nous donnons le nom
» de style vénitien; c'est proprement dit le coloris fleuri
» et brillant, etc. »

Ces préventions en faveur des noms illustrés dans nos
catalogues n'ont-elles pas eu lieu au sujet du dessin, et
n'a-t-on pas cru que les bras, les torses, les jambes de Michel-Ange, de Raphaël, de Domenichino, étaient les vrais
modèles de beauté et de vérité? Cependant les formes
vraies et nobles de David, qui fut élève des anciens, ont
prouvé plus tard que nos comparaisons étaient restreintes
dans des limites trop bornées, ces limites n'étant pas au-
delà de la perfection de ces mêmes maîtres, de ces mêmes
tableaux plus ou moins maniérés de nos galeries d'Europe.

Non, l'unité ou la beauté optique du coloris n'a point
été généralement réduite en un principe fixe, soit chez
les Flamands et les Hollandais, soit chez les Vénitiens, etc.
En effet il arrive très-souvent que, dans les tableaux de
leurs plus habiles maîtres, on est frappé du bleu dominant d'une draperie, lorsque tout le système du tableau
est roussâtre. D'autres fois cette draperie dominante est
d'un jaune doré, lorsque l'harmonie générale est grise et
violette. On distingue même dans des tableaux de célèbres coloristes la réunion incohérente des trois couleurs
élémentaires aussi belles les unes que les autres. Il est vrai
que parmi ces milliers de peintures, on en remarque dans
lesquelles l'unité est observée en tout point, et où la diver-

sité des teintes ne ressort point aux dépens de l'unité et de l'harmonie ; mais j'oserai avancer ici que leurs auteurs n'ont eu que des données imparfaites sur la théorie du beau coloris, et que s'ils ont réussi à faire beau, ç'a été par hasard, en sorte que nous ne devons pas en conclure qu'ils ont opéré pour le mieux, et que leurs tableaux qui sont des modèles à suivre, peuvent nous dispenser de rechercher ailleurs des règles sûres et invariables sur cette partie de l'art.

Je mets donc hardiment cette opinion en avant, parce que je n'ignore pas combien sont nombreux les demi-con-naisseurs qui, en présence d'un Paul Véronèse, d'un Ru-bens, d'un Gérard Dow, se persuadent que ces maîtres sont des modèles sûrs et parfaits quant à la beauté du co-loris, dont ils ont, selon ces demi-connaisseurs, très-bien rempli toutes les conditions. Ce qui va suivre fera res-sortir la justesse de ces aperçus.

CHAPITRE 475.

DIVISION DE LA BEAUTÉ DU COLORIS EN BEAUTÉ INTEL-LECTUELLE OU CONVENANCE, ET EN BEAUTÉ OPTIQUE OU POUR LE SENS DE LA VUE.

La distinction que nous établissons dans cette partie de la peinture, distinction dont la nécessité a été démontrée au chapitre de la beauté, dissipera toute confusion au su-jet de l'importante question de la beauté du coloris. En effet les recherches optiques relatives à l'harmonie ocu-laire, et les recherches philosophiques relatives à l'harinonie intellectuelle ou à la convenance du coloris, sont deux choses tout-à-fait distinctes. C'est à l'aide de cette distinction indispensable que nous avons remarqué que tel coloriste fameux, quant à l'art de combiner ses couleurs, était le plus souvent très-ignorant dans l'art d'exprimer par le caractère de son coloris le caractère de son sujet. Qui a vu un tableau de ces coloristes à recettes, les a tous vus. Quelle que soit la composition qu'ils offrent, c'est toujours leur même masse rouge ou bleue, toujours leur même ciel, leur même nuage; enfin c'est toujours le même spectacle chromatique qu'ils offrent au spectateur. Nous allons donc distinguer ces deux questions, et nous les traiterons chacune séparément.

CHAPITRE 476.

DE LA BEAUTÉ INTELLECTUELLE OU DE LA CONVENANCE ENTRE LE COLORIS ET LE CARACTÈRE DU TABLEAU.— DE LA CONVENANCE DANS LE COLORIS DES CARNATIONS ET DE L'EMPLOI D'UNE FIGURE CANON POUR L'IMITATION DES CARNATIONS.

Qu'un musicien compose soit une romance plaintive, soit une marche guerrière, un chant solennel ou une chanson joyeuse et légère, il n'emploiera pas pour l'un ou pour l'autre sujet le même mouvement, la même mesure, la même espèce de ton, ni toutes sortes d'instrumens indistinctement : il en doit être de même relativement aux divers sujets représentés par la peinture. Chaque mode, chaque espèce de sujet doit être rendue par un caractère de coloris qui lui soit approprié, et par des couleurs convenablement adaptées, en sorte que la sensation chromatique qu'éprouvera le spectateur soit tout-à-fait analogue au sentiment que le peintre aura voulu lui inspirer par la vue de son tableau. L'étude des moyens chromatiques considérés sous ce rapport est donc de la plus grande importance, et il faut absolument que le peintre sache reconnaître quelles sont les couleurs ou les accords qui appartiennent à tel ou tel mode, à telle ou telle expression. Il y a les couleurs languissantes, les couleurs gaies, vives et pétulantes : il y a des teintes graves, il y en a de riches et de superbes; les unes sont tendres, douces et charmantes; d'autres sont piquantes, quelquefois même âpres et tranchantes. Le peintre s'attachera donc à bien étudier et à bien connaître ces propriétés diverses, ou les expressions distinctes appartenant au langage de son art. Mais indépendamment de ces choix il y a celui des meilleures combinaisons optiques de toutes ces couleurs.

En voyant un tableau, il ne suffit pas de se demander qu'est-ce que cela représente; il faut se demander quel est le caractère exprimé par ces teintes. Lorsqu'on entend de la bonne musique, on n'a besoin que de deux minutes pour reconnaître quel en est le caractère dominant; de même, au premier aspect d'un tableau, le spectateur doit déjà entrer dans le sujet et mettre son ame à l'unisson du spectacle. L'orateur ne dispose-t-il pas son auditoire par la seule intonation de sa voix, et ne comprend-on pas à son accent seul, sans distinguer les paroles de ses discours, quel sentiment général l'anime? C'est ainsi qu'à la première vue d'un sujet peint et sans distinguer encore les formes de tous les objets qui le com-

posent, sans saisir leurs rapports et leur expression particulière, on doit, si le peintre a bien entendu la partie
philosophique du coloris, entrer dès l'abord dans le mode
du sujet et se trouver déjà disposé à le comprendre et à
s'identifier avec lui.

Si ces observations sont justes, si elles ne sont que l'exposé d'un principe incontestable, nous demanderons ce
que peut avoir de beau, d'admirable pour les gens sensés
ce coloris constamment ardent, forcé, exagéré par les
chocs, les contrastes et les hardiesses extrêmes, ce coloris enfin que l'on retrouve et sur les scènes touchantes et
tranquilles, et sur les scènes fougueuses et de terreur ?
Parce que le peintre doit aspirer à l'énergie et à la puissance des tons, faut-il qu'il achète ce mérite par des contre-sens ? Doit-il, parce qu'un coloris fade attire peu la
vue, affecter dans des sujets aimables, paisibles et gracieux, un étalage pédantesque et ne choisir que des couleurs brusques, dures et violentes ; ou bien faut-il, parce
que la suavité plaît et que la douceur du pinceau charme
la vue, faut-il, dis-je, lorsqu'il s'agit de traits énergiques
et de ces sujets éminemment épiques et très-véhémens, ne
montrer que des teintes molles et doucereuses, et par-
fondre lentement d'insipides couleurs ?

M. Dutems, dans ses principes abrégés de peinture, a
parfaitement bien compris cette question. Voici ce qu'on
y lit, page 96 : « On dira peut-être que ce choix des cou-
» leurs est une pure opinion, et qu'il ne peut y avoir de
» règles certaines de cette prétendue harmonie, puisque
» les uns aiment une couleur, les autres en aiment une
» autre ; les uns ne veulent que la lumière, les autres
» que les ténèbres et l'obscurité. Il y en a qui désirent un

» grand feu de couleurs dans un tableau ; d'autres qui
» sont charmés par des couleurs plus douces et moins
» brillantes. Chacun donne le prix à celles qui lui plaisent,
» et exclut celles qui sont agréables à d'autres. Il y aurait
» de l'injustice à vouloir être juge dans sa propre cause,
» et je répondrai qu'il en est de la peinture comme de
» la musique ; beaucoup de personnes se plaisent à en-
» tendre des sons rudes et impétueux, beaucoup plus
» qu'un concert de voix ou d'instrumens. Un guerrier
» préférera le bruit des tambours, des trompettes et
» autres instrumens de guerre, à celui d'instrumens plus
» doux qui plairont à un autre ; enfin il s'en trouve fort
» peu qui sachent goûter une savante composition de
» musique.

» De même dans la peinture un naturel violent et im-
» pétueux voudra des couleurs fières et des intervalles
» de clair-obscur fort rapprochés ; une humeur bizarre
» et bouillante aimera le désordre dans les couleurs
» aussi bien que dans sa conduite ; un mélancolique ne
» voudra que des obscurités et des ténèbres ; au con-
» traire un sanguin voudra tout clair et sans ombres.
» L'un se plaira à voir du rouge, l'autre du vert, un
» autre du bleu ; et chacun fera consister la perfection
» d'un tableau dans la quantité et la beauté de la cou-
» leur qui aura de la sympathie avec son humeur et son
» organe, qui lui fera trouver beau ce qui ne l'est pas.

» Tous ces différens goûts sur les couleurs, soit pour
» leurs différentes espèces, soit pour leurs intervalles
» prochains ou éloignés, n'empêchent pas qu'il n'y ait
» de véritables proportions entre elles, lesquelles ont
» leurs principes aussi bien que celles des sons. Au con-

» traire tous ces choix qui n'ont pour fondement que
» la constitution différente des personnes, prouvent in-
» vinciblement la nature et la propriété des modes et
» des couleurs, puisqu'on voit par là qu'elles sont ca-
» pables d'exciter des mouvemens différens dans les es-
» prits par le moyen de leurs divers tempéramens de
» clair et d'obscur. En second lieu, préférera-t-on ju-
» ger de la sympathie des couleurs et de la beauté des
» tableaux d'après les sentimens partagés de tous les
» hommes, ou d'après le rapport des personnes d'esprit
» que leurs études sur cette matière ont rendues plus
» éclairées que les autres? Si on adopte le sentiment
» des premiers, il s'ensuivrait que tous les tableaux sont
» également bien faits, puisqu'il n'en est point de si mi-
» sérable qui n'ait ses approbateurs; et si la multitude
» prévalait contre le bon sens, ceux qui seraient recon-
» nus par les maîtres et amateurs de l'art pour excellens,
» seraient estimés inférieurs aux plus difformes, puisque
» ceux-ci auraient pour admirateurs tous les ignorans,
» dont le nombre surpasse infiniment celui des savans.
» Combien peu de personnes discernent, par exemple,
» une belle et savante composition avec une qui sera
» faible et extravagante? Combien peu, même parmi
» les peintres, connaissent la force de l'expression, la
» beauté et l'élégance des proportions et du dessin, la
» distribution des lumières, la sympathie, l'union et
» l'harmonie des couleurs? On doit distinguer ce qui
» est de pure inclination dans le choix des couleurs,
» d'avec ce qui est fondé sur des principes certains; et
» s'il était question de prononcer sur un tableau entre
» plusieurs qui représentent le même sujet, il faudrait

» examiner si le mode y est bien observé, si l'ordonnance
» se rapporte au caractère particulier de l'histoire, s'il
» y a un grand goût de dessin et de coloris qui ne se
» trouverait pas dans les autres; c'est alors qu'on sera
» convaincu que le choix qui en sera fait provient de
» l'opération d'un esprit consommé dans l'étude de cet
» art. »

Ailleurs, le même auteur ajoute : « Comme les mu-
» siciens se servent de mouvemens prompts et allègres
» pour représenter ou exciter la joie et la colère; de
» pesans et tardifs, pour exciter à la tristesse; de mols
» et languissans, pour les passions tendres et délicates :
» ainsi le peintre peut presser ou étendre plus ou moins
» sa lumière, la distribuer par de grandes masses ou par
» de plus petites, et leur donner différentes progressions,
» selon le sujet qu'il veut représenter et la passion qu'il
» veut exciter. On doit donc discerner si le mode du
» tableau demande de la fierté ou de la douceur, de la
» force ou de la faiblesse; car ce serait une très-grande
» erreur de croire qu'on peut se conduire indifférem-
» ment dans ces deux extrémités.

» Puisque le musicien exprime les différentes affections
» de l'ame par les diverses flexions de la voix, qui doit être
» forte et éclatante, lorsqu'elle veut exprimer la colère,
» le désespoir et d'autres passions violentes, et qui au con-
» traire doit être douce, faible et languissante, lorsqu'elles
» prennent un caractère opposé; de même le peintre, etc.

» Il n'y a personne qui n'avoue qu'il se trouve des
» tableaux qui, comme le discours, peuvent remuer dif-
» férentes passions : il y en a dont la seule vue nous
» anime; on en voit d'autres qui n'ont rien que de mou

» et d'efféminé; les uns nous donnent de la joie, d'autres
» de la tristesse, et, si la couleur y a tant de part, on en
» doit conclure qu'il doit y avoir des principes et des
» règles pour établir cette harmonie de couleurs qui
» convient et concourt à l'expression qu'un peintre ha-
» bile doit chercher à donner à son sujet.

» La peinture et la musique ont tant de conformité dans
» la manière de traiter leurs sujets, qu'on ne doit pas
» trouver étrange si les peintres se servent des mêmes
» termes que les musiciens, pour l'explication de leur art,
» et puisque ceux-ci leur ont emprunté les noms de cou-
» leur et de chromatique, pourquoi les peintres n'em-
» ploieraient-ils pas ceux d'harmonie, de consonnance,
» d'accords et de tons, qui ne conviennent pas moins à la
» disposition artificielle des couleurs, qu'à celle des sons?

» Il est bon d'observer que la peinture fut élevée à un
» très-haut degré de gloire et de perfection par les an-
» ciens peintres de la Grèce, long-tems avant que la mu-
» sique eût atteint celui qu'elle a eu depuis.

» Thimothée Milésien ayant inventé, du tems d'A-
» lexandre-le-Grand, un second genre de musique diffé-
» rent du diatonique, lequel avait été jusqu'alors seul en
» usage, on l'appela chromatique, par rapport à l'har-
» monie des couleurs qu'on voyait dans les tableaux
» d'Apelle et des autres peintres de ce tems-là; on adopta
» ce genre de composition où les semi-tons dominent, et
» on le distingua par des couleurs. Il ne faut donc pas
» douter qu'il n'y eût, dans ce tems-là, des livres qui trai-
» tassent de ce nouveau genre de composition plus agréa-
» ble par le passage des semi-tons aux tons pleins, et pro-
» duisant des sensations plus douces; mais nous avons été

» privés de ces ressources, soit par l'injure des tems, soit
» par l'ignorance des siècles qui ont suivi ces beaux jours
» où tous les arts avaient atteint la perfection dont nous
» n'avons qu'une très-faible idée. Quelques historiens
» cependant nous ont transmis les effets que produisait
» la musique par l'adoption de ce nouveau genre. »

On peut dire que ces excellens préceptes ont été aperçus et appréciés par le plus grand nombre des écrivains sur
la peinture. Félibien, qui était souvent l'écho de Poussin,
lui avait emprunté cette même doctrine. « Si les musi-
» ciens, dit-il, ont trouvé des proportions harmoniques
» pour satisfaire l'organe de l'ouie, pourquoi les peintres
» n'établiraient-ils pas des règles démonstratives, par
» lesquelles les tableaux puissent satisfaire les yeux? »

Enfin, si l'on recueillait ce qu'ont pu dire sur ce point
les observateurs, on verrait qu'ils ont admis pour loi que
le coloris du tableau doit varier selon le sujet, selon le
tems et selon le lieu ; que des couleurs brillantes sont insupportables dans une scène de deuil, et que les distrac-
tions causées par la fraîcheur éclatante des teintes sont
aussi préjudiciables que celles que causerait le pétillant ou
le désordre du clair-obscur. Tous sont d'accord pour déclarer qu'il faut un caractère déterminé et non équivoque
dans les diverses productions des arts, et que ce caractère
déterminé doit se faire sentir dans toutes les parties qui
constituent l'ouvrage.

Cependant, répétons-le, les maîtres en général ont fort
peu respecté cette maxime, et c'est avec beaucoup de raison que les critiques ont avancé qu'il n'y a presque point
de tableaux dans lesquels la convenance générale du coloris
soit observée. Ils ont signalé Paul Véronèse, Rubens, etc.,

comme des peintres qui ne cherchaient qu'à plaire aux
yeux, qu'à surprendre par la force et le charme des couleurs, mais qui n'étaient point dominés par le principe
philosophique, d'après lequel on exige un caractère poétique et convenable dans le coloris de chaque sujet.

Ajoutons que, si c'est avec justesse qu'on a dit que pour
un coloriste de génie il n'est point de sujet qui ne comporte un certain caractère et qui ne permette une certaine exaltation, qui en général fait le cachet des belles
choses, les peintres ne doivent pas prendre le change.
Je veux dire que, bien qu'accoutumés à exalter leurs
couleurs, à monter leur diapazon et à fasciner les yeux
par des éclats et des vigueurs qui font paraître timides
les coloristes réservés, ils n'en seront pas moins des artistes ignorans, s'ils ne savent pas tempérer, lorsqu'il le
faut, cette pétulance, cette fierté de la palette, et s'ils
vont toujours peignant dans un mode élevé et exalté,
les divers sujets de leurs tableaux.

Mais, remarquons le bien, s'il est vrai que le peintre
soit le maître d'adopter, comme le musicien, tel ou tel
système d'harmonie, selon ses sujets, il faut toujours
qu'il reste renfermé dans le naturel et qu'il ne s'éloigne
jamais du vraisemblable et du vrai.

C'est donc pour retenir les peintres dans l'esprit de
la nature et dans leur sujet, que les écrivains leur ont
encore dit : « Si vous voulez me remplir d'horreur, que
» j'y sois préparé par la couleur de votre composition.
» Le soleil recula au festin d'Atrée : une couleur bril-
» lante détruirait la terreur dans un sujet affreux. »

« Jules Romain fit un dessin de Phaëton : il y règne
» une couleur de pourpre rougeâtre, comme si tout le

» monde entier était enveloppé dans un feu étouffant. »
(Richardson.)

« Que votre couleur soit brûlante, comme votre ima-
» gination, par l'enthousiasme que vous inspirerez aux
» spectateurs. » (Watelet.)

Ces déclamations sont admissibles, mais parmi les écrivains il y a toujours des visionnaires qui se violentent pour
découvrir et apercevoir l'application de ces bons principes
dans certains tableaux qui, au contraire, sont absolument
dénués de semblables qualités. C'est ainsi qu'en parlant
des peintures de Raphaël à la Farnésine, le traducteur
du poème latin de Dumarsy nous dit : « L'Amour qui
» montre Psyché aux Grâces est de couleur de brique, et
» tout rouge : il est reflété sur les Grâces et ressemble
» à un charbon ardent dont l'éclat réfléchit sur ce qui
» l'environne. Cette idée, si délicate et si vraie, est vi-
» siblement empruntée du poéte Moschus qui, dans son
» Amour fugitif, fait dire à Vénus, lorsqu'elle trace le
» portrait de son fils, qu'il n'a pas la peau blanche, mais
» de couleur de feu. » Ceux qui voient sans prévention
cette peinture, n'y remarquent ni cette poésie ni une
semblable finesse.

Maintenant comment définir et expliquer ces conson-
nances, ces progressions, ces intervalles chromatiques et
tous ces caractères optiques que le peintre a à sa disposition, et qu'il doit adopter afin de chanter dans tel ou
tel ton et de rendre son sujet avec convenance, force et
propriété d'expression? Ici se présentent à l'esprit un cahos et un vague d'idées qui, je crois, peuvent être dis-
sipés facilement à l'aide de l'analyse, et auxquels on peut
substituer des questions très-peu embarrassantes.

Premièrement il faut séparer, ainsi que nous l'avons fait, le beau intellectuel du beau optique : il en résulte d'abord que ce beau optique ou chromatique étant défini et basé sur son véritable principe, qui est l'unité, toutes les combinaisons qui seront à adopter pour qu'on parvienne au mode ou à la beauté intellectuelle du sujet, ne seront jamais contraires à ce beau optique. Il reste donc à choisir ensuite convenablement les combinaisons belles optiquement. Or la réduction très-simple de toutes les couleurs à trois qui sont élémentaires, et à trois autres qui sont binaires, facilite déjà beaucoup ce choix. Rien n'est donc si facile, quant au choix de la couleur dominante, que de distinguer celle qui rentre dans le mode du sujet. Je dis de la couleur dominante, parce qu'en effet l'existence de couleurs servant d'oppositions et de variétés, est supposée ici ne point détruire ce caractère chromatique dominant; et il est entendu à ce sujet qu'une masse principale est nécessaire, parce que son volume en constitue principalement le caractère. Ainsi, de même qu'en musique on aime à retrouver et à sentir le motif prédominant, de même on aime en peinture à être frappé évidemment et à se pénétrer du mode chromatique que le sujet comporte et que le peintre a su adopter. Dans toute cette étude il ne reste qu'à diriger l'emploi plus ou moins sobre des oppositions. Or l'effet que les oppositions produisent sur la rétine est si déterminé, que le spectateur le moins exercé en éprouve et en saisit aisément les résultats. D'ailleurs la vraie théorie du beau expliquant que le degré de variété est prescrit par l'espèce de sujet, il n'est pas très-difficile de ne point outrepasser cette dose de variété. Enfin ces soins et ces

calculs ne sont pas différens de ceux qui préoccupent
les musiciens, qui tous distinguent et sentent unanime-
ment les modulations, les progressions et les mouvemens.

Pour en revenir au choix bien entendu des couleurs
suaves ou rudes, élevées ou profondes, fières ou languissantes, ou pour dire autrement, des couleurs mélanco-
liques ou gaies, riches ou simples et même pauvres : quant
aux progressions enfin, quant aux intervalles, et aux arrangemens chromatiques propres à faire obtenir telle ou
telle sensation, à réveiller telle ou telle idée, je pense
que la moindre pénétration, la moindre sensibilité optique de la part du peintre suffit pour le déterminer
dans ces choix. Si donc il est vrai que la théorie puisse établir un grand nombre de cas dans lesquels tels ou tels
calculs sont démontrables mathématiquement, on peut
assurer que l'espèce et le nombre des objets nécessaires
au tableau, leur situation, leur distance relative et leur
aspect sont si variés dans la nature, que le peintre n'a
qu'à modifier quelques couleurs, quelques emplacemens
de couleur seulement, et qu'il n'a point à substituer
un ordre de chose combiné par avance et comme par
recette. Il doit se contenter de rétablir l'ordre, pour obtenir la beauté, mais il ne doit point chercher à refaire des
combinaisons toutes particulières, ni à arranger tout à son
aise un autre thème que celui qui est donné par le
sujet.

Si maintenant nous nous demandons quelle influence
le choix de la couleur du luminaire et de l'air peut
avoir sur la beauté optique et sur la convenance ou la
poésie du sujet adopté, nous reconnaîtrons aisément

que cette influence peut être d'un grand secours et ajouter beaucoup à l'expression du tableau. On peut à ce
sujet faire remarquer combien les vitraux colorés de
quelques anciennes églises, lorsque les teintes en ont été
imaginées et combinées par des artistes habiles, sont
propres à manifester la solemnité, la magnificence et la
sainteté des temples, et à inspirer le recueillement et
les élans sublimes de l'ame vers la divinité. Il y a en
effet de ces grandes vitres qui, posées symétriquement
dans le haut des sanctuaires, deviennent une parure pleine
d'éloquence. Quelques-unes, par la splendeur et le feu
de leurs rubis et par les réseaux d'or qu'elles déploient,
transportent l'imagination au sein même du séjour de
l'Éternel ; d'autres d'une teinte violet-bleuâtre répan-
dent une auguste mélancolie dans tout le lieu où se cé-
lèbrent les mystères et où sont chantées les louanges de
Dieu, en sorte que tout le temple est pour ainsi dire
sanctifié par ces célestes reflets. La couleur du luminaire
et celle de l'air ont donc aussi leur langage et leur magie.

« Un lieu est riant, dit Milizia, lorsqu'il est éclairé par
» un soleil que tempère la vapeur de l'atmosphère ; l'obs-
» curité de l'ombre est agréable, quand elle est adoucie
» par les rayons reflétés de l'azur des cieux. La cause
» principale du beau coloris est donc le ton gracieux d'une
» lumière douce. Ainsi on peut, dans un tableau, employer
» deux lumières, la lumière immédiate mais tempérée du
» soleil, et celle du reflet d'un ciel serein qui répande sur
» les ombres une douce variété. »

« Ceux qui voient les magnifiques tableaux de Paul
» Véronèse, dit Algarotti, desirent occuper la scène même
» que ces tableaux représentent. » Ce sentiment ne pro-

vient-il pas tout entier du charme attaché à l'emploi d'une
lumière et d'un air dont les teintes sont bien choisies?
L'atmosphère paraît douce et même un peu chaude dans
ces tableaux : un sang animé circule vivement dans les
chairs; la lumière colorée qui éclaire les objets, est riche,
dorée et vivifiante, et cette lumière si agréable à la rétine
laisse dans l'ame du spectateur mille pensées délicieuses
et fait naître le doux sentiment de la beauté.

Une autre considération dont il semble qu'ici nous de-
vions tenir compte, est relative à la convenance des couleurs affectées aux vêtemens et aux draperies, lorsque ces
vêtemens et ces draperies sont par leur espèce soumis
aux lois du costume.

« Les artistes grecs, a-t-on dit, observaient dans le
» choix de la couleur des vêtemens certaines convenances
» allégoriques. Dans un tableau dont Philostrate donne
» la description et qui représente Bacchus et Ariane, ce
» dieu porte un vêtement de pourpre, ainsi que dans
» deux tableaux découverts à Herculanum. Une inscrip-
» tion publiée par d'Hancarville, lui donne le même
» vêtement pour indiquer la couleur du vin. Les Rhap-
» sodes qui récitaient les poésies d'Homère, cherchèrent
» aussi à employer ce genre d'allégorie; l'Illiade person-
» nifiée était habillée de rouge, par allusion au sang qui
» fut répandu dans les combats à la guerre de Troie;
» l'Odyssée avait un vêtement vert de mer pour indiquer
» les longs voyages d'Ulysse sur cet élément. » Mais ici
nous ne ferons qu'indiquer ce point de convenance et
d'érudition sur lequel un artiste savant peut faire de longues recherches. Quant à la place que doit occuper convenablement dans le tableau la couleur dominante et prin-

cipale, nous aurons occasion d'en parler au chapitre 488. Nous ne disons rien non plus ici de la couleur des fonds dont l'expression est plus ou moins manifestée selon qu'ils sont vastes ou restreints; d'ailleurs ce point se trouve assez éclairci par tout ce qui a été et ce qui sera dit ailleurs relativement au mode et à la convenance.

De la convenance dans le coloris des carnations, et de l'emploi d'une figure canon dans la peinture des carnations.

Il nous reste à parler de la convenance dans le coloris des carnations. Deux choses sont à considérer dans cette question : 1° le choix selon le sujet, et 2° le moyen d'embellir l'individu dont on se sert pour parvenir à ce choix.

Le premier point, le choix selon le sujet, n'a pas besoin d'explication. Le bon sens et l'instruction de l'artiste lui feront vouloir et adopter l'espèce de carnation qui convient au personnage. Il ne donnera pas la couleur d'une bacchante à Didon expirante, ni celle d'un athlète à Antiochus malade d'amour. S'il peint d'après Horace une apulienne au teint bazanné, il ne choisira pas la carnation d'une vieille de nos couvens. Des conseils sur ce point ne pourraient donc que fatiguer vainement les artistes.

Mais comment procédera le peintre pour améliorer, selon l'archétype qu'il a dans son cerveau, l'individu dont il emprunte à cette fin la carnation ? Voilà le point pratique, ou le point qu'il importe de traiter. Or il en est de ce moyen d'embellir la carnation, comme de celui d'embellir les formes du corps. L'artiste se figurera donc d'abord l'archétype, et il réglera ou modifiera conformément à cet archétype la carnation de l'individu modèle, en respectant la carnation du canon, lequel offre le possible et le naturel général en cette partie.

Ce simple exposé, qui sera compris du lecteur, puisqu'il a pris connaissance de ce qui a été dit aux chap. 226 et suivans, explique assez la nécessité où est le peintre d'être nanti de cette figure canon. Supposons donc qu'il possède en effet cette figure, qui, après avoir été tracée et embellie au compas, aura été peinte ensuite avec des couleurs inaltérables dont les teintes offrent ce canon chromatique de la carnation humaine; ce sera en embellissant ce que peut avoir de défectueux l'individu, et en se réglant sur ce canon géométrique, que le peintre s'élèvera à la carnation archétype fixée dans son imagination.

Nous croyons inutile de donner plus d'étendue à cet exposé.

CHAPITRE 477.

DU COLORIS PROPRE A CARACTÉRISER LE MODE PHRYGIEN.

LA couleur rouge est véritablement la couleur des combats. Les éclats étincelans de l'acier et de l'airain, les teintes bigarrées et tranchantes des étendards, la carnation enflammée des guerriers, le ton fort de l'azur du ciel et le brillant des nuages que rendent resplendissans des masses d'un ton obscur et terrible, tous ces caractères chromatiques sont propres au mode phrygien et en expriment très-bien la véhémence et la fougue. La fureur bacchique comporte aussi ces mêmes accens du coloris. Dans cette espèce de sujet, la verdure des champs peut être un peu rude; la nuance vermeille du pampre peut être exaltée, et des draperies de couleurs fortes doivent exciter tout le spectacle. L'harmonie chromatique propre au mode phrygien, doit donc être une harmonie fière et élevée, dans laquelle le fracas, le feu et la pétulance doivent être tolérés. Quant à la langueur ou à la douceur fade des teintes, elle produirait dans un tel sujet un insupportable contre-sens.

CHAPITRE 478.

DU COLORIS PROPRE A CARACTÉRISER LE MODE DORIEN.

Des couleurs austères et tranquilles, des teintes graves et pour ainsi dire solennelles annoncent la dignité et la simplicité du mode dorien. Tout doit être grand et d'une beauté noble et calme dans les sujets d'un tel caractère. L'élégance des teintes, leur charme et leur douce variété doivent être soumis à cette unité imposante et silencieuse, mais toute pleine de vigueur en même tems, qui est le propre de ce mode sérieux. Des couleurs outrées et très-diversifiées, au lieu d'être tranquilles et graves, des chocs affectés, des éclats piquans feraient sortir le coloris de ce caractère dorique, dont nous cherchons à déterminer ici les conditions chromatiques et que les peintres ont souvent de la peine à maintenir dans leurs compositions, parce que les attraits et les excitations optiques sont en général ce qu'ils recherchent davantage, ne faisant que peu de cas du calme philosophique et de la simplicité.

Plus on réfléchit sur les avantages de la théorie, plus on est tenté de la considérer comme le seul moyen de redresser les inclinations exclusives de nos sens et de notre esprit, et plus on reconnaît que sans ce régulateur plein d'autorité, nos caprices seuls nous guideraient, nous imposeraient des lois, et nous éloigneraient de la raison et de tous nos devoirs. Que l'on prescrive à un élève, ami des couleurs vives et exaltées, un coloris tempéré et tranquille, jamais il n'obéira, puisque son goût particulier, ses inclinations et sa nature le porteront toujours vers ces spectacles, dans lesquels le choc des teintes, leur éclat, leurs oppositions extrêmes affectent vivement et étonnent les yeux; mais ouvrez-lui les livres de la théorie, exposez à son esprit l'espèce ou le mode de sujet qu'il a à traiter; faites qu'il se pénètre bien de ce caractère, de ce mode, et qu'il le regarde à la fin comme essentiel et caractéristique, vous verrez s'affaiblir la tyrannie de son goût exclusif; la voix éloquente et persuasive de la philosophie se fera entendre; il y cédera, et, malgré son amour pour les couleurs bruyantes et les effets éclatans, ses choix deviendront appropriés au sujet, et bientôt la force d'expression, ainsi que l'aspect poétique de ses nouveaux résultats, finira par le convertir en entier.

Qui empêche de supposer que l'usage assez prolongé des peintures monochromes, dans les écoles grecques, a pris sa source dans ce principe de simplicité et de réserve appliqué au coloris des sujets religieux et austères? Pourquoi ne pas croire que les anciens, accoutumés à décorer leurs temples par les représentations monochromes,

et tranquilles de la sculpture en bas-relief, avaient reconnu dans cette espèce d'euphonie un mode propre
aux sujets sacrés et au recueillement qu'il importe d'apporter dans les temples, ainsi que dans tous les lieux augustes et respectés ? Si le son agréable d'une seule voix
et d'un seul instrument, si cette euphonie que je viens
de rappeler était si souvent admise dans leur musique, le
même caractère ne pouvait-il pas être admis dans leur coloris ? Passons-nous de ces conjectures à la contemplation
des tableaux de nos salons ; quelle confusion de couleurs,
quel parterre bigarré de fleurs de toutes espèces, même
dans les sujets les plus tranquilles et les plus doriens !
Quelle mosaïque bizarre, quel pitoyable charivari !

CHAPITRE 479.

DU COLORIS PROPRE A CARACTÉRISER LE MODE LYDIEN.

Si les lignes du mode lydien doivent être lentement
sinueuses et comme languissantes, il faut aussi que les
couleurs appropriées à ce mode soient très-doucement
graduées, très-suaves, et d'un éclat agréablement tempéré.
Le mode lydien qui convient aux grâces, convient aussi
aux larmes et à la mélancolie. Quelque chose de triste
dans les teintes, mais de gracieux en même temps, concourt à caractériser ce mode. Le violet doux et demi-
clair n'est-il pas triste et suave en même tems ? L'azur
tendre, mêlé de noirs et de blancs légers et modérés, n'a-
t-il pas quelque chose qui exprime les affections tendres

de l'ame; et ces verts légers, suaves et aériens, ces jaunes incertains et amortis, combinés selon une harmonie molle, ne peuvent-ils pas rendre optiquement la langueur et toute cette expression efféminée dont Platon semblait redouter l'influence ?

Ce qui a été dit au chapitre 390, nous dispense de toute autre explication.

CHAPITRE 480.

EN QUOI CONSISTE LA SUAVITÉ DU COLORIS OU DES TEINTES.

En peinture, comme en musique, la suavité résulte de deux conditions : premièrement, du caractère de chaque couleur en particulier, et secondement, de l'accord qui résulte de ces mêmes couleurs. Chaque couleur dominante doit donc être d'abord suave par elle-même, et de plus, le résultat optique de l'association des unes et des autres doit produire aussi la suavité. C'est ainsi que le son de la flûte, de la guitare, du basson, du cor, etc., est suave par lui-même, et que les accords des sons de ces instrumens peuvent être combinés de manière à produire la suavité. La suavité du coloris ne s'obtient pas par l'amortissement ou la rupture des couleurs, mais bien par la douceur de leur teinte alliée à un certain éclat. Pour produire la suavité du coloris, il ne s'agit pas non plus d'observer une tranquillité monotone, ou très-peu de diversité dans les couleurs, mais on y parvient en employant des combinaisons qui permettent leur union, leur liaison, leur graduation, et qui procurent une série agréable de sensations chromatiques, formant toutes ensemble un concert doux, plein de fraîcheur et capable d'enchanter.

A quoi servirait d'indiquer ici telles ou telles teintes, soit d'un violet pâle, soit d'un azur doux, ou d'un jaune tendre, arrangées dans tel ou tel ordre, puisqu'il ne s'agit pas en peinture de combinaisons prises au hasard et sans motif, et puisque le sujet détermine toujours tel ou tel choix auquel il faut se conformer? Ces indications de mille ou mille combinaisons n'aideraient point à composer tel ou tel tableau. C'est ainsi que les joueurs d'instrumens qui se divertissent si souvent et à leur aise, en préludant mille fantaisies, en parcourant mille accords divers, sont fort peu capables, lorsqu'il s'agit d'exprimer un sujet, d'intéresser les auditeurs avec toutes ces phrases qu'ils produisent abondamment sans une juste application. C'est ainsi encore que le répertoire imprimé de toutes ces fantaisies est fort inutile à ceux qui le consultent dans l'intention de créer et de produire un tout qui ait un caractère. Nous laissons donc au peintre le soin de trouver, de combiner d'une manière suave les couleurs exigées par son sujet. Son expérience, si elle est guidée par l'analyse, lui fera sûrement découvrir et pratiquer les heureuses associations, les intervalles, les arrangemens convenables d'où peut résulter cette importante qualité. Voyez ce qui a été dit au chapitre 391.

CHAPITRE 481.

DU COLORIS PROPRE A CARACTÉRISER LE MODE IONIEN.

La grâce du coloris ionien est la condition qu'on re-cherche le plus ordinairement dans les peintures ; cependant la convenance qui doit déterminer les choix ne prescrit pas toujours ce caractère ou ce mode de coloris, mode qui n'est si souvent offert dans les tableaux que parce que les artistes sentent tous le besoin de ne jamais présenter que des combinaisons conformes à la beauté. Mais, puisqu'il est possible, ainsi que nous l'avons dit, d'obtenir de belles combinaisons dans quelque mode ou caractère optique que ce soit, on peut, sans adopter inconsidérément le mode ionien, atteindre le but, c'est-à-dire, ces beaux spectacles ou cette beauté.

Le caractère du coloris ionien consiste dans l'agrément, la fraîcheur et l'éclat tempéré des teintes : il résulte d'un certain charme harmonieux qui provient des dispositions chromatiques capables d'inspirer la joie en excitant des sensations vives et agréables. Il existe des couleurs gaies et riantes ; il y a des oppositions, des arrangemens, des combinaisons de teintes qui réjouissent la vue et qui seules expriment déjà ce caractère élégant et enchanteur du mode ionien.

Il est vrai que le peintre a quelquefois affaire à des spectateurs dont l'organe est dur et difficile à ébranler. Ces personnes se plaisent dans des sensations fortes et

rudes, et elles appelleraient volontiers ionien ce qui serait réellement phrygien. Mais ces exceptions ne doivent
nullement influer sur les résolutions chromatiques du
peintre. Puisque le vermillon en peinture est adopté,
comme le son de la trompette en musique, pour maximum
d'énergie, et puisque le lilas-tendre de l'améthyste, par
exemple, le bleu suave de certaines jacinthes et le jaune
safrané mais très-tempéré de quelques roses trémières,
sont les couleurs les plus douces qui puissent servir à
faire distinguer positivement les couleurs moyennes et
les couleurs fières et extrêmes, il ne doit plus subsister
de doute au sujet du caractère métaphysique ou poétique
de ces couleurs, et il ne resterait, pour les rendre conformes au mode adopté, qu'à déterminer leurs combinaisons entre elles. Or, si le mode chromatique phrygien, le
dorien et le lydien ont été suffisamment définis, il est facile de faire la part de l'ionien et d'en fixer le caractère.

C'est dans le mode ionien, comme je l'ai déjà fait remarquer, que se trouve traité le coloris de la fameuse
peinture des Noces Aldobrandines. Une gaîté douce dans
les teintes, une grâce charmante résultant de la variété
et de l'accord de toutes les nuances, font de ce reste précieux du pinceau des anciens un exemple sensible du
mode ionien appliqué au coloris. Quant aux exemples que
nous ont souvent laissés Claude Lorrain et Corregio, quel
est le spectateur qui n'en serait pas touché et qui n'en
sentirait pas tout le charme?

CHAPITRE 482.

DU COLORIS PROPRE A CARACTÉRISER LE MODE LESBIEN.

Quelle magnificence dans les couleurs matinales de l'orient, à cet instant où le roi du jour s'avance avec majesté pour embellir et animer la terre! Il est précédé de l'Aurore qui suspend dans les cieux des voiles d'or et de pourpre, comme pour recevoir son disque étincelant. Le voilà qui se montre en entier : voilà mille gerbes de feu, mille traits radieux qui jaillissent de ce soleil éblouissant. Déjà les cieux sont inondés de sa lumière..... Est-ce là le type dont les Lesbiens ont tâché d'approcher dans leur coloris ? Est-ce de cette magnificence inimitable qu'ils ont été frappés, lorsqu'ils ont tenté les plus pompeuses combinaisons de leur chromatique ? Oui, un tel spectacle animera toujours le peintre ou le poète. Le coloriste qui aspire à la plus grande richesse, à la plus grande exaltation des teintes, aura toujours recours à l'influence du soleil pour obtenir des modèles dignes d'animer son pinceau. Dans les festins brillans de Paul Véronèse, dans les cérémonies augustes et solennelles de Rubens, dans les assemblées élégantes de Watteau; le soleil préside au coloris. C'est à l'aide du soleil que Tiziano et Claude Lorrain ont étalé dans les campagnes la pompe du coloris lesbien. Enfin sans la parure de cet astre, point de richesse chromatique, point de splendeur, point de vraie magnificence dans les tableaux.

Mais celui-là serait dans l'erreur, qui croirait colorier
dans ce mode, en accumulant toutes sortes de teintes
énergiques, toutes sortes de parures empruntées à une palette exaltée et confuse. La simplicité est inséparable de
la vraie magnificence, et sans l'unité qui régularise les
plus ardens éclats, les peintres très - hardis n'obtiennent
ni majesté ni beauté.

La Pallas antique, peinture grande comme nature,
conservée au palais Barberini et connue sous le nom de
Roma, offre un coloris traité dans le mode lesbien, modifié par le dorien. Au reste il n'y a peut-être pas d'exemple qu'un artiste de l'antiquité ait jamais commis un
contre-sens relatif aux modes et aux caractères, et c'est
ce qui rend si recommandable aux yeux des connaisseurs
les moindres fragmens de ces hommes savans.

CHAPITRE 483.

DE LA BEAUTÉ OPTIQUE DU COLORIS.

La source du beau optique, c'est l'unité ; l'harmonie
chromatique consiste dans l'unité. La beauté du coloris
ou l'harmonie chromatique, c'est une et même chose.
Accorder le coloris, faire qu'il plaise à la vue, qu'il at-
tache, qu'il enchante le regard, c'est ménager, c'est conserver l'unité. Et, lorsque l'unité est bien établie, bien
manifestée, toutes les variétés ressortent avec leurs divers
caractères.

Pour que le coloris soit un, il faut qu'il soit déterminé
dans son caractère. Or, puisque l'achromatisme résulte

de l'égale intensité et énergie des trois couleurs élémentaires, on doit bien se garder d'exposer tout ensemble,
selon cette égalité, ces trois couleurs dans les tableaux,
car de ce mélange mâl-entendu il résulterait confusion
et laideur.

Faisons remarquer qu'ici nous ne parlons pas de l'harmonie du coloris en général, mais seulement de l'harmonie optique de coloris. Il y aurait donc à considérer
outre celle-ci, si on le voulait, l'harmonie entre le clair-
obscur et le coloris; l'harmonie entre le sujet ou l'objet;
la force, la faiblesse, la beauté des couleurs; l'harmonie enfin entre cette force des couleurs et les plans et
enfoncemens où elles se trouvent, etc. Mais toutes ces
questions sont distinctes de celle qui nous occupe ici.
D'ailleurs nous avons déjà examiné ce qu'on doit entendre
par harmonie en général (voy. le chapitre 97, vol. 3).
Observons seulement et en passant, quant à l'harmonie
que nous venons de signaler entre le clair-obscur et le coloris, que dans ce dernier il faut non-seulement accorder
l'énergie entre les couleurs, mais qu'il faut aussi accorder
le ton, en sorte qu'à énergie égale il peut se faire que le
ton de deux couleurs soit trop différent; c'est ainsi qu'un
très-beau bleu foncé qui a beaucoup d'énergie, correspond mal cependant avec un rouge orangé qui serait très-
clair. Que serait-ce, si de plus celui-ci était très-différent
de forme et de volume ?

Dans cette question générale sur la beauté optique du
coloris se présentent une foule de questions particulières.
Nous avons rangé dans les chapitres suivans les plus essentielles ; il nous reste à examiner ici les autres, mais
sans que nous suivions un ordre précisément déterminé.

Je demanderai d'abord s'il y a un rapport physique entre ce qu'on appelle un accord en musique et ce qu'on appelle un accord en coloris. Deux sons nous plaisent, lorsque selon notre gamme ils sont espacés par tierce, par quinte, etc. ; et ils nous déplaisent et nous blessent fortement, lorsqu'ils ne sont séparés que par un seul intervalle ; c'est ainsi que *ut* et *ré* produisent une affreuse dissonance, tandis que *ut* et *mi* font entre eux un accord. Ici se trouve séparé par une bien petite distance le bien du mal, ou le laid du beau : en peinture un résultat si fâcheux n'a pas lieu, au moins pour les yeux ordinaires. Le rouge de la rose nous plaît, quoiqu'il soit fondu par des progressions dans lesquelles il y en a d'analogues à la progression musicale par un, par un demi, etc. : si cette progression a lieu par tierces, elle ne nous plaît pas davantage. Ainsi, soit que la nature ait établi l'harmonie ou la discordance des sons dans la fin de donner une signification expressive à la voix humaine, soit qu'elle ait dépourvu les couleurs de ces rapports afin que la vue pût percevoir distinctement les objets sans éprouver de malaise, il est certain que de pareilles analogies entre ces accords d'intervalles musicaux et les mêmes accords d'intervalles en fait de couleurs n'ont point lieu. Vouloir prouver que l'œil est plus subtil que l'oreille, ou que l'oreille est plus subtile que l'œil, c'est, ce me semble, une recherche vaine. Si l'accord des couleurs se manifeste par d'autres rapports que ceux de la musique, le principe des accords en coloris n'en subsiste pas moins, et le peintre doit peu s'embarrasser de cette similitude ou de cette dissemblance.

Buffon, dans son discours sur les animaux (page 272),

dit que « l'œil perçoit à la fois diverses affections, tandis
» que l'oreille les perçoit successivement. En effet, ajou-
» te-t-il, la dernière impression ne se confond point avec
» la première ; elle en est distincte et séparée, au lieu
» que dans l'œil la première et la dernière impression
» semblent être continues, et c'est par cette raison qu'une
» suite de couleurs qui se succéderaient aussi vite que
» des sons, doit se brouiller nécessairement, et ne peut
» pas nous affecter d'une manière distincte, comme le
» fait une suite de sons. »

Ce qui peut nous intéresser dans cette observation,
c'est que les sons successifs nous échappent, et que les
couleurs restent, en sorte que ces couleurs étant permanentes sur le tableau, l'œil peut les comparer, pour
ainsi dire, simultanément et goûter longuement les con-
sonnances. Mais, encore une fois, peu importent au peintre ces analogies.

Ce qu'il y a d'évident, c'est que deux sons absolument
différens, tels que si et ut, se disputent l'accès de notre
oreille, et qu'il en est de même de deux couleurs absolument différentes, telles que le rouge et le bleu. Cette
dispute nous blesse ; ce sont pour ainsi dire deux personnages également intéressans qui viennent nous faire
visite, qui entrent ensemble, parlent ensemble, nous fé-
licitent ensemble, et se placent l'un et l'autre à égale distance de nous, en sorte que nous ne savons, comme on
dit, auquel entendre. Si, au lieu de deux, il en fût entré
trois égaux de même, la confusion eût été complète. Mais
qu'un personnage suivi de son subalterne se présente et
nous aborde, rien ne nous plaît autant, parce que l'ordre
est rétabli. Ce personnage secondaire produit une agréa-

ble variété et fait ressortir le dominant ou le principal
avec avantage, et celui-ci attire notre attention, nos égards,
notre intérêt, lequel intérêt est de tems en tems reporté
sur le personnage subalterne. Le point de question serait
donc l'espèce de dissemblance des sons entre eux et des
couleurs entre elles. En musique cette dissemblance con-
sisterait dans l'espèce d'intervalle des sons de même énergie et produits simultanément : et en peinture dans l'espèce de nuances des couleurs de la même espèce. C'est
ainsi que du rouge orangé associé à du rouge violet devient
insupportable. Quant aux dissonances dans les grandes
combinaisons, et non dans une espèce de couleur ou de
ton musical seulement, le même principe de l'unité fait
conjecturer qu'elles consistent dans l'association de grandes masses de couleurs trop différentes, ou dans l'association de tons majeurs et mineurs trop semblables par leur
étendue, leur intensité et leur mouvement, en sorte qu'il
y a dispute et discordance. Mais je laisse ce point.

Nous recommandons l'unité pour règle du beau coloris : mais l'unité, ainsi que nous l'avons expliqué, ne produit nullement la monotonie ; elle l'empêche au contraire,
puisque de la véritable unité résulte la variété. Les peintres qui, pour singer l'harmonie ou l'unité de Tiziano, de
Giorgione, etc., font de leurs tableaux des monochromes,
ignorent absolument les règles du coloris. D'abord ils
n'imitent pas ces maîtres, parce qu'ils ne varient pas
leurs couleurs selon la nature, selon la perspective et
même selon le géométrique infiniment varié des objets : .
mais de plus ils ne les imitent pas, parce que l'unité qui
embellit souvent les ouvrages de ces maîtres produit nécessairement la variété.

Cependant, dira-t-on, il y a des sujets qui ne parai-traient plus aussi naturels, si on en retranchait les dispa-rates, les dissonances même qui contribuent pour ainsi dire à les rendre naturels. Joseph Vernet, par exemple, dans un tableau de port de mer, où tout est bleu-verdâtre, a très-bien fait d'introduire des habits et des jupes rouges, malgré la dissonance, parce que cela était vrai individuel-lement. Toute une population, toute une armée en bataille n'offre-t-elle pas de la bigarrure, ainsi que les parterres fleuris des jardins ? Une telle objection ne détruit en rien notre principe, et voici la réponse : En sacrifiant dans ce cas des degrés de beau, obtiendra-t-on plus de degrés de vérité ? Vernet n'a-t-il pas en cela cherché l'opposition ? D'ailleurs le sujet comporte-t-il plus de vérité que de beauté ? Avec ces raisonnemens chacun pourra s'en-tendre sur ce point. Mais si, sous le prétexte d'être plus vrai, on produit la discordance individuelle et la laideur, l'ouvrage ne remplit plus sa destination, qui est de donner un beau spectacle au moyen de la vérité et de ses heu-reuses combinaisons.

Au surplus, il y a des gens qui ne reconnaissent point de dissonances dans le coloris de la nature : tout est d'accord selon eux dans les couleurs naturelles et dans les associa-tions accidentelles des teintes. La nature, disent-ils, sait mettre tout en harmonie, en sorte que peu importerait, à les entendre, quelles espèces de graines un jardinier jette-rait dans les allées de son parterre, peu importerait, quant à l'harmonie optique, quelles couleurs ressortiraient de ces graines. Tout sera d'accord, quelque changement qui se fasse ; la nature est toujours belle, est toujours harmo-nieuse, etc. N'est-ce pas comme si un peintre disait : Je

vais, en copiant ce tableau de Gérard Dow ou de Tiziano,
changer les couleurs des draperies, et le tableau sera tout
aussi beau, malgré ces changemens que je me plairai à in-
venter de caprice? On ne saurait nier que la nature unit
le plus souvent les couleurs par les reflets multipliés de la
lumière, parce que celle-ci étant vive et vaste, elle peut
éclairer ces couleurs par des rayons qui, se réfractant,
leur communiquent à toutes une partie de leur éclat.
Dans ce cas elles sont comme enveloppées d'une splendeur générale qui certainement les égalise jusqu'à un certain point. Mais en est-il de même sur un tableau? Puisque les dissonances naturelles sont évidemment moins
grandes lorsqu'un voile doux, ou une glace, par exemple,
tempère cet éclat naturel, l'air et le luminaire étant tempérés aussi, cela prouve qu'il y a dans la nature des cas
où les dissonances, de même que les consonances, ont
plus ou moins lieu, et que selon ces cas l'œil est tantôt
blessé, tantôt charmé en présence des objets. Ainsi le
peintre doit choisir ou modifier, et il doit par plusieurs
moyens ramener les couleurs de son tableau à l'harmonie, source véritable du beau.

Quel plaisir l'œil peut-il ressentir (je parle de l'œil seulement, et je ne considère pas ici le sentiment provenant
des idées) au milieu de ces parterres vantés si souvent
par les poètes? Qu'y a-t-il d'agréable dans l'effet de ces
plates-bandes jaspées, diaprées, émaillées à grands frais,
et sur lesquelles on découvre, il est vrai, des détails admirables, mais dont l'assemblage est toujours confus et
sans accord? Ces assemblages discordans déplaisent et
répugnent toujours à un homme de goût qui ne voit qu'un
moyen bizarre de plaire, et qui en est presqu'aussi cho-

qué que si l'on mettait pêle-mêle tout un dîner dans un seul plat.

« Voyez, dit M. Dandré Bardon, comme le vermillon » du pavot se lie avec l'outremer du bluet des champs ! » Voyez l'amarante, la rose, le coquelicot, etc., toutes » ces couleurs sont amies dans la nature, tout plaît, tout » nous enchante; sachez imiter, et vous nous enchan- » terez. »

On dit aux peintres, voyez et imitez, comme si, parce que la marche générale de la nature doit être notre règle, il s'en suivait que tout ce qui se présente à nos yeux dans la nature fût le résultat et le type de cet ordre général. Un individu n'est pas le complément du système général de la nature de l'homme : un tas de fleurs n'est pas le complément du système général de l'harmonie de la nature colorée ou du coloris. Il ne faut donc pas dire voyez et imitez, il faut dire choisissez et imitez. Il faut dire : pour imiter la nature dans son harmonie, combinez des nuances qui, en se faisant valoir par leur variété, pro- duisent une unité d'effet ressemblant à l'unité que la nature nous offre quelquefois, mais rarement dans son co- loris, unité dont tous les organes des hommes sont en- chantés. Enfin, quand on dit voyez la nature, on veut dire cherchez et reconnaissez les secrets qui constituent la beauté dans le coloris de la nature.

Il n'y a point de couleurs qui ne puissent s'accorder entre elles, lorsque le peintre se charge de cette réconci- liation. L'outremer et l'orangé sont les plus antipathiques de toutes les couleurs, et cependant donnez à l'outremer une nuance plus verdâtre, ôtez l'âpreté de l'orangé par une modification violacée, et l'accord se rétablira. Observez le ciel, lorsque le soleil termine sa carrière, des orages ayant purifié toute l'atmosphère. L'azur au point le plus élevé de la voûte est dans toute sa pureté, et l'horizon éclate en traits de feu; cependant, parce qu'une des deux couleurs participe de l'autre, les yeux sont charmés de ce mélange. L'azur du ciel s'accorde aussi fort bien avec le vert qui termine la sommité des arbres; mais c'est que le bleu du ciel est rompu par la vapeur de l'atmosphère, et que le vert est coloré dans ses lumières par le soleil qui a lui-même coloré l'atmosphère. De plus, les masses d'ombre de ce vert sont-elles mêmes participantes de ce bleu coloré. Ce n'est donc point l'exemple pris d'une teinte plate-bleue, mise en contraste avec une teinte plate-verte, qui peut servir à prouver l'antipathie de ces deux couleurs, lorsqu'elles sont offertes dans la nature sur des corps en relief; en effet sur ces corps en relief des influences diverses modifient l'apparence des couleurs; c'est ce qui fait que cette comparaison des teintes plates et des teintes en relief ne saurait avoir lieu.

Il résulte que ce serait mal s'exprimer que de dire, par exemple, comme Depiles, que le rouge est ennemi du bleu ou qu'il a antipathie pour le bleu, puisqu'on peut, en altérant l'un ou l'autre, les lier d'harmonie. C'est mal s'exprimer que de dire que le jaune est ami du bleu; car, s'il s'agit, par exemple, du jaune de la giroflée qui est très-intense et mordoré, et du bleu laqueux et suave de la jacinthe, ces deux couleurs jureront, comme on dit, et produiront une dissonance sensible. Enfin un nom n'exprime l'idée d'une couleur que lorsqu'il s'agit des couleurs élémentaires ou binaires, ou bien encore lorsque ce nom est celui d'objets connus.

Mais revenons à l'idée dominante et essentielle, je veux dire, à l'unité.

Une couleur trop vive et un son trop fort donnent une violente vibration aux nerfs optiques et auditifs, ils occasionnent par conséquent des sensations désagréables. Il est donc nécessaire que cette commotion des nerfs soit douce, modérée, et qu'elle ne les agite qu'autant que le permet leur délicatesse. Si l'impression n'est pas assez forte pour émouvoir les nerfs au degré nécessaire, alors au contraire il ne résulte aucune vibration, ou du moins cette vibration est si faible que l'ame ne peut la distinguer : dans un tel cas on éprouve il est vrai une sensation confuse, mais il n'en résulte ni peine ni plaisir. Quant aux couleurs trop vives et trop contrastées, elles nous sont désagréables, par la raison qu'elles font passer trop subitement nos yeux d'une sensation à une autre, et qu'elles causent par là une tension violente qui blesse nos yeux : voilà aussi pourquoi l'harmonie nous est si agréable, car elle tient un milieu entre les extrêmes. Or les chocs, les violences optiques résultent autant de l'espèce de chaque couleur en particulier, que de l'opposition et de la dissonance entre elles de deux, de trois ou de plusieurs couleurs réunies dans un seul tout.

Peut-être pourrait-on dire que l'impression qu'exercent sur la vue les couleurs isolées, ne la flatte guère plus que l'impression du son ou du bruit ne flatte l'organe de l'ouie. Quel plaisir éprouve-t-on en entendant divers bruits ensemble ou isolément ? Aucun ; souvent même on est désagréablement affecté. Des couleurs sont donc comparables à des sons qui ne prennent un caractère harmonique que par les combinaisons que l'art s'est appropriées d'après la nature. Ces sons, hors de ces combinaisons, ne procurent qu'un trésaillement du nerf optique. Si nous suivons cette comparaison et que nous observions ce même bruit devenant un son accordé, modulé, épuré, etc., nous reconnaîtrons l'art instrumental, qui a combiné cette affection sonore, et nous penserons tout de suite à l'art du coloriste qui aussi peut abaisser, élever, modifier une couleur, et la faire passer du fier au tempéré, du vif au sourd ou au suave.

On entend continuellement recommander la diversité, la variété, mais c'est mal s'expliquer. L'unité, répétons-le, produira cette diversité; en sorte que c'est plutôt l'unité que la diversité des couleurs qu'il faudrait exiger et rechercher, surtout si l'on se donne pour but d'offrir une très-grande et une véritable diversité. En effet sans l'unité on se trouverait bien loin d'atteindre à cette grande diversité. Au reste c'est dans l'unité assaisonnée d'une variété suffisante que gissent la perfection et la beauté.

Variété ne signifie pas multiplicité. Plusieurs tableaux de l'école de Rubens sont pleins d'oppositions brunes et d'oppositions claires multipliées à l'infini; mais souvent, faute d'unité, il n'y a point de variété, c'est-à-dire, point de parties très-différentes des autres, et par conséquent point de parties principales, ni une partie qui soit absolument principale, ainsi qu'on en voit dans les ouvrages capitaux de Tiziano. La verdure d'une belle campagne au printems ne nous plaît pas par la diversité ou la différence des masses de couleurs opposées les unes aux autres, mais bien par la couleur une que nous appelons verte et qui est variée par une assez grande quantité de nuances de ce vert. Quant au lilas et aux roses du printems, ces couleurs ne nous excitent agréablement les yeux que par l'effet des oppositions ; aussi un rosier couvert de trop de roses laisse-t-il l'équivoque d'une unité rouge, au lieu d'une unité verte embellie par le rouge. Ainsi les couleurs sont harmonieuses entre elles, lorsqu'elles ne détruisent point l'unité, et cette harmonie des couleurs a lieu, soit lorsqu'elles participent suffisamment de celle qui est dominante, soit lorsque étant différentes de cette couleur dominante, elles ne sont qu'en moyenne quantité et qu'elles n'affectent pas des formes trop étranges. C'est ainsi que le vert est en harmonie avec le lilas, lorsque l'un et l'autre participent du bleu ; c'est ainsi que le vert et la couleur de chair, lorsqu'ils participent du jaune, se trouvent être en harmonie. Mais, comme je viens de le dire, l'un ou l'autre doit dominer. Quant au vermillon et au lilas, il est évident qu'ils se disputent par leur deux unités. Enfin rappelons, au sujet de cette dernière proposition (nous l'avons déjà examinée ailleurs), rappelons, dis-je, que le rouge jaune dispute plus avec le rouge bleu que le bleu ne dispute avec le rouge, et cela, parce que dans ce dernier cas l'esprit sépare et désassocie les deux couleurs franches et très-différentes rouge et bleu, tandis que dans l'autre cas les deux rouges laissent l'esprit incertain sur leur espèce, en sorte qu'il y a dispute réelle entre l'une ou l'autre. Il en serait de même du jaune et du bleu, du rouge et du jaune. Toutes fois nous ne prohibons pas pour cela les couleurs de même espèce ; nous les admettons, mais à cette condition, répétons-le, que l'une dominera sur l'autre, en sorte que, s'il s'agit d'un rouge dominant qui soit bleuâtre, il ne conviendrait pas de lui associer un rouge jaunâtre aussi intense, aussi énergique et aussi grand que lui. Mais on pourra lui associer ou un rouge semblable et beaucoup moindre en volume, ou un rouge de la même couleur, mais plus foncé ou plus clair. Cependant il serait mieux d'associer une couleur différente pour servir d'opposition, opposition fort nécessaire et qui ne nuirait point à l'unité déterminée par cette couleur principale. Enfin, si modifier une couleur ou choisir une autre couleur, c'est tout une même chose, deux moyens distincts sont cependant à considérer : 1° le choix fait avant tout des couleurs principales, et 2° la modification faite après coup des couleurs secondaires.

Terminons ce chapitre en répétant que la beauté optique a son principe dans l'unité; que les couleurs ne doivent point, par l'effet de leur variété extrême, sortir de cette circonscription de l'unité, et que, si l'on ne contient pas dans un ordre harmonieux tous les élémens du coloris par l'unité, il arrivera que l'œil ne saura pas ce qu'il doit rejeter, ou les couleurs trop âcres et trop tranchantes, ou les couleurs trop faibles et trop sourdes, d'où il résultera pour l'œil et pour l'esprit un manque d'accord et de beauté. Ajoutons que, s'il est vrai que dans la nature seulement doive être puisé le principe de l'harmonie, il n'en faut pas conclure que tout dans la nature est un modèle d'harmonie, par la seule raison que l'éclat, la vivacité, la force et la douceur qui vivifient les spectacles naturels, produisent très-souvent un grand plaisir dans l'esprit. Enfin on doit dire que le peintre n'est point scrupuleusement vrai, par cela qu'il répète les dissonances accidentelles de la nature, mais qu'il doit être vrai en accordant les couleurs, soit qu'il les choisisse, soit qu'il les modifie, selon les règles de son art.

CHAPITRE 484.

IL FAUT AVANT TOUT CONSIDÉRER SI CE N'EST PAS UN SPECTACLE INCOLORE QUI EST LE SPECTACLE DOMI-NANT.

Avant de rien déterminer sur la marche qu'il convient de tenir pour arriver aux belles combinaisons du coloris, il convient d'examiner si le tableau n'offre pas par son clair-obscur seul un spectacle dominant incolore. Nous avons déjà considéré cette question à la partie du clair-obscur : ici il était indispensable de la présenter de nouveau. Si donc la plus grande partie du tableau est composée d'objets blancs, gris et noirs, le spectacle dominant sera évidemment incolore, malgré quelques couleurs qui entreront dans la composition de ce tableau ; et dans ce cas l'effort qu'on ferait pour rendre la sensation de couleur dominante sur la simple sensation de clair-obscur, serait vain et sans résultat favorable à la beauté. Il est nécessaire d'ajouter que cette prétention nuirait autant à la beauté réfléchie ou à la convenance, qu'à la beauté optique, parce qu'un spectacle incolore étant un langage qui a, comme les autres, son espèce d'expression, il pourrait arriver que la convenance fût détruite par cette duplicité ou par cette richesse optique qu'on s'efforcerait d'apporter en introduisant des couleurs dans un sujet qui n'en comporte pas. Ainsi le peintre ne doit pas par inattention rentrer par ses choix et ses belles couleurs dans un spectacle ou un coloris dominant, dès lors que tel n'est pas celui du sujet ; et dans ce

cas il doit considérer le coloris comme spectacle secondaire et subordonné à celui qui résulte seulement du
clair-obscur. Au reste le petit nombre de couleurs qui
sont manifestées dans de semblables tableaux, doivent être
combinées selon les mêmes lois qu'on doit suivre pour
les spectacles dans lesquels le coloris se trouve être dominant. Nous verrons tout à l'heure que, dans de pareils sujets, la couleur des carnations étant presque toujours la
couleur dominante, ce sont elles qui doivent servir de régulateur et de type quant à l'espèce de couleur dont il
convient d'adopter l'unité.

Pour saisir facilement cette question, il suffit de jeter
les yeux sur une estampe, lorsqu'elle commence à passer
sous le pinceau d'un enlumineur ignorant. Dès qu'il a
déposé tout d'abord, soit son rouge, soit son jaune sur
une draperie claire de cette estampe, on reconnaît aussitôt que, tout restant incolore d'ailleurs, cette couleur
isolée produit une tache, et qu'elle déplaît fortement à la
vue par l'effet repoussant de la duplicité.

Dans le portrait d'une dame accompagnée de son enfant, supposons que la mère soit vêtue de velours noir qui
par sa grande masse offre un brun dominant ; supposons
encore que des tissus blancs, des gants, des panaches
blancs décorent cette figure : sur ses genoux est placé son
enfant, et cet enfant est vêtu de rouge. Ne semble-t-il pas
que cette couleur rouge doive être le type de la couleur
dominante, et que toutes les autres couleurs doivent le
lui céder ? Cependant ce rouge n'est pas très-grand ni
très-intense ; il ne détermine pas une unité telle que ce
ne soit pas encore le spectacle noir incolore qui domine.
Il eût donc mieux valu qu'au lieu de rouge, couleur ar-

dente, on eût vêtu cet enfant d'une couleur bleuâtre
et douce. Ainsi il faut reconnaître que ce vêtement de la
mère est type, parce qu'il est noir et vaste en même tems,
et qu'il entre très-peu d'autres couleurs dans ce portrait.
Ce noir commande à l'harmonie, en sorte qu'aucune
couleur dominante ne doit lui disputer l'empire, et que
tout doit lui être subordonné (Vandyck et Tiziano peuvent servir ici d'autorité). Enfin, puisque ce noir constitue un mode grave, incolore et tranquille, pourquoi apporter un autre mode ou un autre archétype sur l'enfant?
Il eût mieux valu que l'enfant eût été vêtu de teintes
grises, et c'est ainsi que Vandyck en a souvent usé dans
quelques portraits.

Il en est de même du blanc dominant sur les figures
d'un tableau. Si ce blanc est type, les autres couleurs et
le noir lui-même ne doivent être que des variétés, et aucune ne doit être trop dominante, quoiqu'on puisse et
qu'on doive même, si le mode le comporte, introduire
les trois couleurs dans ce tableau.

Il convient maintenant d'expliquer ce que nous avons
seulement indiqué, je veux dire que, si le costume a exigé
dans un tableau de figures des draperies noires ou blanches sur les objets dominans, on doit prendre pour source
d'harmonie colorée les carnations de ces figures, si toutefois elles ne sont pas trop pâles. En effet cette couleur de
la carnation sera la dominante, puisque les draperies seront presque nulles de couleur, en sorte qu'il faudra accorder soit le fond, soit le ciel, soit l'architecture, soit
d'autres draperies avec la teinte de ces carnations. Ainsi
en la supposant jaunâtre, il faut que le fond et les autres
objets laissent dominer ce jaunâtre de la carnation, et

qu'ils n'apportent aucun bleu dominant, ni même de violets ou de verts trop bleuâtres. Supposons-nous la carnation rosée ou pourprée; le fond et les autres objets ne devront rien avoir qui puisse lui disputer par l'effet du jaune. Si enfin nous la supposons d'un blanc bleuâtre, il faudra que les autres couleurs du tableau n'offrent ni jaune ni rouge capable de détruire ce blanc bleuâtre. Rien n'est plus simple que cette théorie que d'ailleurs nous allons expliquer amplement tout à l'heure. Rubens et Vandyck sont encore là comme garans de toute sa justesse; car, lorsque les figures de leurs portraits sont d'une carnation chaude et qu'elles sont vêtues de noir, ils ont tenu le fond rougeâtre : mais il est jaunâtre, si la carnation de ces figures est jaune. S'ils se sont écartés parfois de cette combinaison, c'est qu'ils n'en avaient que la sensation, ou, pour mieux dire, le sentiment, et non le véritable principe.

CHAPITRE 485.

C'EST OU UNE UNITÉ JAUNE, OU UNE UNITÉ ROUGE, OU UNE UNITÉ BLEUE, QUI DOIT DANS LE TABLEAU DÉTERMINER L'UNITÉ DOMINANTE.

Nous avons mis en principe que l'on ne peut recevoir vivement, fortement et nettement qu'une seule sensation à la fois, et que, si à cette sensation l'on veut associer une autre sensation d'une espèce toute différente, le résultat sur l'organe sera mixte et incertain, et le caractère sera affaibli et peut-être même anéanti. Ainsi dans le spectacle qu'offre, par exemple, un tableau, si nous sommes affectés par deux ou par trois couleurs dominantes aussi énergiques les unes que les autres, telles que les trois couleurs élémentaires, c'est-à-dire, le jaune, le rouge et le bleu, dans ce spectacle, dis-je, quoique puissant, le résultat ne sera pas un et puissant lui-même, quant à la sensation, mais il sera mixte et n'affectera pas la vue d'une manière nette, durable et satisfaisante.

Il doit donc y avoir dans un tableau, pour qu'il puisse plaire au sens de la vue, une seule couleur dominante, c'est-à-dire, dont le caractère ne soit ni détruit ni même affaibli par le voisinage ou l'association d'une autre couleur qui dans ce même tableau lui disputerait par son énergie, par son caractère opposé, son volume, etc. Il est vrai que les autres couleurs qui sont subalternes soit par leur volume, soit par leur espèce, leur éclat, etc., doivent contribuer à exalter par leur opposition le caractère de cette couleur dominante, mais jamais elles ne doivent triompher. Ainsi la couleur dominante d'un tableau peut être jaune, rouge ou bleue; elle peut être verte, violette ou orangée : cependant, répétons-le ici, il ne faut pas qu'elle soit binaire parfaite, et il convient que, si elle est verte, par exemple, le jaune ou le bleu y domine; que, si elle est violette, ce soit le rouge ou bien le bleu qui l'emporte; et enfin que, si elle est orangée, ce soit ou le rouge ou le jaune qui triomphe, et cela afin de faire concorder les autres couleurs avec celle de ces deux qui sera la plus énergique dans la couleur binaire adoptée pour unité. Enfin cette couleur binaire, quelque rompue qu'elle puisse être (car le sujet ou l'objet exige quelquefois que cette teinte dominante soit rompue), cette couleur, dis-je, doit

primer sur toutes les autres dans le tableau. Sans cette
précaution on se trouverait embarrassé pour accorder les
autres couleurs de la composition, car il peut arriver
qu'elles se trouvent être disputantes avec celle qu'on
veut rendre dominante dans l'unité binaire. Cette règle
ou ce principe est essentiel, et si on ne l'observe pas, on
n'obtiendra pas une harmonie complète. Ainsi voilà les
couleurs binaires soumises, comme les couleurs primaires,
à l'unité.

Mais les couleurs primaires elles-mêmes, il faut encore le faire remarquer, sont très-souvent imparfaites et
pour ainsi dire binaires jusqu'à un certain point, et il
importe beaucoup de reconnaître le caractère ou l'espèce
de cette corruption ou association. Il peut donc arriver
que le rouge soit rouge un peu bleuâtre ou jaunâtre, le
jaune un peu rougeâtre ou bleuâtre, et que le bleu soit
un peu rougeâtre ou jaunâtre : néanmoins nous avons
l'habitude d'appeler ces couleurs rouge, bleu et jaune.
Or, si le rouge qui, par exemple, a été pris pour type de
l'harmonie, est bleuâtre, tous les rouges jaunâtres du tableau paraîtront, à cause de cette nuance jaunâtre, sensiblement différens ou discordans par rapport à ce rouge
adopté. Quand je dis qu'ils paraîtront discordans, c'est-
à-dire qu'ils le seront, car être et paraître, en fait d'harmonie optique, sont synonymes. Si la couleur dominante
est rouge un peu jaunâtre, on ne doit introduire aucun
rouge-bleuâtre, mais bien des rouges un peu jaunâtres eux-
mêmes ; de même, si la couleur dominante est jaune-bleu,
on ne doit introduire aucun jaune-rougeâtre, mais bien
des jaunes-bleuâtres. On serait peut-être tenté de supposer difficile la distinction qu'il importe de faire exacte-

ment du degré auquel les autres couleurs disputent avec
la couleur dominante en y apportant une seconde unité ;
mais pour cela le sentiment de l'organe suffit. Les estampes ne nous plaisent si souvent que parce qu'aucune couleur n'y est discordante, tandis qu'un petit bout de draperie d'un bleu très-pur dans un tableau dont l'unité est
orangée, détruit toute son harmonie. Ce principe est clair,
il est sûr, et il explique tous les effets de coloris des tableaux. Les grands maîtres ont pratiqué ce principe par
sentiment, et s'ils l'ont méconnu ou s'ils l'ont outrepassé,
ils ont toujours eu occasion de s'en repentir. C'est Tiziano
surtout qui semble l'avoir le mieux compris dans ses bons
ouvrages. Enfin, et pour prendre un exemple, si un sujet
tendre et printannier est rendu convenablement ou selon
son mode par une couleur verdâtre accompagnée de teintes rosées, il faut que ce soit ou le bleu ou le jaune qui y
domine, selon que le vert adopté est lui-même ou bleuâtre
ou jaunâtre. Si donc c'est le principe du beau pour l'esprit ou le convenable qui, en déterminant l'espèce de
mode, détermine le degré d'austérité ou de suavité nécessaire dans l'harmonie et même dans le choix de couleur qu'il faut adopter, c'est le principe du beau pour le
sens de la vue qui prescrit le calcul mathématique duquel
doit résulter le charme optique qui accompagne toujours
un heureux coloris.

Pour revenir par un exemple à la démonstration de
notre principe premier (l'unité d'une couleur dominante),
je dirai que, dans un tableau qui ferait voir réunis un certain nombre de vêtemens rouges, tel serait l'effet d'une
assemblée de cardinaux, cette unité rouge produirait une
heureuse harmonie ; mais, si l'on y introduit un vête-

ment ample d'un bleu très-clair et très-énergique, cette même unité générale sera détruite. Cependant quelques peintres tiennent à introduire de petites dissonances, telles qu'un peu de bleu, un peu de jaune, pour mieux caractériser, par exemple, le rouge, et ils se conforment au principe qui veut qu'on introduise les trois couleurs, afin de les caractériser mieux par l'opposition de chacune d'elles : cette considération est fort bonne, ces oppositions servant à manifester l'énergie de la couleur dominante; mais elles ne doivent jamais produire de dissonance trop forte, ni détruire la priorité destinée à cette couleur adoptée pour dominante. Ces mêmes peintres prétendent s'autoriser des dissonances en musique, dissonances qui, disent-ils, réveillent, donnent du piquant et sont propres quelquefois à caractériser mieux certains modes. Mais ces dissonances en musique sont transitoires, et en peinture elles sont permanentes; ce ne sera donc qu'avec une très-sage économie qu'on se permettra ces oppositions dont l'objet est seulement de réveiller l'harmonie par quelques contrastes et de l'assaisonner pour ainsi dire par ces petits bleus, ces petits rouges ou ces jaunes qui font ressortir par leur différence la couleur dominante et archétype.

Quelques admirateurs de Rubens, de Paul Véronèse, etc., objecteront peut-être que l'unité parfaite que nous recommandons ici peut nuire à la grande énergie apparente des couleurs, et que ces maîtres savaient et maintenir l'énergie et maintenir le plus bel accord dans leurs couleurs. Mais cette objection qui semble imposante n'est nullement fondée; il est évident que ces maîtres évitaient la dissonance que produit une couleur secondaire

ou tierce; aussi ne voit-on point dans ces coloristes
de ces bleus forts jetés à travers une harmonie rouge,
ni de ces rouges criards jetés à travers une harmonie
bleuâtre. Si même des bleus discordans se voient souvent
dans quelques tableaux sortis du pinceau de quelques
habiles maîtres, c'est parce que dans ces tableaux brunis
et roussis, l'outremer qui compose ces bleus n'a pas subi
l'altération qu'ont éprouvée les autres teintes par l'effet
des préparations rousses de la toile et des huiles conte-
nues dans ces préparations. Au reste ce que nous avons
dit de l'unité dans notre théorie de la beauté, explique
assez que ces taches, ces dissonances chromatiques sont
autant de perceptions difficiles et désagréables qui rom-
pent l'union et l'accord de tout l'ensemble optique du
tableau.

C'est ce sentiment de l'unité qui a fait dire à Le Bat-
teux, lorsqu'il parle du style : « Il est uni, quand il n'a
» qu'une couleur ou qu'il n'est varié que par des nuances
» insensibles, sans figures, sans termes, sans pensées très-
» remarquables ou qui semblent sortir du texte : *intexto*
» *vestibus colore* (Cicero). »

Au reste une preuve bien sensible que l'unité est la
source de la beauté optique des couleurs, c'est que le mélange des trois couleurs élémentaires produit la confusion,
l'achromatisme ou zéro. Il s'agit donc de s'éloigner assez
de cette ressemblance entre les trois couleurs qu'on admet, et de faire en sorte que cette différence, sans être trop
grande, le soit assez pour faire ressortir la couleur dont
l'unité a été reconnue devoir être prédominante. Ainsi on
doit bien se garder d'appeler harmonie l'état d'équilibre
des trois couleurs élémentaires propres à produire l'achro-

matisme, cet état d'égalité étant au contraire un état de
monotonie et d'anéantissement mutuel.

Je citerai encore des exemples qui se présentent à mon
souvenir. Ayant peint le buste d'un jeune militaire, vêtu
d'un habit bleu foncé et dont les revers étaient de velours
bleu clair, j'avais adopté pour fond un ciel azuré chargé
de quelques nuages assez riches de ton : quant à la couleur de la carnation, elle était ardente, et les cheveux
étaient blonds. On comprend que l'unité de couleur de
tout ce tableau était bleue ; mais, comme j'avais cru devoir réveiller l'horizon par du jaune rouge assez sensible,
cette addition établit une dispute entre le bleu et l'orangé.
Qu'ai-je eu à faire ? Si le visage eût été pâle, l'harmonie
bleue ou la couleur dominante bleue eût été convenable,
et il eût suffit de détruire le rougeâtre de l'horizon ; mais
la carnation de ce visage était ardente, et ce rouge au milieu
de ce bleu faisait tache. Il devint donc nécessaire de restituer l'unité rougeâtre, en colorant le ciel, en amortissant
par des glacis rouges le bleu de l'habit, et en rappelant
du rouge ailleurs. Ce moyen fut employé avec succès ;
le bleu des revers ne parut plus qu'une opposition, le
jaune de l'horison et le jaune des épaulettes furent subordonnés au bleu, et l'unité rouge ressortit avec avantage de cette nouvelle combinaison, qui d'ailleurs se trouvait plus conforme au mode que comportait le sujet.

On avait fait tendre en bleu légèrement carminé un salon dans lequel l'ameublement était rouge un peu amarante ; l'accord en était bon et l'effet très-agréable : cela
provenait de ce que ce salon assez grand était décidément
bleu, et que les siéges produisaient seulement une opposition rouge ; quelques dorures et autres détails appor-

taient une opposition jaune, mais subordonnée, etc. Il est évident que, si le rouge du meuble eût été jaunâtre, tel que l'écarlate ou le vermillon, il eût produit, non une opposition, mais une véritable dissonance, par cette seconde unité, qui eût disputé avec le bleu des panneaux. On changea d'appartement, et dans le salon on reproduisit avec le même meuble le même bleu; mais on n'obtint pas le même résultat : cela provenait de la dimension moindre de ce salon, dans lequel l'unité bleue ne triomphait plus. Qu'y avait-il à faire, pour rétablir l'harmonie? C'était de sacrifier ou le rouge ou le bleu; on sacrifia ce dernier, on mit une tenture d'un bleu plus amorti ou d'un ton plus bas, mais de la même teinte. Quelques grandes estampes placées régulièrement diminuèrent le volume de ce bleu; une frise, dans laquelle un peu de rouge était répété, diminua encore la grandeur de ce bleu, qui enfin devint secondaire et ne fit plus qu'opposition. L'unité rouge fut donc manifestée par les siéges, par des draperies aux fenêtres, et l'opposition jaune étant conservée, tout rentra dans l'ordre; cet ordre produisit une harmonie rouge, qui elle-même n'était que le résultat de l'unité.

Il semble que l'unité rouge soit celle qu'on doive adopter souvent dans les tableaux de figures, puisque les carnations qui dans la nature sont rouges, corrompraient toute autre unité de coloris, telle que le bleu, le violet, etc. Aussi dans les portraits de Vandick et d'autres voit-on fort souvent un grand rideau rouge-brun, ou jaune feuille-morte, et les ciels très-sombres et très-sacrifiés, le tout pour rentrer dans l'harmonie rouge déterminée par la carnation. Cependant, si le volume des teintes de chair n'est pas dominant; si les teintes de chair sont

plutôt d'un blanc bleu que d'un rouge jaune ; si enfin hors
des chairs et de la couleur rouge il se trouve quelque draperie, par exemple, d'une couleur bien déterminée, jaune
ou bleue, et par conséquent étrangère à ce rouge des carnations, alors celui-ci ne figure plus dans le tableau que
comme variété et opposition, mais il ne détermine plus
l'harmonie où le type par son unité.

Enfin répétons ici que l'habitude où sont les peintres
de prendre les couleurs matérielles des fabriques pour des
types des couleurs élémentaires, est une habitude qui re-
tarde beaucoup la vraie connaissance du coloris. C'est
ainsi qu'on a conclu à tort de ce que le vermillon et l'outremer étaient tout-à-fait opposés, que la couleur rouge
et la couleur bleue étaient les deux couleurs les plus ennemies. Cependant c'est plutôt le jaune et le bleu qui sont
les plus opposés entr'eux, que ce n'est le bleu et le rouge.
En effet, si la couleur dominante est bleue, l'addition
d'une couleur rouge, comme deuxième unité, embarrasse
moins le peintre qui veut la rendre secondaire, que ne
l'embarrasserait une couleur jaune devant être secondaire,
car la couleur la plus fière est le jaune, puis le rouge, et
ensuite le bleu, qui est la moins fière de toutes : aussi le
vermillon est-il plus fier qu'aucune autre couleur matérielle, parce qu'il contient le jaune plus le rouge. Or nous
l'avons déjà vu, le rouge bleuâtre est bien plus ennemi
du rouge jaunâtre que du jaune seul ; de même le jaune
rougeâtre est plus ennemi du jaune bleuâtre qu'il ne l'est
du bleu. Cela provient, avons-nous dit, de ce que l'esprit
désassocie aisément et isole ce rouge bleuâtre et ce jaune,
ou bien ce jaune rougeâtre et ce bleu ; il les considère
l'un et l'autre à part et sans les assimiler : mais du rouge

jaunâtre, associé et comme fondu avec du rouge bleuâtre, produit une des discordances optiques les plus fausses et les plus pénibles à la vue et à l'esprit.

CHAPITRE 486.

DANS L'UNE DES TROIS UNITÉS, L'ŒIL AIME A TROUVER UN POINT OU UNE PETITE MASSE PARTICULIÈREMENT DOMINANTE : ET SI, PAR EXEMPLE, L'HARMONIE OU L'UNITÉ GÉNÉRALE EST ROUGE, IL EST BON QU'IL Y AIT UNE MASSE PLUS ROUGE OU DOMINANTE DANS LA GRANDE MASSE ROUGE DU TABLEAU.

Ce n'est pas tout qu'une masse de couleur soit dominante sur les autres masses de couleur par son espèce, il faut, pour produire la plus sensible unité, ou, si l'on veut, il faut, pour produire beaucoup de variété, que dans cette masse dominante il s'en trouve une plus dominante encore : il faut, autrement dit, que parmi toutes ces masses de la couleur dominante on en trouve une qui l'emporte et qui prédomine. Ainsi en continuant de supposer une réunion de personnages vêtus de rouge et disposés en groupe, il faut que parmi eux il y en ait un ou deux ensemble (car il ne s'agit que d'une seule masse, et peu importe que, dans ce cas-ci, deux ou trois objets composent cette masse unique), il faut, dis-je, qu'il y en ait un qui domine par l'apparence énergique que produit sa position au luminaire, par son géométrique même, et de plus par plusieurs contrastes et autres artifices qui le feront remarquer. C'est ainsi qu'au sujet des belles combinaisons de clair-obscur, nous avons dit qu'il était à desirer que le brun le plus intense fût placé dans la masse la plus brune ou dominante. Ici donc nous disons qu'il est à desirer que dans la masse dominante rouge soit placé le rouge le plus énergique et le plus sensible. C'est à l'aide de cette combinaison que la gamme chromatique acquiert sa plus grande extension, et que les charmes de la variété sont manifestés au sein même de l'harmonie ou de l'unité.

Ne nous en tenons pas à cette seule application du précepte de l'unité, et voyons s'il ne conviendrait pas de comprendre aussi les unités secondaires de couleurs dans notre observation. Je pense donc qu'en supposant qu'à cette masse dominante rouge on ait opposé ou associé une masse secondaire bleue, il serait à desirer que dans cette masse bleue subordonnée se trouvât un point bleu plus énergique encore. Quant à l'opposition jaune, opposition qu'il convient presque toujours d'admettre, et que dans ce cas-ci je suppose subordonnée à l'unité rouge et à l'unité secondaire bleue, il serait à desirer, dis-je, que dans cette masse jaune, moindre que les deux précédentes, fût placé le point le plus jaune du tableau : ces observations peuvent s'appliquer aux couleurs binaires.

On objectera sans doute que les accidens de la nature et la disposition fortuite contrarient presque toujours cet ordre qu'ici nous imaginons et prescrivons tout à notre aise ; mais je répondrai qu'il suffit qu'une combinaison soit possible, vraisemblable et belle, pour qu'elle doive être adoptée ; en sorte que c'est procéder selon les bonnes méthodes, que de disposer ainsi les masses et les détails qui composent le coloris, méthode qui ne donne point, comme quelques-uns pourraient le craindre, la même physiono-

mie à tous les tableaux : l'expérience le démontrera suffisamment, et des exercices faits sur des estampes auxquelles on ajouterait ces combinaisons de coloris, en
seront une assez forte preuve.

Au reste faisons remarquer qu'en suivant ce principe,
la couleur dominante passant du plus énergique au moins
énergique, et étant concentrée en un point ou partie de la
masse déterminée, cette graduation procure une agréable
suavité; en rejetant ce principe au contraire, on n'osera
donner à chaque couleur particulière toute la beauté dont
elle est susceptible, parce que ce choc blesserait la vue,
en sorte qu'on n'ose faire très-belle ni la masse dominante
ni les petites masses particulières, ce qui prive et de la
suavité et de la variété. Cet embarras se manifeste souvent
sur les tableaux de fleurs, où la nécessité de répéter des
objets éclatans en couleur conduit à la discordance et au
papillotage mesquin et fatiguant de l'ensemble.

CHAPITRE 487.

LA MASSE DOMINANTE DOIT L'ÊTRE NON SEULEMENT PAR SON ÉNERGIE, MAIS, S'IL SE PEUT, PAR SON VOLUME.

Si la masse de couleur doit être rendue dominante et
une dans son espèce par son énergie ou son éclat, elle
doit être rendue dominante aussi par son volume. Ce
n'est donc pas tout que le rouge domine sur le bleu ou
le bleu sur le rouge, quant à l'énergie; il est bon que
cette couleur domine aussi quant à son volume. Un petit
rouge très-énergique pourrait l'emporter sur un bleu d'é-

nergie moyenne et d'un volume peu étendu, et établir ainsi une unité disputante ; cependant, si ce bleu dominant, quoique d'une énergie moyenne, offre un certain volume, un volume suffisant, sa suprématie aura lieu et dans l'énergie et dans le volume (nous dirions et dans le ton, si nous n'avions pas eu l'attention de séparer cette question, en la faisant appartenir exclusivement au clair-obscur; et cette réflexion est bien naturelle, puisque l'intensité peut triompher de l'étendue, comme l'étendue peut triompher de l'intensité : néanmoins ces triomphes sont difficiles, douteux et peu conformes à la beauté).

Ce serait donc faire un calcul faux, que de tenter d'obtenir l'unité de coloris en plaçant au milieu d'une harmonie orangée une petite masse de bleu très-vif, très-azuré, avec l'espoir de le rendre dominant et d'attirer sur lui la suprématie par l'effet de cette énergie chromatique ; n'est-il pas bien plus ingénieux de réserver le plus grand volume, et, s'il se peut, la forme la plus apparente, sur l'objet coloré qu'on veut rendre dominant ?

CHAPITRE 488.

DE LA PLACE OU DOIT ÊTRE SITUÉE DANS LE TABLEAU CETTE MASSE DOMINANTE AU SEIN DE LA COULEUR GÉNÉRALE.

COMME nous avons eu à examiner une question analogue à celle-ci en traitant du clair-obscur, ce que nous exposerions ici deviendrait une répétition du chapitre 403. Ce serait une exigence ridicule que de désigner abso-

lument le milieu du tableau, ou bien la figure principale de la composition, comme devant recevoir la couleur dominante. En effet mille raisons peuvent s'opposer
à ce choix. Dans un portrait, par exemple, c'est souvent
sur le fond qu'est déterminée la couleur principale; dans
un paysage c'est souvent sur le haut azuré du ciel, etc. ;
cependant on pourrait affirmer qu'il n'est pas ingénieux
de situer la masse dominante de couleur sur les côtés
ou à un des coins du tableau. Ce serait y appeler l'unité
aux dépens des autres masses qui, dans ce cas, sembleraient ne plus faire partie du tableau, et il arriverait que
l'unité de disposition serait détruite par cette espèce de
désordre.

L'examen d'un grand nombre de tableaux, dans lesquels les peintres ont abusé ou se sont écartés de cette
doctrine, prouve plus sur ce point que tout ce que nous
pourrions dire ici. Dans tous les cas il était nécessaire de
mettre en évidence cette observation, qui, ainsi que plusieurs autres de ce genre, appartient à la question de la
beauté.

J'ajouterai ici (quoiqu'il ne s'agisse pas encore du technique de la représentation) que ce n'est pas la place
plus ou moins proche d'un objet dans le tableau qui fait
que la vue est attirée sur cet objet, mais bien la lumière,
les oppositions, le choix des couleurs, etc.; en sorte que,
quoique l'objet qu'on veut rendre principal soit proche,
il ne sera pas plus remarqué par cela seul qu'il est proche,
et cela, bien qu'on en distingue beaucoup les détails.
L'objet qui sera le plus aperçu, sera donc celui qui
recevra le plus de force par le choix des couleurs, par
celui des lignes et du clair-obscur.

CHAPITRE 489.

—

DE LA NÉCESSITÉ D'INTRODUIRE DES MASSES PLUS OU MOINS SECONDAIRES DE COULEURS DE LA MÊME ESPÈCE QUE LA DOMINANTE, AFIN DE FAIRE VALOIR PAR LEUR OPPOSITION CETTE COULEUR DOMINANTE. DU CARACTÈRE DES FORMES ET DU CARACTÈRE D'ÉNERGIE DE CES COULEURS.

Dans le chap. 405 du clair-obscur, nous avons expliqué assez clairement cette nécessité des masses secondaires pour faire valoir la dominante : tout ce qui y a été dit s'applique expressément ici. D'ailleurs nous venons d'exposer cette question dans les chapitres précédens. Il s'agit donc de démontrer que, pour faire bien ressortir, bien dominer par l'unité la couleur qu'on se propose de rendre principale, il faut lui associer ou lui opposer des couleurs moindres de la même espèce qu'elle, afin d'établir et de déterminer par ces couleurs secondaires de même espèce l'unité de la masse colorée qu'il convient de rendre dominante.

Tout à l'heure nous parlerons de la nécessité d'opposer des couleurs d'espèces différentes de la dominante; mais ici il s'agit seulement de la nécessité d'introduire dans le tableau des couleurs moindres de la même espèce que la dominante, c'est-à-dire, moindres par leur volume, par leur énergie et (si l'on veut ne pas désassocier cette question de celle du clair-obscur) moindre par leur ton ou leur degré de clarté. Il n'est pas difficile de sentir l'importance de cette règle, ou, pour mieux dire, de ce moyen, qui n'est autre que celui de l'opposition ou comparaison nécessaire pour produire la beauté.

Trois figures vêtues de bleu ne plairont donc optiquement que si une de ces trois masses bleues domine sur les deux autres par son énergie, son volume et sa forme : et les deux autres, qui sont subordonnées à celle-ci, plairont si elles sont subordonnées l'une à l'autre ; enfin la moindre des trois plaira, puisqu'elle est subordonnée selon l'ordre de l'unité, et qu'elle ne tend nullement à disputer ni avec la secondaire ni avec la première ; elle se trouve donc être telle qu'il convient pour la composition de la beauté.

« Une seule couleur, dit Reynolds, formera tache. » Cette vérité prouve qu'il faut faire reparaître et rappeler cette couleur dominante en différens endroits du tableau ; et il faut la rappeler çà et là par des unités très-subalternes, afin qu'il y ait liaison et non isolement de cette couleur. En effet, si cette couleur était unique et isolée, il pourrait arriver que l'œil la rejetât et admît de préférence, comme unité, quelqu'autre couleur du tableau. Des répétitions par petites masses de cette couleur qu'on prétend rendre dominante, doivent donc avoir lieu en d'autres places du tableau et à travers les couleurs secondaires établies pour faire opposition.

Nous avons dit plus haut que deux ou plusieurs masses pouvaient être employées pour composer la masse dominante, en sorte que cette masse restait entière quoique composée de deux ou de trois masses particulières. Or il est à remarquer, au sujet de ces masses fondues à l'unisson en une seule, qu'elles produisent une certaine énergie analogue à celle des sons, lorsque cette énergie est le résultat de deux où de trois voix ou instrumens quelconques résonnant aussi à l'unisson. Si donc il est vrai qu'une énergie transcendante résulte en effet de l'unisson immédiat de deux ou trois masses en une seule grande, cette énergie peut résulter aussi de la présence de plusieurs masses éparses çà et là dans le tableau. Ces rappels sont des unissons de moindre valeur que la couleur dominante, mais, comme ils sont de la même espèce et qu'ils résonnent selon cette même couleur, ils semblent rejaillir sur elle et y ajouter leur éclat particulier, ce qui compose un ensemble fort et puissant. On a donc observé que, lorsque dans la nature deux sons se combinent à l'unisson ou même à différens octaves, il résulte dans l'air une vibration qui frappe vivement l'oreille, parce que cet unisson produit une grande augmentation d'intensité dans le son : de même le nerf optique éprouve une forte sensation par l'effet analogue et magique des couleurs.

Néanmoins, si ces diversités sont utiles sous le rapport de l'énergie du spectacle, elles sont toujours soumises au mode du sujet, qui quelquefois n'en comporte pas un très-grand nombre. Et nous ne pouvons pas à ce sujet nous empêcher d'ajouter que mieux vaut satisfaire l'esprit et le cœur en exprimant avec intensité le mode ou le caractère métaphysique du tableau, qui souvent comporte peu de variété, que d'affecter d'une manière agréable, variée et piquante la rétine, lorsque le sujet ou le style du sujet ne permet pas ces agrémens, et dès que l'esprit les considère comme autant de contresens.

CHAPITRE 490.

DE LA NÉCESSITÉ D'INTRODUIRE DANS LE TABLEAU DES MASSES DE COULEURS D'ESPÈCES DIFFÉRENTES DE LA DOMINANTE, AFIN DE MIEUX CARACTÉRISER PAR CES OPPOSITIONS ET DE FAIRE MIEUX RESSORTIR L'UNITÉ DE CETTE COULEUR DOMINANTE.

Puisqu'en peinture les couleurs, comme les lignes, comme les masses de clair-obscur, comme tous les objets enfin qui sont représentés sur le tableau, n'ont de caractère que par l'effet des oppositions, des contrastes et des comparaisons, il est, pour ainsi dire, indispensable d'introduire ces points de comparaison. Ainsi à une couleur qu'on voudra déterminer et mettre fortement en évidence, il faut opposer des couleurs différentes. Or, comme il existe trois couleurs primaires, le jaune, le rouge et le bleu, il sera avantageux, pour faire valoir celle des trois qu'on aura adoptée pour dominante, d'y associer ou d'y opposer les deux autres. Mais, ainsi que nous l'avons dit, ces couleurs opposées doivent être secondaires, en sorte que, si c'est le bleu qui doit dominer, il faudra y subordonner du jaune et du rouge ; et de plus il sera nécessaire que l'une de ces deux couleurs secondaires cède à l'autre et lui soit inférieure. Quant aux couleurs binaires, elles sont encore très-propres à produire cet artifice. Nous ne parlerons pas ici de la ressource des masses noires et blanches, parce qu'elles ne tendent pas tant à caractériser l'unité dans le coloris, qu'à rendre très-sensibles toutes les teintes et toutes les nuances du tableau : aussi le ton de ces masses blanches ou noires contribue-t-il beaucoup à modifier avec avantage la teinte des carnations.

Tous les coloristes qui ont introduit comme moyen d'opposition une grande diversité de couleurs dans leurs tableaux, ont plutôt pensé à faire vivre, à faire éclater ces couleurs, qu'ils n'ont pensé à produire l'harmonie, l'unité ou la beauté. On peut en dire autant des recherches de la coquetterie dans les parures du sexe. En effet, les femmes ne visent le plus souvent qu'à la fraîcheur des teintes et à leur diversité, sans s'occuper des charmes et de la magie qui résultent de l'accord et de la simplicité. Cette dernière observation nous engage à rappeler ce que nous avons dit en traitant de la beauté, c'est que la coquetterie aurait bien des grâces à rendre à l'artiste qui saurait démontrer les moyens faciles d'ajouter à la nature en suivant en tout ses lois, et qui, en signalant ses beautés, parviendrait à en découvrir les secrets et à les expliquer avec clarté.

FIN DU SEPTIÈME VOLUME.

TABLE

DU SEPTIÈME VOLUME.

CLAIR-OBSCUR.

FIN DE LA TABLE DU SEPTIÈME VOLUME.

TROYES, IMP. DE M° BOUQUOT.

www.ingramcontent.com/pod-product-compliance
Lightning Source LLC
Chambersburg PA
CBHW051341220526
45469CB00001B/54